新编公共管理学系列教材

Management of Nonprofit Organizations
Theory, Institution and Practice (2nd Edition)

非营利组织管理
理论、制度与实务
（第二版）

张远凤　梅继霞 ◎编著

图书在版编目(CIP)数据

非营利组织管理:理论、制度与实务/张远凤,梅继霞编著.—2版.—北京:北京大学出版社,2023.8
新编公共管理学系列教材
ISBN 978-7-301-34285-5

Ⅰ.①非… Ⅱ.①张…②梅… Ⅲ.①非营利组织—组织管理—教材 Ⅳ.①C912.21

中国国家版本馆 CIP 数据核字(2023)第 147767 号

书　　　名	非营利组织管理:理论、制度与实务(第二版) FEIYINGLI ZUZHI GUANLI: LILUN、ZHIDU YU SHIWU(DI-ER BAN)
著作责任者	张远凤　梅继霞　编著
责 任 编 辑	韩月明　周丽锦
标 准 书 号	ISBN 978-7-301-34285-5
出 版 发 行	北京大学出版社
地　　　址	北京市海淀区成府路 205 号　100871
网　　　址	http://www.pup.cn
新 浪 微 博	@北京大学出版社　　@未名社科-北大图书
微信公众号	北京大学出版社　　北大出版社社科图书
电 子 邮 箱	编辑部 ss@pup.cn　　总编室 zpup@pup.cn
电　　　话	邮购部 010-62752015　　发行部 010-62750672 编辑部 010-62753121
印 刷 者	涿州市星河印刷有限公司
经 销 者	新华书店
	730 毫米×980 毫米　16 开本　22.5 印张　403 千字 2016 年 9 月第 1 版 2023 年 8 月第 2 版　2023 年 8 月第 1 次印刷
定　　　价	65.00 元

未经许可,不得以任何方式复制或抄袭本书之部分或全部内容。
版权所有,侵权必究
举报电话: 010-62752024　电子邮箱: fd@pup.pku.edu.cn
图书如有印装质量问题,请与出版部联系,电话: 010-62756370

第二版前言

20世纪70年代以来,非营利组织在全球范围内兴起,相关研究和教育也得到快速发展。80年代早期,耶鲁大学等一些美国大学首先开设非营利组织管理课程。21世纪初,我国高校开始引入非营利组织管理相关课程。今天,"非营利组织管理"已经成为各国高校普遍开设的课程,教材建设日益受到重视。

《非营利组织管理:理论、制度与实务》自2016年出版以来,得到了读者的认可和好评。本书第二版沿袭第一版的风格,力图做到本土化和国际化兼顾,理论性与实践性并重。在保持基本风格的基础上,第二版进行了全面的修订,结构性的修订主要包括三个方面:第一,将原来第七章和第八章的内容整合为一章,将全书原有的十四章内容调整为十三章,同时对第九章到第十三章的顺序也做了一些调整;第二,每章不再设置导读案例,对原来的导读案例进行修订之后,以"微案例"形式放入正文,将全书的微案例扩充至40个;第三,对每章章末案例进行了全面评估,并重新编写大部分案例,使其更加具有代表性。

各章的具体修订如下:第一章增加非营利组织的发展趋势;第二章简化国家—社会关系相关理论,分别论述市场失灵理论与政府失灵理论,增加资源依赖理论;第三章简化对英、法、德等其他发达国家非营利部门的介绍,删去对埃及等国家的非营利部门的介绍;第四章增加一节专门讨论社会组织党建;第五章增加社会组织筹备与登记方面的内容;第六章重写"我国社会组织的治理"一节;第七章将原来的"非营利组织的战略沟通"内容整合到战略管理部分,将原来第八章"非营利组织的合作关系管理"改写为本章第三节"合作战略";第八章补充政府向社会组织购买服务和公益创投相关内容;第九章简化财务记录等内容,增加税收优惠制度和筹款管理的内容;第十章将原来第十一章第一节"非营利组织人力资源管理过程"改为"受薪员工管理";第十一章对营销管理和营销方式进行修订;第十二章将原来第十三章第一节"非营利组织的评估概述"修改为"非营利组织评估",主要介绍项目评估和社会组织等级评估;第十三章将原来第十四章第二节和第三节内容整合为"非营利组织问责体系",将原来第一节中有关透明度与信息披露的内容独立出来作为第三节。

非营利组织管理正在成为一门学科,"非营利组织管理"课程则成为学科基础课。由于越来越多高校开设非营利组织管理专业,行业组织随之出现,并制定了行业规范,这些规范对"非营利组织管理"课程内容也提供了遵循和指导。2011年,全球公共管理院校联盟(NASPAA)下属的非营利管理教育部门制定了非营利组织管理专业学生培养的六大能力准则。这六大能力准则包含的主题是:历史、价值观、伦理、理念、公信力、透明度、法律框架、组织创立、财务管理、创收、筹款及其伦理、使命、战略管理、治理、组织结构、运作管理、利益相关方关系、人力资源、志愿者管理以及问责、绩效、项目评估。该领域的另一个行业组织——非营利学术中心委员会则建立了关于非营利组织领导力、非营利部门和慈善事业的课程指南,这个指南分别就本科生和研究生的课程主题作了规定。

本书修订工作由张远凤和梅继霞合作完成,梅继霞承担第十、十二、十三章的修订任务,其余各章由张远凤完成。杨芳、刘泽时、亓子金、苗志茹、郑晓萍、韩泽慧、温珊珊、姚智妮等同学参与了各章章末案例的编写工作,熊永晴、王梦晗、韦秋蓉、刘圻炯、王彤、陈嘉伟、蔡润雨、彭江雪等同学参与了微案例的编写工作。特别感谢本书责任编辑韩月明老师,如果没有她的支持和帮助,此次修订是不可能顺利完成的。

本书可以用作本科生和研究生教材,也可以供研究者和实践者参考。期待读者批评指正!

张远凤
2023 年 6 月 28 日
于武汉南湖畔

目 录

第一章　非营利组织概论　/ 1
　　第一节　非营利组织的概念　/ 1
　　第二节　非营利组织的分类　/ 8
　　第三节　非营利组织的功能与贡献　/ 14
　　第四节　非营利组织的发展趋势　/ 22
　　本章案例　中国光谷的花山街社区基金会　/ 27

第二章　非营利组织基本理论　/ 31
　　第一节　国家—社会关系理论　/ 32
　　第二节　需求方理论　/ 35
　　第三节　供给方理论　/ 41
　　本章案例　一所"小而美"的乡村小学的前途　/ 46

第三章　国外非营利组织概况　/ 49
　　第一节　发达国家非营利部门　/ 50
　　第二节　发展中国家和转型国家的非营利部门　/ 61
　　第三节　国外非营利组织制度　/ 67
　　本章案例　给霍普金斯大学"造"个好邻居　/ 73

第四章　我国社会组织概况　/ 78
　　第一节　我国社会组织发展历程　/ 78
　　第二节　我国社会组织发展现状　/ 81
　　第三节　我国社会组织法律和政策　/ 89

第四节　社会组织党建　/ 97
　　本章案例　党建引领社会组织助力甘南脱贫攻坚　/ 106

第五章　非营利组织的创立　/ 109
　　第一节　社会创业者　/ 109
　　第二节　创业机会　/ 116
　　第三节　创业行动　/ 124
　　本章案例　私人美术馆的兴起与蝶变　/ 129

第六章　非营利组织的治理　/ 133
　　第一节　非营利组织治理概述　/ 133
　　第二节　我国社会组织的治理　/ 148
　　本章案例　阿拉善SEE生态协会的治理　/ 157

第七章　非营利组织战略管理　/ 161
　　第一节　基本概念与理论基础　/ 161
　　第二节　战略管理过程　/ 164
　　第三节　合作战略　/ 175
　　本章案例　好公益平台的公益产品规模化战略　/ 189

第八章　非营利组织项目管理　/ 194
　　第一节　非营利组织项目管理概述　/ 194
　　第二节　项目购买过程　/ 201
　　第三节　项目实施过程　/ 208
　　本章案例　"蓝信封"的项目管理　/ 213

第九章　非营利组织的财务管理　/ 218
　　第一节　制度基础　/ 218
　　第二节　非营利组织的财务管理　/ 227
　　第三节　非营利组织的筹资管理　/ 233
　　本章案例　壹基金的年度报告　/ 244

第十章　非营利组织人力资源管理　/ 249
　　第一节　受薪员工管理　/ 249
　　第二节　志愿者管理　/ 256
　　本章案例　"灯塔计划"的志愿者管理　/ 275

第十一章　非营利组织营销管理　/ 279
　　第一节　非营利组织营销的概念与特点　/ 279
　　第二节　非营利组织营销管理　/ 282
　　第三节　非营利组织营销方式　/ 293
　　本章案例　"蓝天救援"品牌管理　/ 303

第十二章　非营利组织评估　/ 306
　　第一节　非营利组织评估　/ 306
　　第二节　非营利组织绩效评估　/ 315
　　本章案例　基金会中心网的基金会透明度指数评价　/ 325

第十三章　非营利组织问责　/ 330
　　第一节　非营利组织问责概述　/ 330
　　第二节　非营利组织问责体系　/ 336
　　第三节　透明度与信息披露　/ 344
　　本章案例　自然之友参与环境公益诉讼　/ 346

第一章 非营利组织概论

> 非营利组织是人类改造的机构,其"产品"可以是一个康复的病人、一个有学习能力的孩子、一个年轻人成长为自尊自重的成年人,也可以是一个被完全改变的人生。
>
> ——〔美〕彼得·德鲁克①

第一节 非营利组织的概念

现代社会是一个组织化的社会,政府机构、企业和非营利组织(nonprofit organization, NPO)是现代社会的三种基本组织形态。人类的实践一再表明,没有一个健全的社会领域的支持,市场经济和民主政治都无法有效运行。② 20 世纪 70 年代以来,非营利组织在世界各国取得了快速发展。改革开放以后,非营利组织概念进入我国,在本土化过程中,逐渐演变为社会组织概念。

一、非营利组织概念

非营利组织作为一个概念,是 20 世纪 70 年代才流行起来的。在此之前,并没有一个统一的概念来指称政府与企业之外的各种组织,医院就是医院,学校就是学校,博物馆就是博物馆,基金会就是基金会……人们并未将它们视为同一类组织。对非营利组织的研究始于美国,随后很快扩散到其他国家。1978 年,一些学者在耶鲁大学由"非营利组织项目"(Program on Nonprofit Organizations, PON-

---

① 〔美〕彼得·德鲁克:《非营利组织的管理》,吴振阳等译,机械工业出版社 2007 年版,前言第 XIII 页。
② 王绍光:《多元与统一——第三部门国际比较研究》,浙江人民出版社 1999 年版,总序第 1 页。

PO)松散地联结起来,开始系统性地研究非营利组织在市场经济中的角色。非营利组织这个概念由此在学术界传播开来。①

由于历史文化和社会制度等方面的差异,各国指称这些组织时所使用的概念并不一致,内涵也不尽相同。无论是从政策角度,还是从学术角度,各国并没有形成对非营利组织的统一定义。尽管如此,国际上还是形成了一定的基本共识。20世纪90年代,美国霍普金斯大学的莱斯特·萨拉蒙(Lester M. Salamon)教授领导一个国际性研究团队,对五大洲40多个国家的非营利部门进行了比较研究。他们首先对非营利组织的概念进行了定义,这个定义后来被各国学者广泛引用。这是一个结构—运作性定义,关注非营利组织的结构性和运作性特征,从组织性、私立性、不分配利润、自治性和志愿性等五个方面概括了非营利组织的基本特点。②

第一,组织性(organized),即一定程度的组织化。一些国家要求非营利组织依法注册成为法人实体,其他一些国家则无此要求。即便不注册,组织性也可以通过合法的章程、内部组织结构、相对持续的目标和活动以及明确的组织边界(比如会员和非会员)来体现。临时聚集起来的、没有明确的组织结构和成员身份的一群人不能被视为一个非营利组织。

第二,私立性(private),即在制度上独立于政府。非营利组织在本质上是"非政府"的,也就是说它们不是政府的组成部分。这不是说非营利组织不能接受政府的资助,或者说政府官员不能成为非营利组织的成员,而是强调非营利组织具有独立于政府机构的法人身份,不是政府的一个组成单位,因此也不行使政府职权。

第三,不分配利润(non-profit-distributing)或者说"不分配约束"。这是非营利组织与营利性组织(即企业)之间的根本区别。非营利组织没有投资者,也没有利润。非营利组织可能会有盈余,但不能将盈余分配给任何个人,包括创始人、出资人、捐赠者、理事、管理人员或其他利益相关方,而只能将其运用于与组织使命相关的活动。这是由非营利组织特殊的所有权安排和治理结构决定的。非营利组织没有股东,其财产归法人所有。理事会不是由股东构成,而是由志愿

---

① Helmut K. Anheier, *Nonprofit Organizations: Theory, Management, Policy*, 2nd ed., Routledge, 2014, pp. 14-17.

② Lester M. Salamon, *America's Nonprofit Sector: A Primer*, 3rd ed., Foundation Center, 2012, pp. 14-16;〔美〕莱斯特·M. 萨拉蒙等:《全球公民社会——非营利部门国际指数》,陈一梅等译,北京大学出版社2007年版,第12—13页。

者组成,理事会成员不享有剩余索取权,也不享有分红权。因此,从制度设计上看,非营利组织是使命导向而不是利润导向的,营利不是它们的目的。

第四,自治性(self-governing),即非营利组织自主决策并承担后果。为了满足这一条件,非营利组织必须享有自治权,即它们必须具备自己的内部治理结构,其决策和执行都要遵循一定的程序,以便实现自我控制。

第五,志愿性(voluntary)或非强制性(non-compulsory)。一方面,非营利组织普遍用到志愿者,志愿服务不以获取物质酬劳为目的。另一方面,"志愿"还意味着"非强制"。不应强迫他人加入组织,也不应强迫他人捐赠金钱、实物或提供服务。

不过,由于各国情况千差万别,各国非营利组织在这五个方面的具体表现存在很大差异。比如,有学者认为,我国的非营利组织尚不完全具备私立性、自治性和志愿性等特征。①

除了萨拉蒙的定义以外,还有一些定义从目的、所有权安排、资源获取方式等方面对非营利组织进行了界定。美国的财务会计准则委员会(Financial Accounting Standards Board,FASB)将非营利组织定义为符合以下特征的实体:一是该实体从捐赠者处获得资源,但捐赠者并不因此要求得到同等或成比例的资金回报;二是该实体不以获取利润为目的;三是该实体不存在所有者权益。有的学者从法律角度定义非营利组织。比如,在美国法律框架下,非营利组织的基本特征是不得向理事和管理者等控制人分配利润(或净收益)。利润分为两种,一种是实体(entity)层面的利润,另一种是所有权(ownership)层面的利润。营利性组织和非营利性组织都能够产生实体层面的利润,两类组织的根本差别在于第二个层面的利润。② 德鲁克的定义别具一格:非营利组织的共同特点不在于其"非营利性",也不在于其"非政府性",非营利组织是人类改造的机构,其"产品"可以是一个康复的病人、一个有学习能力的孩子、一个年轻人成长为自尊自重的成年人,也可以是一个被完全改变的人生。③

---

① 何增科:《中国公民社会组织发展的制度性障碍分析》,《宁波党校学报》2006年第6期,第23—30页。
② Bruce R. Hopkins and Virginia C. Gross, "The Legal Framework of the Nonprofit Sector in the United States," in David O. Renz and Associates, eds., *Nonprofit Leadership and Management*, 3rd ed., John Wiley & Sons, 2010, p. 43.
③ 〔美〕彼得·德鲁克:《非营利组织的管理》,吴振阳等译,机械工业出版社2007年版,前言第XIII页。

综合考虑上述观点，本书将非营利组织定义为不以营利为目的，开展各种志愿性的公益性或互益性活动的非政府的自治性组织。

二、非营利组织的相近概念

非营利组织有很多相近概念，其中最常见的是非政府组织(non-governmental organization，NGO)。"非政府组织"一词最早出现在联合国相关文件之中。1945年通过的《联合国宪章》第71条首次使用了"非政府组织"这个概念。1950年，联合国经社理事会在第288(X)号决议中首次将国际非政府组织界定为"不是根据政府间协议建立的国际组织"。[①] 1968年，联合国经社理事会通过的1296号决议中确立了非政府组织与经社理事会的法律关系，对它的咨询地位作了进一步的确认，同时成立非政府组织委员会负责该组织的咨询地位和观察员身份的确认与登记。另外，联合国在2003年通过的相关文件中将非政府组织描述为："在地方、国家或国际组织起来的非营利的自愿的公民团体。"[②]

现在，世界上几乎所有国家都存在非政府组织。从上述定义可以看出，非政府组织起初是指得到联合国承认的国际非政府组织，后来也包括发达国家中以促进第三世界国家发展为目的的非政府组织。在西方国家的一些特定语境中，非政府组织指发展中国家的非营利组织，强调这些组织同政府的区别。

尽管非政府组织被视为与非营利组织最为接近的概念，但二者在语义上还是存在一些差异。一般来说，非营利组织既表明这类组织与企业(营利性组织)一样属于私人部门，又强调这类组织与企业之间的区别在于其不以营利为目的，即非营利性。而非政府组织则既表明这类组织与政府机构一样是为公共利益服务的，同时又强调它们独立于政府机构，不是政府的组成部分。

在不同国家，人们对这两个概念的理解和使用存在明显差别。比如，在日本，非营利组织和非政府组织是两个不同的概念。非营利组织是指日本国内以社区为基础开展各种公益活动的社会组织。非政府组织则是指致力于日本国外，以开发援助、国际协力、灾害救助、扶贫环保等公益活动为主的社会组织。[③] 此外，在一些发展中国家，人们比较熟悉非政府组织这个概念，而不怎么使用非营利组织这个概念。

[①] 何志鹏、刘海江：《国际非政府组织的国际法规制：现状、利弊及展望》，《北方法学》2013年第4期，第125—132页。

[②] 马全中：《非政府组织概念再认识》，《河南社会科学》2012年第10期，第36—39页。

[③] 王名、李勇、廖鸿、黄浩明编著：《日本非营利组织》，北京大学出版社2007年版，第46页。

除了非营利组织和非政府组织这两个最为常见的概念之外,各国根据自己的传统和习惯创造了很多概念来称呼这类组织,比如第三部门、慈善组织、志愿组织、免税组织、社会经济部门、草根组织和独立部门等,下面对部分概念作具体介绍。

第三部门指政府与企业之外的组织。第三部门这个概念最早是由美国学者西奥多·莱维特(Theodore Levitt)在1973年提出来的。[①] 他认为,以往把组织分为公共组织与私人组织的方法过于简单,忽略了一大批在政府与企业之间的社会组织。这些组织所从事的往往是政府与企业不愿意做或做不了、做不好的事情。于是,他将政府称为第一部门,企业称为第二部门,非营利组织称为第三部门。

志愿组织是志愿者构成的组织或基于志愿精神建立的组织。在一些文献中,非营利组织也被称为志愿组织。一般说来,在发展中国家,志愿活动往往是非正式的,组织化程度不高;而在发达国家,志愿活动的组织化程度比较高。

草根组织指由民间自发成立,扎根城乡社区,自主开展活动的自下而上形成的民间组织[②]。草根组织强调组织的基层性,它们自发组建于基层,同时又为基层民众服务。如美国的社区发展公司(Community Development Corporation,CDC)和我国的农村专业协会等。

非营利组织在世界各国都享有税收优惠,因此也被称为**免税组织**。又由于非营利组织以解决社会问题、创造社会价值为使命,并且对经济增长和就业也有显著贡献,因此在一些欧洲国家,尤其是德国和意大利,非营利组织也被称为**社会经济部门**。[③]

为了强调非营利组织的自治性及其不从属于政府与企业的特点,非营利组织有时也被称为**独立部门**。[④] 然而,随着政府与市场在公益慈善领域的介入日益深化,一方面越来越多的非营利组织接受政府的资助,另一方面越来越多的非营利组织采取企业化管理和商业化运作,其与政府和市场的关系越来越密切,"独立性"也越来越弱。

---

① Theodore Levitt, *The Third Sector: New Tactics for a Responsive Society*, AMACOM, 1973.
② 徐宇珊:《中国草根组织发展的几大趋势》,《学会》2008年第1期,第5—9页。
③ S. Mertens, "Nonprofit Organizations and Social Economy: Two Ways of Understanding the Third Sector," *Annals of Public & Cooperative Economics*, Vol. 70, No. 3, 1999, pp. 501-520.
④ V. A. Hodgkinson, *Nonprofit Almanac: Dimensions of the Independent Sector*, Jossey-Bass Publishers, 1996.

三、社会组织概念

在我国,非营利组织起初被称为**中介组织**,后来被称为**民间组织**,现在被称为**社会组织**。中介组织概念在 20 世纪 80 年代至 90 年代中期较为流行。中介组织是指那些介于政府与市场之间,参与社会管理,提供中介服务的各类社会组织,它们在社会经济发展中发挥服务、沟通、协调、鉴证、监督等功能。[①] 一般而言,中介组织主要是指行业协会、商会等社团组织。1987 年,民政部设立民间组织管理局,"民间组织"成为官方使用的概念。

2006 年,党的十六届六中全会提出了"社会组织"概念。2012 年 11 月 8 日,胡锦涛总书记在中国共产党第十八次全国代表大会上所作的报告中提出"加快形成政社分开、权责明确、依法自治的现代社会组织体制"。此后,党和政府的各种文件普遍使用"社会组织"概念。比如,党的十八大、十九大、二十大报告和近年政府工作报告都使用了"社会组织"概念。2016 年 8 月 30 日,民政部民间组织管理局正式更名为社会组织管理局。"中国社会组织网"和"全国社会组织信用信息公示平台"都使用"社会组织"概念。

社会组织在法律意义上的本质属性仍然是非营利性。财政部 2004 年颁布的《民间非营利组织会计制度》中首次使用了"民间非营利组织"概念,其中第 2 条规定,民间非营利组织包括依照国家法律、行政法规登记的社会团体、基金会、民办非企业单位和寺院、宫观、清真寺、教堂等。同时还规定了民间非营利组织应当具备三个条件:第一,该组织不以营利为宗旨和目的;第二,资源提供者向该组织投入资源不取得经济回报;第三,资源提供者不享有该组织的所有权。2020 年颁布的《中华人民共和国民法典》(简称《民法典》)第 87 条规定:为公益目的或者其他非营利目的成立,不向出资人、设立人或者会员分配所取得利润的法人,为非营利法人。非营利法人包括事业单位、社会团体、基金会、社会服务机构等。其中,社会团体、基金会和社会服务机构(民办非企业单位)都属于社会组织。

在我国,与"社会组织"密切相关的概念还有"慈善组织"和"志愿服务组织"等。2016 年颁布的《中华人民共和国慈善法》(简称《慈善法》)提出了"慈善组织"概念,其是指"依法成立、符合本法的规定,以面向社会开展慈善活动为宗旨的非营利性组织。慈善组织可以采取基金会、社会团体、社会服务机构等组织形

---

① 龚禄根主编:《中国社会中介组织发展研究》,中国经济出版社 2006 年版,第 4 页。

式"。2017年颁布的《志愿服务条例》规定,"志愿服务组织,是指依法成立,以开展志愿服务为宗旨的非营利性组织","志愿服务组织可以采取社会团体、社会服务机构、基金会等组织形式"。可见,慈善组织和志愿服务组织都是符合相关法律规定的特定的社会组织。

在我国,社会组织概念有狭义和广义之分。狭义的社会组织是指在民政部门登记的社会组织,包括社会团体、民办非企业单位(社会服务机构)和基金会三种法律形式。广义的社会组织还包括免予登记和未登记的社会组织。

社会团体是最为传统的一种社会组织类型。《社会团体登记管理条例》(2016年修订)第2条规定,社会团体是指中国公民自愿组成,为实现会员共同意愿,按照其章程开展活动的非营利性社会组织。社会团体(简称社团)主要包括行业性社团(行业协会和商会)、学术性社团、专业性社团、联合性社团等。机构名称中通常带有社、协会、商会、学会、研究会、促进会、联合会等字样。

民办非企业单位是一个过渡性概念,《民法典》和《慈善法》已改称为"社会服务机构"。1998年公布的《民办非企业单位登记管理暂行条例》第2条规定,民办非企业单位,是指企业事业单位、社会团体和其他社会力量以及公民个人利用非国有资产举办的,从事非营利性社会服务活动的社会组织。顾名思义,社会服务机构是以提供服务为主的非营利组织,包括非营利性的学校、医院、科研院所、体育俱乐部、福利机构、艺术表演团体、法律援助中心、环保组织等。

基金会扮演着为非营利组织提供资源的角色。2004年公布的《基金会管理条例》第2条规定,基金会是指利用自然人、法人或者其他组织捐赠的财产,以从事公益事业为目的,按照本条例的规定成立的非营利性法人。第3条规定,基金会分为面向公众募捐的基金会(公募基金会)和不得面向公众募捐的基金会(非公募基金会)。公募基金会按照募捐的地域范围,分为全国性公募基金会和地方性公募基金会。非公募基金会,按照发起人以及设立目的的不同可以分为公益机构基金会、企业基金会、名人基金会和纪念型基金会。公益机构基金会是指专门为某公益机构(如大学、博物馆、医院或文化机构等)设立的基金会,一般以该机构名称命名。如北京大学教育基金会、清华大学教育基金会等。企业基金会是企业出资设立的致力于公益事业的基金会,一般以企业或企业家名字命名,比如卓尔集团设立的湖北卓尔公益基金会。名人基金会是以知名人士的财产或遗产为原始资金设立的基金会,如李连杰创立的深圳壹基金公益基金会(简称壹基金)、韩红设立的北京韩红爱心慈善基金会(简称韩红基金)。纪念型基金会是名人基金会的一种特殊类型,如陈嘉庚科学奖基金会、宋庆龄基金会等。

广义的社会组织除了上述注册登记的社会组织之外，还包括免予登记和未登记的社会组织。2000年公布的《民政部关于对部分团体免予社团登记有关问题的通知》规定，免予登记的团体包括两类：一是指参加中国人民政治协商会议的八大人民团体，二是经国务院批准可以免予登记的社会团体。① 这个文件既规定了23家社团免予在民政部门登记，同时也相当于认可了它们的社会团体属性。

由于社会组织注册登记门槛较高等方面的原因，我国还存在大量未登记的社会组织，包括党政机关、事业单位和人民团体内设的二级机构，比如各个大学内部设立的学术团体和学生社团。比如，北京大学耕读社是北京大学学生建立的一个社团，倡导"晴耕雨读，陶养心灵，圣贤为伍，师友同行"的耕读精神。自2002年成立以来，吸引了一批又一批学生加入，一起诵读《论语》《周易》《道德经》等传统经典。还有很多民间草根组织也没有在民政部门注册登记，比如大量的社区社会组织由于达不到注册登记的条件，往往由地方政府实施备案管理。②

第二节 非营利组织的分类

分类是我们认识复杂事物最常用的基本方法。认识非营利组织的第一步就是对其进行分类。对非营利组织进行分类和统计，可以为公众提供准确的信息，便于决策者做出更为可靠的决策，从而促进非营利部门的发展。玛丽·福莱特（Mary Follett）曾经说过，世界上的万事万物并不是为了人们的分类方便而存在的。我们在对复杂事物进行分类的时候，总是存在一些事物，不知放到哪一类才好。对非营利组织进行分类的时候，也面临着同样的困难。这是因为，非营利组织十分庞杂，其活动领域几乎涉及社会生活、经济生活和政治生活的所有方面。不

---

① 目前，这两类免予民政部门登记的团体一共有23家，被统称为"群众团体"，可以概括为"8+15"框架："8"指的是列入中国人民政治协商会议界别的8大人民团体（即全国总工会、共青团、全国妇联、中国科协、全国侨联、全国台联、全国青联、全国工商联），"15"指的是经国务院批准免予登记的15家群团组织，包括中国作协、中国文联、中华全国新闻工作者协会、中国人民对外友好协会、中国人民外交学会、中国贸促会、中国残联、中国宋庆龄基金会、中国法学会、中国红十字总会、中国思想政治工作研究会、欧美同学会、黄埔军校同学会、中华职业教育社、中国计划生育协会。这23个群众团体代表我国各个层面、各个领域、各个阶层、各条战线的人民群众。参见朱鸣：《法律中"社会团体"概念使用的演进》，《中国民政》2021年第4期；康晓强：《群众团体与人民团体、社会团体》，《社会主义研究》2016年第1期。

② 叶桑：《杭州市出台〈社区社会组织登记和备案管理暂行办法〉》，《中国社会组织》2019年第9期，第17页；高红、张志勤：《备案制与我国基层社会组织发展创新》，《中共青岛市委党校（青岛行政学院学报）》2012年第5期，第49—53页。

仅如此,不同的非营利组织的规模、功能、性质、组织方式和运作方式也千差万别。

人们从多个维度对非营利组织进行了分类。从活动领域角度,可以分为多个行业;从法律角度,可以分为不同类型的法人组织;从公益性与互益性角度,可以分为会员制或非会员制组织;从其与政府的关系角度,可以分为政府背景的组织和草根组织;从功能分工角度,又可以分为资助型组织和运作型组织。其中,按照活动领域进行分类最为直观,也最为复杂。

本节首先介绍国际非营利组织分类体系,再介绍美国非营利组织分类体系,最后介绍基于国际非营利组织分类体系建立的中国社会组织分类体系。

一、国际非营利组织分类体系

联合国国际产业标准分类体系(International Standard Industrial Classification of All Economic Activities, ISIC)没有对非营利机构(Nonprofit Institutions, NPI)进行单独分类。因为联合国国际产业标准分类体系是按照产品和服务类型来分类的,但是非营利组织的识别取决于法律、结构和运作特征,而不是产品和收入方面的特征,所以它并不在联合国国际产业标准分类体系的特定类别中,而是分散在各个类别中。虽然非营利组织主要集中在教育、健康和社会工作等活动领域,但是同时也分散在联合国国际产业标准分类体系的任何一个类别之中。[①]

为了弥补联合国国际产业标准分类体系之不足,帮助各国统计机构将非营利机构纳入经济统计体系,提供更准确的信息,联合国统计署与萨拉蒙教授领导的研究团队合作,于1996年推出了国际非营利组织分类体系(International Classification of Nonprofit Organizations, ICNPO),又于2007年和2008年对该分类体系进行了修订,很快就有十几个国家将其纳入国民账户体系。[②] 该分类体系将非营利组织分为12大类、27小类,参见表1-1。

[①] 除了ISIC之外,还有欧共体经济活动统计分类体系(Statistical Classification of Economic Activities in the European Community, NACE)。这个体系是欧盟委员会(European Commission)在联合国统计署的资助下和ISIC的指导下开发的,并于2002年发布第一版,于2008年发布第二版。按照构想,ISIC是一个国际层面的统计分类体系,NACE是欧洲层面的统计分类体系,欧共体各国在NACE指导下开发国家层面的统计分类体系。与ISIC一样,NACE并没有专门定义非营利组织的活动领域。参见European Commission, "Statistical Classification of Economic Activities in the European Community," 2008, p. 13, https://ec.europa.eu/eurostat/statistics-explained/index.php?%20title=Glossary:Statistical_classification_of_economic_activities_in_the_European_Community_(NACE), 2023年4月20日访问。

[②] 资料来源:http://www.stats.gov.cn/english/SS/IS/200211/t20021118_27193.html, 2023年4月20日访问。

表 1-1　国际非营利组织分类体系(ICNPO)

1. 文化和娱乐
   1 100 文化和艺术
   1 200 体育
   1 300 其他休闲娱乐和社交俱乐部
2. 教育和研究
   2 100 初等和中等教育
   2 200 高等教育
   2 300 其他教育
   2 400 研究
3. 健康(Health)
   3 100 医院和康复
   3 200 护理机构
   3 300 心理健康和危机干预
   3 400 其他健康服务
4. 社会服务
   4 100 社会服务
   4 200 应急和救援
   4 300 收入支持和维持
5. 环境
   5 100 环境
   5 200 动物保护
6. 发展和住房
   6 100 经济、社会和社区发展
   6 200 住房
   6 300 就业和培训
7. 法律、倡导和政治
   7 100 公民组织和倡导性组织
   7 200 法律和法律服务
   7 300 政治组织
8. 慈善中介和志愿精神推广
   8 100 慈善中介和志愿精神推广
9. 国际
   9 100 国际活动
10. 宗教
    10 100 宗教机构和协会

(续表)

11. 商业协会、职业协会和工会
　　11 100 商业协会、职业协会和工会
12. 其他组织
　　12 100 其他组织

资料来源：Lester M. Salamon and Helmut K. Anheier, "The International Classification of Nonprofit Organizations: ICNPO-Revision 1, 1996," Working Papers of the Johns Hopkins Comparative Nonprofit Sector Project, No. 19, The Johns Hopkins Institute for Policy Studies, 1996。

迄今为止，已有20多个国家的统计部门采用或借鉴国际非营利组织分类体系，将其纳入国民经济统计系统，定期提供非营利组织的统计数据，为非营利组织相关的公共政策和学术研究提供了重要支持，也使得各国非营利组织的统计信息具有一定程度的可比性。更为重要的是，分类和统计使得非营利组织受到了全社会的关注，而不再只是一个"隐形的次大陆"①。

二、美国非营利组织分类体系

美国是对非营利组织研究最为系统、最为深入的国家之一，也是主要依靠税收政策对非营利组织实施规制的国家。为了适应公共政策和学术研究的需要，美国很早就对非营利组织进行了分类。分类体系主要有两种，即全国免税实体核心代码体系（National Taxonomy of Exempt Entities-Core Codes, NTEE-CC）和联邦税法分类体系。美国非营利组织分类并非一蹴而就，而是在长期实践过程中演变而来的。

全国免税实体核心代码体系是美国国税局（Internal Revenue Service, IRS）和全国慈善统计中心（National Center for Charitable Statistics, NCCS）采用的非营利组织分类体系。美国的基金会中心（Foundation Center）也采用这个体系来对拨款和拨款接收方（一般是政府或非营利组织机构）进行分类。

全国免税实体核心代码体系是在20世纪80年代由全国慈善统计中心和一些主要的非营利组织合作开发的，目的是便于对各类非营利组织及其活动信息进行收集、制表、演示和分析，使各种公共和私人机构收集和发布的有关非营利组织数据具有统一性和可比性，从而为公共政策制定者和研究者提供高质量的信息，促进非营利部门的发展。到20世纪90年代末，美国国税局有关专家对此

---

① 〔美〕莱斯特·M. 萨拉蒙：《撬动公益——慈善和社会投资新前沿导论》，叶托、张远凤译，社会科学文献出版社2017年版，第2页。

分类体系进行了简化，形成了今天的全国免税实体核心代码体系。全国免税实体核心代码体系将美国非营利组织分为 A-Z 共 26 大类，可见美国非营利组织的活动范围之广泛，功能之多样。

尽管全国免税实体核心代码既为公共政策服务也为学术研究服务，但是税收政策仍是各个利益集团博弈最为激烈的一个领域。美国现行税法对非营利组织的分类比全国免税实体核心代码更为复杂，它主要不是考虑分类的逻辑合理性，而是体现了利益集团博弈的结果。

美国现行税法规定了各种非营利组织可以享受的联邦所得税免税待遇，见表 1-2。总的来看，美国现行税法对公益性组织的税收优惠力度要大于会员型组织，越是为处境不利群体服务的机构得到的免税优惠越多，力度越大。

表 1-2 美国现行税法规定的免税组织类型

序号	税法条款	免税组织类型	序号	税法条款	免税组织类型
1	220(e)	医疗储蓄账户	21	501(c)(18)	雇员养老金信托
2	401(a)	合格的养老金计划	22	501(c)(19)	退伍军人组织
3	408(e)	个人退休计划	23	501(c)(20)	群体法律服务计划
4	501(c)(1)	按照国会法律成立的法人	24	501(c)(21)	黑肺症福利信托
5	501(c)(2)	享有权利的法人	25	501(c)(22)	撤销债务付款信托
6	501(c)(3)	宗教、教育、慈善、科学等组织	26	501(c)(23)	1880 年以前的老兵组织
7	501(c)(4)	市民联合会、社会福利组织	27	501(c)(24)	退休基金
8	501(c)(5)	劳工、农业组织	28	501(c)(25)	享有权利的公司或信托
9	501(c)(6)	企业联合会	29	501(c)(26)	州发起高风险健康保险组织
10	501(c)(7)	社交、休闲俱乐部	30	501(c)(27)	州发起工人报酬再保险组织
11	501(c)(8)	兄弟会受益人社团	31	501(c)(28)	全国铁路退休投资信托
12	501(c)(9)	志愿性员工受益人社团	32	501(c)(29)	合格非营利健康保险发行人
13	501(c)(10)	国内兄弟会社团	33	501(d)	宗教组织
14	501(c)(11)	教师退休基金	34	501(e)	合作医疗服务组织

(续表)

序号	税法条款	免税组织类型	序号	税法条款	免税组织类型
15	501(c)(12)	仁爱社团	35	501(f)	合作教育服务组织
16	501(c)(13)	公墓公司	36	501(k)	儿童照顾服务组织
17	501(c)(14)	州特许信贷联盟、共同基金	37	501(n)	慈善风险资金池
18	501(c)(15)	互助保险公司	38	521	农民合作社
19	501(c)(16)	农作物生产金融公司	39	527	政治组织
20	501(c)(17)	补充性失业福利信托	40	529	州发起的合格的学费项目

资料来源：Lester M. Salamon, *America's Nonprofit Sector: A Primer*, 3rd ed., Foundation Center, 2012, pp. 10-11, 另外还根据美国现行税法补充501(c)(20)、501(c)(28)、501(c)(29)。

三、中国社会组织分类体系

2007年，为了规范和统一民间组织的统计管理，民政部参考借鉴了联合国《国民账户体系非营利机构手册》(*Handbook on Non-Profit Institutions in the System of National Accounts*)，在国际非营利组织分类体系的基础上开发出了我国社会组织的分类标准，并以此为统计口径收集和发布相关信息。该分类标准将我国社会组织分为5大类14小类，参见表1-3。

表1-3 社会组织分类标准及指标解释

大类	小类	类别名称	指标解释
经济	1	工商服务类	工业、商业、服务业等经济类行业组织，包括商会
	2	农业及农村发展	直接为农业及农村发展服务的组织
科学研究	3	科学研究	从事自然科学、社会科学研究的组织，包括思想政治工作研究会
社会事业	4	教育	从事各种教育活动的组织
	5	卫生	从事各种医疗、卫生、保健服务的组织
	6	文化	从事文学、艺术、娱乐、收藏、新闻、媒体、出版等方面的组织
	7	体育	从事各种体育运动、健身活动的组织
	8	生态环境	从事动物、植物保护、环境保护及治理的组织

(续表)

大类	小类	类别名称	指标解释
慈善	9	社会服务	从事社会福利、救灾救助、社会保障及社会事务的组织
综合	10	法律	从事各种法律研究、咨询、援助、代理的组织
	11	宗教	各类宗教及宗教交流组织
	12	职业组织	职业协会、专门行业从事者组织
	13	国际及涉外组织	国际性非营利组织、外国商会、境外非营利组织驻华机构等
	14	其他	校友会、友好协会及其他未列明的组织

资料来源：国务院发展研究中心社会发展研究部课题组：《社会组织建设：现实、挑战与前景》，中国发展出版社2011年版，第52页。

同时，我国社会组织按照法律形式又分为社会团体、基金会和民办非企业单位等三种类型。2007—2017年，民政部每年发布《民政事业发展统计公报》或《社会服务发展统计公报》，对社会团体和民办非企业单位的数量及分布按照上述14类进行统计，对基金会则分为具有和不具有公开募捐资格两大类进行统计。同时，社会组织较为集中的教育和医疗领域，教育部和卫健委近年来发布的年鉴中，也提供了各自领域非营利组织的统计数据。然而，由于社会组织往往不止在一个领域开展活动，将每个社会组织归入某一个类别的统计方式有一定的不合理之处。

第三节 非营利组织的功能与贡献

尽管非营利组织是具有独立地位的法人实体，但是它在性质和功能方面与政府和企业并不是截然分开的，相反，它们之间的边界越来越模糊。事实上，非营利组织是在与其他部门的联系中发挥功能、作出贡献的。只有将非营利组织放在与政府和企业的关系中，才能深刻理解其功能与贡献。

一、非营利组织与政府的区别与联系

政府、企业和非营利组织构成了现在社会的三大部门。秦晖按照财产性质（公共性还是私人性）和运作目的（公益性还是私益性）两个维度来对这三类组织进行区分，政府是以公益为目的的公共组织，企业是以私益为目的的私人组

织,而非营利组织则是以公益为目的的私人组织。[①] 在现实中,如果我们深入考察每个非营利组织的具体特征就会发现,无论财产性质还是运作目的,都不是绝对的,而是在一定程度上区别于其他类型的组织。

总的来看,大多数非营利组织与政府和企业的区分度比较显著,但有一些可能具有政府机构的某些特征,还有一些则可能具有企业的某些特征。以我国的情况为例,社会组织与政府之间存在从官办社会组织到草根社会组织的差序格局,社会组织与企业之间则存在一个从慈善到商业的连续光谱。前者是我国特有的,后者则是一种普遍现象。

杨团借鉴费孝通先生的"差序格局"概念来表达我国社会组织与政府之间的关系。[②] 这里采用广义的"社会组织"概念,将群团组织和红十字会等不在民政部门登记的社会团体也包括在内。杨团以行政级别、人事编制和财政供给三个特征来定义政府机构属性,按照社会组织具备政府机构属性的程度高低将其分为四种类型:政府性组织、准政府性组织、准自治性组织和自治性组织。政府性组织以群团组织为代表,它们是兼具政治性、行政性和社会性的社会团体,其机构具有行政级别,人员具有公务员编制或事业编制,经费主要由财政供给。准政府性组织以红十字会系统为代表,它们与群团组织的待遇相似,但部分人员采取聘用制。准自治性组织以政府背景的慈善总会和基金会为代表,它们与群团组织、红十字会和民政部门等机构有着密切联系,因此机构具有准行政级别,人员都是聘用制,又因为具有公开筹款资格,所以无需财政供给。除了这三类之外,社会组织中数量最多的还是自治性组织,不具备上述三个特征。

二、非营利组织与企业的区别和联系

非营利组织与企业之间互相渗透,产生了社会企业这类混合性组织。J. 格雷戈里·迪斯(J. Gregory Dees)等人提出了著名的"社会企业光谱"[③]。在纯粹的非营利组织(慈善组织)与纯粹的营利性组织(企业)之间出现了各种各样的混合性组织,如表1-4所示。

---

① 秦晖:《政府与企业以外的现代化——中西公益事业史比较研究》,浙江人民出版社1999年版,第5—10页。
② 杨团:《尽快启动社会组织存量改革 推进社会协治》,《行政管理改革》2015年第4期,第4页。
③ J. Gregory Dees and Beth Battle Anderson, "Sector-bending: Blurring Lines Between Nonprofit and For-profit," *Society*, Vol. 40, No. 4, 2003, pp. 16—27.

表 1-4 从慈善到商业的连续光谱

特征	非营利组织（慈善组织）	混合性组织（社会企业）	营利性组织（企业）
动机	利他主义 志愿精神 使命驱动	混合动机 使命与利益驱动 社会、经济、环境价值并重	私人利益 市场驱动 经济价值
受益人	低价或免费	补助、付费与免费混合方式	市场价格付费
资金	慈善捐赠与政府补助	低于市场价格的资金或捐赠与市场价格资金的混合	价格获取资金
人力资源	员工、志愿者	员工、志愿者	员工
供应商	捐赠与购买	特殊折扣、捐赠与全价供货相混合	市场价格购买

资料来源：严中华编著：《社会创业》，清华大学出版社 2008 年版，第 46 页。本表在原文基础上略有调整。

混合性组织从两个方向发展而来。一方面，一些非营利组织迫于资源竞争的压力，采取商业手段来获得资源，甚至绕过产权性质的约束而进入资本市场获取资源。另一方面，一些商业企业在追求利润的同时，主动承担对社会和环境的责任，甚至将社会责任和环境责任放在比经济责任更优先的位置。混合性组织可以采取非营利组织的形式，也可以采取营利性组织的形式。

大自然万紫千红，红黄蓝是三原色。只要掌握了三原色的调配规律，可以调制出任何一种色彩。政府、企业和非营利组织就是现代社会组织形态的"三原色"，其他组织形态皆可看作这三种组织形态的某种混合形式。政府、企业和非营利组织的特征要素一定程度上也可以调和，形成多种多样的混合性组织。不过，保持原色的纯粹性仍然是必要的，任何混合性组织最终还是要归属于其中一种法人形式，这为三类组织的健康发展与良性互动提供了法律和制度保障。

三、非营利组织的功能

萨拉蒙认为非营利组织的主要功能是提供服务、政策倡导、表达诉求、社区建设和创造社会资本、维护价值观及社会动员。[①] 彼得·弗鲁姆金（Peter Frumkin）

---

① Lester M. Salamon, *America's Nonprofit Sector: A Primer*, 3rd ed., Foundation Center, 2012, pp. 21-24.

的观点与之类似,但是更加理论化。① 弗鲁姆金从两个维度来分析非营利组织的功能。第一个维度考虑某个行动主要是需求导向还是供给导向的,也就是说这项行动是为了提供服务满足需求,还是为了创办机构增加供给;第二个维度涉及对非营利组织的价值评判,即某项行动是符合工具理性,还是表达理性。所谓工具理性就是某一行动是实现社会公益的手段或工具,所谓表达理性是说某一行动是为了表达某种诉求、价值观或信仰。根据这两个维度,可以将非营利组织的功能分为四类:提供服务、社会创业、公民行动与政治参与、价值观与信仰表达。参见表1-5。

表1-5 非营利组织的四种功能

	需求导向	供给导向
工具理性	提供服务:提供所需服务,应对市场失灵和政府失灵	社会创业:创办非营利组织,增加服务供给能力
表达理性	公民行动与政治参与:动员公民参与政治活动;倡导某种诉求;在社区中建设社会资本	价值观与信仰表达:允许志愿者、员工和捐赠者在工作中表达价值观、承诺和信仰

资料来源:Peter Frumkin, *On Being Nonprofit: A Conceptual and Policy Primer*, Harvard University Press, 2005, p.25。

这四大功能环环相扣、紧密联系,构成非营利组织的基本逻辑。第一类功能"提供服务"是需求导向和工具理性的结合点,也就是说非营利组织作为提供服务的工具,能够满足政府和市场未能满足的服务需求。第二类功能"社会创业"是供给导向和工具理性的结合点。非营利组织能够提供服务,但是,谁来创办非营利组织呢?这就需要社会创业,要建立一套机制鼓励人们创办和运营非营利组织。这两类功能都是工具性的。第三类功能"公民行动和政治参与"是需求导向和表达理性的结合点。根据经济学基本常识我们知道,资源与需求相比永远是稀缺的,非营利组织的资源并不能满足所有的服务需求。那么,提供什么服务,又为谁提供服务呢?公民行动与政治参与就是要解决这个问题。公众通过一定的途径和方式表达服务需求,决策者根据这些信息做出资源分配决策。除

---

① Peter Frumkin, *On Being Nonprofit: A Conceptual and Policy Primer*, Harvard University Press, 2005, pp.20-21.

了参与公共政策之外,增加社会资本也是非营利组织的目的。前面三类功能的活动必须建立在正当性、合法性与合理性的基础上,这就涉及第四类功能,即供给导向和表达理性的结合点,也是四大功能中最基础最重要的功能,价值观和信仰表达。后两类功能都是价值性的。尽管弗鲁姆金对非营利组织功能的分类比较系统,但是这些基本功能的实现方式主要是根据美国经验归纳出来的,不一定适用于其他国家。

四、非营利组织的贡献

非营利组织在满足社会多元化需求、提高公共产品供给效率和建立更优的社会保障体系等方面,发挥着越来越重要的作用。非营利组织不仅属于社会部门,而且是重要的经济部门,在政治领域中也能发挥独特的作用。

（一）对社会领域的贡献

非营利组织对社会领域的贡献主要体现为解决社会问题、提供公共服务、维护公平正义、创造社会资本和促进社会和谐等方面。

非营利组织扎根于社区,能够及时发现问题和解决问题。比如,在20世纪80年代,中国青少年发展基金会首先注意到农村贫困儿童失学问题,并通过"希望工程"动员社会力量来帮助政府解决这个问题。自1989年以来,该项目已经募集社会捐款累计超过100亿元,建设希望小学18 000万多所,资助495万名农村贫困学生继续学业。[①] 2011年,记者邓飞为解决贫困地区学生没有午饭吃的问题,发起成立了"免费午餐"基金公募计划来为贫困家庭的学生提供午餐,并且带动了政府介入,力图最终在全国范围内解决这个问题。

非营利组织通过服务促进了社会公平和正义。目前,我国每年募集善款上千亿元;据民政部统计,2021年,全国社会组织获得捐赠收入1 192.5亿元[②],在减贫济困、救灾防灾、安老抚幼、助学助医、脆弱群体帮扶等领域开展活动,对完善社会保障体系、促进第三次分配起到了补充作用。

非营利组织通过捐款、捐物和参与志愿活动等方式加强社会成员之间的联

---

① 李立红:《希望工程25年获百亿捐款》,《中国青年报》2014年11月26日,第1版。
② 中华人民共和国民政部:《2021年民政事业发展统计公报》,2022年8月28日,https://images3.mca.gov.cn/www2017/file/202208/2021mzsyfztjgb.pdf,2023年3月31日访问。

系,培养社会成员团结、友爱和互助的精神。这些美德通过人们的言行传递给整个社会,加强了更多社会成员的认同感,提高了整个社会的凝聚力。① 成千上万名志愿者在服务北京奥运会、上海世博会、广州亚运会和武汉军运会,参加历次抗震救灾、抗洪抢险和抗击疫情以及参与脱贫攻坚和社区建设的过程中都发挥了重要作用,为促进社会进步积蓄了强大的正能量。以抗击新冠肺炎疫情为例,2020 年初新冠肺炎疫情暴发之后,全国上下、社会各界乃至世界各地纷纷捐款捐物支持抗疫,截至 2020 年 5 月 31 日,全国累计接受社会捐赠资金约 389.3 亿元、物资约 9.9 亿件。② 与此同时,全国各地也积极捐款捐物支持国外抗疫,守望相助抗击疫情的志愿行动增强了人类命运共同体意识。

（二）对经济领域的贡献

随着非营利组织对经济增长和就业的贡献越来越大,人们逐渐认识到,非营利组织不仅属于社会部门,而且是重要的经济部门。

自 20 世纪 90 年代起,萨拉蒙领导的研究团队对多个国家的非营利部门进行比较研究,他们用非营利部门就业人数（包括志愿者）占经济活跃人口数的比例来衡量非营利部门对一国经济发展的贡献率。③ 截至 2010 年,他们研究的国家达到 43 个,如图 1-1。研究发现,非营利部门对各国就业的贡献率持续增加,如果将志愿者的贡献也包含在内,43 国平均水平达到 5.5%。排名第一的是荷兰,非营利部门对就业的贡献率达到 15.9%。总的来看,发达国家非营利部门对就业的贡献率最高,发展中国家次之,转型国家最低。产生这种情况的主要原因是转型国家的经济社会结构与其他类型国家差异较大。④ 尽管各国非营利部门对经济增长的贡献存在很大差异,但各国非营利部门的主要活动领域都集中在教育、健康、社会服务和休闲娱乐等领域。⑤

---

① 康晓光主编:《非营利组织管理》,中国人民大学出版社 2011 年版,第 11 页。
② 中华人民共和国国务院新闻办公室:《抗击新冠肺炎疫情的中国行动》,2020 年 6 月 7 日,http://www.scio.gov.cn/zfbps/32832/Document/1681801/1681801.htm,2023 年 3 月 31 日访问。
③ Lester M. Salamon et al., *Global Civil Society: Dimensions of the Nonprofit Sector*, Volume Ⅳ, Kumarian Press, 2011.
④ 张远凤、张慧峰:《从国际比较看中国非营利部门的发展水平》,《中国第三部门研究》2018 年第 1 期,第 3—20 页、第 180 页。
⑤ 〔美〕莱斯特·M. 萨拉蒙等:《全球公民社会——非营利部门国际指数》,陈一梅等译,北京大学出版社 2007 年版,第 29 页。

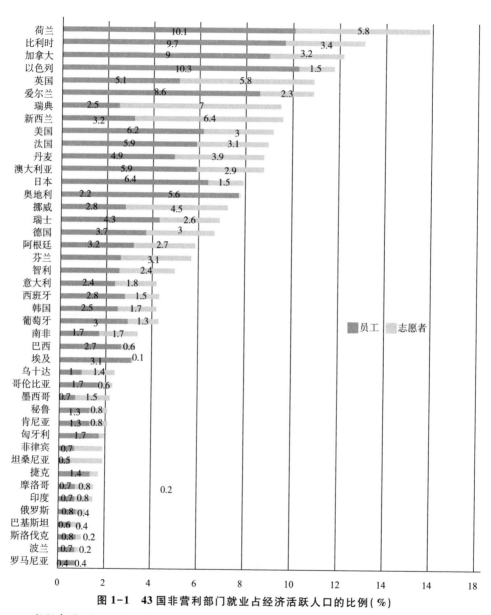

图1-1 43国非营利部门就业占经济活跃人口的比例(%)

数据来源：Lester M. Salamon, *America's Nonprofit Sector: A Primer*, 3rd ed., Foundation Center, 2012, p. 57; Lester M. Salamon et al., *Global Civil Society: Dimensions of the Nonprofit Sector*, Volume Ⅳ, Kumarian Press, 2011。

我国社会组织对就业的贡献率近年来增长较快。据民政部发布的统计数据，截至2021年底，全国社会组织超过90万个，吸纳社会各类人员就业1 100万人[①]，占我国就业总人口的比例接近1.5%，约为事业单位就业总数的三分之一[②]。可见，我国社会组织对经济增长的贡献率低于发达国家的水平，主要原因是我国长期以来主要依靠事业单位提供科教文卫体等方面的服务。未来我国将更多利用社会组织提供公共服务，社会组织对就业和经济增长的贡献率将会继续提高。

（三）对政治领域的贡献

从政治角度来看，非营利组织积极参与公共服务，成为政府的得力助手和可靠伙伴，对于培育民主观念，提高公民参与水平，支持政府机构改革、简政放权和巩固政权建设等方面都有重要意义。

20世纪80年代以来，在民营化浪潮中，各国政府纷纷将公共服务外包给非营利组织，推进公共服务的市场化和社会化。非营利组织属于私人部门，决策机制比较灵活，运作管理效率较高，不像公共组织那样受到一些繁文缛节的限制。政府擅长提供标准化、普惠性的公共服务，不擅长提供针对特定群体的多样化服务。非营利组织贴近社区，了解不同群体的需求，能够提供个性化的服务，以弥补政府公共服务之不足。非营利组织参与公共服务还促进了服务业的竞争，有助于改善公共服务质量，提升公共服务效率。

改革开放以来，我国社会组织的发展为完善市场经济制度和推动行政体制改革提供了助力。1998年3月10日，九届全国人大一次会议审议通过了《关于国务院机构改革方案的决定》。在根据改革方案进行的政府机构改革中，国务院撤销了几乎所有的工业专业经济部门（共10个），成立了相关行业协会。原本由政府部门承担的行业管理工作交由行业协会来承担，逐步建立适应社会主义市场经济体制的中国特色的政府行政管理体制。党的十八大以来，新一届政府大力推动简政放权，下放审批事项，不少事项都转移给社会组织。比如，2013年，国务院办公厅公布《关于政府向社会力量购买服务的指导意见》，让有能力和公信力的社会组织承接政府服务职能，使政府行政机构改革落到实处。

---

① 中华人民共和国民政部：《2021年民政事业发展统计公报》，2022年8月26日，https://images3.mca.gov.cn/www2017/file/202208/2021mzsyfztjgb.pdf，2022年10月3日访问；截至2021年底，全国就业人员74 652万人，参见《2021年度人力资源和社会保障事业发展统计公报》，2022年6月7日，http://www.mohrss.gov.cn/xxgk2020/fdzdgknr/ghtj/tj/ndtj/202206/t20220607452104.html，2023年4月17日访问。

② 截至2019年底，我国事业单位机构数量已有92万个，从业人数3 259万人；参见李鹤、毕钰、袁野：《政府服务类事业单位发展历程》，《财经界》2023第4期，第30—32页。

社会组织还能够巩固政府行政的社会基础。行业协会商会联系着数千万家企业和个体工商户,农村专业经济协会连接了几千万农户,学术性社团汇聚了几百万专家学者,职业团体聚拢了教师、医师、律师、会计师等领域上千万专业人员。截至 2022 年 8 月,我国行业协会商会数量已达 11.39 万,拥有企业会员总数超过 746 万家,基本形成了覆盖国民经济各个门类、各个层次的行业协会商会体系。① 此外,全国城乡社区大量社会组织直接面向居民提供文体、治安、慈善等各种服务。可以说,社会组织为促进社会和谐、巩固基层政权发挥了不可替代的作用。

社会组织还是公民参与社会政策的重要渠道,为开展民间外交和参与全球治理提供了载体和平台。很多国家的非营利部门在公共政策制定过程中扮演重要的角色,成为公共政策制定过程的重要参与者。② 我国社会组织在开展民间外交中扮演着越来越积极的角色。③

当然,任何事物都有两面性,非营利组织也不例外。非营利组织作为一种工具,可以被用于多种目的。它们既可以为公共利益服务,促进经济繁荣、社会和谐;也可能被滥用,破坏社会团结,导致社会动荡。非营利组织不是在真空中运行,与政府失灵和市场失灵一样,非营利组织也有可能出现志愿失灵的情况,在运作过程中出现低效甚至腐败等问题。因此,研究非营利组织的目的就是充分发挥非营利组织的建设性作用,防止和避免其可能产生的破坏性作用。

第四节 非营利组织的发展趋势

在全球政治、经济、社会和技术快速变化的大背景下,非营利组织被裹挟其中,呈现出混合化、市场化、网络化和国际化的趋势。社会组织的未来发展既面临着前所未有的机遇,也面临着巨大的挑战。

一、混合化趋势

随着非营利组织与政府和市场的合作进一步加深,非营利组织日益丧失其独立性,越来越多地与其他部门相互嵌入,形成混合型组织。④

---

① 李昌禹:《我国行业协会商会数量达 11.39 万》,《人民日报》2022 年 8 月 25 日,第 4 版。
② 张远凤、赵丽江:《公私伙伴关系——匹兹堡的治理之道》,《中国行政管理》2011 年第 9 期,第 86—90 页。
③ 颜克高:《中国社会组织参与对外援助 70 年:经验、问题与展望》,《国外社会科学》2021 年第 1 期,第 14—20 页。
④ David Billis, ed., *Hybrid Organizations and the Third Sector: Challenges for Practice, Theory and Policy*, Palgrave Macmillan, 2010.

20世纪70年代末,西方国家在民营化思潮的影响下,对福利制度进行改革,政府通过拨款、补贴和购买服务等方式将非营利组织纳入公共服务供给体系,形成了政府与非营利组织合作提供社会服务的局面。以美国为例,20世纪60年代中期实施"伟大社会"政策以来,非营利组织已经成为公共服务体系的重要组成部分。[①] 2007年,非营利组织占到美国社会服务机构总数的55%、雇用人数的65%和收入的75%,其收入将近四成来自政府资助。[②] 利用非营利组织来提供服务并不意味着政府角色的弱化,恰恰相反,这意味着政府对非营利组织的影响越来越大。因为,不论政府资金占多大比例,整个非营利组织都必须接受政府合同的约束。[③] 通过这种方式,传统上独立于政府的非营利组织(如家庭与儿童服务机构)如今都被纳入了政府规制的范畴。

在我国,非营利组织已经在公共服务领域中占有了一席之地,随着行政体制和事业单位改革的进一步深化,非营利组织在公共服务体系中的地位还将继续上升,政府与非营利组织在公共服务中的互嵌也将继续加深。[④]

然而,各国政府受财力所限,对非营利组织的资助是有限度的。尤其是在经济紧缩时期,政府可能会削减社会福利开支,对非营利组织的资助也会减少。非营利组织为了生存和发展,便转向与企业合作并利用市场机制,因此出现了社会企业这样的混合性组织。

二、市场化趋势

非营利组织的市场化是充满争议的话题。市场化有两方面的含义,一方面是强调竞争,主张非营利组织在产品市场和要素市场上与其他主体进行竞争,这与商业化并无直接联系。比如,政府购买服务采用公开招投标等方式,使得非营利组织与企业通过竞争获得合同。另一方面是商业化,主张利用商业手段获得资源、开展业务,甚至突破非营利约束,兼顾财务目标与社会目标。

---

① Magaret Gibelman and Harold W. Demone, eds., *The Privatization of Human Services*, Volume 2: *Cases in the Purchase of Services*, Springer Publishing Company, 1998.
② Lester M. Salamon, *America's Nonprofit Sector: A Primer*, 3rd ed., Foundation Center, 2012, pp. 170–175.
③ 张远凤、〔美〕莱斯特·萨拉蒙、梅根·韩多克:《政府工具对美国非营利组织的影响——以MFN、BCC和DCCK为例》,《中国非营利评论》2015年第1期,第22—30页。
④ 田凯:《我国公共服务领域政府与社会组织合作关系的发展》,《国家行政学院学报》2018年第5期,第7—12页。

微案例 1-1

慈善商店

美国的好意慈善商店（Goodwill Store & Donation Center）是全球第一家慈善商店，迄今已有 100 多年历史。它在成立之初的主要业务是募集二手物资，然后免费发放给低收入人群。后来，好意慈善商店渐渐发展成连锁店，采用"前店后厂"的方式运营，商店设有捐赠中心，接受社区及第三方捐赠的物品，在工厂对捐赠物品进行整理和维修之后，线上线下同时销售，销售收入用于帮助低收入群体。[①] 慈善商店在我国也发展起来，善淘网是其中一个代表。善淘网在回收和销售物品的基础上，采用"互联网+"形式，利用淘宝网开设线上慈善商店来销售商品，获得的收入用于支持残障群体。[②]

非营利组织市场化并不是什么新现象，而是进入 21 世纪后由于社会创新而加速了。越来越多的非营利组织为了增加收入开始涉足商业领域，一些组织采取社会企业模式。同时，资本市场也向非营利组织敞开大门，社会影响力投资成为慈善创新的前沿领域。非营利组织通过金融创新甚至使用股权投资工具撬动更多资源，在创造社会价值的同时，实现财务可持续性。[③]

这种观念在我国也很流行，一些知名公益人士主张"公益向右，商业向左，公益与商业双轮驱动"[④]。不过，尽管非营利组织商业化看似市场经济向善之举，但仍然具有潜在风险。在社会目标和财务目标发生冲突的时候，社会目标往往让位于财务目标，非营利组织的性质就会发生偏离。

三、网络化趋势

"互联网+公益"正在颠覆非营利组织的传统运作模式。网络公益以大众化、及时性、高效率等优势受到人们的欢迎，同时也由于合法性、公信力不足而受到诟病。

[①] 王云斌：《运营社会化：中国慈善超市可持续发展路线图——美国好意商店和英国乐施商店的启示》，《社会福利（理论版）》2013 年第 5 期，第 47—51 页。

[②] 余晓敏、李娜：《社会企业型在线慈善商店的创新模式分析——基于"善淘网"的案例研究》，《经济社会体制比较》2017 年第 5 期，第 10—15 页。

[③] 〔美〕莱斯特·M. 萨拉蒙：《撬动公益——慈善和社会投资新前沿导论》，叶托、张远凤译，社会科学文献出版社 2017 年版，第 55—60 页。

[④] 徐永光：《公益向右 商业向左》，中信出版社 2017 年版。

互联网不仅影响非营利组织的筹款、营销、传播、服务等各个环节,而且影响非营利组织与利益相关方的关系,乃至非营利组织的生存环境。网络筹款和网络营销是创新最活跃的领域,网络众筹、网络配捐、微公益等令人目不暇接,网络筹款甚至成为新的职业。① 在新冠肺炎疫情期间,很多非营利组织都采用了在线服务的方式。互联网使得非营利组织与其他主体的合作更加便利,各种公益组织之间通过互联网实现了资源的互换和共享。互联网正在改变公益生态,依托社交媒体的微公益兴起,平民公益、大众公益、人人公益有望成为现实,这将推动公益事业的整体转型。

然而,在"互联网+公益"喧闹欢腾的背后,也出现了很多新问题。比如,一些网络筹款活动因为牟利或欺诈受到公众质疑,严重影响到社会组织和公益事业的公信力。② 大量新媒体公益活动脱离政府监管和公众监督,其行为合法性得不到保障。③ 非营利组织与利益相关方的合作依托少数几家互联网平台,这些平台获得了与其义务不对称的权力。这些都是网络公益存在的问题,只有解决好这些问题,非营利组织和公益事业才能在网络化趋势下实现可持续发展。

四、国际化趋势

非营利组织的国际化也不是什么新现象。在历史上,宗教慈善组织的扩张一直伴随着人类活动的国际化进程。在现代社会,非营利组织在国际交往中扮演着特殊角色,是一个国家软实力的重要载体。④ 非营利组织的国际化包括"走进来"和"走出去"两个方向。世界范围来看,基本上是发达国家的非营利组织"走出去",而发展中国家则是被动地接受它们"走进来"。

一个国家走向世界的进程,必然伴随着非营利组织"走出去"的过程。发达国家非营利组织的国际化主要通过三个渠道:国际宗教网络、联合国咨商地位以及与受援国的双边关系。比如,美国拥有2万多家国际非政府组织,其中1 000多家具有联合国咨商地位,它们广泛分布在基础设施、农业、粮食、卫生、教育、环境、人口和生育健康等领域。日本与联合国建立伙伴关系,通过帮助受援国发展

---

① 赵挺、徐家良:《网络慈善与劝募职业化——以金华施乐会为例》,《行政论坛》2015年第5期,第5—8页。
② 杨睿宇、马箫:《网络公益众筹的现状及风险防范研究》,《学习与实践》2017年第2期,第8—9页。
③ 彭小兰、高凌云:《网络慈善的现实困境和治理对策》,《经济与社会发展》2018年第5期,第5—7页。
④ 〔英〕英德杰特·帕马:《以慈善的名义——美国崛起进程中的三大基金会》,陈广猛、李兰兰译,北京大学出版社2018年版,第3页。

民生服务和社区建设等,扩大日本在这些国家的影响力。①

长期以来,在我国都是境外非营利组织"走进来"。改革开放之后,我国非营利组织"走出去"日渐增多。越来越多的中国非营利组织通过中国与受援国双边关系"走出去"。2005 年以来,中国乡村发展基金会②、中国青少年发展基金会、爱德基金会、壹基金等为代表的中国基金会陆续在海外开展项目,涵盖医疗、健康、教育、救灾、环境保护等多个领域。截至 2014 年 8 月 31 日,以各种形式"走出去"的中国基金会有 37 家。③ 一些基金会开始创立国际慈善品牌项目。比如,中国青少年发展基金会的"希望工程走进非洲"项目已经在当地建立了一定的知名度。④

党的十八大以来,随着"一带一路"倡议的提出,以及国际社会对中国非营利组织角色转变的期待,我国非营利组织国际化的步伐明显加快⑤。2013 年,中国社会组织代表团首次亮相联合国人权理事会。2021 年,多家中国社会组织参加联合国人权理事会,讲述中国人权故事,揭开西方虚伪面具。⑥ 截至 2021 年 10 月,获得联合国经济和社会理事会咨商地位的中国社会组织共有 70 余家,涉及人权、经济、社会、文化、科技、教育、环保等领域,涵盖联合国的和平、发展与人权三项重要主题。⑦ 中国国际民间组织合作促进会、中国科学技术协会、中国慈善联合会和中华文化促进会等机构正在牵头引领中国非营利组织的国际化。2021 年 8 月 27 日,国家国际发展合作署、中华人民共和国外交部、中华人民共和国商务部审议通过了《对外援助管理办法》,鼓励并支持国内外民间组织参与中国的对外援助活动。这一政策揭开了中国对外援助历史新的一页。

目前,中国非营利组织整体上在国际化方面还不是很活跃,"走出去"的组织在地域分布上比较零散,没有形成体系,更谈不上发挥协同作用。除了国际化人才短缺和经验不足的原因之外,政策和制度不完善也是制约中国非营利组织国

---

① Hans Peter Schmitz et al., "Accountability of Transnational NGOs: Aspirations vs. Practice," *Nonprofit and Voluntary Sector Quarterly*, Vol. 41, No. 6, 2012, pp. 1175–1194.
② 原名为"中国扶贫基金会",2022 年 6 月更名为"中国乡村发展基金会"。
③ 杨团主编:《慈善蓝皮书:中国慈善发展报告(2015)》,社会科学文献出版社 2015 年版,第 180 页。
④ 陆波:《善行天下——一个公益经理人的跨国札记》,中国社会出版社 2016 年版;谢舒:《中国基金会"走出去"还在摸着石头过河》,《中国慈善家》2016 年第 10 期,第 20—23 页。
⑤ 杨义凤、邓国胜:《中国慈善组织国际化的策略》,《行政管理改革》2016 年第 7 期,第 25—28 页。
⑥ 张燕玲:《中国社会组织在联合国人权理事会讲述中国人权故事 揭开西方虚伪面具》,2021 年 7 月 15 日,中国新闻网,https://www.chinanews.com.cn/gn/2021/07-15/9520198.shtml,2022 年 10 月 4 日访问。
⑦ 董雪:《中外人士:中国社会组织在联合国舞台贡献中国方案》,新华社北京 2021 年 11 月 4 日电。

际化的重要因素。

总的来看,混合化、市场化、网络化和国际化趋势是联袂而行的,它们将从根本上改变非营利部门的面貌,影响未来社会的形态。

思考题

1. 什么是非营利组织?
2. 非营利组织有哪些基本属性?
3. 非营利组织有哪些相近概念?
4. 中国非营利组织概念有何特点?
5. 非营利组织如何分类?
6. 非营利组织与政府和企业有何关系?
7. 非营利组织有哪些功能?
8. 非营利组织做出了何种贡献?

本章案例

中国光谷的花山街社区基金会①

一、创立背景

1914年成立于美国俄亥俄州的克利夫兰基金会被认为是全球第一家社区基金会(Community Foundation)。经过百余年的发展,到2020年,美国社区基金会超过1800家,运营理念由"以捐赠者为中心"演变为"以社区为中心"。② 今天,社区基金会已经成为各国普遍使用的促进社区发展的有力手段。我国沿海地区得风气之先,迄今已经创办了200多家社区基金会,为这些地区的社区建设引来了一股源头活水。中西部地区的社区基金会才刚刚起步,位于武汉市东湖高新区(中国光谷)的花山街社区基金会成为湖北第一家街道级社区基金会。

社区基金会并没有一个统一的定义。全美基金会理事会(Council on Foundations)对社区基金会的定义是,一种免税的、非营利的、自治的、受到公众支持的慈善组织,通过筹集永续基金(endowment)来增进特定地区的长期福利。社区

---

① 此案例由张远凤教授指导中南财经政法大学行政管理系刘圻炯同学撰写。
② 魏娜、陈俊杰:《社区基金会:历史延续与功能转型》,《广西师范大学学报(哲学社会科学版)》2022年第2期,第21—35页。

基金会管理来自政府、企业、个人和其他机构的捐赠资金,服务于特定社区的慈善组织。[①] 2015 年发布的《上海市社区基金会建设指引(试行)》中对社区基金会的定义是:利用自然人、法人或者其他组织捐赠的财产,以从事街镇公益事业、参与社区治理、推动社区健康发展为目的,按照《基金会管理条例》规定成立的非营利性法人。总之,社区基金会是一种由本地居民为解决本地问题而成立的非营利性的基金会,资金取之于社区用之于社区。由于每个社区的情况不同,没有两个完全相同的社区基金会。

在全国社会组织信用信息公示平台检索到,我国第一家社区基金会是天津市滨海社区公益基金会,2008 年 6 月 26 日在天津市民政局登记注册,注册资金 200 万元。截至 2022 年 3 月 31 日,在这个平台检索注册登记时名称含有"社区"、组织类型为"基金会"且组织状态为"正常"的社会组织,显示数量为 218 家。这些基金会绝大部分是最近 10 年成立的,成立 10 年及以上的只有 4 家,成立最早的也不到 15 年。所有社区基金会中,191 家被认定为慈善组织(87.6%),仅有赤峰市弘善社区发展基金会、上海洋泾社区公益基金会及上海美丽心灵社区公益基金会三家具有公开募捐资格。

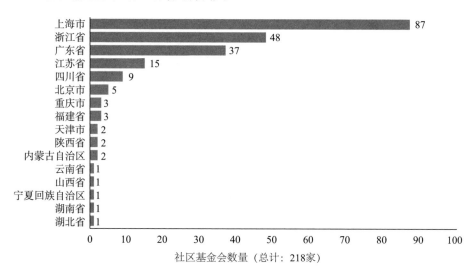

图 1-2　我国社区基金会的地区分布(截至 2022 年 3 月 31 日)

社区基金会在全国的发展极不均衡,从图 1-2 可以看到,截至检索之时,绝大多数社区基金会落户上海市、浙江省和广东省,数量分别为 87 家、48 家和 37

---

① 王名、徐宇珊:《基金会论纲》,《中国非营利评论》2008 年第 1 期,第 39 页。

家,占当时全国社区基金会总数的比例分别为40%、22%和17%。2019年,上海已经实现了15个区社区基金会全覆盖。虽然我国首家社区基金会在天津市成立,但截至检索之时,天津只有两家社区基金会。湖北省只有1家,就是武汉市东湖高新区花山街社区基金会。

社区基金会的发展得到了中央政策的肯定和支持。2017年,《中共中央 国务院关于加强和完善城乡社区治理的意见》中首次提出"鼓励通过慈善捐赠、设立社区基金会等方式,引导社会资金投向城乡社区治理领域"。2021年4月公布的《中共中央 国务院关于加强基层治理体系和治理能力现代化建设的意见》中,进一步提出支持建立街道购买社会工作服务机制和设立社区基金会等协作载体。

二、创立过程

花山街道地处武汉市东湖新技术开发区东部,是"一江三湖"(长江、北湖、严西湖、严东湖)交汇处,面积54平方公里,户籍人口3.2万。截至2020年6月30日,花山街道下辖11个社区和13个行政村。11个社区是商品房社区,居民基本是周边单位的职工及家属。13个行政村是征地拆迁居民形成的安置社区。每个行政村都依托集体财产改制成为公司,因此,行政村的村民既是社区居民,又是公司股东。花山街道成立时间不长,13个安置社区的居民之间关系密切,具有发展社区基金会的社会基础。

2021年7月,武汉市东湖高新区召开党建引领社区治理部署会,发布《关于加强党建引领创新社区治理的实施意见》(简称"社区治理十条")。"社区治理十条"提出,从2021到2025年,东湖高新区将在5年内推动社区治理成为该区营商环境建设、高端人才引进和高质量发展的强有力支撑。2021年,东湖高新区将设立首期规模1 000万元的光谷社区基金,要求有条件的街道成立基金会,探索社区公益慈善发展新路径。

花山街社区基金会由花山街道办事处及13个村改制公司共同出资200万元发起成立。2021年10月19日,花山街社区基金会在东湖高新区社会发展局注册成为一家具有独立法人资格的基金会,同时注册为慈善组织。花山街社区基金会是一家资助型基金会,主要关注就业、助学、帮扶、养老等领域,开展志愿服务和社区社会组织培育等工作。基金会理事会由15名成员组成,均是兼职,不在基金会领取报酬。秘书处成员则由政府部门、社区事业单位工作人员兼任或政府出资购买岗位,并聘用具有丰富社会组织工作经验的工作人员担任专业的执行秘书长。2021年12月8日,花山街社区基金会举行揭牌仪式,正式开张。

三、运营方式

花山街社区基金会旨在整合、盘活街道和社区资源，汇集街道、产业园区、企业、个人的资金，打造专业的捐赠服务平台、灵活的项目资助平台，培育本土社会组织，让多元主体参与社区治理，让社区居民安居乐业。花山街社区基金会一方面链接、汇聚资源，另一方面为社区居民提供服务，既可以直接为居民提供资助或服务，也可以资助其他主体为居民提供服务。

花山街社区基金会除了注册资金之外，又募集公益捐赠200多万元，捐赠者包括花山街道辖区内的国有企业、村改制企业、民营科技企业、街道以及个人。某公司总经理表示，"我们是一家花山本地发展起来的企业，很多员工也是本地人，希望能够反哺社区，造福家乡父老"。这家企业为基金会捐赠66万元，用于大病救助、助学等方面。

花山街社区基金会积极推动社区内部的互助合作。花山街社区基金会与当地超市合作开展"爱心超市"项目，通过发放爱心券等形式动员社区成员参与社区志愿活动，激发社区成员参与社区建设的积极性。花园街社区基金会还为公益组织、营利组织和社区组织供给公共服务提供资金支持、搭建公益资源平台，打造社区内部的公益支持体系。2022年春节期间，花山街社区基金会发起"慈善惠老暖夕阳"项目，资金由花山街花山联合发展集团定向捐赠，用于为社区的老人发放新年爱心红包。基金会还发起了就业超市、爱心超市、困境儿童"微心愿"等项目。

花山街社区基金会是一家政府主导型的社区基金会，其建立和运转得到了当地政府的大力支持。政府主导型社区基金会与民间主导的社区基金会相比，既有优势，也有弱点。优势是社会动员和整合能力很强，机构的公信力容易建立起来。弱点是对政府的依赖性过强，民间的自主性和积极性较弱，社区居民的参与度较低。①

案例分析题：

1. 社区基金会有什么特点？
2. 我国为什么要发展社区基金会？
3. 花山街社区基金会成立的条件有哪些？
4. 花山街社区基金会有何优势与弱点？

---

① "创立过程"和"运营方式"的相关数据来源于2022年5月31日笔者对武汉光谷花山街社区基金会秘书长鄂燕红的访谈内容。

第二章 非营利组织基本理论

一场重大革命已经在慈善和社会投资前沿领域出现。一系列令人眼花缭乱的为解决社会问题提供融资的新工具和新机构已经浮出水面。

——〔美〕莱斯特·M. 萨拉蒙[1]

20世纪70年代以来,以非营利组织的兴起为标志,全球范围内形成了一场结社革命。[2] 各个学科从不同角度对非营利组织进行了理论解释,有伦理学理论如利他主义和功利主义,政治学理论如多元主义和法团主义,经济学理论如市场失灵和慈善资本主义,社会学理论如社会资本和社会关系网络,法学理论如非营利产权理论和法人治理理论,管理学理论如社会创业与社会创新,等等。还有一些更具有普遍性的理论,比如委托—代理理论、交易成本理论、路径依赖理论和资源依赖理论等。这些理论之间的关系错综复杂,但尚未形成完善的非营利组织理论体系。本章试图对上述理论进行梳理,将它们纳入由国家—社会关系理论、需求方理论和供给方理论构成的一个简明框架。其中,国家—社会关系理论说明一国政治和社会体系的基本结构决定了非营利组织的生存空间及其相对地位。需求方理论解释为什么一个社会除了需要政府和市场还需要非营利组织。供给方理论解释非营利组织的生产要素和生产关系。必须注意的是,此处所说的需求与供给的对象不是指商品和服务,而是非营利组织本身。

---

[1] Lester M. Salamon, *Leverage for Good: An Introduction to the New Frontiers of Philanthropy and Social Investment*, Oxford University Press, 2014, p. 2.

[2] Lester M. Salamon, "The Rise of Nonprofit Sector," *Foreign Affairs*, Vol. 73, No. 4, July/August, 1994, pp. 109-122.

第一节　国家—社会关系理论

国家与非营利组织的关系是国家与社会关系的一个重要方面。对于非营利组织而言，国家—社会关系理论主要涉及两个方面：其一，国家是否允许民间结社，如果允许民间结社，结社组织享有多大的独立性；其二，非营利组织在多大程度上参与公共政策过程和公共服务供给。这两个方面高度关联，但又有所区别，前者主要关注非营利组织的合法性和自主性，后者主要关注非营利组织与国家的互动关系。

一、西方的国家—社会关系理论

一些学者认为，市民社会和法团主义是西方有关国家—社会关系的两种代表性理论。[①] 实际上，现代西方的国家—社会关系理论都可以归入市民社会理论的范畴，它们内部又分为两种类型，一种是以美国为典型的多元主义模式，另一种是以德国为典型的法团主义模式。

美国是典型的主张多元主义的社会。美国人具有自由结社的传统，托克维尔在《论美国的民主》中对此有精彩的描述，"在法国，凡是创办新的事业，都由政府出面；在英国，则由当地的权贵带头；在美国，你会看到人民一定会组织社团"[②]。美国人成立社团非常方便，社团享有高度的自治性和独立性。他们在社团之上再结社，形成层层叠叠的社团组织网络，覆盖各个地区和各个领域。政府并不限制某个地区或某个领域中公民结社的数量，也不直接干预非营利组织的内部决策。不过，美国式非营利组织并非普遍现象。

在很多国家，人们担心多元主义社会容易陷入矛盾和冲突之中。[③] 如果说经济和职业领域的分工可以通过市场交换达成整合以满足各方需要，政治、信仰、宗教及权利方面的分化却难以通过类似的方式进行整合。法团主义就是为了应对这个潜在危险而提出来的。法团主义主张通过强化国家干预来避免各种社会团体之间的破坏性冲突可能导致的政治危机。德国、瑞典、荷兰等欧洲国家更加

[①]　纪莺莺：《当代中国的社会组织：理论视角与经验研究》，《社会学研究》2013 年第 5 期，第 219—241、246 页。
[②]　〔法〕托克维尔：《论美国的民主（上卷）》，董果良译，商务印书馆 1988 年版，第 213 页。
[③]　张静：《法团主义——及其与多元主义的分歧》，中国社会科学文献出版社 2005 年版，第 17—19 页。

倾向于法团主义理论。

与多元主义一样,法团主义这个概念也用来描述国家与社团之间的权力和利益安排方式。与市民社会一样,法团主义也没有一个统一的定义。德国学者菲利普·施密特(Philippe C. Schmitter)这样描述法团主义:"法团主义是一个利益代表系统,在这个系统中,所有的成员单位被组织进数量有限的不同功能的类别(categories)中,每个类别都是唯一的、强制性的、非竞争性的和具有等级秩序的。每个类别的代表性组织都由国家发起或许可(如果不是由国家建立的话),并赋予其代表各自领域的垄断性地位。作为交换,这些代表性组织接受国家对其领导人选择、需求表达和支持等方面一定程度的控制。"①相对于多元主义的"自由竞争"原则,法团主义特别重视通过社会与国家的整合,将社会冲突转化为社会秩序。在法团主义结构下,公民团体被吸纳到国家体制之中,这些团体的代表性地位和沟通渠道受到国家的承认和保护,在制定有关政策时,它们有义务向政府提供意见。通过这种近乎垄断的关系,国家与社会紧密交织在一起,政府与社团都依靠并且服务于同一群公众。②

非营利组织不仅是一种结社形式,也是一种服务机构。某项服务是由市场、政府还是非营利组织提供,并不是像经济学理论所假设的那样,是由消费者在开放市场中自由做出的选择,而是受到历史形成的供给模式的强烈影响。这种制度选择过程受到各种复杂的社会因素的影响,这种影响往往是非线性的。非营利组织在一国社会福利体系中居于何种地位,往往是各种政治势力在历史转折关头博弈的结果。萨拉蒙的社会起源理论对此做了解释。萨拉蒙根据非营利部门的不同地位,识别出了社会福利供给体系的五种模式,即自由主义模式、福利伙伴模式、社会民主模式、国家主义模式和传统模式。大多数西方国家采取前三种模式,社会福利供给水平较高,非营利组织较为发达。采取后两种模式的国家,社会福利供给水平较低,非营利组织相对弱小。③

二、我国的国家—社会关系理论

改革开放以来,我国在经济快速持续增长的同时,出现了社会组织的爆发式

---

① Philippe C. Schmitter, "Still the Century of Corporatism?," in F. B. Pike and T. Stritch, eds., *The New Corporatism: Social Political Structures in the Iberian World*, University of Notre Dame Press, 1974, pp. 93-94.

② C. Taylor, "Civil Society in the Western Tradition," in E. Grofier and M. Paradis, eds., *The Notion of Tolerance and Human Rights: Essays in Honor of Raymond Klibansky*, Carleton University Press, 1991, p. 118.

③ Lester M. Salamon and Helmut K. Anheier, "Social Origins of Civil Society: Explaining the Nonprofit Sector Cross-Nationally," *Voluntas*, Vol. 9, No. 3, 1998, pp. 213-248.

增长,引起了国家与社会关系的深刻变革。那么,如何解释当前我国的国家与社会关系?在全球化的背景下,中国社会组织的发展或多或少都会受到其他国家的影响。因此,仍然有一些学者利用西方的国家—社会关系理论来解释中国社会组织的兴起与发展。有的学者比较注重我国的国家与社会关系连续性的一面,认为我国的国家—社会关系具有法团主义模式的某些特征。① 有的学者更为强调二者关系变化的一面,认为我国社会组织在依赖政府的前提下享有一定程度的自主性,并将这种现象称为"依赖性自治"(dependent autonomy),即社会组织在合法性、决策权、资源和信息的获得方面都依赖政府,其自治空间的大小取决于政府的意志。②

越来越多的中国学者认为,由于西方国家的历史文化和制度环境与中国存在巨大差异,西方的理论不足以解释中国的国家—社会关系。中国社会组织从国家中分离出来的同时,又在以不同于西方的新的方式与之建立起连接。③ 因此,需要发展新的理论来解释中国特色的国家—社会关系。行政吸纳社会理论与双向嵌入理论是其中比较有代表性的理论。

行政吸纳社会理论认为,在中国的国家—社会关系中,国家处于支配地位,社会处于从属地位,政府运用限制、功能替代和优先满足强者利益等三种主要方式吸纳社会组织。政府运用分类控制策略来限制自治性社会组织的发展,防止社会组织挑战政府权威。政府通过延续、新建、收编、合作和无支持等策略培育出体制内的社会组织,从功能上替代自治的社会组织。运用优先满足强者利益的策略来巩固现有的执政联盟。在行政吸纳社会的体制中,国家与社会不是分离,更不是对立,而是相互融合。④

双向嵌入理论认为,改革开放以来,中国同时实现了国家权力的巩固与社会组织的发展,在这个过程中没有出现国家与社会的对抗的根本原因是社会权力的运行嵌入国家权力的运行体系,二者在适度分离中互动合作,从而保持了政治

---

① Yiyi Lu, *Non-Governmental Organizations in China*, Routledge, 2009, pp. 137-143.

② Qiusha Ma, *Non-Governmental Organizations in Contemporary China: Paving the Way to Civil Society?*, Routledge, 2006, pp. 201-208.

③ 郁建兴、吴宇:《中国民间组织的兴起与国家—社会关系理论的转型》,《人文杂志》2003 年第 4 期,第 142—148 页。

④ 康晓光、韩恒:《行政吸纳社会——当前中国国家与社会关系再研究》,《中国社会科学(英文版)》2007 年第 2 期,第 116—128 页。

上的总体稳定。① 从国家角度来看，相互嵌入意味着对社会组织的嵌入式监管；从社会组织角度来看，相互嵌入意味着对公共事务的嵌入式参与。国家利用其特定的机制与策略，营造符合国家偏好的社会组织政策环境，从而达到对社会组织的嵌入性干预和调控的目的。与此同时，社会组织也愿意主动或被动地接受这种干预和调控，借助干预和调控所提供的政治机会，参与到公共政策制定或公共服务供给之中。② 通过双向嵌入，社会组织在资源、合法性、制度支持方面嵌入国家，而国家的意志与目标却嵌入社会组织的运作中，国家与社会组织双方的权力都得到了提升，形成"双向赋权"。③

总的来看，与西方国家的多元主义和法团主义理论相比，中国的国家—社会理论还不够成熟，需要继续探索创新。

第二节 需求方理论

为什么需要在政府机制和市场机制之外建立一种非营利机制呢？就西方国家而言，在政府大规模为公民提供福利之前，非营利性的慈善机构曾经是社会服务的主要提供者。但是，在社会现代化过程中，传统慈善机构自身面临着转型压力，而且市场经济带来的社会问题的严重性和复杂性远远超出了传统慈善机构的能力。因此，政府不得不大举介入社会福利领域。然而，政府很快也遇到了失灵问题，并且重新认识到非营利组织的作用。实际上，从世界范围来看，大多数非营利组织都是20世纪70年代之后建立起来的。非营利组织在一定程度上弥补了政府机制与市场机制之不足。然而，非营利机制也有失灵的一面，因此近年来新公共治理范式席卷全球，主张政府、企业、非营利组织开展合作，共同解决社会问题。

一、市场失灵

现代市场经济制度诞生以来，极大地促进了生产力的发展，创造和积累了巨

---

① 樊鹏：《互嵌与合作：改革开放以来的"国家—社会"关系》，《云南社会科学》2019年第1期，第29—36、186页。
② 刘鹏：《从分类控制走向嵌入型监管：地方政府社会组织管理政策创新》，《中国人民大学学报》2011年第5期，第91—99页。
③ 纪莺莺：《从"双向嵌入"到"双向赋权"：以N市社区社会组织为例——兼论当代中国国家与社会关系的重构》，《浙江学刊》2017年第1期，第49—56页。

大财富。然而,市场经济制度也带来了周期性经济危机、贫富分化、生态环境恶化、私人利益过度膨胀、公共利益被忽视等问题。市场机制鼓励企业追求利润最大化,因此在有利可图的领域,供给过剩,在无利可图的领域,供给不足。而很多社会问题恰恰属于无利可图的领域。可见,市场机制不仅没有完全实现资源有效配置,也无法解决效率以外的非经济性目标,从而产生了所谓的市场失灵。

市场失灵是相对于市场成功而言的。市场成功意味着市场配置资源的结果达到了帕累托最优,也就是说,市场配置资源的结果已经不能在使其他人的福利水平至少不下降的情况下使任何别人的福利水平有所提高。反之就是市场失灵,具体表现为负外部性、垄断、公共产品供给不足、市场不完善、信息不对称、失业、收入分配不合理和宏观经济不稳定等。①

倘若将市场视为一种产品和服务供给机制,与非营利组织相关的市场失灵可以概括为两种情况:一种是市场不愿意提供某些产品和服务,出现供给不足而导致市场失灵;另一种是市场愿意提供产品和服务,但由于信息不对称而导致失灵,契约失灵就是一个典型例子。契约失灵理论是由美国学者亨利·汉斯曼(Henry B. Hansmann)提出的。② 契约失灵是市场失灵的表现形式之一,由信息不对称引起。由于生产者和消费者之间存在信息不对称,生产者可能利用信息优势欺骗消费者以牟求利润。在人类服务领域,经常出现契约失灵,并且难以矫正。比如医疗保健服务领域,医生与病人之间就存在严重的信息不对称,病人难以评价医生业务水平的高低,也难以评价医生的行为是否恰当。契约失灵的另一种常见情况是为脆弱群体提供的服务往往存在购买者与消费者分离。比如,家长很难判断幼儿园的服务质量,子女很难判断养老院的服务质量。在这些情况下,由营利性机构来提供产品和服务很可能出现生产者欺骗消费者以获取不当利益的情况,甚至出现逆向选择,即更多消费者选择劣质品导致劣质品生产者在市场竞争中获胜而优质产品生产者反而被淘汰的情况。非营利组织由于受到不分配约束,利用信息不对称侵害消费者利益的可能性比营利性生产者要小得多。非营利组织的"不分配约束"通过消除利润动机,对生产者的机会主义行为施以一种制度约束。

---

① 〔美〕约瑟夫·E. 斯蒂格利茨:《政府为什么干预经济——政府在市场经济中的角色》,郑秉文译,中国物资出版社1998年版,第7页。

② Henry B. Hansmann, "The Role of Nonprofit Enterprise," *Yale Law Journal*, Vol. 89, 1980, pp. 835-901.

由于存在市场失灵,需要有其他机制来干预或弥补,以消除其可能带来的不利影响。

二、政府失灵

市场供给不足的产品在一定条件下可以成为公共产品,由政府来提供。而在提供公共产品的时候,由于受到财力不足或政治因素的影响,政府也可能出现失灵现象。完全依赖市场导致了社会不平等和福利损失,而过度依赖政府又可能导致政府负担过重和政府过度干预,使得社会失去活力。

1929—1933年世界性经济危机之后,西方国家普遍接受了凯恩斯主义,采取国家干预政策来恢复市场的功能,通过增加公共服务供给,实现社会福利最大化。第二次世界大战结束后直至20世纪70年代中期,无论是在实行福利国家制度的西方国家,还是实行计划经济体制的社会主义国家,在福利供给方面都是由政府主导。然而,到了20世纪70年代末,西方福利国家普遍出现了政府规模过度膨胀、财政赤字过大、经济增长停滞等问题,这些问题最终导致福利国家模式的失败。与此同时,计划经济国家也普遍遭遇发展危机,开始经济社会体制改革。

就公共服务供给而言,伯顿·韦斯布罗德(Burton A. Weisbrod)从政治决策的角度解释了西方国家的政府失灵现象,他将其归因于个人对公共产品的不同偏好与政府有限的供给能力之间的矛盾。[1] 在任何一个国家中,个人在收入、财富、宗教、种族和教育等方面的差异导致了其对公共产品的需求和偏好的不同。在西方国家,政府只是一个执行公共政策的机构,其提供任何公共产品的决定都是由政治决策过程通过投票做出的。投票结果往往反映"中位选民"的需求,一部分人对公共产品的过度需求得不到满足,另一部分人对公共产品的特殊需求也得不到满足。尤其是妇女、儿童、残疾人和赤贫者等脆弱群体,他们最需要帮助,但在投票过程中他们的声音却最容易被忽视,因此导致了政府失灵。[2] 政府失灵的其他表现形式包括公共政策低效、行政机构低效和官员寻租风险等。[3]

在市场和政府都可能失灵的情况下,世界各国需要找到一种新的途径来解决社会问题,非营利组织就是在这种背景下在全球范围兴起的。

---

[1] Burton A. Weisbrod, "Toward a Theory of the Voluntary Nonprofit Sector in a Three-Sector Economy," in E. Phelps, ed., *Altruism, Morality, and Economic Theory*, Russel Sage, 1975.
[2] 田凯:《西方非营利组织理论评述》,《中国行政管理》2003年第6期,第59—64页。
[3] 许云霄编著:《公共选择理论》,北京大学出版社2006年版,第263—268页。

三、志愿失灵

在上述这些情况下,非营利组织可能成为替代性的供给者。作为一种提供社会服务的机制,非营利组织可以在一定程度上克服市场失灵和政府失灵。然而,它自身也不可避免地存在失灵问题,这种情况被称为志愿失灵(voluntary failure)。萨拉蒙总结了西方国家志愿失灵的四种常见形式。[①]

一是慈善不足,非营利组织提供的服务远远不能满足社会的需求。因为,一般来说,非营利组织很难动员足够的资源提供大规模的服务。美国管理学家彼得·德鲁克(Peter F. Drucker)曾经批评说,"从捐赠总金额来看,目前美国非营利组织募集到的资金是40年前当我首次为它们工作时的很多倍,但其在国民生产总值中的比重仍然没变(2%—3%)。我认为这是国家的耻辱,是实质性的失败。……在过去的40年中,休闲娱乐支出占国民生产总值的比重比过去增加了一倍多,医疗支出占国民生产总值的比重由过去的2%增加到11%,教育支出尤其是高等教育支出的比重增加了两倍,然而美国民众对于非营利组织的捐赠占国民生产总值的比重却丝毫没有增加"[②]。

二是慈善特殊主义或狭隘性。非营利组织通常有自己特定的服务对象,比如特定的族群、特定的宗教派别、特定区域的居民、特定年龄或性别的群体、特定疾病的患者群体等。由于不同社会群体的组织能力和资源动员能力有强有弱,服务水平在不同群体间就会呈现出很大差异。比如,中国非营利组织主要集中在教育、医疗救助等少数几个公众和媒体最为关注的领域,但忽视了其他群体的服务需求。其他领域和群体由于社会关注度不高,很难动员到所需的资源,非营利组织也就没有足够的积极性去为其提供服务。

三是慈善家长制。非营利组织的服务可能让受助者产生依赖性,而不愿意自力更生。同时,非营利组织可能由于掌握慈善资源而控制决策权,在做出为谁服务和提供何种服务等方面的决定时,既不征求受益人的意见,也不向公众负责。因此,富人偏好的服务(如博物馆、交响乐、芭蕾舞等文化艺术服务)往往得到优先考虑,而穷人急需的基本服务却难以挤上议事日程。

---

① Lester M. Salamon, "Partners in Public Services: The Scope and Theory of Government-Nonprofit Relations," in W. W. Powell, ed., *The Nonprofit Sector: A Research Handbook*, 2nd ed., Yale University Press, 2006, pp. 110–113.

② 〔美〕彼得·德鲁克:《非营利组织的管理(珍藏版)》,吴振阳等译,机械工业出版社2009年版,前言第XVIII页。

四是业余性。非营利组织不仅普遍利用志愿者来提供服务,实际上,非营利组织的理事会成员都是志愿者。但是,志愿者往往不具备从事某项服务所需的专业知识。另外,很多小型的服务于最脆弱群体的非营利组织往往得不到足够的资源,很难提供有竞争力的报酬来吸引专业人员。这些情况都影响到非营利组织的服务水平和服务质量。

除了上述四种常见形式之外,志愿失灵还有一种更糟糕的情形,就是不分配约束失效,利益相关方把非营利组织用作牟取私利的工具,甚至出现关联交易和贪污腐败等犯罪行为。

市场失灵、政府失灵和志愿失灵理论都隐含一种"冲突范式",假设非营利组织与政府和市场之间是相互竞争和相互替代的关系。[1] 似乎非营利组织的作用只是弥补市场的局限性,是政府不能满足公众多样化和差异化需求的副产品。然而,"冲突范式"忽略了它们相互合作、相互依赖的关系。在很多情况下,政府与市场和非营利组织建立了紧密的合作关系来解决公共问题,政府福利开支和非营利部门的增长之间呈现显著正相关的关系。政府可能与企业和非营利组织建立合作关系,发挥各自的优势,避免出现失灵状况。

四、三大部门合作理论

由于政府、企业和非营利组织都有各自的优势和不足,因此主张三类主体合作解决公共问题的新公共治理范式(new public governance, NPG)日益成为主导范式。随着经济和社会发展,社会福利水平越来越高,越来越多原本由市场提供的产品和服务成为社会福利的内容,公民获得了享有这些服务的权利,而政府负有提供服务的责任。同时,政府逐渐从直接提供福利产品,转变为通过社会力量——尤其是非营利组织——来提供,政府做出决策、提供资金并进行规制。[2] 自20世纪60年代以来,很多理论都主张政府、企业和非营利组织之间的合作,首先是民营化和新公共管理,然后是公私伙伴关系,最近是新公共治理。不过,在社会服务领域并没有一劳永逸的完美解决方案,这些跨部门的合作关系十分复

---

[1] Lester M. Salamon and Helmut K. Anheier, "Social Origins of Civil Society: Explaining the Nonprofit Sector Cross-Nationally," *Voluntas*, Vol. 9, No. 3, 1998, pp. 213-248.

[2] 〔美〕莱斯特·M. 萨拉蒙主编:《政府工具——新治理指南》,肖娜等译,北京大学出版社2016年版,第2页。

杂，同样存在失灵的风险。①

民营化作为新公共管理（NPM）的一个基本概念，最早是由德鲁克于1969年在其著作《断层时代》中提出的。自20世纪70年代以来，各国在公共管理领域的改革实践远远超出了民营化概念所包含的范围，因而在20世纪90年代逐渐为公私伙伴关系概念所取代。② 进入21世纪，更进一步发展为第三方政府理论和公私伙伴关系理论。民营化理论认为依靠私人部门提供公共服务比依靠公共机构更能满足公共利益，主张缩小公共部门的规模，将责任转移到私人部门。新公共管理学派的主张与民营化理论异曲同工。对这些理论来说，合同外包和其他形式的间接政府不仅本身有效，而且还可以通过与公共管理者的竞争迫使他们改善内部管理。然而，这些处方隐藏着一个内在冲突：在要求政府为其行动结果承担责任的同时，却又要求政府将取得结果所需的职权让渡给第三方执行者。

第三方政府理论描述了同样的现实。自从西方国家为了克服福利国家危机开始民营化改革以来，政府逐渐从直接提供产品或服务，转变为通过市场和非营利部门来提供服务。政府高度依赖各种各样的"第三方"——商业银行、企业、私人医院、社会服务机构、大学、日托中心、其他各级政府——来提供服务，政府为这些服务提供资金并进行规制。其结果是形成了一个复杂的第三方政府系统。③ 政府为了利用第三方提供服务，采用了令人眼花缭乱的政策工具，如贷款、贷款担保、拨款、合同外包、社会规制、经济规制、保险、税式支出、凭券等。在某种程度上，"公共行政问题"已经超出了公共机构的范围，各种第三方紧密地参与公共事务的执行和管理。与传统的等级制的官僚机构不同，第三方政府理论的概念强调了公共机构与私人机构之间的责任共享，以及公共部门与私人部门作用的混合。④ 以美国为例，亚利桑那州图森市建立了一个为精神病患者提供心理健康服务的系统，这个系统由联邦政府和州政府提供资助。然而，没有任何联邦政府或州政府官员直接接触过精神病患者或者为精神病患者提供服务的人员。亚利桑那州不仅将精神健康服务外包出去了，而且把外包工作本身也外包出去了，它

---

① 〔美〕E.S.萨瓦斯：《民营化与公私部门的伙伴关系》，周志忍等译，中国人民大学出版社2002年版，第305页。

② 〔美〕莱斯特·M.萨拉蒙主编：《政府工具——新治理指南》，肖娜等译，北京大学出版社2016年版，第3页。

③ 同上书，第2页。

④ 〔美〕莱斯特·M.萨拉蒙：《公共服务中的伙伴——现代福利国家中政府与非营利组织的关系》，田凯译，商务印书馆2008年版，第45页。

先与某个非营利组织签订一个"主合同",然后由这家机构将服务转包给其他非营利组织。①

比"第三方政府"更流行的概念是公私伙伴关系。这个概念在20世纪90年代提出来以后得到广泛应用,使得它具有多种含义。通常情况下,公私伙伴关系是指公共部门与私人部门在基础设施建设中通过正式协议建立起来的一种长期合作伙伴关系。② E. S. 萨瓦斯(E. S. Savas)和萨拉蒙扩大了公私伙伴关系的概念,将其视为民营化的替代物,看作一种新的公共服务供给机制,包含了介于完全由政府提供和完全由私人部门提供之间的所有公共服务提供形式,如合同外包、凭单制、补贴和特许经营等。③ 在更广泛的意义上,公私伙伴关系还是一种公共事务的治理方式,不仅包括公共服务生产和提供方面的公私合作,更重要的是,它还是一种公共决策机制,在公共政策领域发挥着重要作用。

20世纪90年代中期,新公共治理概念取代了公私伙伴关系概念。新公共治理理论正式构建了包括政府、民营企业、非营利组织、公众个体在内的多元主体参与公共事务的框架,期望通过建构政府与社会的新型关系实现公共利益最大化。④

总的来说,在政府大规模为公民提供福利之前,非营利组织是社会服务的主要提供者。但在工业化社会里,面对市场失灵带来的大量严重社会问题,非营利机制无力应对,政府不得不大举介入公共服务领域。然而,在市场与政府双双失灵的情况下,世界各国不得不把眼光重新投向非营利组织,希望通过政府、市场与非营利组织的密切合作来共同解决面临的各种复杂问题。

第三节 供给方理论

敢于冒险的人需要支持者,好的想法需要传播者,被遗忘的群体需要倡导

---

① L. M. Salamon, ed., *The Tools of Government: A Guide to the New Governance*, Oxford University Press, 2002, p. 4.
② 〔英〕达霖·格里姆赛、〔澳〕莫文·K. 刘易斯:《公私合作伙伴关系:基础设施供给和项目融资的全球革命》,济邦咨询公司译,中国人民大学出版社2008年版,第1页。
③ E. S. Savas, *Privatization and Public-Private Partnership*, Seven Bridges Press, 2000; L. Salamon, ed., *Tools of Government: A Guide to the New Governance*, Oxford University Press, 2002.
④ 程惠霞:《公共管理理论演化中的超越、欠缺与还原》,《辽宁行政学院学报》2021年第4期,第28—33页。

者。仅有对非营利组织的需要,而没有人出面建立,非营利组织是不可能出现的。[①] 天下熙熙,皆为利来;天下攘攘,皆为利往。如果说商业的繁荣主要是由于利润的驱动,那么,在利润动机受到抑制的情况下,人们创办非营利组织的动力来自哪里?是什么力量使人们超越经济利益来追求社会价值呢?人的动机和行为极其复杂,影响他们创办非营利组织、开展非营利活动的既有道德情感的因素,也有制度理性的因素。

一、利他主义和志愿精神

道德情感因素中最常见的就是利他主义(altruism)。纯粹的利他主义者以增进他人的福祉为唯一目的,并为此感到真正的快乐。[②] 然而,在很多情况下,利他主义动机总是与自利动机杂糅在一起,甚至有一些人从事非营利活动的主要动机就是获取自身利益。人们从事非营利活动的动机既有利他主义成分,又期望获得某种回报。这有时是经济方面的回报,有时是非经济方面的回报,比如地位、荣誉、权力等,甚至是传播推广某种价值观和信仰。[③] 不过,动机作为一种主观状态是难以观察到的,能够观察到的只有行为及其结果。

宗教常常宣扬利他主义,但是宗教团体开展非营利活动不一定是纯粹利他主义的,而往往是为了同其他教派或世俗力量展开竞争,实现信徒数量最大化或宗教信仰传播效果最大化。比如,20世纪初期,当公立大学在南美国家出现时,天主教会随即做出反应,建立了一批教会大学。宗教背景的组织(faith-based organization, FBO)往往集中在教育和医疗卫生领域。选择教育是因为学校是传播信仰最有效的机构,选择医疗卫生是因为人在生病的时候意志和情感都最为软弱,容易产生依赖感。今天,宗教背景的组织仍然是西方国家非营利部门的重要组成部分。我国的宗教慈善机构也积极参与公益事业。[④]

志愿精神(volunteerism)也是一种利他精神,是个人或团体的自愿奉献精神,以及不求私利与回报,协助他人、造福社会的理念。志愿精神是个人对生命价值、社会乃至人类的一种积极态度。志愿精神是一种自愿参与社区服务、促进社

---

① 王绍光:《多元与统一——第三部门国际比较研究》,浙江人民出版社1999年版,第36页。
② Susan Rose-Ackerman, "Altruism, Ideological Entrepreneurs and the Non-profit Firm," *Voluntas*, Vol. 8, No. 2, 1997.
③ 王绍光:《多元与统一——第三部门国际比较研究》,浙江人民出版社1999年版,第41页。
④ 陈延超、于洋:《当前宗教公益慈善新特点新趋势——以广东为例》,《中国宗教》2020年第4期,第2—4页。

会进步、推动人类发展的精神,是公众参与社会生活的一种非常重要的方式,是非营利组织的灵魂。中华志愿者协会对志愿精神的定义是:奉献、友爱、互助、进步。

前联合国秘书长科菲·安南(Kofi A. Annan)曾经说过,"志愿精神的核心是服务、团结的理想和共同使这个世界变得更好的信念"[①]。1970年,联合国志愿人员组织和国际志愿者协会成立,并将每年12月5日确定为国际志愿者日。1991年12月20日,联合国通过决议,宣布21世纪的第一年为国际志愿者年,并在100个国家启动。2001年又通过了《全球志愿者宣言》。联合国的行动对志愿精神在全球的传播发挥了重要的推动作用。志愿精神已经跨越国界,超越社会制度、意识形态、文化背景、宗教信仰,成为全人类的共同价值,是衡量一个社会文明程度、文化道德水准和经济社会发展水平的重要标尺。[②]

需要指出的是,任何人都不应当用利他主义或志愿精神实施对他人的道德绑架,包括对富人和大企业进行逼捐,以及要求非营利组织员工不谈报酬、只讲奉献。慈善捐赠应该是出于自由意志,是自觉自愿的行动。非营利组织员工和其他机构的员工一样是劳动者,按照同工同酬的原则,他们有权利获得正常的报酬。工资和福利等开支是非营利组织运作成本的组成部分,不涉及盈余分配,不受不分配约束的限制。当然,如果他们给自己支付过高的报酬也是有违道德的。

二、社会企业家理论

社会企业家理论是企业家理论在社会创新领域的应用。企业家理论是现代企业理论的重要组成部分,相应的,社会企业家理论成为现代非营利组织理论的重要内容。

约瑟夫·熊彼特(Joseph A. Schumpeter)将企业家精神视为市场经济的灵魂,其核心功能是创新。企业家精神发挥作用的方式是建立一种新的生产函数,把一种从来没有过的关于生产要素和生产条件的新组合引入生产体系,创造更高的生产力。借鉴企业家的概念,社会企业家是指那些致力于运用创新方式解决社会问题,创造社会价值的人。但是,社会企业家理论的成熟度和影响力都比不上企业家理论。社会企业家对于社会进步产生了深远的影响,然而,他们的作

---

① 北京志愿者协会编著:《志愿组织建设与管理》,中国国际广播出版社2006年版,第234页。
② 《社区志愿者手册》编写组编著:《社区志愿者手册》,中国社会出版社2010年版,第8页。

用和贡献一直没有得到公正的评价和应有的认可。①

非营利组织的发展需要社会企业家的推动,每个成功的非营利组织背后都至少有一个富有创新力的社会企业家。社会企业家不仅是非营利组织的创建者和领导者,他们甚至跨越组织乃至部门之间的边界,探索解决社会问题的新思路。比如孟加拉国的穆罕默德·尤努斯(Muhammad Yunus)教授创建的格莱珉银行就将企业与非营利组织两种组织形式结合起来,发挥二者的优势,创造了社会企业模式,他本人也被称为"小额信贷之父",并获得了2006年诺贝尔和平奖。

三、慈善资本主义

如果说利他主义是道德情感动机,社会企业家是基于个人抱负和稀缺才能,那么慈善资本主义(philanthro-capitalism)则提供了制度理性方面的动机。慈善资本主义是慈善事业与资本主义相结合的产物,是一种改良资本主义。慈善资本家企图将私人企业在市场经济中的成功经验移植到社会领域,通过建立基金会等非营利组织按照私人意志开展慈善事业,以减少贫富悬殊带来的社会矛盾,获得最高的社会投资回报率,从而改良和维护资本主义制度。

19世纪末至20世纪初,新兴的资产阶级不仅创造了前所未有的巨大财富,而且发起了一场慈善资本主义革命。首倡者是19世纪末以安德鲁·卡内基(Andrew Carnegie)为代表的工业资本家,继承者是比尔·盖茨(Bill Gates)和沃伦·巴菲特(Warren E. Buffett)等企业家,创新者则是杰夫·斯科尔(Jeff Skoll)和马克·扎克伯格(Mark E. Zuckerberg)等互联网"新贵"。"钢铁大王"安德鲁·卡内基1889发表的《财富的福音》一文,堪称慈善资本主义的宣言。作为资本主义制度的最大受益者,卡内基首先为资本主义辩护,他说,"竞争的法则造成不可避免的结果就是社会不平等……一切解决当前社会问题的考虑是从承认以上基础的大前提下出发,不是要改变现在的造成财富集中的制度——因为这是才能加勤奋的结果——而是要最好地使用这笔巨大的剩余的财富"②。卡内基认为,富人对社会负有不可推卸的责任,应当树立一种崇尚简朴、不事张扬的生活方式的榜样,避免炫耀奢华,满足家人的合理需求。剩余财富的用途有三种:一是死后传之子孙,二是死后捐给公益事业,三是财富的主人生前妥善处理。第三

---

① 〔美〕戴维·伯恩斯坦:《如何改变世界——社会企业家与新思想的威力》,吴士宏译,新星出版社2006年版,第109页。

② 转引自资中筠:《财富的归宿:美国现代公益基金会述评》,上海人民出版社2005年版,第266—267页。

种方式是唯一明智的选择。死而富有是可耻的,富人进天堂比骆驼穿过针眼还要困难。捐赠财富决不能使接受者堕落,进一步陷入贫困,而是要激励和帮助最优秀最有上进心的那部分穷人努力改善自己的境遇。卡内基明确提出了富人捐赠的最佳领域:建大学、公共图书馆、医院、公园、公共游泳池,或者捐给教会。互联网时代的富豪们继承了卡内基的思想,他们试图将商业与慈善更加紧密地结合起来,建立一种所谓的包容性资本主义。

应当看到,富人从事慈善事业其实也是他们参与政治、获得社会权力的一种途径。金融家乔治·索罗斯(George Soros)捐出几十亿美元,在全世界推广美国的价值观。然而,为什么要由富人来决定最需要解决的社会问题是什么呢?不仅如此,还有许多人质疑这些财富来源的合法性,从而产生对他们的不信任。比如,盖茨和索罗斯都被谴责通过剥削他人发家致富,前者通过行业垄断,后者通过操纵金融市场。公众应该始终质问慈善资本家,他们合法获得的财富中有多少用于慈善捐赠,纳了多少税,应该信息透明并且可以问责。如果他们做不到这些,政府就应该加以规制。①

四、资源依赖理论

非营利组织的所有活动都要消耗资源,而资源是稀缺的。资源依赖理论研究组织与环境、组织与组织之间的关系。② 资源依赖理论将组织看作开放系统,认为组织生存的关键是具备获取和维持资源的能力,但没有任何一个组织能够自给自足,也不可能完全控制组织需要的所有资源。因此,为了获取所需资源,组织必须与外部环境进行交换,与资源供给者形成依赖关系。

拥有资源在本质上就是拥有权力,如果一个组织维持生存的资源掌握在其他组织手中,前者为了得到后者的资源就必须满足后者的要求;反过来说,后者由于资源优势而享有对前者的控制权。资源的稀缺性和重要性决定双方依赖性的性质与程度。资源依赖本质上是权力依赖,资源依赖可以是单向的,也可以是双向的。同时,资源依赖关系是动态的,组织可以采取策略和行动来减少或降低对某个资源来源的依赖程度。

非营利组织的生存过程也可以看作与资源拥有者博弈的过程。比如,政府

---

① 〔美〕马修·比索普、迈克尔·格林:《慈善资本主义——富人在如何拯救世界》,丁开杰等译,社会科学文献出版社2011年版,第11页。
② 多宏宇:《NPO发展环境的互动关系研究——以北京市协作者社会工作发展中心为例》,《北京航空航天大学学报(社会科学版)》2015年第3期,第6—10页。

可以利用补贴、购买服务等政策工具,在为非营利组织提供资助的同时对其发展方向进行引导和约束。① 发达国家的基金会非常善于利用发展中国家非营利组织的资源依赖,在提供资助时提出一些附加条件,实现自己的意图。② 因此,很多国家都十分警惕国外机构对本国非营利组织的援助,并且通过法律实行严格规制。

总的来看,与政治组织和经济组织理论相比,尽管非营利组织理论还不够成熟,但已经从各个学科角度进行了研究,取得了相当丰富的研究成果,建立了基本的非营利组织理论体系。然而,这些理论主要是西方学者提出的,植根于西方社会的传统和制度。尽管这些理论也许不太适用于我国的具体实际,但是它们提出的问题和研究的角度值得我们思考。除了上述这些理论之外,还有很多理论也与供给方有关,比如非营利组织法人理论、产权理论和治理理论等。

思考题

1. 非营利组织的国家—社会关系理论、需求方理论和供给方理论之间有何逻辑关系?
2. 国家—社会关系理论有哪些?这些理论之间有何关联?
3. 非营利组织的需求方理论有哪些?这些理论之间有何关联?
4. 非营利组织的供给方理论有哪些?这些理论之间有何关联?
5. 如何建立中国的社会组织理论体系?

本章案例

一所"小而美"的乡村小学的前途③

过去几年,我国乡村小规模学校在减少。2017 年,全国有小学 16.7 万所,另有小学教学点 10.3 万个。2020 年全国有普通小学 15.8 万所,另有小学教学点

---

① 马立、曹锦清:《基层社会组织生长的政策支持:基于资源依赖的视角》,《上海行政学院学报》2014 年第 6 期,第 71—77 页。

② Khaldoun AbouAssi and Mary Tschirhart, "Organizational Response to Changing Demands: Predicting Behavior in Donor Networks," *Public Administration Review*, Vol. 78, No. 3, 2017.

③ 本案例根据以下资料改写:熊丙奇:《一所小而美村小正在为未来犯愁》,2022 年 8 月 7 日,南方周末,http://www.infzm.com/contents/232485? source=131,2023 年 4 月 2 日访问。

9.03万个。① 出现这种情况,除了城镇化、生育率下降等因素外,一些地方政府以低水平维持的方式办乡村小规模学校,让这些小规模学校因学生持续流失而自然消亡,进而"甩掉"这一教育"负担",也是重要原因。在所有乡村小规模学校中,有一类颇为特殊的学校,即由爱心人士捐赠兴建、完全公益、不收学杂费的民办学校。这类乡村小规模学校,在国家规范民办义务教育学校的大背景下,该何去何从?

一、达祖小学校长的烦恼

四川省凉山州盐源县泸沽湖达祖小学是2009年注册成立的一所民办非企业单位,它就是这样一所学校,学校面向泸沽湖镇木垮村达祖社招生,主要从事小学1—6年级义务教育。这所乡村小规模学校是一所小而美、小而特的学校,在2012年获得过央视评选的"最美乡村教师团队奖"。现在,校长王木良却一脸愁容,犯愁接下来的出路在哪里。他接到县有关部门的通知,他的学校在当地规范义务教育民办学校时,并没有作为民办学校上报。这意味着,达祖小学今年还可继续按民办方式办学,但从明年起,它将转设为一所公办学校的教学点。王木良担心,如果真发生这样的转设,达祖小学将逐渐萎缩甚至被撤并。

王木良校长并不是考虑到这所学校转为公办学校教学点之后,自己会失去校长岗位,或者部分教师因无法入编而被辞退。他考虑的是,如果乡村小规模学校没有了办学特色,照搬城镇学校的办学模式,村民就不会再把孩子送到乡村学校,而会索性送去"办学质量更高"的城镇学校。村民不是没有把孩子送到城镇学校上学的条件,他们之所以选择这所小学,是因为学校很有特色,村民喜欢这所和社区、村庄融为一体的学校。

二、小而美的达祖小学

民办小规模学校转为公办学校的教学点,看上去对乡村孩子有利——纳入公办体系,享有和城镇学校学生一样的生均经费。但是,考虑到这所民办村小本就免学杂费,完全公益,因此,这一点对乡村孩子来说并没有什么变化。而纳入公办后,按照目前的公办学校管理模式,这所村小的办学活力很可能受到局限,很多探索将无法开展。比如,学校没有校门,校名就刻在一块石头上,村民可以随时到校园里打篮球、锻炼,到图书馆阅读,学校既是学生学习的地方,又是村民

---

① 数据来源:中华人民共和国教育部:《2017年全国教育事业发展统计公报》,2018年7月19日,http://www.moe.gov.cn/jyb_sjzl/sjzl_fztjgb/201807/t20180719_343508.html;《2020年全国教育事业发展统计公报》,2021年8月27日,http://www.moe.gov.cn/jyb_sjzl/sjzl_fztjgb/202108/t20210827_555004.html。2023年4月2日访问。

文化活动中心。转为公办后,学校还会不设围墙吗?在"出了安全问题谁负责"的压力下,很多公办学校并不向社区、村民开放。再比如,从一年级到六年级,学生会参加阅读戏剧、民族体育、地域文化、木工手作、信息技术与自然农场等6个主题的学习。木工手作的很多工具是村民捐赠的,与学校合作的自然农场面积有100亩,既是学生劳动教育基地,也向社会开放,不少机构和家长送学生来此研学。转为公办教学点后,这些特色教育项目还会开展吗?

达祖小学每年所需的50万元办学经费,主要源于社会捐赠。按照王木良的设想,随着100亩农场向社会开放,这所村小会获得稳定的资金支持,会变得更美、更优、更吸引学生和村民。也是出于这一原因,达祖小学的学生规模近年来没有萎缩,反而在扩大。

三、达祖小学的去与留

规范民办义务教育学校的目的,是防止部分民办学校过度逐利,影响义务教育的公益属性。如果因为"规范",把完全慈善、公益且办学质量得到认可的民办学校撤销或者转设,这或许走到了规范的反面。

把民办义务教育在校生规模控制在5%以内,是规范民办义务教育的目标之一。这也意味着,还应该保留少部分优质、公益的民办学校。我国已经实现各级各类教育的普及,在基础教育后普及时代,民办教育的作用也从过去的"补充"转变为"多元办学",探索多元办学模式,提供差异化选择。

按照民办教育促进法,我国所有义务教育阶段的民办学校都必须登记为非营利性。对于非营利性民办学校,政府将提供财政支持,包括把学生纳入生均拨款体系。显然,民办不再是学校"属性",而变为一种办学模式,政府部门甚至可以委托社会力量来管理公办学校,其目的是,通过多元办学,满足不同的教育需求。

社会力量参与举办民办学校,尤其是民办义务教育学校,也要从以前的投资思维转变为公益慈善思维。因此,对于本就是公益慈善性质的民办义务教育学校,应该积极支持。如果这些学校尚有办学条件不完善、学校管理不规范之处,政府应该通过扶持、引导促进学校改善办学条件、规范办学,而不宜采取限制发展的方式。城乡教育一体化,不是让孩子都进城读书,而是应该办好每一所学校,包括民办乡村小规模学校,这有利于形成全社会都重视教育的良好生态。

案例分析题:

1. 如何理解达祖小学的"小而美"?
2. 为什么说民办不再是学校"属性",而是一种办学模式?
3. 政府应该如何规范民办义务教育学校?
4. 如何留住达祖小学并且保留其办学特色?

第三章　国外非营利组织概况

> 福利国家危机、国家社会主义危机和发展模式危机都有一个共同点，那就是对政府主导社会事务的能力和意愿产生怀疑，市场的作用得到重申，非营利组织乘势而起。
>
> ——王绍光[①]

民间结社和慈善活动在各个国家都有着悠久的历史。在政府大规模提供公共服务之前，慈善组织在很多国家都是社会服务的主要提供者。然而，在工业化过程中，社会问题的规模和复杂程度都远远超出传统慈善组织的能力范围。第二次世界大战后，各国政府全面介入公共服务领域，建立了政府主导的福利供给体系。国家为民众提供各种福利，分担生、老、病、死、伤残、失业等个人风险。非营利组织被纳入社会福利体系，在政府资助下提供服务，成为政府在公共服务领域的伙伴。到20世纪70年代末，西方国家普遍陷入经济停滞、通货膨胀的局面，政府主导的福利供给模式遭遇危机。在英国首相撒切尔夫人和美国总统里根的政策推动下，西方国家掀起了民营化改革浪潮，政府对非营利组织的资助增长减缓。为寻求继续增长，非营利组织开启了市场化探索之旅。

各国非营利组织既有一些共同特点，又呈现出显著的多样性。这种多样性的形成原因十分复杂，但阶级之间的权力关系在其中扮演了重要的角色，导致非营利部门发展过程中呈现出明显的路径依赖现象。社会各阶级之间的权力关系在社会发展的关键转折点形成某些模式，这些模式一旦形成就会持续下去，即使最初产生它们的力量可能已经不复存在。[②] 总体上来看，发达国家的非营利部门

---

① 王绍光：《多元与统一——第三部门国际比较研究》，浙江人民出版社1999年版，第128页。

② L. M. Salamon and Helmut K. Anheier, "Social Origins of Civil Society: Explaining the Nonprofit Sector Cross-Nationally," *Voluntas*, Vol. 9, No. 3, 1998, pp. 213–248.

最为发达,发展中国家和转型国家落后于发达国家。发达国家中,西欧和北美国家的非营利部门规模最大、最为成熟,南欧国家和日本等国的非营利部门发展较为滞后,但增长迅速。发展中国家和转型国家非营利组织发展起步较晚、差异较大。① 本章将选择一些比较有代表性或典型性的国家,介绍其非营利部门的发展情况。

第一节 发达国家非营利部门

即便是发达国家内部,非营利部门的发展状况也有很大差异。总体上看,荷兰、美国、英国等国的非营利部门最为发达,意大利、西班牙等国非营利部门的发展相对滞后,日本的非营利部门直到20世纪90年代末才开始较快发展。本节仅以美国和日本为例介绍发达国家的非营利部门发展状况。

一、美国的非营利部门

美国是非营利部门最发达、最成熟和国际化程度最高的国家。从许多方面来看,非营利部门已经成为美国蓬勃发展的"朝阳产业",比如在重大疾病研究、预防和治疗方面发挥领导作用的美国心脏协会和美国癌症协会或公益服务社团如男童军和女童军等。②

(一)美国非营利部门的发展历程

美国的公益思想来自欧洲,特别是英国。③ 自《伊丽莎白济贫法》开始,17世纪中期慈善事业在英国大行其道之日,也正是英国人大举向美洲移民之时。④ 这一新生事物也就随着早期殖民者来到新大陆。从17世纪中叶到18世纪70年代美国独立之前,美国已经有了从早期慈善救济发展而来的现代公益事业的雏形。

美国在借鉴英国经验的基础上,因地制宜进行了大量创新。从"五月花"号的清教徒领袖约翰·温斯罗普(John Winthrop)和桂格派教徒彭威廉(William

---

① Lester M. Salamon, *America's Nonprofit Sector: A Primer*, 3rd ed., Foundation Center, 2012, pp. 14-16;[美]莱斯特·M.萨拉蒙等:《全球公民社会——非营利部门国际指数》,陈一梅等译,北京大学出版社2007年版,第22页。
② [美]彼得·德鲁克:《非营利组织管理》,吴振阳等译,机械工业出版社2007年版,序言第XV页。
③ 资中筠:《财富的责任与资本主义演变——美国百年公益发展的启示》,上海三联书店2015年版,第11—12页。
④ 同上书,第13页。

Penn)到美国开国元勋本杰明·富兰克林(Benjamin Franklin),都为公益慈善事业的发展做出了很大贡献。① 在美国独立之前,"宗教大觉醒"运动已经把慈善观念从上层阶级推广到全社会,社会改良思想和废除奴隶制的主张得到越来越多人的支持和响应。很多直到今天还非常有影响力的非营利机构就创建于这一时期,比如创建于1636年的哈佛大学和创建于1701年的耶鲁大学。独立战争之后,现代意义上的公益慈善机构开始大量涌现。

南北战争之后,大批被"解放的"黑奴处境仍然十分悲惨。于是,废奴主义者成立了各种慈善机构,帮助和教育黑人,为他们提供各种服务,对战后的社会安定起到了重要作用。② 教育成为这一时期发展最快的领域。19世纪初,美国只有二十几所大学,到1860年猛增到五百多所,除了少数是政府举办的州立大学,大多数都是富人或教会创办的非营利性私立大学。1810年,德国人威廉·冯·洪堡(Wilhelm von Humboldt)创办了第一所现代大学——柏林大学,为德国在科学领域的世界领导地位奠定了基础。60年后,美国人继德国人之后,建立起现代大学体系,为日后美国崛起奠定了基础。德鲁克曾说,关于创业精神的发展历史,没有比现代大学尤其是现代美国大学的创立与发展更好的例子了。③ 这一时期,非营利组织发展的另一个重要领域是医疗和公共卫生。一大批今天仍然享有盛誉的医院就创立于这个时期,比如约翰斯·霍普金斯医院和美国红十字会都是在19世纪末创办的。19世纪末到20世纪初经济大萧条之前,美国出现了一批新型慈善机构,即基金会。卡内基、约翰·洛克菲勒(John D. Rockefeller)、玛格丽特·塞奇(Margaret Sage)等慈善资本家开创了基金会制度的先河。④ 这是美国公益事业历史上革命性的创新,这些以拨款方式资助公益慈善事业的基金会成为非营利部门的"银行",对美国社会发展产生了极其深远的影响。

1929年爆发的经济大萧条,促使美国联邦政府大规模扩张,进入大政府时期(1930—1980)。二战结束后,美国政府活动领域继续扩大,政府对慈善捐赠的税收优惠政策以及政府拨款项目的增加刺激了非营利部门的增长。先是罗斯福新政时期的税收激励政策,然后是20世纪60年代中期约翰逊总统的"伟大社会"

---

① 资中筠:《财富的责任与资本主义演变——美国百年公益发展的启示》,上海三联书店2015年版,第16页。
② 同上书,第21页。
③ 〔美〕彼得·德鲁克:《创新与创业精神》,张炜译,上海人民出版社2002年版,第28—29页。
④ 资中筠:《财富的责任与资本主义演变——美国百年公益发展的启示》,上海三联书店2015年版,第77页。

和"向贫困宣战"政策,都极大促进了非营利部门的发展。在美国,90%的非营利组织是20世纪50年代以后成立的。[①]

微案例 3-1

城市土地研究中心

位于美国首都华盛顿的城市土地研究中心(Urban Land Institute,ULI)是一家非营利性社团,创立于1936年。截至2011年,ULI共有来自世界各地土地利用和房地产开发领域的3万多名会员,包括来自中国的会员。ULI既有来自地产开发、建筑设计和研究机构等私人部门的会员,也有来自政府城市规划部门、公共住房管理部门等公共部门的会员。ULI的使命是在世界范围内提供行业领域的领导力,促进负责任地利用土地,建立和保持社区繁荣。ULI的主要工作是组织跨学科的房地产业论坛,促进行业领导者和政策制定者在美国以及世界范围交流和分享观念、信息和经验。ULI一项非常有特色的服务是社区开发咨询服务,基本做法是:ULI应东道主的要求,组织专家团队为其提供为期一周的现场咨询服务,东道主无须支付专家咨询费,只须负担专家团队的交通和食宿等费用。我国上海、武汉、重庆等城市都接受过这项服务。[②]

1980年,共和党人里根赢得总统大选,美国进入保守主义改革时期(1980—2000)。里根政府削减了联邦政府的福利开支,将福利责任转移到州和地方政府,同时实施私有化改革,将原来由政府提供的公共服务转移给私人部门来提供。许多以联邦政府为主要资金来源的非营利机构陷入资金不足的困境。主要影响是减少了为穷人服务的项目和教育方面的开支,但增加了医疗保健项目的支出。20世纪90年代,在克林顿时期采取比较中立的政策之后,又一届共和党政府对非营利部门采取了更加激进的政策。这些政策一方面促进了非营利部门的发展,另一方面也迫使非营利部门与企业在政府合同上展开竞争。

[①] Peter Dobkin Hall, "Historical Perspectives on Nonprofit Organizations in the United States," in Robert D. Herman et al., *The Jossey-Bass Handbook of Nonprofit Leadership & Management*, 2nd ed., John Wiley & Sons, 2005, pp. 17–26.

[②] J. Ronald Terwilliger, *America's Housing Policy—the Missing Piece: Affordable Workforce Rentals*, Urban Land Institute, 2011, https://americas.uli.org/wp-content/uploads/2012/06/JRTPaperFinal.pdf, 2023年4月4日访问。

进入 21 世纪以来,美国非营利部门出现了三个重要的变化:一是全面增长,仅从非营利部门的收入年均增长率来看,1977—1996 年的年均增长率是 3.6%,1997—2007 年达到 4.3%;二是收入增长主要来自服务收费;三是非营利组织与营利性机构的竞争加剧。[①]

微案例 3-2

德国富翁批评扎克伯格的捐赠承诺

2015 年 12 月,社交网站"脸谱网"的创始人马克·扎克伯格喜得千金。他和妻子普莉希拉·陈(Priscilla Chan)一起以女儿名义承诺将捐出"脸谱网"公司 99% 的股权(按当时市值约合 450 亿美元),设立"陈-扎克伯格基金会"(Chan Zuckerberg Foundation)。此举得到了美国人的称许,在中国也得到大大的赞扬。然而,《华盛顿邮报》的一篇文章提到,一名德国亿万富翁批评说,"扎克伯格的捐款承诺实在是个坏榜样"。该富翁说,美国富人的捐赠可以得到巨额的税收减免,因此,捐赠一方面获得了税收优惠,另一方面减少了政府的税收收入,这就相当于这笔资金的支配权从政府转移到私人手中,私人捐赠者取代政府获得了这笔钱的支配权。众所周知,政府是按照民主程序分配资源的,目的是确保公共资源用于公共利益。现在,通过捐赠就将支配巨额公共资源的权力交到少数富豪手中。实际上,扎克伯格夫妇最后采取了公司形式来管理这笔资金。[②]

从上述发展历程可以看出,美国非营利部门植根于其志愿传统和宗教信仰,与工业化和市场经济制度有密切关系,同时受到每个时期政治思潮和公共政策的直接影响。

(二)美国非营利部门的基本状况

无论是从规模和类型,还是从结构和功能上来看,美国的非营利部门都是独一无二的。

美国拥有世界上规模最大的非营利部门。2016 年,在美国国税局登记的非

---

① Lester M. Salamon, *America's Nonprofit Sector: A Primer*, 3rd ed., Foundation Center, 2012, pp. 96-98.
② Jeff Guo, "Why a German Billionaire Says That Pledges Like Mark Zuckerberg's Are Really Bad," *The Washington Post*, December 2, 2015, https://www.washingtonpost.com/news/wonk/wp/2015/12/02/why-some-people-feel-billionaire-pledges-like-mark-zuckerbergs-are-really-bad/,2023 年 4 月 4 日访问。

营利组织数量达到 154 万个。其中,公共慈善机构约为 108 万个,占到非营利组织总数近六成,主要服务领域是艺术、文化、教育、健康和人类服务。93% 的非营利组织年支出少于 50 万美元。2016 年,公共慈善机构的收入和支出分别为 2.04 万亿美元和 1.94 万亿美元,占美国非营利部门总收入和总支出的比例都在四分之三以上。2016 年,非营利部门对美国国内生产总值(GDP)的贡献约为 5.6%。[①]
2016 年,在美国国税局登记的非营利组织中只有 53 万多个(约占 35%)需要提交报税表。普通非营利组织填报"990 表",小型非营利组织填报"990-EZ 表",基金会填报"990-PF 表"。表 3-1 提供了 2006 年和 2016 年在美国国税局登记的非营利组织的数量,提交"990 表"的非营利组织数量以及其总收入、总支出和总资产数据。在 2006 年到 2016 年间,所有提交"990 表"的非营利组织的总收入、总支出和资产的增长率都远远高于同期美国 GDP 的增长率。

表 3-1 2006 年和 2016 年美国非营利部门的相关数据

	2006 年	2016 年	2006—2016 年增长率(%)	2006—2016 年通胀调整后增长率(%)
国税局登记的非营利组织数量(个)	1 478 553	1 544 812	4.5	—
提交 990 表的非营利组织数量(个)	560 352	533 112	-4.9	—
总收入(单位:10 亿美元)	1 773	2 622	47.9	24.2
总支出(单位:10 亿美元)	1 592	2 477	55.6	30.7
总资产(单位:10 亿美元)	3 845	5 990	55.8	30.9

数据来源:Urban Institute, National Center for Charitable Statistics (NCCS) Core Files (2006 and 2016), https://nccs-data.urban.org/data.php?ds=core,2023 年 4 月 4 日访问;Urban Institute, the Internal Revenue Service Business Master Files, Exempt Organizations (2006-2016), https://www.irs.gov/charities-non-profits/exempt-organization-types,2023 年 4 月 4 日访问。

美国非营利部门的人力资源由雇员和志愿者构成。志愿者是美国非营利部门的重要人力资源,超过四成的公共慈善机构都依赖于志愿者的贡献。2007 年,美国非营利部门雇用员工数量为 1 350 万人,美国非营利部门利用志愿者 6 190 万人(折算成全职员工约 450 万人)。2007 年,美国非营利部门雇用的员工数量占到经济活跃人口总数的 6.2%,是除了零售与制造业之外最大的就业部门。

[①] NCCS Project Team, The Nonprofit Sector in Brief 2019, Urban Institute, 2020, https://nccs.urban.org/publication/nonprofit-sector-brief-2019,2022 年 10 月 13 日访问。

如果算上志愿者,非营利部门对就业的贡献率达到 9.2%,是美国最大的就业部门。[①]

2017 年,约有 25.1% 的美国成年人参加了志愿服务,贡献了大约 88 亿小时,约合 1 950 亿美元。[②] 在新冠肺炎疫情的冲击下,美国非营利部门的全职员工数量大致保持不变,但是兼职员工和志愿者的人数明显下降。2020 年,非营利部门流失了 7% 的兼职员工和 33% 的志愿者。城市郊区和农村地区受到的打击最大,这些地区非营利组织兼职员工的数量分别下降了 12% 和 18%。[③]

从数额上看,美国人可以说是最为慷慨的捐赠者。从 2014 年到 2017 年,慈善捐赠总额连年上升,2018 年略有下降。2018 年,来自个人、基金会和企业的私人捐赠总额为 4 277 亿美元,比 2017 年下降了 1.7%(经通胀调整后)。2018 年各类主体接受慈善捐款的份额如表 3-2 所示,可以看出,接受慈善捐款的前三类非营利组织在宗教、教育和人类服务领域。慈善捐款的接受主体是非营利组织,个人接受的捐款所占比例微不足道。

表 3-2 2013 年和 2018 年不同类型主体接受慈善捐款的百分比

组织类型	2013 年各类主体接受捐赠占比(%)	2018 年各类主体接受捐赠占比(%)	2013 年与 2018 年百分比变化
各类非营利组织总计	97.9	97.8	-0.1
宗教	32.2	29.6	-2.6
教育	13.0	13.9	0.9
人类服务	12.0	12.2	0.2
基金会	11.9	11.9	0.0
健康	9.4	9.7	0.3
公共社会利益	7.1	7.4	0.3
国际事务	5.7	5.4	-0.3
艺术、文化和人文学科	4.3	4.6	0.3

---

① Lester M. Salamon, *America's Nonprofit Sector: A Primer*, 3rd ed., Foundation Center, 2012, p. 29.
② NCCS Project Team, The Nonprofit Sector in Brief 2019, Urban Institute, 2020, https://nccs.urban.org/publication/nonprofit-sector-brief-2019, 2022 年 10 月 13 日访问。
③ Lewis Faulk et al., "Nonprofit Trends and Impacts 2021," The Urban Institute, 2021, https://www.urban.org/sites/default/files/publication/104889/nonprofit-trends-and-impacts-2021_2.pdf, 2023 年 4 月 4 日访问。

（续表）

组织类型	2013年各类主体接受捐赠占比(%)	2018年各类主体接受捐赠占比(%)	2013年与2018年百分比变化
环境与动物	2.5	3.0	0.5
个人	2.1	2.2	0.1
合计	100	100	—

数据来源：Giving Institute, Giving USA: The Annual Report on Philanthropy, 2019, https://givingusa.org/giving-usa-2019-americans-gave-427-71-billion-to-charity-in-2018-amid-complex-year-for-charitable-giving/，2023年4月4日访问。数据保留至小数点后一位。

从组织数量来看，美国非营利组织关注的领域依次是社会服务、文化休闲、教育科研、健康、公民组织等。从收入来看，排在前三位的领域依次是健康、教育科研和社会服务。美国服务类非营利组织的收入来源中，收费收入、政府资助和慈善捐赠的占比分别为五成、四成和一成。①

值得一提的是，美国华人在非营利组织领域也十分活跃，创办了教会、学校、健康协会、同乡会、校友会、学生学者联谊会等非营利机构。比如，匹兹堡大学学生学者联谊会为中国留学生和学者提供接机服务、租房信息、二手货交易信息以及翻译服务，并在传统节日举办联谊活动传播中华文化。

美国非营利部门既存在发展的需求，也面对着很多的挑战。老年人口的增加、妇女劳动参与率的提高、家庭结构变化、枪支和毒品泛滥以及移民潮都意味着对非营利部门需求的增加。政府越来越认识到非营利部门的重要性，出台了很多支持捐赠和志愿服务的新政策。非营利组织管理教育的快速发展也促进了非营利部门的职业化和专业化水平的提高。20世纪90年代，全美开设非营利组织管理专业的大学只有17所，到2009年已达到168所。此外，慈善领域的创新层出不穷，尤其是社会影响力投资的兴起和市场主体的加入，推动着美国非营利部门的发展。

当然，美国非营利部门也面临很多挑战。最大的挑战来自财务方面。非营利部门收入增长赶不上社会需求的增长，大量非营利组织长期面临财务压力。与此同时，政府对社会部门的资助增加十分有限，而慈善捐赠也增长乏力。② 与

---

① Lester M. Salamon, *America's Nonprofit Sector: A Primer*, 3rd ed., Foundation Center, 2012, pp. 35-39.
② Jane Wei-Skillern et al., *Entrepreneurship in the Social Sector*, Sage Publication, 2007, pp. 1-2.

以往相比,未来非营利部门的收入将更多来自商业活动和服务收费。① 另一个挑战来自营利性机构的竞争。美国非营利部门在多个领域的就业占比在下降。尽管非营利部门总体上在增长,但是在某些服务领域,比如个人和家庭服务、社区养老、家庭卫生保健、特殊医院等,营利性机构增长更快。产生这种局面的原因主要在于营利性机构能够更加有效地利用资本市场筹集资金实现扩张,使得非营利组织在竞争中处于不利地位。除此之外,非营利组织还需面对日益增加的问责与合法性挑战。非营利部门对政府资金的依赖使得其独立性受到质疑,非营利组织与社区的联系减少,专业化程度的提高与志愿者参与度的下降之间的矛盾,都使得美国非营利组织的合法性受到挑战。

二、日本的非营利部门

日本有着深厚的民间互助和公益慈善的文化传统。② 但是,直到20世纪90年代,日本都是非营利部门最薄弱的发达国家之一,私人捐赠和志愿服务的参与率都很低。③ 1995年阪神大地震之后,尤其是1998年非营利组织立法改革之后,日本非营利部门才开始进入快速发展阶段。到2010年,日本非营利部门就业占总就业的比例从1995年的3.5%上升到8%,跻身非营利部门发达的国家之列。④

(一)日本非营利组织的发展历程

日本与中国一样属于农耕文明。在古代日本村庄里,各种邻里互助活动十分普遍,也有一些公益性的社会慈善和救助组织。日本又是一个多宗教的社会,各种宗教对日本社会的互助和慈善精神也产生了深远影响。佛教传入日本后,佛教所倡导的慈悲为怀、普度众生、乐善好施等精神也开始深入日本社会,出现了一些佛教背景的慈善机构。15世纪末,天主教进入日本,天主教会在日本各地建立了大量医院、孤儿院、收养所等慈善机构。19世纪,基督教来到日本,设置了各种学校、医院、福利院等社会福利设施。此外,以天皇为背景的慈善活动也是日本一大特色。⑤

---

① Lester M. Salamon, *America's Nonprofit Sector: A Primer*, 3rd ed., Foundation Center, 2012, p.106.
② 王名、李勇、廖鸿、黄浩明编著:《日本非营利组织》,北京大学出版社2007年版,第17页。
③ 〔美〕莱斯特·M.萨拉蒙等:《全球公民社会——非营利部门视界》,贾西津、魏玉等译,社会科学文献出版社2007年版,第205页。
④ Lester M. Salamon et al., *Global Civil Society: Dimension of the Nonprofit Sector*, Kumarian Press, 2011.
⑤ 王名、李勇、廖鸿、黄浩明编著:《日本非营利组织》,北京大学出版社2007年版,第17—19页。

日本现代意义上的非营利组织可以追溯到明治维新时代。1896年,明治政府颁布日本近代史上的首部《民法》,并在第34条中规定,凡与祭祀、宗教、慈善、学术、技艺以及其他公益事业相关且不以营利为目的的社团或财团,须获得政府主管部门的许可才能注册为社团法人或财团法人。由此创设出日本近代史上首个有关社会组织的法人制度——公益法人制度。然而,明治政府采取了极为严厉的"许可原则",特意将公益法人的注册审批权限完全授予各中央主管部门。在第二次世界大战期间,日本政府更是将非营利组织纳入国家动员体制以迫使其协助对外战争。①

第二次世界大战结束后,随着民主化进程的推进,战前被压制的劳工运动、消费者运动、残疾人运动、人权运动以及环境保护运动等各种市民运动开始蓬勃兴起。到了20世纪60年代中后期,以"要求和反对"为特征的市民运动逐渐转变为以"公共服务供给主体"为特征的市民活动。与此同时,以海外紧急救援和发展中国家开发援助为宗旨的非政府组织也开始登上国际舞台并逐步成为日本国际软实力的重要代表。其中比较有代表性的是1960年成立的日本基督教海外医疗协力会、1971年成立的亚洲眼科医疗协力会(AOCA)和1973年成立的亚洲太平洋资料中心等。②

进入20世纪80年代,伴随经济高速增长的终结以及老龄少子化现象的日趋严峻,日本政府越发难以全面提供以养老服务(尤其是居家养老服务)为核心的公共服务。为此,日本人根据《日本国宪法》规定的结社自由权,组建起不具有法人资格的市民活动团体,开展具有互助性质的志愿活动。非营利组织一词也开始得到广泛传播和使用。但囿于当时极为严格的公益法人制度,这些市民活动团体普遍难以获得法人资格。③

1995年阪神大地震之后,非营利组织在地震中的表现在很大程度上促进了1998年日本《特定非营利活动促进法》的诞生。相比政府为灾民提供的有限帮助,非营利组织在救灾中表现非常出色,给日本国民特别是灾区民众留下了深刻印象。④ 地震发生后三天内,百分之一俱乐部、日本非政府组织国际合作中心等非营利组织已经在地震现场设立活动中心,协调志愿者的救援工作,筹集和分发

---

① 俞祖成:《社会治理视域中的日本非营利组织》,上海远东出版社2022年版,第12页。
② 王名、李勇、廖鸿、黄浩明编著:《日本非营利组织》,北京大学出版社2007年版,第20页。
③ 俞祖成:《社会治理视域中的日本非营利组织》,上海远东出版社2022年版,第13页。
④ 王名、李勇、廖鸿、黄浩明编著:《日本非营利组织》,北京大学出版社2007年版,第45页。

救援物品。① 1998 年,在广大市民与相关国会议员的通力合作下,日本政府出台了《特定非营利活动促进法》,即 NPO 法。这部法律放弃了许可主义,转而采取认证主义,从而迅速推动日本 NPO 法人的快速增长。这些新兴的 NPO 法人积极参与到灾害救助、社区营造、环境保护及海外救援和发展中国家开发援助等领域。鉴于 NPO 法产生的积极效应,日本政府于 2008 年成功出台了新公益法人制度。②

(二) 日本非营利组织的现状

在日本,"非营利组织"和"非政府组织"是两个有显著区别的概念。"非营利组织"是指植根于日本国内,以社区为基础的由市民自发成立并自主运营的从事各类公益活动的社会组织。"非政府组织"专指涉及海外事务的非营利组织,它们在国外从事开发援助、灾害救助、生态环保等公益活动。③

按照现行法律规定,日本非营利组织可分为"非法人型非营利组织"与"法人型非营利组织"。其中,非法人型非营利组织系指根据《日本国宪法》第 21 条规定的结社自由权,市民未经政府批准而自由组建的不具有法人资格的任意团体。这些任意团体主要以"志愿者团体"或"市民活动团体"的形式开展活动。在遵纪守法的前提下,任意团体不但无须接受来自政府的指导或监管,而且能享受一定的税收优惠。当然它们也面临诸多法律限制,例如无法以组织名义开设银行账号、租赁办公场所以及购置车辆。与之相对应,"法人型非营利组织"系指根据有关法规履行申请手续并在法务局进行法人登记的非营利团体,包括公益型法人与互益型法人,其公益程度越高,所享受的税收优惠待遇就越优厚。日本政府根据非营利组织的公益程度,从严至宽依次采取公益认定、认可、认证、登记备案等法人注册标准。在当今日本,最符合国际通用非营利组织定义的组织为"非营利法人"与"社团(财团)法人"。近年来日本政府针对非营利组织管理制度所推行的改革也主要围绕这两类组织展开。④

1995 年,日本非营利部门总支出为 2 136 亿美元,占 GDP 的 4.5%。210 万名全职人员在非营利部门就业,占非农就业的 3.5%,服务业就业的 14%。其中

---

① 王名、李勇、廖鸿、黄浩明编著:《日本非营利组织》,北京大学出版社 2007 年版,第 20 页。
② 俞祖成:《社会治理视域中的日本非营利组织》,上海远东出版社 2022 年版,第 13 页。
③ 俞祖成:《日本 NPO 法人制度的最新改革及启示》,《国家行政学院学报》2013 年第 6 期,第 116—120 页。
④ 同上。

47.1%的非营利组织就业在卫生保健领域,在教育和社会服务领域的就业分别占22.5%和16.6%。① 2007年,日本有公益法人2.6万个,特定非营利活动法人2.3万个,社会福利法人1.9万个,医疗法人3.9万个,学校法人(指私立学校)7.6万个,宗教法人18.3万个,职业训练法人420个,改造保护法人160个。以上7种法人都需要政府主管机关的批准。除了公益法人依据日本《民法》第34条成立之外,其他法人都是根据各种特别法成立的。②

日本非营利组织的发展促进了经济增长和就业,推动了服务业的发展,积极承担老年社会服务,形成尊老的良好社会风气。日本非营利组织还帮助发展中国家解决社会问题,提供国际救援、难民救助、医疗卫生、环境保护等服务。在这个过程中,日本的非营利组织逐渐养成了跨越国界的公益精神,为日本改善国家形象、提升国际影响力作出了重要贡献。③

除了典型的非营利组织之外,日本的社会企业也很有特色,以事业运作为主体的非营利组织、为解决社会问题而创立的公司都包括在这一概念里。日本最传统的社会企业是合作社,从20世纪50年代开始,日本就出现了农业合作社、消费者合作社。到了80年代后,日本出现了一种新型的"自给自足"的非营利性商业企业,它们主要集中在绿色农业(例如进行有机食品的生产和销售)、公平贸易(例如从发展中国家进口产品)、老年人看护(例如老年居民日常看护中心)这些领域。因此,也涌现了"大地宅配""和平之船""安全服务中心""公平贸易商会"等一批成功的社会企业。④

总的来看,尽管发达国家的非营利部门较为发达,但各自的发展路径差异很大,美国和日本的经验并不能代表其他国家的情况。比如,法国非营利部门的发展比英美等国要晚得多,其非营利部门规模很大,但基本上依靠政府支持。在法国大革命到1864年之间的大部分时间里,非营利组织在法国都是违法性的,直到1864年法令赋予人们结社自由。20世纪60—70年代,在政府兴办福利事业的背景下,法国的非营利部门开始发展壮大。⑤ 又比如,德国有一个相当成熟而

---

① 〔美〕莱斯特·M.萨拉蒙等:《全球公民社会——非营利部门视界》,贾西津、魏玉等译,社会科学文献出版社2007年版,第206页。
② 王名、李勇、廖鸿、黄浩明编著:《日本非营利组织》,北京大学出版社2007年版,第49页。
③ 田香兰:《日本民间非营利组织发展现状、法律环境及社会贡献》,《日本问题研究》2013年第2期,第66—72页。
④ 严中华编著:《社会创业》,清华大学出版社2008年版,第34—36页。
⑤ Edith Archambault, "The Nonprofit Sector in France," in Lester Salamon and Helmut K. Anheier, eds., *Defining the Nonprofit Sector: A Cross-National Analysis*, Manchester University Press, 1997, pp. 104–105.

且独具特色的非营利部门。德国的非营利部门与政府关系十分密切,在诸如医疗和社会服务等领域,政府与非营利部门建立了广泛的合作关系。① 过去两百多年里,德国现代非营利部门的形成主要遵守三个原则:第一,自治原则;第二,辅助原则(subsidiary,也译为补贴原则);第三,群体经济原则。② 1990年两德统一之后,非营利部门的结构特征发生了实质性的转变。尽管如此,由于政府提供高补贴,非营利部门很难吸引到志愿者和社会捐赠,使得德国非营利部门缺少市民性。③

第二节 发展中国家和转型国家的非营利部门

除了西欧和北美之外的所有地区都有发展中国家。它们最大的共同点是经济社会发展程度和人均收入水平较低。尽管很多发展中国家也有着开展慈善活动的悠久历史,但是却很少具备完善的现代非营利组织制度和建立起发达的非营利部门。

20世纪70年代以来,广大发展中国家在取得巨大的经济发展成果的同时,也出现了贫困、疾病、污染、贪污、犯罪和贫富差距等社会问题。这些国家发现单靠政府的力量难以完全解决问题,因此转而求助于"多边机构"和非营利组织,探索所谓的新发展模式。④ 新发展模式强调民间志愿团体的作用,发达国家和国际组织对发展中国家的援助也更多地提供给民间志愿团体。发展中国家很少对其非营利部门进行深入研究,也很难像发达国家那样提供完整的统计数据。用现有的理论来解释发展中国家往往会出现失灵的现象。⑤ 由于发展中国家在经济政治制度和宗教文化传统方面存在很大不同,其非营利部门的发展也具有很大差异,很难进行概括和说明。

所谓转型是指从传统的计划经济体制转向市场经济体制。转型国家包括俄

---

① 〔美〕莱斯特·萨拉蒙等:《全球公民社会——非营利部门视界》,贾西津、魏玉等译,社会科学文献出版社2007年版,第83页。
② 王绍光:《多元与统一——第三部门国际比较研究》,浙江人民出版社1999年版,第134—136页。
③ 〔美〕莱斯特·萨拉蒙等:《全球公民社会——非营利部门视界》,贾西津、魏玉等译,社会科学文献出版社2007年版,第98页。
④ "多边机构"是指由不同国家的政府发起和资助的机构,其主要目标是通过推动发展中国家或发展中区域的经济发展来消除贫困。世界银行是所有多边机构的典型代表,其中包括"国际金融公司"(International Finance Corporation)这样的私人投资部门。参见〔孟〕穆罕默德·尤努斯:《新的企业模式——创造没有贫困的世界》,鲍小佳译,中信出版社2008年版,第27页。
⑤ 王绍光:《多元与统一——第三部门国际比较研究》,浙江人民出版社1999年版,第379页。

罗斯、中东欧国家等。第二次世界大战之后,苏联和东欧国家也建立了政府主导的社会福利制度。这些国家的经济在20世纪70年代的石油危机中遭受巨大挫折,在80年代末又经历政治变革走上转型之路。此后,这些国家的非营利部门获得了一定的发展。总体说来,转型国家非营利部门的发展不仅落后于发达国家,甚至与一些发展中国家相比也有差距。下面将介绍印度和俄罗斯的非营利部门的情况。

一、印度的非营利部门

印度非营利组织与政府的关系十分密切。据估计,20世纪90年代初期,印度非营利组织数量已经超过百万,不过其中只有2.5万至3万个比较活跃。[①]

慈善事业在印度有很长的历史,是印度文化的重要组成部分,其源头可以追溯到公元前5世纪。近代印度慈善事业始于殖民地时代中后期(1810—1947)。19世纪初,基督教传教士在印度建立了很多学校、诊所和医院。印度的社会精英阶层很快也参与到慈善事业中来,他们主要热衷于社会改革,比如废除童婚和一夫多妻制,并推动妇女解放运动。1885年成立的印度国民大会党(简称国大党)是其中最有名的组织。19世纪下半叶,印度各个宗教和种族都有了自己的组织和运动,商会也发展起来。在印度的英国人和其他欧洲人也成立了各种团体和机构。1947年印度独立以后直到50年代末,主要有两类民间组织最为活跃,一类是甘地追随者组建的志愿组织,另一类是宗教背景的志愿组织。印度独立后,国大党成为执政党,甘地的追随者一部分进入各级政府,另一部分成为志愿组织的领导者。两类人员之间的深厚历史渊源使得一些志愿组织得到了政府的大力资助和支持。[②]

20世纪60年代至70年代,印度出现了一大批新的志愿组织。这些志愿组织的兴起既得益于西方国家的资助,也得益于1961年通过的印度《所得税法》对慈善捐赠的税收优惠政策。1976年,印度通过《外国捐赠管理法》,对所有接收外国捐款的志愿组织实施监控。

到20世纪80年代至90年代,两类民间组织特别引人注目,一类是由退休官员、前政客、企业家、年轻专业人员等创办的组织,它们游走于国际组织、外国政府、本国政府以及国内外非营利组织之间,充当中介,提供咨询服务。印度政府

[①] Lester Salamon and Helmut K. Anheier, eds., *The Emerging Nonprofit Sector: An Overview*, Manchester University Press, 1996, p. 111.

[②] 王绍光:《多元与统一——第三部门国际比较研究》,浙江人民出版社1999年版,第342页。

对它们是能利用就加以利用,不能利用就加以控制。另一类是分离组织,这一类组织是印度政府最不能容忍的,但印度政府能做的只是在宪法允许的范围内收紧对它们的控制。①

总的来说,印度非营利部门的发展受到政府的极大影响;政府对于从事慈善事业和经济发展的非营利组织持欢迎态度;对与政府政见不同甚至唱对台戏的组织加以限制。在繁荣安定的时期,印度政府对非营利部门就比较宽容;在主权和安全受到威胁的时期,印度政府就会采取较为严格的控制措施。②

二、俄罗斯的非营利部门

俄罗斯是一个多民族国家,国土广袤,资源丰富,横跨欧亚。它的历史总是隐忧重重、起起伏伏,历经坎坷但又不断地从灾难中复兴,再次探寻崛起之路。③ 俄罗斯的非营利部门在苏联后期就开始发育,在苏联解体过程中扮演了催化剂的角色。在苏联解体之后,俄罗斯非营利部门经历了一段依赖国外资助的时期。20世纪90年代以来,俄罗斯非营利组织的发展可以分为"进口依赖"阶段和自主发展阶段。④ 进入21世纪,俄罗斯本土的非营利组织逐渐占据主导地位。

(一)历史溯源

俄罗斯的公益慈善事业有着悠久的历史,但直到苏联成立之前,并未发展出现代非营利组织。早在14—15世纪,俄国的一些城市就出现了手工艺人行业组织,在沙皇和大公的铁腕统治下,这些行业组织仅享有非常有限的自治权利。18世纪下半叶,叶卡捷琳娜二世承认了个人结社和组织社会活动的权利。18世纪末,出现了一批艺术沙龙和俱乐部,以及科学、文化、教育和经济领域的社会团体。1861年,俄国废除了封建农奴制之后,人们的社会自主活动空间得到扩展,结社组织数量增长。1905年,俄国第一次资产阶级民主革命后,各个阶层为了捍

---

① 王绍光:《多元与统一——第三部门国际比较研究》,浙江人民出版社1999年版,第355页。
② 同上书,第374—375页。
③ 参见[英]杰弗里·霍斯金:《俄罗斯史》,李国庆、宫齐、周佩红、郭燕青译,南方日报出版社2013年版,序第1页。
④ Lev Jakobson and Sergey Sanovich, "The Changing Models of the Russian Third Sector: Import Substitution Phase," *Journal of Civil Society*, Vol. 6, No. 3, 2010, pp. 279-300.

卫自己的利益开始结社。1917年俄国十月革命后,建立了社会主义制度。①

在斯大林时期,苏维埃政权颁布实施了很多针对非营利组织的新制度,强行关闭或解散了那些反对或不利于社会主义制度的社会团体,只允许承认苏联政权、服从苏联共产党领导和苏联法律的组织继续开展活动。这些组织大都是无关政治的休闲娱乐、文化、卫生和慈善救助类组织。在斯大林去世之后,私人部门逐渐获得一些发展空间,环保、业余爱好等领域出现了一些自组织。到了20世纪70年代和80年代,一些群团组织也转型为自组织,比如儿童基金会、艺术家和作家协会等。这些组织逐渐变得具有双重性:一方面,它们继续为国家的意识形态服务;另一方面,它们也着手解决现实的社会问题。这一时期,在体育、旅游、音乐等领域出现了许多互助会和俱乐部,但这些组织大都没有登记注册。②

(二)"进口依赖"阶段

俄罗斯从苏联继承的非营利部门遗产是很有限的,而那些更为古老的传统组织形式又在苏联时期消失了。因此,俄罗斯没有足够的经验和法律环境来建立一个与现代经济和现代社会协调一致并且运转有效的第三部门。20世纪90年代初,俄罗斯初生的市场经济面临严重危机,大多数人收入大幅缩水、生活困难。同时,整个商业领域处于失序状态。在转型过程中一夜暴富的少数人很少有利他观念和慈善精神。③

在这种情况下,俄罗斯政府对非营利部门采取了放任态度。外部输入的资源、观念和组织机制在很大程度上弥补了俄罗斯国内之不足。美国是这一时期俄罗斯非营利部门的主要资助者。来自美国的资助机构包括美国政府的国际援助机构和民间非营利组织,前者以美国国际开发署为代表,后者以索罗斯的开放社会研究所为代表。仅1997年美国国际开发署就给俄罗斯非营利部门提供了1.73亿美元援助,而索罗斯则为俄罗斯慈善事业投入3 500万美元。芬兰的很多

---

① 黄立茀、王丹:《俄罗斯非商业组织的历史、发展与特点》,载黄晓勇、高翔、潘晨光主编:《中国民间组织报告(2008)》,社会科学文献出版社2008年版,第348—389页。

② 黄立茀、王丹:《俄罗斯非商业组织的历史、发展与特点》,载黄晓勇、高翔、潘晨光主编:《中国民间组织报告(2008)》,社会科学文献出版社2008年版,第348—389页。

③ Lev Jakobson and Sergey Sanovich, "The Changing Models of the Russian Third Sector: Import Substitution Phase," *Journal of Civil Society*, Vol. 6, No. 3, 2010, pp. 279-300.

非营利组织也给靠近两国边界的俄罗斯非营利组织提供了大量援助。①

这些外国资助主要从两个方面影响俄罗斯的非营利部门：一是确定了非营利活动的优先领域，二是建立了非营利部门的内部结构与关系。20世纪90年代，俄罗斯非营利部门的优先活动领域首先是清除切尔诺贝利核电站爆炸事故造成的影响，防止再次发生重大灾难；其次是建立俄罗斯与西方的友好关系；此外，还包括难民、环境、艾滋病以及人权、教育等内容。国外资助方首先捐款给俄罗斯国内的少数非营利组织，有些组织本来就是在捐款人的支持甚至直接参与下建立的，然后再由这些组织将资金分配给俄罗斯国内其他一些较小的非营利组织。通过这种方式，在非营利部门内部围绕资助关系形成了层级结构。②

不过，国外资助方的影响并没有覆盖俄罗斯所有的非营利组织，尤其是一些土生土长的非营利组织。这一时期俄罗斯非营利部门实际上由两个相互分离的部分组成：占主导地位的部分是国外资助的非营利组织，它们组织规范、人才齐整、资金充足、运作透明，极力模仿国外非营利组织的行为方式；另外一个部分是俄罗斯土生土长的非营利组织，它们大多规模很小、资金不足、治理结构不完善、开展活动不稳定、透明度不高，还常常表现出商业化的倾向。它们带着当时俄罗斯企业的粗野作风，不遵守公平竞争的游戏规则。然而，在接下来俄罗斯国际国内政治形势的风云变幻中，随着"进口依赖"模式的退隐，这些土生土长的非营利组织获得了继续生存和发展的机会。③

（三）自主发展阶段

世纪之交发生在中亚、东欧国家的"颜色革命"，尤其是2004年乌克兰发生的"橙色革命"，给俄罗斯政府敲响了警钟。俄罗斯政府很快大幅调整了相关政策，改变了对国外资助方的态度。普京政府对非营利部门实行两手政策。一方面，严格控制非营利组织的资金来源和政治性活动；另一方面，积极支持本土的社会导向型非营利组织。④

---

① James W. Scott and Jussi Laine, "Borderwork: Finnish-Russian Co-operation and Civil Society Engagement in the Social Economy of Transformation," *Entrepreneurship & Regional Development*, Vol. 24, No. 3-4, 2012, pp. 181-197.

② Lev Jakobson and Sergey Sanovich, "The Changing Models of the Russian Third Sector: Import Substitution Phase," *Journal of Civil Society*, Vol. 6, No. 3, 2010, pp. 279-300.

③ Ibid.

④ Ibid.

从俄罗斯政府的立法可以清楚看出对非营利组织政策逐渐收紧的轨迹。1996年,俄罗斯通过的《非营利组织法》对社会导向型非营利组织的活动领域进行了明确定义。2006年,《非商业组织法》对俄罗斯非营利组织施加了新的限制措施。2012年通过的《外国代理人法》和2015年通过的《不受欢迎组织法》对俄罗斯非营利组织接受国外资助采取了严格限制措施。《外国代理人法》要求接受外国资助的俄罗斯非营利组织定期向政府汇报其活动和资金来源,并且限制其参与政治活动。《外国代理人法》创造了"履行外国代理人职能的非营利组织登记制度",建立了接受外国资金在俄罗斯境内开展政治活动的组织名单。这些组织必须向俄罗斯政府报告收到的资金数量及其用途。《不受欢迎组织法》规定了更加严厉的限制和处罚措施。根据《不受欢迎组织法》,检察官如果认为某个外国非营利组织在俄罗斯的活动损害了俄罗斯联邦宪法秩序的基础,或者给国防能力和国家安全带来威胁,可以给该组织贴上"不受欢迎"的标签,打入黑名单。《不受欢迎组织法》也适用于接受外国组织资助并与之合作的俄罗斯国内机构。[①]

在这样的背景下,很多国外机构减少了对俄罗斯非营利部门的资助,有的甚至停止了在俄罗斯的活动。比如,英国国际开发署和索罗斯的开放社会研究中心关闭了在俄罗斯的办公室,美国国际开发署对俄罗斯的资助规模减半。同时,随着俄罗斯经济恢复增长,人们的收入水平提高,俄罗斯人开始有能力给非营利组织提供资源。俄罗斯政府采取多种措施支持社会导向型非营利组织。2006年,设立了总统拨款项目来资助非营利组织,还试图通过政府购买服务与非营利部门建立"福利伙伴关系"。在政治上,俄罗斯政府也试图建立与非营利部门的正式沟通机制。2004年,普京政府成立了公共议院(public chamber)作为非营利部门在政府的集体代表,这是一个政策咨询机构,其作用是协调国家与社会关系。公共议院的理事会成员来自社会各界,包括知名学者、医生、牧师和非营利组织的领导人等。2009年,俄罗斯联邦政府在《俄联邦促进慈善与志愿活动发展的理念》中表达了在社会服务领域促进与非营利部门合作的意愿。[②]

就这样,俄罗斯非营利部门的"进口依赖"模式在持续了十余年之后终于走到尽头,开始踉踉跄跄地走上一条自主发展道路。截至2016年底,俄罗斯的非

---

① Lev Jakobson and Sergey Sanovich, "The Changing Models of the Russian Third Sector: Import Substitution Phase," *Journal of Civil Society*, Vol. 6, No. 3, 2010, pp. 279–300.

② Ibid.

营利组织约为 22 万家。①

俄罗斯非营利部门的未来发展仍然面临诸多挑战:公众对非营利组织的认知度仍然很低,一些组织登记成非营利组织只是为了逃避纳税。总的来看,俄罗斯尚未形成非营利部门发展的有利条件,国家和社会还没有为接纳非营利组织做好充分准备。②

所有转型国家的非营利部门都具有两重性。一方面,它们会受到转型之前的观念和制度的影响;另一方面,又受到当前国内外政治经济社会形势的影响。这两个因素之间的张力决定着转型国家非营利部门的轨迹。

中东欧其他转型国家非营利部门的发展状况各有不同,但由于继承了共同的历史遗产,多少也存在一些相似之处。匈牙利在转型之后,兴起了一个相当不错的非营利部门。而在波兰、罗马尼亚、斯洛伐克等国,非营利部门的发展则要逊色许多。③ 在这些国家,文化娱乐组织、职业组织和工会等社团组织发展较快,而教育、卫生和社会服务等领域的非营利组织发展仍然有限。④

第三节 国外非营利组织制度

非营利组织的特点并不是天然具备的,它必须以人们普遍认同的价值为基础,并建立一整套制度来确保其实现。非营利组织制度包括外部制度和内部制度。外部制度主要是指法律制度,内部制度主要是指非营利组织内部治理和组织管理制度。法律制度主要涉及非营利组织的法人制度、登记管理制度、财务和税收优惠、运营和禁止规则、政府资助制度、监管制度、问责制度等。内部制度主要涉及理事会制度、组织管理制度等。本节仅讨论外部制度,内部制度在其他章节讨论。

---

① Carol Leonard, Zafar Nazarov and Lev Jakobson, "Do Voluntary Associations Matter for the Spread of Civic Activism in Russia? Matching Technique Applied to Survey Data," *Social Science Quarterly*, Vol. 101, No. 1, 2020, pp. 183-200.

② Lev Jakobson and Sergey Sanovich, "The Changing Models of the Russian Third Sector: Import Substitution Phase," *Journal of Civil Society*, Vol. 6, No. 3, 2010, pp. 279-300.

③ Stefan Toepler and Lester M. Salamon, "NGO Development in Central and Eastern Europe: An Empirical Overview," *East European Quarterly*, Vol. 37, No. 3, 2003, pp. 365-378.

④ 〔美〕莱斯特·萨拉蒙等:《全球公民社会——非营利部门视界》,贾西津、魏玉等译,社会科学文献出版社 2007 年版,第 30 页。

一、法律形式

由于各国法律制度不同,对非营利组织法律形式的规定也各不相同。在美国,非营利机构法律形式是由州法律而不是联邦法律规定的。以加利福尼亚州为例,非营利组织可以采取三种法律形式:非营利性公益法人(nonprofit public benefit corporation)、慈善信托(charitable trust)和非法人非营利性社团(unincorporated nonprofit associations)。近年来,大多数非营利组织采取了非营利性公益法人的形式。慈善信托也很常见。慈善信托是指所有者为了将一份财产用于特定目的,通过信托声明或信托协议的方式将财产转交给受托人管理而建立的信托关系。非法人非营利性社团现在已经很少见。[①]

在日本,非营利组织分为法人非营利组织和非法人非营利组织两大类。法人非营利组织分为共益法人(也称共同利益法人、中间法人)和广义公益法人两种。所谓共益是指以特定多数社会成员为对象提供公共服务,共益法人包括农会、工会、消费者协会、业主委员会、同学会、同好会和互助会等,其中一些组织形态类似中国的行业协会、商会、联谊会等互益性组织。所谓公益是指以非特定多数社会成员为对象提供公共服务。广义公益法人是日本非营利组织的主体部分。广义公益法人包括9种组织形态:社团法人、财团法人、特定非营利活动法人、社会福利法人、医疗法人、学校法人、宗教法人、职业训练法人及改造保护法人(为原服刑者提供改造保护)。其中,社团法人和财团法人统称为公益法人。非法人非营利组织主要是指任意团体。任意团体是指无法人资格的公益性、非营利性团体,又称无权利能力社团,是公民依据法律所规定的结社权利成立的,无须登记就可以开展活动。[②]

二、登记管理制度

登记管理是指政府对非营利组织的设立、变更、终止与注销等进行的管理。设立登记或注册是指非营利组织通过正式程序,成为独立的具有民事行为能力的法人实体。设立登记管理往往要求申请登记的组织在注册资金、业务范围、成

---

① Robert D. Herman et al., *The Jossey-Bass Handbook of Nonprofit Leadership & Management*, 2nd ed., John Wiley & Sons, 2005, p. 65.

② 王名、李勇、廖鸿、黄浩明编著:《日本非营利组织》,北京大学出版社2009年版,第47—49页。

员数量、成员资格、登记时限等方面符合相关规定。一些国家(主要是发达国家)采取了宽进严管的政策,主要对非营利组织的行为而不是身份进行监管;还有一些国家则采取了较为严格的准入管理控制,注重对非营利组织的身份管理。

各国对非营利组织的监管方式主要有"预防制"和"追惩制"两种类型。"预防制"是指国家对非营利组织的设立登记设置较高的门槛,不符合法律规定的非营利组织不得登记,而没有设立登记的非营利组织被视为非法组织。这种监管方式可以通过控制非营利组织的合法身份预防非法组织的产生。"追惩制"指国家不设立较高门槛来限制非营利组织的设立,只是对其行为进行监管,依法追究其违法行为。在美国,非营利组织的设立登记是依据公司法和税法进行的。州政府负责非营利组织的设立登记管理,非营利组织可以自行决定是否登记,不登记亦不为非法。但是如果想获得法人资格和税收优惠,就必须登记。没有进行设立登记的机构一旦涉讼,其负责人将以个人名义承担法律责任。①

三、财务和税收制度

财务制度尤其是会计制度是确保非营利组织之非营利性的核心制度。税收制度往往是对非营利组织进行激励和规制的最重要最有力的手段。各国政府往往给予非营利组织税收减免优惠,"免税组织"有时用作非营利组织的代名词。税收减免制度已被各国实践证明是对非营利组织的发展非常有效的支持措施。②

因为税收减免涉及多个方面,各国政府都十分谨慎,免税规定往往十分复杂。免税通常基于两个因素:一是非营利组织的类型,公益性组织往往比互益性组织享有更多税收优惠;二是其收入类型,取决于该组织的收入是捐赠收入还是投资收入,是商业收入还是非商业收入。在大多数国家和地区,捐赠收入都享有免除所得税的优惠政策。为了鼓励人们捐助公益事业,许多国家对捐赠人也提供了税收方面的优惠。投资收入或称被动收入,是指非营利组织取得的股息、利息、房租、特许权和其他投资收益。对这类来源取得的收入,各国规定各不相同。各个国家和地区在商业收入与非商业收入的免税待遇方面也没有统一的规定。除此之外,各国在免税资格认定方面的规定也有不同。在一些国家,非营利组织登记时免税待遇自动生效;但也有一些国家,必须向税务部门提出申请,才能享

---

① 王名、李勇、黄浩明编著:《美国非营利组织》,社会科学文献出版社 2012 年版,第 102 页。
② 刘培峰、龚宇:《非营利组织税收减免制度研究述评》,《中国非营利评论》2021 年第 2 期,第 325—337 页。

受某些税收优惠。

美国的税收管理制度在英美法系国家中具有典型性。在美国,非营利组织依据各州法律登记成立后必须到联邦政府税务部门办理登记手续。联邦政府税务部门对非营利组织的税务管理贯穿其存续的全过程。非营利组织设立时,联邦税务部门对其进行免税组织资格认定,成立之初一般属于"暂时免税组织",经四年考核合格后才能成为正式免税组织。经营过程中,具有免税组织资格的非营利组织需向国税局报送年度报表(俗称"990表"),同时还要报送给所在州的税务部门。税务部门除审阅年度报表外,还会进行追踪和抽检,对非营利组织的捐赠和受赠行为实施严格监督管理。据美国联邦政府税法规定,非营利组织的捐赠人亦可享受相应税收优惠政策,如抵减应纳税所得额、财产税与遗产税减免等。[①]

在德国,非营利组织在所在地的司法机构登记设立后,应向所在地财政部门申请确认组织的性质,若经确认属于慈善、宗教或公共福利性质可取得临时免税资格,此后财政部门通过非营利组织逐年提交的会计报表和经营情况说明等信息进行定期审查,以确定该组织是否还符合税收优惠条件。德国从法律上将非营利组织开展的活动划分为"追求崇高理想的活动""财产管理活动"和"经济性质的活动"。追求崇高理想的活动是围绕其宗旨开展的活动,该类活动享受免税待遇;利用非营利组织的资本资产对外投资或让渡资产的使用权等活动属于财产管理活动,该类活动也享受免税待遇;与非营利组织宗旨无直接关系、为获取利润开展的商业性活动属于应纳税的范围。德国税法对捐赠行为的认定条件严格,以"自愿"和"无回报"为首要条件。按照德国的所得税法,法人或自然人向本国非营利组织捐赠的税前扣除限额一般为应纳税所得额的5%,专门用于科教文卫及慈善事业的捐赠税前扣除限额不超过10%。超过限额的部分可在以后年度扣除(法人扣除年限不超过7年,自然人不超过8年)。[②]

在日本,政府对非营利组织取得的与其宗旨相关的收入免征所得税,只有在涉及法人税税法中规定的33种营利业务时才承担纳税义务,但其征税税率使用的是低于法人税的标准税率。捐赠人也可以享受诸多的税收优惠政策,如日本的企业法人对非营利组织的捐赠,按法人税税法规定该捐赠支出可在法定限额

---

① 王萍:《非营利组织:典型国家税收制度比较及借鉴》,《渤海大学学报(哲学社会科学版)》2013年第5期,第59—62页。

② 同上。

内计入费用,公益捐款等"指定捐款"可全额列支;再如个人向非营利组织捐赠超过 1 万日元、低于所得额 25% 的部分在计算个人所得税时,允许税前列支。①

尽管非营利组织不以利润最大化为目的,但它也是一个经济活动主体,其生存与发展取决于财务可持续性。非营利组织应当充分利用政府的税收优惠政策,进行纳税筹划,以减轻税收负担,最大限度保障组织运营所需的资源。②

四、政府资助制度

政府资助非营利组织来提供服务已经成为世界各国普遍采取的一种做法。资助方式包括拨款(grants)、购买服务合同(purchase-of-services contracts)和凭券(vouchers)等。依靠非营利组织来提供服务并不意味着政府角色的弱化,恰恰相反,这意味着政府对非营利组织影响的增强。政府资助以及相关法律和合同的约束对非营利组织从治理结构、独立性、绩效管理到社会创新功能等方面都产生了深远的影响。③

在美国,不论政府资金占多大比例,整个非营利组织都必须满足政府合同的规定。通过这种方式,传统上独立于政府的社会服务机构如家庭与儿童服务机构如今都被纳入了政府规制的范畴。例如,美国马里兰州的寄宿式儿童服务项目(Residential Child Care)受到政府全方位的规制。马里兰州有关人类服务、健康、教育和家庭的法律条款明确了参与竞标的儿童服务机构必须达到的标准,在机构的法人身份和治理结构、人事管理、服务场所设施标准、与社区和家长的关系、投诉程序、儿童权利、儿童服务、卫生保健、儿童虐待和忽视等方面都有详细规定。其中,许可证也是一个有效的管理手段。马里兰州规定,所有参与竞标的寄宿式儿童服务机构都必须提供州政府颁发的寄宿式儿童服务许可证。④

---

① 王萍:《非营利组织:典型国家税收制度比较及借鉴》,《渤海大学学报(哲学社会科学版)》2013 年第 5 期,第 59—62 页。
② 刘培峰、龚宇:《非营利组织税收减免制度研究述评》,《中国非营利评论》2021 年第 2 期,第 325—337 页。
③ 张远凤、〔美〕莱斯特·萨拉蒙、梅根·韩多克:《政府工具对美国非营利组织的影响——以 MFN,BCC 和 DCCK 为例》,《中国非营利评论》2015 年第 1 期,第 200—221 页。
④ 张远凤:《公共服务供给中的伙伴——政府向社会组织购买服务研究》,中国财政经济出版社 2019 年版,第 351 页。

五、运营和禁止规则

运营和禁止规则涉及的内容十分广泛,包括对非营利组织的治理机制和决策程序、财产管理和使用、筹款活动、工作环境、商业活动、政治活动、利益输送、信息披露等方面的规定。一些国家的相关法律规定了非营利组织的治理机构和决策程序。日本在 1996 年颁布的《内阁指导准则》提出了统一的非营利组织指导原则,规定了理事会的规模和议事办法、理事的选举程序及其他事宜。各国相关法律对非营利组织财产管理和使用方面作出了规定。一些国家为了激励公益组织在公共服务方面多投入,就采取规定最低年度支出(minimize annual expense)比例的方式。即要求慈善或其他公益性组织,每年的收入使用或分配达到总收入的一定比例才能取得免税资格。比如澳大利亚税务部门要求慈善机构每年至少支出其所得的 85%,新加坡要求达到 80%。①

发达国家对筹款活动的监管十分严格。在美国,马萨诸塞州的法律就有以下规定:第一,慈善组织募款前需要先申请募款许可,在申请时需要提供组织名称和成立目标、组织地址、组织成立的时间和地点、组织的联邦税收减免情况、组织工作人员的姓名和住址等情况;第二,组织需要与一家专门的募款机构签订募款合同,合同要表明募款的慈善用途和筹集到的善款中用于此慈善目的的最小比例;第三,筹款过程中需要向公众公开相关信息,即慈善组织的名称、地址、电话,善款将被如何使用,申明筹款是由第三方运作,保证善款用于慈善目的的最小比例;第四,筹款结束后,组织需要将募款的许可、申请、报告、合同以及其他相关文件存档,送交检查机构审查,同时供公众查阅。②

一些国家还对非营利组织的从业资格和工作环境进行规制,并规定提供特定服务的非营利组织要对志愿者的背景状况进行调查。以美国为例,法律对非营利组织的设施作了严格规定,要求儿童服务等领域的非营利组织对志愿者做背景调查(包括犯罪记录和健康状况等方面),要求非营利组织雇用有从业许可证的专业人员须达到一定比例。比如启智计划(Head Start)就对师资培训的资质作出严格规定,要求截至 2013 年所有参与启智计划项目的教师都必须有相关的毕业证书,其中一半要有学士学位。由于政府的政策以及自身的要求,儿童服

---

① 娄成武、郑文范:《公共事业管理学》,高等教育出版社 2002 年版,第 74 页。
② 郑琦:《美国政府如何监管社会组织》,《新重庆》2013 年第 8 期,第 1 页。

务领域的绝大部分从业人员拥有儿童服务工作、公共护士、行为科学等方面的学士学位,临床社会工作者大多拥有硕士学位。[①]

此外,很多国家的法律都规定了非营利组织的公众审查与信息公开制度、问责与监督制度等。

总的来说,在非营利组织迅速崛起的大背景下,各国非营利组织制度规制的领域基本相似,但规制的内容和实施的方式各有不同。

思考题

1. 20世纪70年代以来非营利组织在全球范围兴起的原因是什么?
2. 美国非营利部门的发展状况在发达国家中具有代表性吗?为什么?
3. 发展中国家和转型国家的非营利部门发展状况有何差异?
4. 日本非营利部门发展有何特点?
5. 印度非营利部门发展有何特点?
6. 俄罗斯非营利部门发展有何特点?
7. 国外非营利组织制度的主要内容有哪些?

本章案例

给霍普金斯大学"造"个好邻居[②]

巴尔的摩市位于切萨皮克湾的东端,离华盛顿60多公里,人口67万,三分之二是黑人。东巴尔的摩(Eastern Baltimore)社区是该市280个社区之一,坐落在约翰斯·霍普金斯大学医学院校区西北边。2000年该社区还有4 000多名居民,2010年下降到3 000人,其中96%的居民是黑人。在中国,大学校园周边往往密布着商店、餐馆、书店,还有各种商贩,街道可能不够宽敞,但是却熙熙攘攘,一派繁荣景象。东巴尔的摩紧邻霍普金斯校园,却是一些破败房屋围着一块空地,大白天也不见个人影。原来这个社区正在整体重建,居民都迁走了。

[①] 张远凤、〔美〕莱斯特·萨拉蒙、梅根·韩多克:《政府工具对美国非营利组织的影响——以MFN,BCC和DCCK为例》,《中国非营利评论》2015年第1期,第200—221页。

[②] 根据以下资料编写:张远凤:《给霍普金斯大学"造"个好邻居——一个非营利组织主导的社区再造》,《中国社会组织》2015年第19期,第49—50页。

东巴尔的摩公司（Eastern Baltimore Development Inc.，EBDI）是专门为改造东巴尔的摩社区而成立的。那么，霍普金斯大学为什么会与一个这么糟糕的社区做邻居？为什么由一个非营利机构而不是地方政府来主导社区改造？EBDI又是如何改造这个社区的？

一、霍普金斯大学的"癣疥之疾"：东巴尔的摩社区

这里曾经是一个工人社区，从20世纪60年代开始衰败。19世纪50年代，霍普金斯大学在这里建医学院的时候，周围还是旷野和沼泽。到19世纪80年代，一些欧洲移民开始在这里安家。切萨皮克湾的深水良港使得这里海运十分便利，运输业和钢铁业一度十分兴旺。很多钢铁工人和码头工人住到了这里。到20世纪60年代，钢铁业和船运业都开始走下坡路，居民陆续离开这里，越来越多住房被弃置，成为犯罪分子寄居的乐园。到了90年代，只有大约两成房子还有人居住。

和很多著名学府一样，霍普金斯大学起初也相当傲慢，不肯纡尊降贵去操心这个穷邻居的事情，采取了划清界限、独善其身的态度，逐渐把什么都搬到校园里面去了。一路之隔，两个世界。到2000年左右，霍普金斯大学逐渐认识到癣疥之疾时间长了也很麻烦，糟糕的周边环境已经开始影响到学校的竞争力。它终于坐不住了，向市政府提议解决这个问题。

二、美国人的"绝招"：公私伙伴关系

霍普金斯大学和霍普金斯医院是巴尔的摩市的骄傲，也是当地最大的用人单位。市政府很重视霍普金斯大学的提议，但是没有钱，也没有能力解决这个问题，只好问计于民间，召集群贤来商量。最后使出的绝招是建立公私伙伴关系（public-private partnership，PPP），通过官民协力来解决问题。EBDI就是PPP的组织平台，它的任务是重建东巴尔的摩社区，预计总支出为18亿美元。

1. EBDI 的角色

EBDI成立于2003年，是一个民间非营利组织。最初发起人包括马里兰州政府、巴尔的摩市政府、市议会以及霍普金斯大学等。成立后不久，安妮·凯西基金会（Annie Casey Foundation）等慈善机构也参与进来，并在其中扮演重要角色。

EBDI的治理机制体现了公私伙伴关系的特色。2013年，EBDI的理事会有18位成员，代表的是社区居民、州和市政府、霍普金斯大学、安妮·凯西基金会和其他合作伙伴。理事会并不采取投票决策机制，而是遵循一致同意原则。

克里斯多夫是 EBDI 的现任 CEO,他并不是理事会的成员,他的职责是使这个组织正常运转。这个任务并不容易,因为每个合作伙伴都有自己的利益,尽管各方有一些交集,但仍然有很多矛盾和冲突。比如,霍普金斯大学想要社区居民全部迁走,但很多社区居民不愿意离开。合作各方的矛盾和冲突使得事情进展并不顺利,有时甚至进两步退一步。克里斯多夫不仅负责日常运作,还要努力协调各个伙伴之间的关系。

2. 政府的角色

巴尔的摩市政府尽管没有资金和能力来承担这个任务,但是它仍然扮演了不可替代的角色,那就是赋予 EBDI 所有决策和行动以合法性,并且提供政治支持。

社区改造涉及城市规划、经费筹措、居民拆迁、市政设施建设、公共服务等一系列事情,每个方面都涉及政府职能和法律规定。比如说,EBDI 作为非营利机构没有要求居民拆迁的权力,通常,这些法律性事务应该是政府机构来做的,但是巴尔的摩市政府把这些事情全部以合同形式外包给 EBDI。EBDI 做好所有工作,市长只需最后在法律文书上签字就可以了。有好几年,EBDI 有 20 多个员工在市政府办公。

3. 重要支持者——安妮·凯西基金会

安妮·凯西基金会是美国最有实力和影响力的基金会之一,总部就在巴尔的摩市。安妮·凯西基金会在这个项目的参与度很高。

安妮·凯西基金会做了三件事,首先,它提供了直接领导。安妮·凯西基金会的总裁作为 EBDI 理事会成员参与了所有决策和日常运作。其次,安妮·凯西基金会提供了慷慨的资金支持。它给 EBDI 提供了 2 000 万美元的运营费用和 1 700 万美元的银行贷款担保。尤其难能可贵的是,它还购买了大量 EBDI 的债券。EBDI 一共在华尔街发行了三次 TIF 债券(TIF bonds),这种债券是以未来物业税的增加额为抵押发行的。第一次还比较顺利,但是第二次和第三次发行债券时正好遇到 2008 年金融危机,5 000 多万美元的债券卖不出去,安妮·凯西基金会全部买下了。最后,安妮·凯西基金会关注家庭,希望 EBDI 善待拆迁户,它确立了服务标准,作为提供资助的前提条件。

三、再造一个新社区

东巴尔的摩社区改造规划在很大程度上遂了霍普金斯大学的心愿,那就是迁出所有居民,彻底改造社区。尽管这看起来是一个多方博弈的游戏,遵循民主决策的规则,但社区居民的力量实在是太弱了,几乎没有谈判筹码,也没有谈判能力。根据规划,原来的老居民全部迁出,腾出的地皮一部分要给霍普金斯大学盖实验楼和学生宿舍楼,剩下部分要建居民小区以及配套设施。新居民将是中产阶级居民,比如霍普金斯大学和医院的职员,包括行政人员、护士、技术员、实验员等。

1. 老居民拆迁

社区重建的第一步是老居民拆迁。居民拆迁在美国也是一个大难题。一般的做法是:政府提出拆迁议案,议会通过之后,政府给居民一个日程安排,并提供一些住房供其挑选,再付给他们拆迁补偿款,要求他们在一定时间内搬出去。

可是在这个社区没法这么干。因为这里的居民非常贫穷,而且大多是老年人,很多居民没有工作或者从事低收入工作。很多居民一辈子都住在这里,他们没有能力在一个新地方开始生活。所以,EBDI 在拆迁开始之前 2 年就专门成立拆迁服务部门为拆迁户服务。EBDI 花了大量时间和精力来了解每个居民的就业、教育和健康状况,并帮他们找房子,找工作,为缺乏工作技能的居民开展就业培训。拆迁服务后来延长到 5 年,直至每个居民都比较满意地在新家安顿下来。就这样,EBDI 重新安置了 586 户家庭,拆了 1 600 座房子。

2. 新社区建设

社区重建过程进展十分缓慢。这个社区原来没有什么服务机构,却有非常强势的政治组织,正是这些政治组织把服务机构都排挤走了。在这些组织的胁迫下,EBDI 被迫优先雇用本地工人。可是,他们承包建设项目之后将近两年都没有取得任何进展,EBDI 终于以此为由摆脱了这些人,那些政治组织的气焰也慢慢矮了下去。

为了吸引新居民,EBDI 在建住房之前花了两年时间先建了一个特许学校(charter school)。建学校的目的是利用学校吸引人们搬到这里。这所学校用霍普金斯大学的名字命名(类似于附属学校),霍普金斯大学的教育学院负责其日常运作。

3. 资产管理

EBDI 负责这个社区的所有建设项目,但却不是这些资产的所有者和运作者。实验楼和学生宿舍是霍普金斯大学的资产,市政设施归政府所有。但是,学校、公园、培训机构等资产并不归大学和政府所有,住宅也需要另有机构负责销售和管理。

理事会决定成立一个基金会——东巴尔的摩开发基金会（Eastern Baltimore Development Foundation，EBDF）来临时拥有和管理这些资产，直到它们被清算或移交。克里斯多夫担任这个基金会的总裁。EBDI 在建设项目完成后就会终止，但 EBDF 可能会继续存在。比如说，EBDI 建了一个公园，但它并不拥有和管理这座公园，市政府也不想要这个麻烦。EBDF 就暂时拥有和管理这个公园，直到成立一个公园管理委员会之类的非营利机构，再把它移交出去。正因为 EBDI 的工作任务是动态变化的，所以其组织规模非常灵活。2012 年它有 95 个员工，2013 年底就只有 12 个人了。因为项目建好之后，它就连人带事一起交给别的机构了。

从 EBDI 这个案例来看，对于像社区重建这样复杂的事务，单靠哪一个部门都是难以应对的。在社区自治失灵的地方，只有政府、市场、非营利组织三个部门齐心协力才有可能解决问题。

案例分析题：

1. 为什么东巴尔的摩社区的改造由一个非营利组织来主导？
2. 这个案例中的公私伙伴关系模式有何特点？
3. 哪些主体参与了东巴尔的摩社区的改造过程？EBDI 的角色是什么？它如何与其他主体合作？
4. EBDI 是如何运用市场机制的？

第四章 我国社会组织概况

> 吾国立国最古,文化最先,五千年来养成良善风俗者,莫不由于儒、释、道之学说所熏陶。
>
> ——熊希龄[1]

第一节 我国社会组织发展历程

非营利组织源于慈善事业,世界各国的传统文化或宗教思想几乎都包含慈善思想。所谓"孔教言仁,又曰博施济众;耶教言博爱,又曰爱人如己;佛教言慈悲,又曰普渡众生"[2]。中国是世界上最早倡行与发展慈善事业的国家之一。发轫于先秦时期的慈善活动,自汉唐以迄今日,一直赓续相承,其间虽有盛衰起落,但从未中辍停歇,且越到后来越呈蓬勃发展之势头。[3]

一、历史渊源

两千多年来,慈善怜悯、关爱他人的道德观念在我国已经深入人心,成为推动社会组织发展的文化基因。儒家以"仁"为内核,讲求仁者爱人,由仁趋善。所谓"夫仁者,己欲立而立人,己欲达而达人"(《论语·雍也》),"人不独亲其亲,不独子其子"(《礼记·礼运》),"出入相友,守望相助,疾病相扶持"(《孟子·滕文公上》)。在儒家礼俗中处处体现着慈善精神:如丧葬礼俗,人们对无以入葬的贫者施舍棺材,掩埋遗骨;又如养老礼俗,主张敬老、恤鳏寡等。道教文化中有很多

---

[1] 转引自周秋光、曾桂林:《中国慈善简史》,人民出版社2006年版,第12页。
[2] 周秋光:《熊希龄传》,华文出版社2014年版,第451页。
[3] 周秋光、曾桂林:《中国慈善简史》,人民出版社2006年版,第58页。

关于慈善思想的阐述,如"天道无亲,常与善人"(《道德经》),"积善之家必有余庆,积不善之家必有余殃"(《周易·文言》)等。佛教的慈悲观念主张慈悲为怀,"大慈与一切众生乐,大悲拔一切众生苦"。[1] 所有高僧大德都深怀大慈大悲之心,把赈济、养老、育婴、医疗等救济事业看成慈悲之心的外化表现。[2]

在传统文化的影响下,中国民间的结社、互助和公益活动源远流长。[3] 孔子办学首开民办教育之先河。从先秦时代就有"会党""社会"之说。在春秋战国时期,民间结社曾经盛行一时。后汉时期出现政治结社即"朋党",后来发展成黄巾起义。魏晋南北朝时期,佛教寺院在济贫赈灾、施医给药、规诫残杀、劝善修行等方面开展了大规模慈善活动。唐及五代,民间结社盛行。至宋代,在民间出现了合会、义仓、义社、善会等民间互助或慈善机构。比如,北宋文学家范仲淹曾置良田十余顷设"范氏义庄",将每年"所得租米,自远祖而下,诸房宗族,计其口数,供给衣食及婚嫁丧葬之用"。宋元以后,各种形式的民间组织层出不穷,慈善团体、工商行会、同乡会馆、文学社团、政治和宗教结社活跃在历史舞台上。[4]

明清时期是中国传统慈善事业中民间慈善组织最为活跃的一个时期。乐善好施已经不再局限于显宦重臣、富商巨贾和豪门望族,众多普通百姓也加入进来,举办各类慈善活动。明朝以后,各种宗教和社会组织如罗教、大成教、天地会、哥老会等兴起。会馆最早出现在明朝永乐年间,入清以后会馆之设再趋兴盛,成为一道独特的社会景观。"走通都,过大邑,见夫士商云集,或游宦,或服贾,群然杂处其地者,罔不设立会馆。"[5]会馆参与的慈善活动包括助学、助丧、施医、济贫等,所用款项来源形式包括乐善捐资、分摊集资和行业抽提。[6]

二、近代进展

自 19 世纪中叶开始,受到西方的影响,中国慈善事业开始逐渐由传统走向近代。伴随着西方坚船利炮的军事侵略,大批西方传教士开始了在中国的宗教活动。为了吸引信众,传播宗教,各个教会在多地开办了学校、医院以及其他慈善机构。至于教会开展慈善事业的目的,时任洛克菲勒基金会负责人弗雷德里

---

[1] 吴东民、董西明主编:《非营利组织管理》,中国人民大学出版社 2003 年版,第 57 页。
[2] 周秋光、曾桂林:《中国慈善简史》,人民出版社 2006 年版,第 58 页。
[3] 吴东民、董西明主编:《非营利组织管理》,中国人民大学出版社 2003 年版,第 96—97 页。
[4] 详见周秋光、曾桂林:《中国慈善简史》,人民出版社 2006 年版,第三至六章。
[5] 彭泽益选编:《清代工商行业碑文集粹》,中州古籍出版社 1997 年版,第 93 页。
[6] 同上书,第 63 页。

克·盖茨(Frederick Gates)有一段话表明了他们的野心。他说,从长远的观点看,英语国家的人民所从事的传教事业,所带给他们的效果必定是和平地征服世界——不是政治上的支配,而是在商业和制造业,在文学、科学、哲学、艺术、教化、道德、宗教上的支配,并在未来的世代里将在这一切生活的领域里取回收益,其发展将比目前的估计更为远大。①

起初这些慈善活动受到中国民众尤其是精英阶层的抵制,但后来很多社会精英人士也逐渐投身本土慈善事业。比如,清末状元张謇(1853—1926)在参观上海教会的安老院慈善机构以后,感慨道:"苾而观之,养男女老者,凡百七八十人。行其庭穆然,洞其室涓然,辨其事秩然,相其人温然。……退而思之,惘惘然,恤恤然,我中国未尝有也。"②1916年,张謇回南通创办了狼山盲哑学校。慈善家熊希龄(1870—1937)模仿西人模式于1920年创办了著名的香山慈幼院。1904年,剑桥留学生沈敦和(1866—1920)发起成立中、英、美、德、法五国合办的上海万国红十字会。③

微案例 4-1

西泠印社

西泠印社创立于清光绪三十年(1904),由浙派篆刻家丁仁、王禔、吴隐、叶铭等召集同仁发起创建,以"研究印学,保存金石,兼及书画"为宗旨,是我国现存历史最悠久的文人社团,也是海内外成立最早的金石篆刻专业学术团体。1913年,吴昌硕大师出任首任社长,李叔同、黄宾虹、马一浮、丰子恺、吴湖帆、商承祚等均为西泠印社社员,杨守敬、盛宣怀、康有为等为赞助社员。此后二十余年,西泠印社迅速发展,声望日隆,逐步确立了海内金石书画重镇的地位。河井荃庐、长尾甲等海外社员把源自中华的金石篆刻艺术带回国内,在日本、韩国创立了全国性的篆刻创作与研究团体。西泠印社推动了周边汉字文化圈内篆刻创作与研究的产生、发展和繁荣。1949年,西泠印社收归国有。1979年后,社团活动得以恢复。2001年,西泠印社被国务院批准列入第五批全国重点文物保护单位名单。2003年,西泠印社改制成立了西泠印社集团。2004年,西泠印社正式经民政部

---

① 转引自顾长声:《传教士与近代中国》,上海人民出版社2004年版,第111页。
② 周秋光、曾桂林:《中国慈善简史》,人民出版社2006年版,第267页。
③ 同上。

批准注册登记。2006年西泠印社的金石篆刻艺术经国务院批准列入第一批国家级非物质文化遗产名录。①

20世纪初到1949年新中国成立之前,中国历史舞台上又出现了大量的民间组织,主要有六大类:第一类是行业协会,包括各种会馆和行会;第二类是互助与慈善组织,包括各种互助会、合作社和协会等;第三类是学术性组织,包括各种学会、研究会、学社、协会等;第四类是政治性组织,如学联、工会、妇联、青年团等社团;第五类是文艺性组织,包括各种剧团、剧社、文工团、棋社、画社等;第六类是会党,包括哥老会、青帮、洪帮等。②

第二节 我国社会组织发展现状

新中国成立以来,我国社会组织的发展经历了几个不同时期。从1949年新中国成立到1956年,政府按社会主义原则对民间社团进行了治理整顿。在治理整顿过程中,一些政治倾向明显的团体被定义为"民主党派",转变为政党组织,如中国民主同盟、九三学社、中国民主建国会等。一大批"封建组织"和"反动会道门组织"被取缔,其中包括一些封建色彩浓厚的互助组织、慈善组织以及宗教组织。从这个时候起,非政治性成为中国非营利组织的一个重要特征。③ 1950年9月29日,中央政务院通过了《社会团体登记暂行办法》,规定了社团管理的基本原则和办法。从20世纪50年代中期到60年代中期,社会团体经历了一个温和的发展时期。1966年开始的"文化大革命"使中国的民主和法制遭到严重破坏,社会团体被迫停止活动,进入了长达十年的沉默期。1978年改革开放以后,我国社会组织终于迎来了发展的春天。

一、改革开放以来社会组织兴起的背景

社会组织的发展反映了我国社会结构的变迁过程。④ 改革开放以来我国社

---

① 参见西泠印社出版社网站,"西泠印社概况",http://www.xilingbook.com/bs_xl_xlgk.html,2022年10月5日访问。
② 王名编著:《非营利组织管理概论(修订版)》,中国人民大学出版社2010年版,第47页。
③ 同上书,第48—49页。
④ 罗婧:《从团结型社会组织、行政型社会组织到治理型社会组织——1949年以来社会组织的变迁历史》,《清华大学学报(哲学社会科学版)》2020年第3期,第191—206、212页。

会组织的兴起与发展,是政治经济社会体制改革的结果。从计划经济体制向市场经济体制的转变,不仅催生了经济领域的非营利组织,而且推动了行政体制和社会管理体制的改革,使得非营利组织在各个领域发展起来。

改革开放迎来了科学的春天,科技社团首先得到恢复和发展。市场经济体制改革首先促进了政府职能的转变,将企业从计划经济体制的束缚中解放出来。一方面,政企分开改革和国有企业现代企业制度建设使经济权力回归社会,行业管理职能从政府行政系统中剥离出来,政府行业主管机构相应转型或"翻牌"为行业协会(商会),比如机械工业协会、轻工总会、纺织总会等。另一方面,乡镇企业和民营经济的兴起对行业自律和服务的要求又催生了一批由民间自发组建的行业协会和商会。① 与此同时,一些新的非营利组织也依托体制内的机构衍生出来。比如现有政府机构内设的各种协会,由群团组织衍生而来的公益慈善机构(如源于团中央的青基会),事业单位中诞生的各种学会、研究会和教育基金会。

市场经济的发展同时也改变着社会管理体制。在城市,随着单位制的解体和社区的建立,出现了为社区居民服务的社会组织。在农村,随着公社制的解体和家庭联产承包责任制的建立,各种农民合作社和农村专业经济组织迅速建立起来。随着经济的发展以及人口结构的变化,政府在无法完全满足人民群众对教育、医疗、养老等服务的需求的情况下,开始允许社会力量进入这些服务领域,各种民办非企业单位获得了发展机会。经济发展过程中日益突出的环境问题又催生了一大批环保公益组织。先富起来的一群人在回馈社会的动机驱使下,开始创办各种公益基金会。同时,随着对外开放的发展,越来越多国际非营利组织来到我国。② 这些新机构既带有计划经济体制遗留的连续性,又具有改革开放带来的新特点;既要依赖于现有的社会秩序,又必然要突破原来的社会规则。③

二、改革开放以来社会组织的发展过程

改革开放以来我国社会组织的发展受到很多因素的影响,很难进行明确的阶段划分。我们可以从社会组织规模的增长变化来观察发展过程的阶段性。图4-1显示了1988—2021年我国社会组织的数量变化状况。在民政部公开发

---

① 郁建兴等:《在参与中成长的中国公民社会——基于浙江温州商会的研究》,浙江大学出版社2008年版,第24—25页。
② 王名主编:《中国民间组织30年》,社会科学文献出版社2008年版,第2—6页。
③ 苏力等:《规制与发展——第三部门的法律环境》,浙江人民出版社1999年版,第305页。

布的统计数据中,找到了 1988—2021 年历年社会组织总数,以及 2003—2021 年社会团体、社会服务机构(民办非企业单位)和基金会的数量。在文献中找到了部分年份基金会的数量:1988 年《基金会管理办法》出台时,全国只有不到 50 家基金会;1999 年《中华人民共和国公益事业捐赠法》(简称《公益事业捐赠法》)出台时,全国有 400 多家基金会。① 2004 年《基金会管理条例》出台时,全国已有近 900 家基金会。从图 4-1 来看,社会组织总数曲线在 1990 年、2000 年和 2012 年出现了明显的拐点。如果以这几个年份划界,可以将改革开放以来我国社会组织的发展分为四个阶段,即恢复发展阶段(1978—1989),整顿发展阶段(1990—1999),培育发展阶段(2000—2011),分类发展阶段(2012—)。当然,每个阶段并非截然分开的,一些因素的影响可能持续多个阶段,甚至在未来继续发生影响。

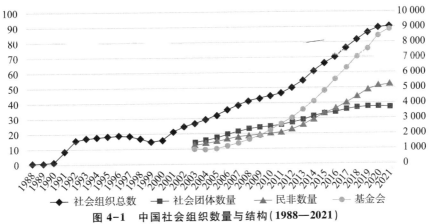

图 4-1　中国社会组织数量与结构(1988—2021)

说明:左边纵轴表示社会团体、社会服务机构(民办非企业单位)的数量以及社会组织总数,单位为万个;右边纵轴表示基金会数量,单位为个。

数据来源:民政部编:《2014 年中国民政统计年鉴(中国社会服务统计资料)》,中国统计出版社 2014 年版;民政部:2014—2017 年《中国社会服务发展统计公报》,2018—2021 年《中国民政事业发展统计公报》。

(一)恢复发展阶段(1978—1989)

从改革开放之初到 1989 年可以说是社会组织的恢复发展时期。1978 年 12

---

① 中国基金会发展论坛:《基金会行业 40 年人物系列专访·刘忠祥:推动慈善事业发展,需要实践者共同担当!》,2021 年 11 月 9 日,华夏时报网,https://www.chinatimes.net.cn/article/112172.html,2022 年 10 月 5 日访问。

月党的十一届三中全会以后,经济建设成为党和政府的工作中心。社会组织在 20 世纪 70 年代末和 80 年代进入恢复发展阶段。

这个阶段成立的社会组织中,各种学会和研究会蓬勃发展,各类协会稳步增长,基金会从无到有,开始起步。改革开放释放出的巨大能量加上缺乏相应的制度约束,使得这一时期社会组织在数量上几乎呈现出爆炸式的增长。[1] 在整个 20 世纪 80 年代,全国每年成立的学术类社会组织数量都在 300 家以上,这个增长势头在 80 年代中后期达到高潮。据 1988 年全国科协和国家统计局发布的信息,截至 1987 年底,中国科协属下的全国性学会达 146 家,各个学科领域的学会达 1 555 家,乡镇科普协会 46 569 家,形成了遍及全国城乡的学术性社团及群众性科普网络。[2]

与各种学术类社会组织的发展相呼应,各种社会经济类社会组织也稳步增长。从 1981 年下半年开始,中国食品业协会、全国广告协会、中国交通运输协会、中国设备管理协会等具有行业协会性质的社会组织相继成立。一些城市开始建立个体劳动者协会,农村也开始出现各类种养殖专业协会。[3]

1981 年 7 月,改革开放后第一家基金会——中国儿童少年基金会成立。援助西藏发展基金会、中国煤矿文化宣传基金会、中国残疾人福利基金会、中国孔子基金会在随后三年相继成立。一个通过基金会募集资金并开展公益活动的热潮很快形成,并在既无章程和先例,又无法规和监管的情形下迅速遍及全国。[4] 据 1987 年 9 月进行的一个不完全统计,全国各地通过不同渠道审批建立的基金会共 214 个,其中全国性基金会 33 个,地方性基金会 18 个。[5]

社会组织的快速发展推动了立法和制度建设的步伐。1988 年,民政部成立了社团管理司,从此,社会组织有了专门的登记管理机关。1988 年 9 月和 1989 年 10 月,国务院先后颁布《基金会管理办法》和《社会团体登记管理条例》,这是改革开放之后社会组织制度建设的开端。在民政部的统一部署下,1989 年下半年开始在全国范围内进行了基金会和社会团体的复查登记工作。[6]

---

[1] 王名主编:《中国民间组织 30 年》,社会科学文献出版社 2008 年版,第 11—12 页。
[2] 田良木、沈晓丹:《我国现有科技社团 146 个》,《人民日报》1988 年 6 月 11 日,第 3 版。
[3] 王名主编:《中国民间组织 30 年》,社会科学文献出版社 2008 年版,第 15 页。
[4] 同上书,第 18 页。
[5] 民政部民间组织管理局等:《基金会指南》,中国社会出版社 2004 年版,第 40 页。
[6] 王名主编:《中国民间组织 30 年》,社会科学文献出版社 2008 年版,第 22 页。

（二）整顿发展阶段（1990—1999）

20世纪90年代，社会组织的登记注册经历了两次清理整顿。经过清理整顿，社会组织逐渐走上制度化、规范化发展的轨道。第一次清理整顿自1990年6月开始，至1991年6月结束。此次清理整顿的主要目的有两个，一是努力消除政治上的自由化倾向，二是行政上加强统一的登记管理。经过此次清理整顿，统一登记的社会组织数量从1990年的10 855家增加到1991年的82 814家和1992年的154 502家，分别增长了6.63倍和13.2倍。[①] 第二次清理整顿始于1997年4月，一直持续到1999年10月。其间，社会组织登记管理制度建设进一步推进。1998年10月，国务院修订通过了《社会团体登记管理条例》，并公布了《民办非企业单位登记管理暂行条例》。至此，分级登记、双重管理的社会组织体制初步形成，一种新的社会组织形式——民办非企业单位登上历史舞台。经过这次清理整顿，社会团体、基金会和民办非企业单位都被纳入统一的登记管理体系。登记注册的社会组织数量在出现小幅回落之后，很快恢复增长。[②]

这个阶段还有一件事非常值得一提。1995年9月4日至15日，联合国第四次世界妇女大会在北京召开。会议主题为"以行动谋求平等、发展与和平"。189个国家的代表15 000多人出席了此次盛会，给了我国政府和民众尤其是与会者一次直接正面接触非营利组织的机会。[③] 一些与会者在会议结束之后，很快创办了自己的非营利组织。比如，郭建梅创建了妇女法律援助中心，廖晓义创办了北京地球村。在这些先行者的带动和影响下，越来越多的人加入到非营利事业中来。如果说此前成立的社会组织大都是官办非政府组织（GONGOs），那么在20世纪90年代中期以后，体制外生长起来的草根组织成为社会组织的一支新军。它们植根于城乡社区，活跃在扶贫开发、妇女儿童权益保护、生态环境保护、残疾人福利、农民工权益保护、艾滋病救助等领域。

（三）培育发展阶段（2000—2011）

进入21世纪以来，社会组织进入一个全面发展的时期，社会组织能力逐步

[①] 王名主编：《中国民间组织30年》，社会科学文献出版社2008年版，第22—23页。
[②] 同上书，第23页。
[③] 参见刘伯红：《不曾远去的盛会：第四次世界妇女大会及纪念活动管窥》，《山西师大学报（社会科学版）》2021年第6期，第90—99页。

增强，其活动所覆盖的领域也逐步扩大。① 社会组织的三驾马车（社会团体、社会服务机构和基金会）齐头并进的格局初步形成，社会组织体系的内在结构更加合理。社会团体数量持续增长，新兴的民办非企业单位快速发展，其数量越来越接近社会团体。2004年，国务院颁布了《基金会管理条例》。在政策引导下，基金会数量显著增加，尤其是民间力量举办的非公募基金会迅速增长。

2008年发生的汶川地震和2009年发生的玉树地震对成长中的社会组织而言，既是两次重大考验，也是两个重大发展机遇。大量社会组织通过各种方式深度参与了抗震救灾和灾后重建，在参与中获得了跃进式的成长，也得到了政府和社会的高度认可。②

微案例 4-2

"免费午餐"：从慈善事业到公共服务

2011年中国公益界最让人"眼亮"的，无疑是邓飞等500多名记者和国内数十家主流媒体联合中国社会福利教育基金会共同发起的"免费午餐"公募计划。2011年2月，邓飞以"2010年度记者"的身份参加了天涯社区的颁奖晚会。在颁奖晚会上，邓飞的邻座、一个叫小玉的支教女教师告诉他，她所在学校（贵州省黔西县花溪乡沙坝小学）的学生没有午餐，每天她一个人端着饭盒，没办法面对他们热望的眼神，不得不快步走进自己的宿舍去吃饭。小玉的故事深深打动了邓飞。回到深圳后，邓飞带来的故事打动了深圳一个企业家，这位企业家提供了第一笔两万元的启动资金。一周之后，沙坝小学的孩子们就吃上了午饭。邓飞的行动吸引了很多同行和媒体的参与，2011年4月2日正式启动了"免费午餐计划"。到2011年9月，短短5个多月时间，"免费午餐"已经募集善款超过1 690万元，为77所学校的1万多个孩子提供了免费的午餐。2011年10月26日，国务院决定启动实施农村义务教育学生营养改善计划：中央财政每年拨款160多亿元，为农村义务教育阶段学生提供营养膳食补助，惠及680个县市的约2 600万在校学生。③

---

① 刘求实、王名：《改革开放以来我国民间组织的发展及其社会基础》，《公共行政评论》2009年第3期，第150—170、205—206页。

② 邹珊珊：《民间组织的功能研究——从汶川地震看我国民间组织的发展》，《马克思主义与现实》2009年第3期，第66—68页。

③ 宋辰婷、刘秀秀：《网络公益中认同的力量——以"免费午餐"为例》，《人文杂志》2014年第2期，第110—116页。

这个时期出现了社会组织孵化器。① 由于大量草根社会组织普遍面临生存困难的问题，比如，没有正式的办公场所、缺乏工作经费、与政府部门沟通不畅等，上海和深圳等地先行先试，探索出了培育孵化社会组织的新路子。

（四）分类发展时期（2012— ）

2012年，党的十八大报告明确提出了要"加快形成政社分开、权责明确、依法自治的现代社会组织体制"。这一制度对于我国社会组织发展具有战略意义，其重要性不亚于现代企业制度之于市场经济的发展。

2013年，《国务院机构改革和职能转变方案》提出，行业协会商会类、科技类、公益慈善类、城乡社区服务类社会组织直接向民政部门依法申请登记，不再需要业务主管单位审查同意。政治法律类、宗教类等社会组织和境外非政府组织在华代表机构仍需要经业务主管单位审查同意。这项政策启动了社会组织双重管理体制改革进程，同时表明行业协会商会类、科技类、公益慈善类和社区服务类社会组织成为政策鼓励的重点领域。

2013年9月，《国务院办公厅关于政府向社会力量购买服务的指导意见》规定，社会组织作为社会力量的重要组成部分，是政府购买公共服务的承接主体。2015年公布实施的《中华人民共和国政府采购法实施条例》则扩大了政府采购的范围，正式将公共服务纳入政府采购制度。这意味着，社会组织被纳入公共服务供给体系，政府购买服务合同成为社会组织的重要收入来源。在此背景下，一大批社会工作机构应运而生。

2013年以来，一系列与社会组织相关的重要法律陆续出台。2014年修订的《中华人民共和国海洋环境保护法》继《中华人民共和国民事诉讼法》之后，赋予了公益性环保组织的诉讼主体资格，为社会组织更有效地参与环境保护开辟了一条新路。2016年颁布的《慈善法》和2017年国务院公布的《志愿服务条例》促进了慈善组织和志愿服务组织的发展。2016年颁布的《中华人民共和国境外非政府组织境内活动管理法》(简称《境外非政府组织境内活动管理法》)规范了境外非政府组织在中国境内的活动，促进了我国本土社会组织的发展。

2015年，社会服务机构的数量首次超过社会团体，此后领先优势持续扩大。

---

① 上海市社会团体管理局：《公益孵化器：公益性社会组织支持发展的新模式——上海浦东非营利组织发展中心的创新之举》，《社团管理研究》2008年第11期，第48页。

截至2021年底,社会服务机构数量超过52万个,而社会团体的数量只有37万多个。① 基金会不仅数量大幅增加,而且越来越多的基金会从运作型转向资助型。社会组织内部分工日益深化,公益行业体系逐渐形成。

三、社会组织的活动领域

民政部曾经采用5大类14小类的社会组织分类体系,每年对社会组织进行分类统计,并在统计公报中公布统计数据。但2018年采用的分类标准略有不同,如表4-1所示,这个统计只分了9个活动领域,而且其他类占比很大。尽管如此,这个数据还是能够反映我国社会组织活动领域的基本情况。除其他类外,从社会组织总数来看,排名前三位的活动领域是教育、社会服务、文化;从社会团体数量来看,排名前三位的活动领域是农村及农村发展、社会服务、工商业服务;从社会服务机构数量来看,排名前三位的活动领域是教育、社会服务、卫生;从基金会数量来看,排名前三位的活动领域是社会服务、教育、科学研究。可见,不同类型的社会组织关注的活动领域是不一样的。

表4-1 2018年社会组织按主要活动领域分类　　　　　单位:个

指标	社会团体	社会服务机构	基金会	合计
教育	10 102	240 012	1 511	251 625
社会服务	49 409	73 024	2 341	124 774
文化	41 835	26 614	295	68 744
农村及农村发展	64 745	3 060	86	67 891
体育	33 722	19 986	42	53 750
工商业服务	42 510	5 437	224	48 171
卫生	8 707	30 882	177	39 766
科学研究	14 838	14 665	504	30 007
其他	100 366	30 412	1 854	132 632
合计	366 234	444 092	7 034	817 360

数据来源:民政部发布的《2018年民政事业发展统计公报》。此表数据按照每个社会组织专注一个活动领域进行统计。实际上,很多社会组织的主要活动领域不止一个。

---

① 中华人民共和国民政部:《2021年民政事业发展统计公报》,2022年8月28日,https://images3.mca.gov.cn/www2017/file/202208/2021mzsyfztjgb.pdf,2023年4月5日访问。

教育、健康和社会服务是世界各国社会组织关注的重点领域,我国也不例外。最为引人注意的是,一半以上的社会服务机构关注教育领域,这反映了中国人对教育的高度重视。我国实行小学和初中阶段9年义务教育制度,因此,民办教育机构主要集中在学前教育和高等教育阶段,幼儿园占比最大,大学次之,初中占比最低。根据教育部提供的数据,2013年,我国民办高校、民办中学、民办小学和民办幼儿园占相应层次学校总数的比例分别为28.8%、11.6%、2.3%和67.2%。[①]

健康领域的社会服务机构主要是非营利性医院。根据《2014年中国卫生和计划生育统计年鉴》的数据,2014年公办、民办非营利、民办营利性医院占医院总数的比例分别是54.2%、15.7%和30.1%。民办非营利医院的规模一般小于公办医院,因此,民办非营利医院员工数占医院总就业的5.9%。

社会组织在社会服务方面主要是在减贫济困、救灾防灾、安老抚幼、助学助医、特殊群体和困弱群体帮扶等领域开展活动,对完善社会保障体系、促进第三次分配起到了补充作用。

第三节 我国社会组织法律和政策

法律是公共政策的组成部分,但是法律又具有特殊性,在权威性和强制性方面要高于其他政策。本节所称"法律"是指各级立法主体依据《中华人民共和国立法法》的规定制定的法律、行政法规、地方性法规、自治条例和单行条例、部门规章和地方规章;"政策"指其他规范性文件。我国目前还没有专门的社会组织法或非营利组织法,现行社会组织相关法律文件十分庞杂。从法律位阶来看,相关法律文件包括宪法、法律、行政法规、地方性法规、国务院部门规章和地方政府规章;从适用对象来看,既有针对所有社会组织的,也有分别针对社团、民非和基金会的,还有特别针对某类社会组织的,比如慈善组织、境外非政府组织、行业协会商会、民办教育机构、民办医疗机构、民办养老机构等;从内容来看,涉及社会组织的身份(法人类型、登记管理)、性质(产权属性)、行为(治理、筹款、倡导、商业活动、信息披露)和管理(财务和会计制度、税收优惠、购买服务)等方面。本节首先按照法律位阶对社会组织相关的宪法与法律、行政法规及行政规章和地方性法规内容进行介绍,再介绍与社会组织相关的其他规范性文件。

---

① 中华人民共和国教育部发展规划司编:《中国教育统计年鉴(2013)》,人民教育出版社2014年版,第59页。

一、宪法和法律

我国宪法保护公民的结社自由和参与公益事业的合法权利。《宪法》第 35 条规定:"中华人民共和国公民有言论、出版、集会、结社、游行、示威的自由。"[1]《宪法》第 19 条规定:"国家鼓励集体经济组织、国家企业事业组织和其他社会力量依照法律规定举办各种教育事业。"第 47 条规定:"国家对于从事教育、科学、技术、文学、艺术和其他文化事业的公民的有益于人民的创造性工作,给以鼓励和帮助。"

目前,我国颁布的与社会组织相关的法律主要有《民法典》、《公益事业捐赠法》、《中华人民共和国民办教育促进法》(简称《民办教育促进法》)、《中华人民共和国企业所得税法》(简称《企业所得税法》)、《中华人民共和国个人所得税法》(简称《个人所得税法》)、《慈善法》、《境外非政府组织境内活动管理法》等。

2020 年颁布的《民法典》规定非营利法人包括事业单位、社会团体、基金会和社会服务机构等。《民法典》还对非营利法人的法人资格、法人章程、法人治理机构、监督机构和法定代表人等方面作了规定。

1999 年通过的《公益事业捐赠法》是一部规范捐赠和受赠行为的法律,对公益事业的范围、捐赠和受赠主体、捐赠财产的使用和管理、捐赠人享有的税收优惠和法律责任等作了规定,对鼓励捐赠,保护捐赠人、受赠人和受益人的合法权益,促进公益事业的发展,具有重要意义。

我国的税法并不是指某一部法律,而是一系列与税收相关的法律。利用税收政策激励和约束非营利组织是各国通行的做法。目前,我国尚未针对社会组织制定专门的税收政策,与社会组织有关的税收政策主要体现在《企业所得税法》和《个人所得税法》之中,对社会组织的税收管理、税收执法和纳税救济都与企业相同。社会组织能够享受的减免税待遇包括所得税、流转税、财产税、行为税、耕地占用税、契税、关税等。[2] 捐赠人能够享受的税收优惠主要是所得税税前扣除。《企业所得税法》针对企业公益性捐赠和非营利组织收入的税收优惠作了规定:企业发生的公益性捐赠支出在年度利润总额 12% 以内的部分,准予在计算

---

[1] 1998 年,我国政府签署了《公民权利和政治权利国际公约》,其中第 22 条规定,人人有权享受与他人结社的自由,包括组织和参加工会以保护其利益的权利。

[2] 李玉娟:《我国非营利组织税收优惠制度的最新发展及存在的问题》,《西南政法大学学报》2011 年第 2 期,第 10—16 页。

应纳税所得额时扣除;符合条件的非营利组织的收入属于免税收入。《个人所得税法》规定:个人将其所得对教育、扶贫、济困等公益慈善事业进行捐赠,捐赠额未超过纳税人申报的应纳税所得额30%的部分,可以从其应纳税所得额中扣除;国务院规定对公益慈善事业捐赠实行全额税前扣除的,从其规定。相关税法政策在鼓励捐赠方面尤其具有重要导向作用,使得《公益事业捐赠法》规定的捐赠减免税政策得以落实。

2002年颁布的《民办教育促进法》对国家机构以外的社会组织或者个人,利用非国家财政性经费,面向社会举办学校及其他教育机构的活动进行了规范。2018年修正之后的《民办教育促进法》要求严格区分营利性与非营利性民办教育机构,同时规定了两类机构有差别地享受各项优惠和支持性政策。

2016年颁布的《慈善法》是专门针对慈善组织及慈善活动的法律,被视为社会组织立法领域的一个里程碑。慈善组织仍然登记为社会团体、社会服务机构、基金会等法人形式。《慈善法》跟国际慈善事业发展趋势相一致,采取了大慈善的概念,它强调慈善不仅仅是少数人的行为,而是全民性、全社会的共同向善之举,慈善领域不限于扶危济困,还包括教、科、文、卫、体、环保等公益事业。《慈善法》对慈善组织、慈善募捐、慈善捐赠、慈善信托、慈善财产、慈善服务、信息公开等方面作了规定,还规定了促进措施、监督管理和法律责任,为保护慈善组织、捐赠人、志愿者、受益人等慈善活动参与者的合法权益提供了法律依据。《慈善法》创新了慈善事业的体制机制,解决了多年来制约慈善事业及慈善组织发展的问题,比如放开公募资格、落实公益信托制度、明确信息公开义务等。[1]为了落实《慈善法》,民政部在2016年8月颁布了《慈善组织认定办法》。由于《慈善法》对慈善组织的认定门槛和监管要求比较高,慈善组织的认定非常严格。[2]截至2022年9月2日,我国社会组织总数已经超过90万家,但认定为慈善组织的只有10 807家,其中具有公开募捐资格的慈善组织只有2 576家。[3]

2016年颁布的《境外非政府组织境内活动管理法》是我国专门规范境外非政府组织在境内开展活动的法律。该法所称境外非政府组织,是指在境外合法

---

[1] 王世强编著:《社会组织法律法规与政策》,首都经济贸易大学出版社2017年版,第11页。
[2] 李芳:《慈善组织认定中的基本法律问题》,《北京航空航天大学学报(社会科学版)》2017年第3期,第48—54页。
[3] 数据来源:全国慈善信息公开平台,https://cszg.mca.gov.cn/platform/login.html? service=%2Fj_spring_security_check&renew=true,2022年10月5日访问。

成立的基金会、社会团体、智库机构等非营利、非政府组织。除了1989年公布的《外国商会登记管理暂行规定》和2004年公布的《基金会管理条例》之外,我国政府长期以来缺乏对境外非政府组织的统一管理,在实践中基本上采取三不(不鼓励、不禁止、不干涉)政策。①《境外非政府组织境内活动管理法》从登记和备案、活动规范、便利措施、监督管理和法律责任等方面对境外非政府组织在我国境内的活动作出了规定。《境外非政府组织境内活动管理法》规定了类似境内社会组织双重登记管理体制的境外非政府组织登记管理体制,国务院公安部门和省级人民政府公安机关是境外非政府组织在中国境内开展活动的登记管理机关;国务院有关部门和单位、省级人民政府有关部门和单位,是境外非政府组织在中国境内开展活动的相应业务主管单位;县级以上人民政府公安机关和有关部门在各自职责范围内对境外非政府组织在中国境内开展活动依法实施监督管理、提供服务。

据公安部境外非政府组织办公室统计,截至2020年12月31日,有554个境外非政府组织代表机构依法在公安部门注册登记,基本情况参见表4-2。在部级和省级业务主管单位登记的非政府组织分别约占总数的19%和81%。已备案的3 289项临时活动中,组织所在国家或地区数量排名前五位的是中国香港、美国、中国澳门、日本和德国,合计占总数的85.25%,据公安部境外非政府组织办公室统计,截至2021年12月31日,已有631个境外非政府组织代表机构依法登记,临时活动备案4 018项。这些境外非政府组织一方面有助于我国经济、文化、教育、环境、医疗等多个领域的发展,另一方面也可能存在政治渗透、非法搜集信息等方面的潜在风险。②

据不完全统计,2020年新冠肺炎疫情暴发初期,来自72个国家和地区的861家境外非政府组织向我国捐赠各类医疗物资折合人民币5.85亿元。其中,很多捐赠者并没有在中国设立代表机构。③

---

① Deng Guosheng, "The Hidden Rules Governing China's, Unregistered NGOs: Management and Consequences," *The China Review*, Vol. 10, No. 1, 2010, pp. 183-206.
② 张译允、张纯琍:《国内境外非政府组织研究的进展与未来展望——基于CNKI期刊文献数据》,《云南行政学院学报》2022年第2期,第86—98页。
③ 境外非政府组织办事服务平台:《2020年度报告发布》,2021年1月16日,https://ngo.mps.gov.cn/ngo/portal/view.do?p_articleId=427384&p_topmenu=3&p_leftmenu=1,2022年10月5日访问。

表 4-2　在中国境内登记的主要境外非政府组织代表机构情况

维度	排名前五位	合计数	占总数(554)的比例(%)
代表机构所在国家或地区	美国、中国香港、日本、韩国、英国	357	64.44
代表机构注册地	北京、上海、广东、云南、四川	376	67.87
代表机构的业务主管单位	商务部门、教育部门、人民团体、民政部门、卫生健康部门	404	72.92
代表机构业务领域	经济、教育、济困救灾、卫生、环保	451	81.40

资料来源:境外非政府组织办事服务平台:《2020年度报告发布》,2021年1月16日,https://ngo.mps.gov.cn/ngo/portal/view.do? p_articleId=427384&p_topmenu=3&p_leftmenu=1,2022年10月5日访问。

除了上述法律之外,一些一般性法律也规定了与社会组织相关的内容。2021年修订的《中华人民共和国审计法》将"国家的事业组织和使用财政资金的其他事业组织的财务收支"以及"其他单位受政府委托管理的社会保险基金、全国社会保障基金、社会捐赠资金以及其他公共资金的财务收支"纳入政府审计监督的范围。这意味着一部分社会组织已经纳入政府审计监督的范围。2014年修订的《中华人民共和国海洋环境保护法》赋予公益性环保组织的诉讼主体资格,这是继《中华人民共和国民事诉讼法》后,第二部赋予社会组织公益诉讼主体资格的实体法。

二、行政法规

行政法规是国务院制定颁布的规范性文件,其法律地位和效力低于法律,但在国家行政机关颁布的规范性文件中享有最高级别。我国社会组织的行政法规中最重要的是"三大条例",即《社会团体登记条例》、《民办非企业单位登记管理暂行条例》和《基金会管理条例》。由于普通法层面我国至今没有一部非营利组织的专门法律,使得这三大条例具有特别重要的地位。[1]

社会团体是社会组织中最为传统的一种形式,我国政府对社会团体的规制开始得最早。1950年,政务院颁布《社会团体登记暂行办法》。1989年,国务院

---

[1] 金锦萍、葛云松主编:《外国非营利组织法译汇》,北京大学出版社2006年版,序言。

颁布《社会团体登记管理条例》，同时废止了《社会团体登记暂行办法》。1998年，国务院修订并颁布《社会团体登记管理条例》。2016年，国务院对《社会团体登记管理条例》作了修订。《社会团体登记管理条例》界定了社会团体概念，对社会团体的管辖、成立登记、变更登记、注销登记和监管处罚等方面作了规定。《社会团体登记管理条例》与《社会团体分支机构、代表机构登记办法》(2001)、《社会团体章程示范文本》(1998)、《宗教社会团体登记管理实施办法》(1991)等规范性文件一起，构成了有关社会团体的法律体系。

1998年颁布的《民办非企业单位登记管理暂行条例》与《社会团体登记管理条例》的基本管理原则一致，对民办非企业单位的管辖权、登记条件和程序、监管以及处罚等作了规定。与民办非企业单位有关的法律法规还包括2000年民政部等部门公布的《科技类民办非企业单位登记审查与管理暂行办法》、2001年公布的《体育类民办非企业单位登记审查与管理暂行办法》等。由于《民法典》和《慈善法》使用"社会服务机构"概念取代了"民办非企业单位"概念，因此2018年民政部公布了《关于进一步加强和改进社会服务机构登记管理工作的实施意见》。

2004年颁布的《基金会管理条例》对基金会的类型、设立条件和程序、变更和注销、组织机构、财产管理、监督管理和法律责任等方面作出了规定。与前面两部条例相比，《基金会管理条例》的内容不仅限于登记管理，还增加了组织机构和财产管理方面的规定。比如，公募基金会每年用于从事章程规定的公益事业支出不得低于上一年总收入的70%；非公募基金会每年用于从事章程规定的公益事业支出不低于上一年基金余额的8%。《基金会管理条例》将基金会分为公募基金会和非公募基金会，促进了非公募基金会的发展。到2011年，非公募基金会的数量超过了公募基金会。

"三大条例"的颁布标志着我国以分级登记、双重管理及非竞争原则为主要特征的社会组织管理体制初步形成。所谓"分级登记"，就是按照社会组织开展活动的范围和级别，由各级政府民政部门实行分级登记管理。所谓"双重管理"，是指社会组织要接受登记管理机关和业务主管单位的共同管理。所谓"非竞争原则"就是为了避免非营利组织之间展开竞争，禁止在同一行政区域内设立业务范围相同或相近的社会组织。双重管理体制的运作相当复杂。比如，《社会团体登记管理条例》规定，国务院民政部门和县级以上地方各级人民政府民政部门是本级人民政府的社会团体登记管理机关。国务院有关部门和县级以上地方各级人民政府有关部门、国务院或者县级以上各级地方政府授权的组织，是有关行业、学科或者业务范围内社会团体的业务主管单位。① 按照三大条例的规定,登记管理机关负责社会组织的成立、变更、注销登记或者备案,对社会组织实施年度检查,对社会组织执行条例的情况进行监督检查,对违反条例的行为依法实施处罚。业务主管单位负责社会组织筹备申请、成立登记、变更登记和注销登记前的审查,监督指导社会组织遵守法律法规和国家政策,依据章程开展行动,负责非营利组织年检的初审,协助登记管理机关及其他部门查处非营利组织的违法行为,会同有关部门指导非营利组织的清算事宜。

分级登记、双重管理体制和非竞争原则都受到传统计划经济管理思想的影响,是计划经济思维在社会组织管理中的体现。② 如前文所述,2013年以后,我国政府对科技类、慈善类、行业协会商会类和社区类等四大类社会组织采取了直接登记管理政策。自此,我国社会组织的登记管理进入混合管理体制时期。③

除了三大条例之外,国务院2017年颁布《志愿服务条例》也是近年来社会组织相关立法领域的一大亮点。《志愿服务条例》规定,志愿服务组织是指"依法成立,以开展志愿服务为宗旨的非营利性组织"。也就是说,志愿服务组织也属于社会组织。《志愿服务条例》对志愿者、志愿服务组织、志愿服务活动、促进措施、法律责任作了规定,对志愿服务组织的法律地位、规范管理和活动开展等进行了系统规定。《志愿服务条例》进一步推动志愿服务制度化、常态化发展,促进更多人认同志愿精神,参与志愿服务。2015年公布实施的《中华人民共和国政府采购法实施条例》则扩大了政府采购的范围,正式将公共服务纳入政府采购制度。

三、地方性法规和行政规章

地方性法规的立法主体包括省、自治区、直辖市的人大和人大常委会,以及省会所在地的市和国务院批准的较大的市的人大及常委会。全国各地依据上位法,根据当地的实际情况制定了与社会组织相关的大量地方性法规。地方立法在一些领域甚至走在全国性立法的前面。比如,早在1999年广东省就颁布了全国第一部地方性志愿服务法规《广东省青年志愿服务条例》。1999年深圳市出台了全国首部行业协会条例《深圳经济特区行业协会条例》。2010年湖南省出

---

① 根据1998年《社会团体登记管理条例》和后来公布的相关规定,被授权的全国性社会团体业务主管单位包括中国社科院、全国妇联、残联、文联、作协、全国工商联等23个组织。
② 王名编著:《非营利组织管理概论(修订版)》,中国人民大学出版社2010年版,第60页。
③ 郁建兴、王名主编:《社会组织管理》,科学出版社2019年版,第41页。

台了《湖南省募捐条例》。①

行政规章指国务院各部委以及各省、自治区、直辖市的人民政府和省、自治区的人民政府所在地的市以及国务院批准的较大的市的人民政府根据宪法、法律和行政法规等制定和发布的规范性文件。国务院组成部门及直属机构制定的规范性文件称为部门规章,地方政府制定的仅在所辖区域内适用的规范性文件称为地方行政规章。

国务院各部委及直属机构制定的部门规章可以分为三类。第一类是民政部制定的规章。民政部是社会组织的主管部门,其制定的规章主要是对"三大条例"的细化。比如《取缔非法民间组织暂行办法》(2000)、《民办非企业单位年度检查办法》(2005)、《基金会年度检查办法》(2006)、《社会组织评估管理办法》(2010)等。第二类是民政部与其他部委联合制定的规章。比如,财政部、民政部与国家工商总局2014年联合制定的《政府购买服务管理办法(暂行)》。第三类是除了民政部之外的国务院其他部委及直属机构制定的规章。比如,财政部2004年制定的《民间非营利组织会计制度》。

地方行政规章往往是为了实施和落实上位法或上级政府的政策而制定的,当然也有一些属于政策创新,比如,《深圳市行业协会暂行办法》(2005)、《武汉市志愿服务条例》(2016)、《成都市社会企业培育发展管理办法》(2021)等。

四、其他规范性文件

除了上述法律法规之外,还有一些对社会组织具有约束力的非立法性文件。这些文件的制定主体包括党的机关和政府机构。

在必要时,党的机关和政府行政机构联合发布政策。比如,社会组织党建工作相关政策文件很多都是由中共中央与国务院联合发布的。再比如,中共中央办公厅和国务院办公厅联合发布的《关于改革社会组织管理制度促进社会组织健康有序发展的意见》(中办发〔2016〕46号),是近年来指导社会组织管理制度改革的重要文件。

国务院和国务院办公厅发布了一系列以"意见""通知"或"方案"等命名的政策文件。比如,2013年,《国务院机构改革和职能转变方案》规定,行业协会商会类、科技类、公益慈善类、城乡社区服务类社会组织直接向民政部门依法申请登记,不再需要业务主管单位审查同意。政治法律类、宗教类等社会组织和境外

---

① 王世强编著:《社会组织法律法规与政策》,首都经济贸易大学出版社2017年版,第12、65页。

非政府组织在华代表机构仍需要经业务主管单位审查同意。2013年9月,《国务院办公厅关于政府向社会力量购买服务的指导意见》(国办发〔2013〕96号)规定,社会组织可以成为政府购买公共服务的承接主体。此外,还有《国务院关于促进慈善事业健康发展的指导意见》(国发〔2014〕61号)、《国务院关于鼓励社会力量兴办教育促进民办教育健康发展的若干意见》(国发〔2016〕81号)等。

国务院各部委也发布了针对社会组织管理和改革的各项具体工作的文件。作为社会组织的主管机关,民政部发布的政策文件最多。比如,民政部发布的《关于推进行业协会商会诚信自律建设工作的意见》(民发〔2014〕225号)、《关于规范全国性社会组织年度财务审计工作的通知》(民发〔2015〕47号)、《关于探索建立社会组织第三方评估机制的指导意见》(民发〔2015〕89号)、《社会组织登记管理机关行政执法约谈工作规定(试行)》(民发〔2016〕39号)、《关于慈善组织开展慈善活动年度支出和管理费用的规定》(民发〔2016〕189号)、民政部办公厅发布的《关于全面推进社会组织统一社会信用代码制度建设有关事项的通知》(民办函〔2017〕84号)等。

除了民政部之外,财政部和国家税务总局发布的政策文件也相对较多。比如,财政部和国家税务总局发布的《关于非营利组织企业所得税免税收入问题的通知》(财税〔2009〕122号)、《关于公益股权捐赠企业所得税政策问题的通知》(财税〔2016〕45号)、《关于非营利组织免税资格认定管理有关问题的通知》(财税〔2009〕123号、财税〔2014〕13号、财税〔2018〕13号)。

地方政府发布的文件主要是为了执行和落实上级党政机关的政策。比如,湖北省人民政府办公厅发布的《关于政府向社会力量购买服务实施意见(试行)》(鄂政办发〔2014〕1号)、湖北省民政厅发布的《关于对四类社会组织实行直接登记的通知》(鄂民政函〔2014〕50号)等。

第四节 社会组织党建

马克思主义认为,政党来源于社会,政党与社会相互依存、密不可分,政党与社会的双向互动关系是政党政治的基本关系。[①] 社会组织党建就是坚持中国共产党对社会组织的领导,使社会组织及其从业人员紧密地团结在党的周围,促进社会组织的发展,巩固党的群众基础和执政地位,促进国家治理体系和治理能力现代化建设。

---

① 尹德慈、武三中主编:《社会组织党的建设》,广东人民出版社2017年版,第5—8页。

一、社会组织党建政策

在全球范围治理范式变革的影响下,中国共产党和社会组织的关系也在悄然发生变化。社会组织党建工作始于 20 世纪 90 年代,进入 21 世纪之后进一步加强,在党的十八大以来得到全面强化。① 中国共产党在对政府、市场和社会发展进行预判的基础上,主动采取政治整合策略,延续了党一贯的以使命进行政治整合的传统。社会组织党建政策从建立党组织为主到建立党组织与开展党的工作并重,最终明确了社会组织党建工作的功能定位,提出了全方位推进社会组织党建工作的系统性策略。② 20 世纪 90 年代以来,党中央、国务院及中组部、民政部等发布了一系列指导社会组织党建工作的政策文件,参见表 4-3。

表 4-3 社会组织党建主要政策

时间	政策名称	主要内容
1994 年 9 月	中共中央《关于加强党的建设几个重大问题的决定》	各种新建立的经济组织和社会组织(统称为"两新组织")日益增多,需要从实际出发建立党的组织,开展党的活动。"两新组织"党建工作拉开序幕。
1996 年 8 月	中共中央办公厅、国务院办公厅《关于加强社会团体和民办非企业单位管理工作的通知》	在社会团体和民办非企业单位中建立党组织,接受挂靠单位、业务主管部门党组织或所在地方党组织领导。
1998 年 2 月	中共中央组织部、民政部《关于在社会团体中建立党组织有关问题的通知》	这是社会组织党建领域的第一个规范性文件,要求经登记管理机关核准登记的社会团体,其常设办事机构专职人员中凡是有正式党员 3 人以上的,应建立党的基层组织。
1999 年 11 月	中共中央办公厅、国务院办公厅《关于进一步加强民间组织管理工作的通知》	强调在民间组织中建立党组织。
2000 年 6 月	中共中央组织部、中共教育部党组《关于加强社会力量举办学校党的建设工作的意见》	在社会力量举办学校中建立党的组织,党组织在教职员工和学生中发挥政治核心作用。

---

① 郁建兴、王名主编:《社会组织管理》,科学出版社 2019 年版,第 49 页。
② 褚松燕:《改革开放以来社会组织党建政策的演进及其逻辑》,《探索》2020 年第 4 期,第 99—110、112 页。

（续表）

时间	政策名称	主要内容
2000年7月	中共中央组织部《关于加强社会团体党的建设工作的意见》	建立健全社会团体的党组织、理顺党组织隶属关系。
2002年11月	党的十六大报告	强调加大在社会团体和社会中介组织中建立党组织的工作力度。
2004年9月	中共中央《关于加强党的执政能力建设的决定》	加大在新经济组织、新社会组织中建立党组织的工作力度。
2006年10月	中共中央《关于构建社会主义和谐社会若干重大问题的决定》	推进新经济组织、新社会组织党建工作，扩大党的工作覆盖面。
2006年12月	中共中央组织部、中共教育部党组《关于加强民办高校党的建设工作的若干意见》	对民办高校党建工作作出明确规定。
2007年10月	党的十七大报告	全面推进农村、企业、城市社区和机关、学校、新社会组织等的基层党组织建设。
2009年9月	中共中央《关于加强和改进新形势下党的建设若干重大问题的决定》	加大在中介机构、协会、学会以及各类新社会组织中建立党组织的力度。
2012年11月	党的十八大报告	加大非公有制经济组织、社会组织党建工作的力度，扩大党组织和党的工作覆盖面。
2015年9月	中共中央办公厅《关于加强社会组织党的建设工作的意见（试行）》	这是对社会组织党建各项工作规定最为系统明确的规范性文件。
2016年8月	中共中央办公厅、国务院办公厅《关于改革社会组织管理制度促进社会组织健康有序发展的意见》	加强党对社会组织的领导、加强社会组织党的建设，努力走出一条具有中国特色的社会组织发展之路。
2017年10月	党的十九大报告	强调党对社会组织的领导，提出社会组织在国家治理现代化中的地位与作用。
2018年4月	民政部《关于在社会组织章程增加党的建设和社会主义核心价值观有关内容的通知》	各地民政部门要指导社会组织在社会组织章程增加党的建设和社会主义核心价值观有关内容。
2022年10月	党的二十大报告	理顺行业协会、学会、商会党建工作管理体制。加强新经济组织、新社会组织、新就业群体党的建设。

上述文件中，2015年9月出台的《关于加强社会组织党的建设工作的意见（试行）》（以下简称《意见》）是社会组织党建历史上具有里程碑意义的文件。在《意见》出台以前，党章和党的其他文件中都没有明确表述社会组织中的党组织应承担什么职能，一般都是参照党章中关于非公有制经济组织中党组织的定位来理解社会组织党组织的功能定位。但是，社会组织和经济组织性质不同，运行规律也不同，经济组织中党组织的功能定位和工作方法并不完全适用于社会组织。《意见》根据十八大以来党的方针政策，结合中国社会组织的性质和特点，全面系统地对社会组织党建工作的各个方面提出了具体要求。《意见》明确规定社会组织中的党组织是"党在社会组织中的战斗堡垒，发挥政治核心作用"，履行"保证政治方向、团结凝聚群众、推动事业发展、建设先进文化、服务人才成长、加强自身建设"等六项基本职责。《意见》对工作机构、管理体系、工作机制、党组织和党员、党务工作者队伍建设以及保障机制等问题都作了规定。《意见》的出台使得社会组织党建工作进入全面推进阶段。

《意见》对社会组织党建工作机构进行了规定。县级以上地方党委要依托党委组织部门和民政部门建立社会组织党建工作机构，已经建立非公有制企业党建工作机构的，可依托党委组织部门将其与社会组织党建工作机构整合为一个机构。党委组织部门对同级社会组织党建工作机构进行指导。上级社会组织党建工作机构对下级社会组织党建工作机构进行指导。建立地方党委组织部门、登记管理部门和业务主管部门"三位一体"的社会组织党建工作领导体制，地方党委组织部门发挥宏观指导作用，登记管理部门和业务主管部门党组织负责党建具体工作，根据社会组织的具体情况，采取行业管理、属地管理和就近管理等党建工作管理模式。

《意见》对社会组织党建管理体系进行了规定。形象地说，社会组织党建管理体系是"三横一纵"结构。"三横"是指：全国性社会组织的党建工作分别归口中央直属机关工委、中央国家机关工委、国务院国资委党委统一领导和管理；地方社会组织的党建工作分别由省、市、县级社会组织党建工作机构统一领导和管理；城乡社区社会组织的党建工作由街道社区和乡镇村党组织兜底管理。"一纵"是指有业务主管单位的社会组织党建工作，由业务主管单位党组织领导和管理，接受社会组织党建工作机构的工作指导。由于没有了业务主管单位，对于四类实行直接登记制度的社会组织，需要明确新的党建工作责任主体。针对这四类社会组织,天津、山东等地依托民政部门成立了社会组织党工委。①

《意见》还对社会组织党建工作机制、党建工作有效覆盖和党务工作者队伍等方面作了规定。各级党委组织部门和社会组织党建工作机构要建立"三个机制",即统筹协调机制、上下联动机制和直接联系机制。社会组织可以根据实际情况,按单位、按行业或按区域建立党组织,通过各种方式,逐步实现党的组织和党的工作有效覆盖。社会组织要选优配强党组织书记,充实壮大党务工作者队伍、加强党务工作者教育培训、强化管理和激励,做好党务工作者队伍建设。社会组织要建立多渠道筹措、多元化投入的党建工作经费保障机制。鼓励企事业单位、机关和街道社区、乡镇村党组织与社会组织党组织场所共用、资源共享。加强对社会组织负责人的思想教育,引导他们主动支持党建工作。

二、社会组织党建工作实践

我国社会组织发育较晚,党建工作起步较晚、基础薄弱,面临着不少困难和问题。首先,一些社会组织对党建工作不理解、不积极。很多社会组织的党建工作是在外力要求下被动开展的。一些社会组织负责人认为党建工作增加了额外的时间、人力和经济成本,因而采取消极应付的态度。其次,部分社会组织工作人员对党建不积极。部分社会组织工作人员工作稳定性低、流动性大、生存压力大,入党愿望不强烈,即便入了党也不积极参加党建工作。最后,缺乏保障措施。一些社会组织缺乏党建人才,缺少活动场所和经费,缺少党建工作经验。② 党建活动有时又与社会组织的业务工作相脱节,除了组织学习、座谈交流、走访慰问等之外缺乏创新。加上党务工作要求多、检查多、评比多,一些地方在落实中存在一定的形式主义,这些因素对社会组织党建工作产生了不利影响。③

社会组织党建已经成为党的基层组织建设的一个重要领域。截至2021年底,全国共有党员9 671多万名,基层党组织493万多个。④ 截至2015年底,社会组织工作人员中共有中共党员80多万名,成立党组织8万多个。社会组织党员数占全国党员总数的比例将近1%,基层党组织数量约占全国基层党组织总数的

---

① 窦玉沛:《加强党建工作 促进社会组织健康发展》,《行政管理改革》2015年第2期,第7—12页。
② 同上。
③ 侯晋雄:《"两新"组织党建工作的困境及破解路径》,《理论导刊》2012第7期,第58—60、112页。
④ 中共中央组织部:《中国共产党党内统计公报》,2022年6月29日,共产党员网,https://www.12371.cn/2022/06/29/ARTI1656486783270447.shtml,2022年9月3日访问。

2%。① 社会组织党员队伍年轻化特点非常明显。截至2015年底，社会组织中年龄在35岁及以下的党员占比为34.1%，高于全国平均数8.7个百分点。② 近年来，全国各地不断探索创新，努力克服上述困难和障碍，创造出很多行之有效的社会组织党建工作方法，社会组织党建工作取得了显著进展。

（一）社会组织的党组织及其全覆盖

社会组织的规模存在较大差异，开展党建工作的条件也有很大不同。比如，民办学校和医院等民办非企业单位一般规模较大，具备单独建立党组织和持续开展党建活动的基本条件。然而大多数社会组织规模小、人员少，党员人数都不足3人。因此，符合建立党组织条件的社会组织数量很少，提高党组织覆盖率难度比较大。

为了解决这个问题，《意见》提出了"按单位、按行业、按区域建立党组织"的思路。在实践中，人们形象地称之为按"点""线""面"建立党组织。按"点"也就是按单位建立党组织。只要具备条件的社会组织，都要按照规定建立党组织。按"线"也就是按行业建立党组织。暂不具备单独建立党组织的条件的，可以按照行业相近、产业相通的原则，依托业务主管单位或同类型规模较大的社会组织，联合建立党组织。按"面"也就是按区域建立党组织。在社会组织相对集中的各类街区、园区、楼宇等区域，打破单位界限，统一建立党组织。对于按点、线、面都覆盖不到，暂不具备组建条件的社会组织要积极创造条件，通过选派党建工作指导员、联络员或建立工会、共青团组织等途径，开展党的工作，条件成熟时及时建立党组织。③

（二）社会组织党务工作者队伍建设

建设一支优秀的党务工作者队伍是做好社会组织党建工作的重要依托。社会组织党组织发挥充分作用，必须要有富有责任心和奉献精神、既懂党建又懂业务的党组织负责人。由于社会组织从业人员价值多元，人员流动性大，开展党建工作面临更多的困难和挑战，对党务工作者的要求更高。

---

① 窦玉沛：《加强党建工作 促进社会组织健康发展》，《行政管理改革》2015年第2期，第7—12页。
② 谢玉峰：《加强社会组织党建工作 推动社会组织健康发展》，《中国社会组织》2016年第24期，第8—16页。
③ 刘宇辉等：《社会组织党建工作创新调研报告》，2014年4月28日，中国非公企业党建网，http://www.fgdjw.gov.cn/fgdjw/system/2014/04/28/017928564.shtml，2022年10月5日访问。

可以采取"内部选育、上级选派、社会招聘"等多种方式配备社会组织党组织书记。① 首先,应该在社会组织内部选拔和培养优秀党员担任党组织书记。社会组织党组织书记原则上应该从社会组织内部产生,提倡和动员社会组织党员负责人担任书记。提倡公推直选方式选配书记,拟任人选要严格按照党员会议推荐、群众公示、报请上级党组织考察审核、党员(代表)大会选举、上级党组织审批的程序进行。其次,社会组织内部确实没有合适人选的,上级党组织可以从退休或不担任现职的党政领导干部中选派社会组织党组织书记,也可以面向社会公开选聘。比如,国家税务总局党组选派机关司级干部到中国注册税务师协会党委担任专职副书记,除了保障必要的工作经费,选派人员不在社会组织获取薪酬和其他额外利益。另一个例子是上海的"白领驿家"面向社会公开选聘党总支书记。②

但是,由于社会组织处于"体制外"、人员不稳定、待遇不高、职业发展空间有限,社会组织党务工作者队伍建设还面临很多现实难题有待解决。

(三)社会组织党员培养和管理

社会组织党员培养和管理有两项主要任务:一是要解决现有党员管理中存在的困难和问题,二是要在社会组织中培养和发展新党员。由于社会组织人员流动性大,党员队伍也不稳定,党员培养和管理工作存在很多实际困难,难以系统化和规范化。社会组织中普遍存在党员的工作关系与组织关系分离的状况,很多党员在社会组织工作,但组织关系并不在社会组织。社会组织党员有的是退休聘用人员,党组织关系在原单位或社区;有的是领导干部兼职,党组织关系不愿意转到社会组织。有的党员在原单位和社会组织都没有正常参加组织生活,实际上处于"两不管"状态。即使组织关系在社会组织的党员,由于岗位不稳定、无固定办公地点和活动场所等原因,党组织和党员之间的联系也有困难。这些原因造成了社会组织中特有的所谓的"口袋党员""隐形党员"或"地下党员"的情况。③

近年来,为了解决这些问题,在各方努力之下,社会组织设立了党建工作指

---

① 赵欣:《破解社会组织党建难题》,《企业党建》2015年第7期,第37—38页。
② 朱亚勤、刘云:《党组织活动怎么搞》,《中国组织人事报》2015年12月16日,第4版。
③ 刘宇辉:《社会组织党建工作创新调研报告》,2014年4月28日,中国非公企业党建网,http://www.fgdjw.gov.cn/fgdjw/system/2014/04/28/017928564.shtml,2022年10月5日访问。

导员。无论社会组织是否建立党组织,均要派驻党建指导员,实现党的工作全面覆盖。社会组织建立了党组织的,由书记担任党建指导员;建立了功能型党组织的,由社会组织负责人中的党员担任党建指导员;暂不具备建立党组织(含功能型党组织)条件的,选派具有一定党务工作经验、熟悉社会组织管理的党员担任党建指导员。党建指导员主要负责指导所联系的社会组织做好发展党员、查找失联党员和"口袋党员"、建立党组织、开展党的活动等工作。比如,中国科协有200多家会员单位,有党员但未建党组织的都设立了党建通讯员,有党员有组织的全部建立了党建活动小组,做到了党建工作有人联系、有人组织。厦门市在原有党建指导员的基础上,在社区配备专职党建组织员,以区域化党建方式联系社区辖区内所有社会组织。①

将社会组织中的优秀人才发展为党员也是党建指导员的重要工作任务。社会组织中有很多优秀人才,不少从业人员是专业带头人、社会知名人士和网络意见领袖。党组织要主动做工作,条件成熟的及时吸收到党组织中来。

(四)创新开展社会组织党建活动

如上文所述,部分社会组织存在党建活动脱离业务活动、党建活动形式老套等问题。近年来,全国各地都非常重视创新开展社会组织党建活动,形成了大量经验。

首先是社会组织党建工作与业务工作有机结合。各地相关部门根据当地具体情况将社会组织党建工作贯穿登记管理、业务指导和孵化培育全过程,抓住成立登记、年度检查、等级评估、换届改选、评优评先等关键环节来开展党建工作,取得了很好的效果。比较典型的有山东淄博等的"五同步"工作法,深圳的"三同步"和"五嵌入"工作法等。

2016年以来,淄博市淄川区与北京恩派公益社会组织孵化机构合作,建立了社会组织党组织孵化中心,把社会组织孵化与社会组织党组织孵化相结合,探索实施"五同步"党建工作法。"五同步"的具体做法是:社会组织入驻与党组织建立同步、社会组织孵化服务与党建业务指导同步、社会组织发展成长与党组织作用发挥同步、社会组织评价与党组织星级评定同步、社会组织成熟"出壳"与党组

---

① 赵欣:《破解社会组织党建难题》,《企业党建》2015年第7期,第37—38页。

织隶属关系调整同步。①

2018年8月,《深圳市社会组织党的建设工作规定(试行)》提出了社会组织党建"三同步"和"五嵌入"工作法。社会组织成立登记做到"三同步"。一是同步采集党员信息登记。二是同步组建党组织。凡是有3名以上党员、符合成立党组织条件的单位,都要同步筹备成立党组织;对有党员但暂不具备建立党组织条件的,要列入党建信息库,及时跟进掌握信息,通过指派党建组织员等方法,创造条件建立党组织。三是同步指导。将党建工作写入社会组织章程,并将此作为成立登记的必备条件之一。日常管理要做到"五嵌入",即将党建工作嵌入社会组织年检、等级评估、换届改选、购买服务和评先评优。②

《意见》规定了社会组织党建"三会一课"制度。"三会"指定期召开支部党员大会、党支部委员会和党小组会,"一课"指按时上好党课。"三会一课"是党组织生活的基本形式,是对所有党组织的统一要求,是加强党员日常教育管理监督的主要途径。全国各地积极探索利用互联网新媒体创新开展"三会一课",其中四川省巴中市民政局总结的党支部"八微工作法"形式新颖、生动活泼,受到社会组织党员的欢迎。③ 所谓"八微工作法",一是"微"党课。让每位普通党员走上讲台,每人讲10分钟党课。二是"微"学习。利用微信平台,开设了今日关注、重要言论、基层党建、党务百科、党员先锋等栏目,由支部成员点赞,得票最高的文章作为党员学习会的学习资料。三是"微"分享。支部以工作心得分享会的形式开展组织生活会,提升党员敬业爱岗意识。四是"微"谈心。开设"党支部午餐日",支部书记利用周一、周四午餐时间与党员进行一对一或一对多交流谈心。五是"微"心愿。设立"微"心愿信箱,了解员工在工作、生活中的困难,并且帮助解决。六是"微"竞赛。利用新兴网络平台,支部以"微信抢答""电话抢答"等方式开展各类党建和业务知识竞赛,促进党员学习交流。七是"微"表彰。设立先进评选机制,通过微信公众平台、流动红旗、先锋党员岗位等方式表彰优秀党员,

---

① 闫盛霆等:《淄博淄川:探索实施"五同步"党建工作法》,2017年1月5日,基层党组织建设网,http://www.dtdjzx.gov.cn/staticPage/jcdzzjsw/twoexper/20170105/284541.html,2022年10月5日访问。

② 何艳、康勇斌:《宝安部署2020年全区"两新"组织党建及"三同步"重点任务》,2020年4月10日,深圳宝安网,http://ibaoan.sznews.com/content/2020-04/10/content_23045694.htm,2022年10月5日访问。

③ 巴中市民政局:《巴中市推行"八微"工作法 创新社会组织党建工作》,2018年1月31日,四川省民政厅官网,http://mzt.sc.gov.cn/scmzt/dfmz/2018/1/31/e7846f1eaab2406fb9a4e694911c94fc.shtml,2022年10月5日访问。

树立身边的学习榜样。八是"微"创建。开展各种微型的主题活动,鼓励党员自觉做好合格党员。

总之,社会组织构成本身是极其复杂的,实际开展党建工作不能采用一个模式,而应根据社会组织规模和特点、党员数量和流动性等实际情况,因地制宜开展党建工作,发挥党员群众的积极性和创造性,既能加强社会组织党的建设,又有利于促进社会组织业务发展。同时还要注意的是,开展社会组织党建工作不是要取代社会组织的自治自律,束缚社会组织的自我发展,而是要使社会组织自觉认同党的理念,自愿接受党的领导,主动支持党的方针政策,与党保持步调一致,形成政党与社会之间的良性互动关系,促进社会组织健康有序发展,巩固中国共产党执政的社会基础,助力国家治理体系和治理能力现代化建设。

思考题

1. 中国传统文化对社会组织的兴起有何影响?
2. 如何看待国外非营利组织对我国的影响?
3. 改革开放以来,我国社会组织的发展经历了哪几个阶段?
4. 我国社会组织"双重管理"体制有何特点?
5. 我国社会组织法律制度的主要内容是什么?
6. 什么是社会组织党建?
7. 为什么要加强社会组织党建?
8. 社会组织党建政策有哪些?
9. 如何做好社会组织党建工作?

本章案例

党建引领社会组织助力甘南脱贫攻坚[①]

中共北京市公益领域社会服务机构第一联合委员会(以下简称第一联合党委),于2018年由北京市行业协会商会综合党委批复成立,是北京市行业协会商

[①] 本案例根据以下资料改写:北京市社会组织管理中心:《党建引领社会组织参与 共助乡村振兴发展》,2021年2月4日,中国社会组织动态,https://baijiahao.baidu.com/s?id=1690693206612033812&wfr=spider&for=pc,2022年10月5日访问。

会综合党委所属54家联合党委之一。目前,共覆盖社会服务机构43家,成立社会组织党支部6个,党员67人。2019年以来,第一联合党委在帮助甘肃省甘南藏族自治州脱贫攻坚的工作中发挥了独特作用,做出了显著成绩。

一、第一联合党委帮助甘南地区脱贫攻坚的背景

第一联合党委积极响应民政部和北京市委社会工委、北京市民政局关于动员社会组织参与脱贫攻坚国家战略的号召,以高度的历史使命感,参与到脱贫攻坚工作中。按照北京市行业协会商会综合党委的工作部署,第一联合党委多次召开联合例会,把脱贫攻坚的工作宣传到每个所属社会组织及党员,积极发出工作倡议,筹备动员所属社会组织共同参与脱贫攻坚的具体工作。

第一联合党委在动员社会组织做好脱贫攻坚工作时,扎实开展了摸底工作。了解所属43家社会组织的具体业务范围、资源优势等具体情况,发现它们在航天、教育、安全生产、关爱儿童、卫生健康、社区服务等领域具有较为丰富的资源和能力。同时,第一联合党委又仔细分析了贫困地区的帮扶需求,最终将帮扶对象选定在国家"三区三州"深度贫困地区甘肃省甘南藏族自治州。

甘肃省甘南藏族自治州地处青藏高原与黄土高原过渡的甘、青、川三省接合部,辖1市7县,共有99个乡镇(街道办)、664个行政村,总面积4.5万平方公里,总人口74.97万,其中藏族人口占总人口的56.5%。甘南地区受气候条件严酷、地理位置偏僻、自然灾害频发、社会发育落后和分裂势力渗透破坏等因素影响,长期属于发展滞后区、深度贫困区、生态脆弱区和稳定敏感区,推动经济发展、维护社会稳定、决战脱贫攻坚、决胜全面小康的任务异常艰巨。

二、第一联合党委的工作方法

第一联合党委的工作思路是促进党的政治优势向发展优势转化,将党的组织资源转化为脱贫资源。打铁还需自身硬,第一联合党委通过加强组织建设,严格落实"三会一课"及主题党日等活动,凝聚所属社会组织基层党组织的战斗合力,为帮助甘南地区脱贫攻坚建立了一支可靠队伍。在此基础上,第一联合党委依靠党建平台构建了"联合党委引领—外助力量支持—本土党建落地"的三级工作体系。

2019年5月,第一联合党委组织协调成员单位代表、北京市基金会代表、甘南藏族自治州联系人召开"甘南藏族自治州联合考察工作会议",制订了详细的赴甘南藏族自治州考察计划。

2019年6月,第一联合党委联合国家卫生健康委国际交流与合作中心、中国航天基金会、杭州滴水公益服务中心等14家机构,赴甘南开展捐赠考察活动,对接甘南当地党支部,为当地带去捐赠物资并与当地达成合作意向。2020年初,第一联合党委在疫情期间克服困难,积极协调资源为甘南藏族自治州提供防疫工作支持,多方协调捐赠物资价值近50万元。2020年12月,第一联合党委为当地困难儿童带去过冬的"航天标志"棉服。

在第一联合党委的帮助下,建立了甘南党建活动基地暨中国航天科普教育基地,将党建与航天科普、教育扶贫、科技扶贫相结合,助力甘南地区脱贫攻坚。基地邀请优秀科学家及各领域专家到基地开展科普教育及科技培训,邀请航天员通过基地的视频连线与甘南地区儿童交谈。基地录制的各类的科普航空知识的小视频在甘南地区的群众特别是孩子们心中种下梦想的种子。第一联合党委通过基地帮扶的受益人群覆盖甘南地区90余所学校的14万名学生。

三、更大挑战:从脱贫攻坚到乡村振兴

第一联合党委建立甘南党建活动基地,开创了党建与航天科普相结合的扶贫模式,又将航天科普拓展到教育扶贫与科技扶贫,不仅为脱贫攻坚提供了新思路,也为社会组织党建打开了新视野。

2020年,我国胜利完成了脱贫攻坚任务,全面建成小康社会。那么接下来,第一联合党委该如何以甘南党建活动基地暨中国航天科普教育基地的工作经验为基础,积极参与甘南地区的乡村振兴工作呢?

案例分析题:

1. 第一联合党委参与脱贫攻坚有何优势和劣势?
2. 第一联合党委如何将党建与参与脱贫攻坚结合起来?
3. 第一联合党委继续参与甘南地区的乡村振兴可能面临哪些困难和问题?

第五章 非营利组织的创立

> 我们生活在一个前所未有的丰裕世界中。但是,我们生活的世界仍然存在大规模的剥夺、贫困和压迫。
>
> ——〔印〕阿马蒂亚·森①

改革开放以来,尤其是进入20世纪以来,我国非营利组织的快速增长首先得益于社会主义市场经济体制的建立以及非营利组织制度的形成。不过,这只是创造了非营利组织生长的空间和土壤,而每一粒非营利组织的种子却是在那些具有创新精神的社会创业者心中孕育,并且由他们播种培育起来的。本章首先讨论非营利组织的创始人,即社会创业者,然后讨论非营利组织的创业机会,最后讨论非营利组织具体的创业行动。

第一节 社会创业者

一、基本概念

我们把非营利组织的发起者和创办者称为社会创业者(social entrepreneur)。他们是社会领域的创业者,也有人称之为社会企业家。

社会创业者既有社会各界精英,如政治家、企业家、艺术家、记者、作家和学者等,但更多的是普通人。社会创业者当中有创办中国青少年发展基金会的前共青团中央组织部部长徐永光、发起深圳国际公益学院的前民政部官员王振耀、创办自然之友的学者梁从诫、创办北京绿十字的画家孙君、创建壹基金的电影明星李连杰、创办观复博物馆的收藏家马未都、创办中国水污染地图(现已改名为

---

① 〔印〕阿马蒂亚·森:《以自由看待发展》,任赜、于真译,中国人民大学出版社2002年版,第23页。

"蔚蓝地图")的记者马军、创办"大学生绿色营"拯救滇金丝猴的作家唐锡阳,也有最早投身志愿服务的产业工人,还有成千上万创办非营利性学校、医院、养老院的人。

微案例 5-1

阿拉善 SEE 生态协会:企业家的公益实验

在中国经济持续高速增长的同时,自然环境的破坏也达到十分严重的地步,中国西北地区的沙漠化尤为严重。21 世纪初,内蒙古阿拉善地区成为沙尘暴的发源地之一,沙漠面积以每年增加 1 000 平方公里(相当于一个中等县城的面积)的速度扩大,逼近华北,威胁北京,影响我国东南沿海地区甚至日韩部分地区。① 2001 年,宋军在内蒙古阿拉善盟建成月亮湖生态旅游景区,很多知名企业家陆续到访,在茫茫沙漠中感受到心灵的震撼。2004 年 6 月 5 日,百名企业家在月亮湖畔共同发起成立了阿拉善 SEE 生态协会。"SEE"取自 Society、Entrepreneur、Ecology 三个单词的首字母,寓意为企业家左肩担负着社会责任,右肩担负着生态责任。SEE 的宗旨是在阿拉善地区防治荒漠化,缓解沙尘暴对北京及其周边地区的影响。SEE 就此开启了一场中国企业家的公益实验。②

在国外,这样的例子同样俯拾皆是:一个叫雅各布·施莱姆(Jacob Schramm)的普通美国人帮助数以千计的来自低收入家庭的中学生进入了大学③;一个叫维洛尼卡·霍萨(Veronica Khosa)的南非女子探索出艾滋病病人护理的家庭模式,并且改变了政府的卫生政策④。

社会创业者与企业家有不少相似之处。创新与创业精神是他们的共同特质。德鲁克说,无论是在哪个领域,他们之间创业精神的差异是微乎其微的。教育界和医疗保健业的创业者,企业和工会的创业者,都做着相似的事情,使用相似的工具,遭遇相似的问题。⑤他们都有创造价值和改变环境的强烈愿望,他们热

---

① 梁从诫主编:《中国的环境危局与突围》,社会科学文献出版社 2006 年版,第 329—335 页。
② 苏西:《阿拉善 SEE 生态协会 荒漠里的慈善实验》,《绿色中国》2009 年第 11 期,第 1672—7789 页。
③ David Bornstein, *How to Change the World: Social Entrepreneurs and the Power of New Ideas*, Updated ed., Oxford University Press, pp. 164-182.
④ Ibid, pp. 188-204.
⑤ 〔美〕彼得·德鲁克:《创新与创业精神》,张炜译,上海人民出版社 2002 年版,第 28—29 页。

切希望把自己的想法付诸实践,不会因为资源稀缺而止步不前。他们关注愿景和机会,并且对不确定性和风险具有超凡的忍耐力。他们都是领导者,具有动员和激励别人同自己一起把愿景变为现实的能力。乔治·吉尔德(George Gilder)曾经这样歌颂企业家:"他置身于这样一个世界:在那个世界里,后来者可以居上,供给能够产生需求,信念能够产生知识。在那个世界里,权威的意见倒可能是无知,最好的机会往往在公认为不可能的地方出现。在那个世界里,服务他人——为他们解决问题并同时研究新的问题——是取得财富和行业领先地位的主要途径。"①

当然,社会创业者和企业家之间也有不少差异。其中,最重要的区别在于企业家渴望创造财富,社会创业者则渴望保护环境、改变社会。② 社会创业者以增进社会福祉为使命,他们善于识别社会变革中出现的新机会,并且及时做出反应。社会创业者身上体现着服务社会的精神。企业家把经济利益看成他们追求的首要目标,社会企业家也可能采用商业模式或者从事营利性活动,但他们把经济利益看作实现社会价值的手段。

微案例 5-2

绿化网络:我们的目标不是种树

2000年,大龙隆司与好友斋藤晴彦一起在日本成立了非营利组织"绿化网络"(Green Net),以沙漠绿化、预防荒漠化为宗旨。他们的工作地点是内蒙古科尔沁沙漠。科尔沁沙漠面积约5万平方公里,比日本的九州岛还大。早春的偏西风异常猛烈,科尔沁沙漠的黄沙有时会漂洋过海飞到日本。大龙隆司让同伴在日本争取林地公司、JBC株式会社、日立日本电信公司等大企业的赞助,而他则留在中国进行绿化网络的运作管理。在筹集到资金之后,绿化网络在当地政府的支持下,将树苗无偿分发给村民,村民栽的树都属于自己,提高了村民植树的积极性。然后,绿化网络又组织村民进行科学的种植,教会村民运用农学知识集体栽种、浇水、剪枝、修建水井,提高树苗的成活率。同时,绿化网络还负责已栽种树苗的保护工作。绿化网络在绿化带的四周建立起上千亩的栅栏,以保护树苗不被牛、羊等牲畜破坏,保证了树苗的成活率。绿化网络还动员中日两国志愿

---

① 〔美〕乔治·吉尔德:《企业之魂》,曾伟光等译,上海译文出版社1992年版,序言。
② J. Catford, "Social Entrepreneurs are Vital for Health Promotion—But They Need Supportive Environments Too," *Health Promotion International*, Vol. 13, No. 2, 1998, pp. 95—97.

者参与植树活动。十余年间,"绿化网络"在科尔沁一共种树 350 多万棵,重现了 25 000 多亩绿地。大龙隆司却说,"我们的目标不是种树,我们的最终目的是帮助当地人改变过度放牧和过度开垦的状况"。①

社会创业者具有一些独有的品质,比如具有强大的道德推动力、乐于做幕后英雄、乐于鼓舞他人、乐于分享成果、乐于自我突破、乐于超越边界等。不过,企业家和社会企业家的根本区别不在于性情和能力,不在于远见和创造性,而在于他们的梦想是建立一个虚拟的互联网王国,还是让全世界儿童都能注射疫苗。社会企业家是那些以创造社会价值为人生目标,充满热情,并且身体力行的人。他们将社会发展作为自身事业来经营,热情、雄心和责任感是他们最为重要的品质。②

二、创业动机

社会企业家的创业动机是多样的,首先是利他主义动机,也不排除利己以及宗教信仰方面的动机。在很多情况下,社会创业者往往怀有多重动机。如果一个社会能够通过某种激励机制让个人的创业动机与社会福祉协调起来,那么这个社会就具备了催生社会企业家的土壤。

真正的社会创业者是利他主义者,利他动机是最重要的创业驱动力。我国自古就不乏利他主义思想,如"先天下之忧而忧,后天下之乐而乐""穷则独善其身,达则兼济天下"等。每个时代、每个社会都有抱持利他精神的人。利他主义者认为自己对帮助他人有一份不可推卸的责任。他们坚定地认为收入分配应该更平等一些,基本社会服务应该向社会脆弱群体倾斜。他们更关注特定人群的福利,如贫困儿童的福利、艾滋病人的权利、残疾人的福利等。利他主义者看到他人受苦自己也会痛苦,看到他人受益自己也就快乐。他们关注教育、医疗、文化、环保等事关人类福祉的领域,这些方面的进展让他们感到生命有价值和意义。对于利他主义者而言,利人就是利己。③

---

① 本案例根据以下资料改写:宗仪:《大龙隆司:我们的目标不是种树》,《大连日报》2010 年 4 月 18 日,第 B03 版。

② David Bornstein, *How to Change the World: Social Entrepreneurs and the Power of New Ideas*, Updated ed., Oxford University Press, p. 238.

③ A. K. Sen, "Rational Fools: A Critique of the Behavioral Foundations of Economic Theory," *Philosophy and Public Affairs*, Vol. 6, No. 2, 1977, pp. 314-317.

微案例 5-3

女记者创办国际儿童读物联盟

国际儿童读物联盟（International Board on Books for Young People，IBBY）成立于 1953 年，总部设在瑞士巴塞尔市，其宗旨是通过高品质儿童读物促进国际理解，维护世界和平。IBBY 是一家在联合国教科文组织和联合国儿童基金会具有官方地位的非政府组织，在 80 个国家设有分会。中国于 1996 年正式加入 IBBY。2018 年 9 月 1 日，张明舟在 IBBY 第 36 届世界大会上当选为主席，成为担任 IBBY 主席的首位中国人。①

IBBY 的创始人是德国女记者杰拉·莱普曼（Jella Lepman）。1945 年，莱普曼随盟军到德国参与战后重建工作。她从孩子身上看到了世界和平的希望，思考怎样才能给孩子们以引导。她想到了童书。1949 年，她通过美国驻欧洲大使馆给各国人士写信，建议他们把本国童书寄到德国，办一个国际童书展。莱普曼的提议得到了积极的回应。国际童书展在德国顺利举办，孩子们在食不果腹的情况下蜂拥而至。随着童书越来越多，人们在慕尼黑建立了国际青年图书馆，后来发展成为国际儿童读物联盟（IBBY）。②

在现实世界中，非营利事业并非完全是由利他主义推动的。非营利组织能够为创办者带来有形或无形的利益。在美国，19 世纪末 20 世纪初现代慈善事业问世之时，它们就与富人联系在一起。③ 今天，很多非营利组织仍然控制在精英阶层的手中，非营利组织的捐款聚会往往名流云集。参与非营利组织的活动通常被视为社会地位的象征。把自己的名字或家族的名字与慈善事业联系在一起是一种荣耀，用家族的名义命名一所学校或医院更是可以青史留名、光宗耀祖。在很多国家，参与非营利活动还可能带来政治影响力。学校和医院的创办者往往会赢得当地居民的感激，从而提升他们的政治影响力和竞选竞争力。在这些国家，人们通常用政治野心来解释非营利组织创始人的创业动机。还有一些非营利组织可能是为了以合法途径获取利益或避免财产流失。

宗教团体在世界各国都是非营利组织的有力支持者。例如，美国和英国的

---

① 参见 IBBY 官网，IBBY International，https://www.ibby.org.uk/international/，2022 年 8 月 14 日访问。
② 武胜男：《中国力量介入世界儿童阅读推广引关注》，《公益时报》2018 年 9 月 25 日，第 9 版。
③ 〔美〕奥利维尔·聪茨：《美国慈善史》，杨敏译，上海财经大学出版社 2016 年版，第 1 页。

许多私立学校是由教会创办的;荷兰的许多私立学校与宗教团体有关;一些发展中国家的社区服务往往由传教士推动并承担。宗教团体热心非营利活动的原因有两点:一是宗教信仰往往有利他主义的因素;二是团体通过提供非营利性服务与其他宗教或世俗势力展开竞争,这也是最为重要的一个原因。20世纪初,当公立大学在南美国家出现时,天主教会随即做出反应,建立了一批教会大学。在一定意义上,宗教团体从事非营利活动的目的并非利润最大化,而是宗教信仰最大化,或者说是教徒数量最大化。这就解释了为何很多国家的教会选择在教育和医疗领域兴办慈善事业。选择教育领域是因为,学校是培养品位和灌输信仰的最有效机构;选择医疗领域是因为,人们在患病时最为软弱,最容易对伸出援手的宗教团体产生好感和依赖感。①

在现实中,社会创业者的行为动机往往是混合性的。他们在解决自己的实际困难的过程中,让服务惠及他人。

社会创业者的动机往往受家庭、学校、个人经历以及社会风气等方面的影响。家庭对一个人选择创办非营利组织具有莫大的影响。以洛克菲勒家族为例,作为世界上最有名的慈善家族之一,一个多世纪以来洛克菲勒家族在许多领域有所贡献。洛克菲勒家族在1892年捐资创办芝加哥大学,1901年和1903年捐资成立洛克菲勒医学研究所和教育总会。1913年,洛克菲勒基金会在纽约注册。洛克菲勒家族对慈善事业的投入已经持续到第五代,关注领域始终是教育、健康、民权和扶贫。②

个人际遇与职业经历也是影响社会创业者动机的重要因素。个人际遇可能成为创办非营利组织的诱因。比如,李连杰成立壹基金与他目睹印度洋海啸的经历有关,田惠萍创办北京星星雨孤独症教育研究所是因为自己的孩子患了孤独症;一些养老院的创办者往往是为了给父母找个可以放心养老的地方。职业经历也可能触发创业冲动。比如,马军曾经是一个环境记者,亲眼见到一条条干净的河流被污染得五颜六色,他便创立了公众环境研究中心将水污染信息公之于众。孙君是一个画家,他不能接受一个个承载了历史与文化的美丽村落被建成拙劣地模仿城市的"新农村",就创办了北京绿十字,立志"将农村建设得更像农村"。海伦·汤普森(Helen Thompson)是英国医疗界的"魔术师",她将即将废

---

① Estelle James, "The Nonprofit Sector in Comparative Perspective," in W. Powell, ed., *The Nonprofit Sector: A Research Handbook*, Yale University Press, 1987, pp. 404-405.

② 资中筠:《财富的责任与资本主义演变——美国百年公益发展的启示》,上海三联书店2015年版,第104—105页。

弃的密尔德梅医院改造成享誉全球的艾滋病护理中心。她之所以选择这个事业,很大程度上是因为她尚在襁褓时,母亲就去世了,所以她的成长过程始终伴随着强烈的意识——要为获得安全感而奋斗。① 也有很多社会创业者受到了多种因素的影响。比如比尔·盖茨投身慈善事业既是受家人的影响,也与卡耐基和洛克菲勒等前辈企业家兼慈善家的影响有关。②

微案例 5-4

马军和公众环境研究中心

随着经济快速发展,水污染成为我国最为严重的环境问题之一。1992年,马军大学毕业后,受聘于香港《南华早报》,担任环境记者和研究员。1999年,马军出版了《中国水危机》。此后,马军先后在多家公司任职,为在华海外投资企业提供有关中国环境、健康和安全(EHS)相关政策和法律的咨询服务;为跨国企业在华的供货商制定企业社会责任标准和评价体系,并为其开展环境、健康、安全和劳工权益方面的评估。2006年6月5日,马军创办了公众环境研究中心(IPE)。③ 自成立以来,IPE致力于收集、整理和分析政府和企业公开的环境信息,全面收录31省、337地级市政府发布的环境质量、环境排放和污染源监管记录,以及企业基于相关法规和社会责任要求披露的环境信息,搭建环境信息数据库和蔚蓝地图网站、蔚蓝地图App两个应用平台,整合环境数据服务于绿色采购、绿色金融和政府环境决策,通过企业、政府、公益组织、研究机构等多方合力,撬动大批企业实现环保转型,促进环境信息公开和环境治理机制的完善。④

三、创业资源与能力

社会企业家不仅要具备服务他人、服务社会的动机,还要拥有创业资源和能力。创业资源包括个人资源和社会资源。个人资源主要是创始人个人所拥有的有形资源及无形资源。对于创办非营利组织而言,有形资源固然不可缺少,但无

---

① 刘嘉偌:《"魔术师"海伦·汤普森让废弃医院摇身一变》,《东方企业家》2007年第4期,第4页。
② 祥子:《世界最大慈善王国勃兴史》,《南方周末》2008年7月3日,第B10版。
③ 本案例根据以下资料编写:杨东平主编:《2006年:中国环境的转型与博弈》,社会科学文献出版社2007年版,第213—222页;阳敏:《马军应对中国水危机》,《南风窗》2006年第12期,第18—19页。
④ 参见公众环境研究中心官网,https://www.ipe.org.cn/about/about.html,2022年10月7日访问。

形资源尤为重要,社会创业者的价值观、知识和能力是其成功创业的重要资源。社会资源中最为重要的是社会关系和人脉资源。社会企业家的人脉资源一般包括同学、校友、朋友、战友和同乡等。以同乡为例,共同的人文地埋背景使老乡有一种天然的亲近感。比如,曾国藩用兵只喜欢用湖南人。再如,中国历史上最成功的两大商帮——徽商和晋商——不管走到哪里,同乡之间都互相帮助,互为支援。在很长一段时间内,中国几乎所有商业繁盛之地,最惹眼、最气派的建筑,不是徽商会馆,就是晋商会馆。①

社会企业家最重要的能力是领导力,也就是组建和领导团队的能力。非营利组织的创始人往往会在相当长一段时间内担任这个组织的领导者,要能够感召认同组织使命的人加入组织,还要与其他组织建立广泛的合作伙伴关系。他们需要同政府机构合作以获取政府资助和支持,需要同企业合作以获取资源和能力,需要同其他非营利组织合作以共同解决复杂问题,还需要与媒体合作以提高公众对社会问题的关注度,同时获得社会公众的广泛支持。②

第二节 创业机会

非营利组织的创立始于识别创业机会。非营利组织的创业机会存在于环境之中,创业者的知识与经验相结合产生创意,创意与社会需求的结合演变为创业机会。创业机会再进一步具体化为可行的计划,最终变成创业行动。

社会创业机会不同于商业创业机会,商业创业关注以新方法满足新需求,社会创业则着重以创新的方法更有效地服务于长期存在的基本需求。对于商业创业者而言,机会意味着市场具有一定的规模和成长性;而对社会创业者而言,问题不在于发现或创造新需求,而在于以创新的方式满足现有需要。在商业领域,往往难以找到未被开发的、有利可图的、高成长的机会;在社会领域,服务需求远远超出可获得的资源,需求几乎是无限的,需求远远大于供给。教育、医疗以及政治等领域远比商业和经济领域具有更为广阔的创新空间。③ 对商业创业者而言的不利因素,对社会创业者却可能意味着机会。④

---

① 蔡洪滨、周黎安、吴意云:《宗族制度、商人信仰与商帮治理:关于明清时期徽商与晋商的比较研究》,《管理世界》2008年第8期,第87—99、118、188页。
② 张玉利、李新春主编:《创业管理》,清华大学出版社2006年版,第331—332页。
③ 〔美〕彼得·德鲁克:《创新与创业精神》,张炜译,上海人民出版社2002年版,序论"创业型经济"。
④ Manuel London and Richard G. Morfopoulos, *Social Entrepreneurship*, Routlledge, 2010, pp. 19-20.

一、创业机会的识别

识别创业机会是个体获取、处理并解读信息价值的过程。非营利组织的创业机会存在于环境之中,创业机会的识别是创业者与环境之间的互动过程。创业环境包括自然环境、政策环境、经济环境、社会环境和技术环境。创业机会就存在于环境变化之中,甚至有时灾难也意味着创业机会。

人类活动正在以前所未有的规模和速度对自然环境造成破坏。自然环境保护和修复具有巨大的需求,对社会创业而言也意味着巨大的机会。被称为"日本治沙之父"的远山正瑛在83岁高龄之时,志愿来到内蒙古黄河河套南部的库布齐沙漠种树治沙。2004年远山正瑛去世时,他带领志愿者在库布齐沙漠种下了340万棵白杨树。[1] 自然灾害和重大灾难带来防灾减灾和灾后重建的需求。一次重大灾难可能成为激发非营利组织发展的拐点时刻。1985年9月19日,墨西哥城发生8.1级地震,墨西哥民间迅速展开自救活动。墨西哥国立自治大学成立了多支救援队,其中至今仍活跃在国际救援舞台上的"鼹鼠"救援队就是在那次地震之后组建的。1995年,日本阪神大地震之后,非营利组织迅速发展,推动了日本政府对非营利部门的立法改革,成为标志非营利部门发展的里程碑事件。[2] 2008年汶川大地震之后,产生了很多救援组织。2020年初新冠肺炎疫情暴发,掀起了一股社会捐赠和志愿服务的热潮,催生了很多志愿服务组织。

政策法律的变化可能会改变非营利组织的发展空间,带来社会创业机会。2004年通过的《基金会管理条例》赋予了民间非公募基金会合法性,非公募基金会进入了迅速增长阶段。2005年至2009年短短四年间,全国非公募基金会就从254家增加到800家,平均年增长率达到33.6%。[3] 2006年《中华人民共和国农民专业合作社法》的颁布则改变了两类农村社会组织的命运,农民专业合作社迅速增长,而农村专业经济协会的发展则受到抑制。很多农村专业经济协会纷纷转向农民专业合作社登记,有的农村专业经济协会为了获取政府有关部门的优惠政策或资金资助,出现了一个机构同时挂农村专业经济协会和农民专业合作

---

[1] 宗仪:《大龙隆司:我们的目标不是种树》,《大连日报》2010年4月18日,第B03版。
[2] 王名、李勇、廖鸿、黄浩明编著:《日本非营利组织》,北京大学出版社2007年版,第27页。
[3] 高功敬:《中国非公募基金会发展现状、困境及政策思路》,《济南大学学报(社会科学版)》2012年第3期,第63—71页;国家民间组织管理局编:《2010年中国社会组织理论研究文集》,时事出版社2011年版,第471页。

社两块牌子的状况。① 2013年政府向社会力量购买服务的相关政策颁布以来，政府向社会组织购买服务的支出显著增加，促进了一大批社会服务机构尤其是社工机构的诞生。2021年7月，为解决中小学生负担过重问题，中共中央办公厅、国务院办公厅印发了《关于进一步减轻义务教育阶段学生作业负担和校外培训负担的意见》，这项政策给教育培训机构带来重大影响。随着"双减"政策的落实，一些营利性培训机构转型为非营利组织。

经济环境的变化中蕴含着社会创业的机会。市场经济是一种高度组织化的经济形式。激烈的市场竞争是以组织化的形态展开的，"组织"成为一个行业、一个地区乃至一个国家赢得竞争优势的一种重要基础设施。随着乡镇企业和民营经济的兴起，自律和服务的要求催生了一批由民间自发组建的行业协会商会。如浙江温州商会就是其中的典型代表。温州商会大多基于市场和行业发展需要而成立，其组织管理也具有较强的自主性。同时，还通过遍布全国乃至全世界的温州商人、浙江商人将商会组织扩展到许多地方，促进了当地的经济发展。② 还比如，在我国农村，由于实行家庭联产承包责任制，农民一家一户的小农生产方式在高度组织化的农产品市场面前处于绝对的弱势地位。因此，将农民组织起来，实现"一村一品"或"一乡一品"以获得一定的规模经济优势成为帮助农民增收的重要出路。在这样的背景下，各种农民合作社和农村专业经济协会迅速建立起来。

改革开放以来，我国的社会结构、人口结构和公益文化都发生了巨大的变化，为非营利组织提供了前所未有的创业机会。人口是影响社会创新的基本因素。近年来，随着人口结构的变化，我国快速步入老龄化社会，即将面对"未富先老"的问题。随着工业化和城市化的进展，农村人口向城市的流动速度加快，给城市公共服务带来巨大压力。同时，由于贫富差距拉大，社会阶层进一步分化，社会矛盾和社会问题时有出现。留守儿童问题、青少年犯罪问题、残疾人问题、传染病问题等日益严峻，对医疗、教育、文化、社会服务等方面的需求远远超出了目前的供给能力。

---

① 匡和平等：《中国农村专业经济协会的发展现状与引导政策》，载国家民间组织管理局编：《2010年中国社会组织理论研究文集》，时事出版社2011年版，第505页。

② 郁建兴等：《在参与中成长的中国公民社会——基于浙江温州商会的研究》，浙江大学出版社2008年版，第29页。

微案例 5-5

被忽视的残疾人体育

2018年10月6日,亚洲残疾人运动会开幕式在印尼首都雅加达的朋加诺体育馆举行,体育馆的上座率仅在20%左右。据说,直至开赛前2个月,仍然找不到残疾人运动员出席开幕式礼服的赞助商。雅加达亚残会的冷清并不是孤例。目前,残疾人体育事业在中国的发展面临双重困境:一是普通公众很少关注和了解残疾人体育;二是残疾人对体育运动缺乏认知,对参与体育运动缺少信心,存在消极情绪。① 近年来,参加体育运动的残疾人越来越多,陪伴和帮助残疾人参加体育运动的志愿者也越来越多。比如,盲人跑者何亚君组建助盲跑团,带领盲人参加马拉松。还有盲人跑者组建了轮椅跑团,享受运动的快乐。②

文化环境对社会组织的发展具有重要影响。文化是隐藏在人口之中的价值观和态度,它在很大程度上影响着人们的行为。美国能够建立起一个强健的非营利部门在很大程度上得益于其强大的志愿精神传统。③ 中国是世界上最早倡导和发展慈善事业的国家,传统文化中的慈善思想是今天社会组织不竭的动力之源,继续激励人们支持公益事业,投身公益事业。然而,今天的慈善事业在规模和范围上远远超过传统慈善事业,运作方式也与传统慈善活动有着根本区别。现代公益事业注重"治本"胜过"治标",更关注消除社会问题产生的原因,而不只是处理社会问题带来的后果;不仅注重扶危济困,而且更加注重通过改善公共服务为人们提供公平的发展机会,使更多人能够通过自己的努力改变生活状况。慈善公益事业已经发展成为高度组织化和制度化的社会事业。近年来,人们公益意识的觉醒和志愿精神的高涨就是慈善公益文化在我国再度复兴的证明。我们必须把传统慈善观念与现代公益理念结合起来,建立起现代公益事业制度,使今天的人们从古老智慧中获得力量并传之久远。

技术进步也对非营利组织的发展有着显著影响。随着信息网络技术的发

---

① 黎宇琳:《亲历雅加达:冷清的亚残会与被忽视的残疾人体育》,2018年10月11日,共益资本论,https://gongyizibenlun.com/1489,2022年10月5日访问。

② 王琪鹏、李典超:《盲人跑者何亚君:在按摩店只是活着,跑步才是生活》,2023年2月28日,北京日报客户端,https://baijiahao.baidu.com/s?id=1759049565546261031&wfr=spider&for=pc,2023年4月8日访问。

③ 李梦堃:《美国为何慈善兴盛》,《南方周末》2010年9月30日,第C14版。

展,"微公益"等新的公益理念和创业形式层出不穷。在互联网时代成长起来的"微公益"利用了互联网自下而上的大众性、草根性和迅速传播性,能够真正实现聚沙成塔、集腋成裘,形成人人做公益的理念。从2015年开始的一年一度的腾讯"99公益日"就是利用了互联网的上述特点,成为一场全民公益的盛宴。

自然环境、法律政策、经济事业、社会文化、技术进步等领域的变化相互影响,错综复杂地交织在一起,再加上国际环境的变化,为非营利组织创业带来了更多的机会,同时也带来各种风险。

二、将创意转化为创业机会

社会企业家认识到环境中的需求,生出采取行动的冲动,但只有找到合理有效的行动方案来满足需求,才能真正地利用机会。创意是有效利用机会的关键点。比如,马军认识到水污染问题的严重性和治理水污染的紧迫性,但这是全人类面临的挑战,一个小小的非营利组织只能做它能够做的那一份。当马军想出"水污染地图"这个创意的时候,创业需求和他的创业动机就结合在一起转变为一个创业机会。创意的产生基于合适的背景,它不仅与社会创业者的成长环境和教育背景有关,还受到创业者的经验阅历和社会关系的影响。背景和相关知识为创意的产生提供了信息,这些信息通过恰当的方式激发出创意,创意与具体需求相结合最终碰撞出创业机会。

(一)获取和利用信息

社会创业者获取信息的途径有多种,主要包括教育、工作经验、社会经验等。就教育而言,有关社会创业的书籍和课程都可以提供有关信息。近年来,大学的社会创业和公益慈善教育成为一种跨学科的教育,自然科学、社会科学和人文学科都能够为潜在的社会企业家提供有用的知识。然而,实践知识是学历教育所不能充分提供的,只有通过亲身实践才能获得。很多创业者都具有丰富的社会阅历和在非营利组织工作的经验,这些阅历和经验帮助他们掌握社会创业所需的实践技能。此外,研究显示,成功的创业者往往比普通人具有更加广泛的社会关系,这是创业者最重要的资源。对创业者而言,获取信息最有效的社会关系类型在于它的广度而不是深度。[①] 也就是说,对于创业者来讲,一大群普通朋友比

---

① 〔美〕亚瑟·C.布鲁克斯:《社会创业——创造社会价值的现代方法》,李华晶译,机械工业出版社2009年版,第27—30页。

一小群密友更有价值,或者说"弱纽带"(Weak Ties)为积累经验提供了更为广阔的空间,这是因为在社会层面上相隔较远的人拥有的共同经验往往较少,其带来的信息更能激发创业者的创造性思维。

社会创业者获取信息后,必须善加利用这些信息来激发创意。信息利用包括两个部分:知识存量和认知能力。知识存量是指人们通过教育、工作、生活和社会交往获得的信息储备。社会创业者利用知识的时候,认知能力很重要。社会创业者往往具有对特定机会的敏感性,即所谓"创业警觉性"(entrepreneurial alertness)。这种警觉性与价值感知有关。一个需求越符合创业者的个人价值观和信仰,就越符合创业者个人的自我认知,越可能激发创造性。

(二)激发创意

社会创业者在酝酿思考的过程中可以运用一些激发创意的技巧。最常使用的技巧是头脑风暴法、焦点小组法和调查法。

头脑风暴法是一种在群体中快速产生创意的方法。其基本规则包括以下内容:第一,将要进行头脑风暴的组织需提前确定明确的问题和要求。第二,参与头脑风暴的成员应具有异质性,以便其思维相互碰撞,产生更多的创意;直到不再有新的创意出现,才开始对所有创意进行评价。第三,在发掘创意的过程中,不要提出批评,不要妨碍思想的自由活动。第四,要对头脑风暴过程进行适当控制,以免偏离主题或纠缠于琐碎问题。第五,主持人要将头脑风暴产生的创意记录在显眼的位置,以便于讨论。

头脑风暴往往在创业者及其团队或朋友之间进行,主要考虑了"供应方"的意见,而很少顾及"需求方"的看法。焦点小组法可以弥补这个方面的不足。焦点小组法的目标是了解创业项目的潜在需求。通常,焦点小组的成员为5—10人,他们代表创业项目的利益相关方的意见。例如,某家医院有一个新项目的创意,打算为贫穷地区的居民提供免费糖尿病检查,采取焦点小组法来了解服务对象的需求,焦点小组的成员就包括那些可能需要免费检查的居民的代表。

由于参加焦点小组的人数较少,这样小的样本难以得出具有总体代表性的结论。调查法可以弥补这个缺点。调查法往往对足够数量的人进行调查得到结论,调查法能够确保目标人群的代表性。调查可以采取面对面访问的方式,也可以采取邮件、电话或网上交流的方式来进行。

(三)将创意发展为项目

从创意到机会的转化实质上是从需求到供给的转化。那么,社会创业的潜在服务对象究竟需要什么呢？如何确保创意项目就是人们所需要的呢？社会创业者在启动创业之前必须回答这个问题。

亚伯拉罕·马斯洛（Abraham H. Maslow）的需求层次论为我们提供了一个系统地理解人的需求的框架。马斯洛发现人的行为是被一套有层次的需求激发出来的。马斯洛完整的需求层次论将人的需求划分为七层次，除了人们熟知的五层次之外，再加上求知需求和审美需求。人的需求从低到高依次为：生理需求、安全需求、社会需求、尊重需求、求知需求、审美需求和自我实现需求。① 这个理论认为较低层次的需求具有较高的优先性，在较低层次需求得到一定程度满足之后才会出现较高层次的需求。这个理论可以解释每个创业项目能够满足服务对象的何种需求，也可以解释为什么有些完美的创意没有得到服务对象的认可。表 5-1 展示了一些项目创意所针对的需求层次。免费午餐是针对食物需求，焕新乐园是为贫困家庭儿童改造一个房间，吃和住针对的是生理需求。女童保护和反家暴项目是保护妇女儿童免受暴力侵害，主要针对安全需求。公益小天使项目使青少年获得社会交往和学习机会，针对多种需求，主要是社会需求。性别平等运动是要求平等和社会尊重的运动，主要针对尊重需求。希望工程和华坪女子高中是教育项目，主要针对求知需求。艺途无障碍旨在通过原生艺术帮助残障人士获得疗愈并被社会接纳，既有审美需求，也有社会需求。本章第三节提到的美国独木舟和皮划艇协会以获取奥运冠军为目标，可以视为针对运动员的自我实现需求。

表 5-1　需求层次与项目创意的对应关系

需求层次	项目创意
自我实现需求	获得奥运金牌
审美需求	艺途无障碍
求知需求	希望工程、华坪女子高中
尊重需求	性别平等运动
社会需求	公益小天使
安全需求	女童保护、反家暴
生理需求	免费午餐、焕新乐园

社会创业者必须时刻提醒自己，自己的创意是否能够有效满足目标群体的需求。很多人虽然努力工作，但因为不懂得创意与机会的区别而事半功倍。在

---

① 〔美〕亚伯拉罕·马斯洛：《动机与人格》，许金声等译，中国人民大学出版社 2012 年版，第 16—34 页。

第五章 非营利组织的创立

一些情况下,人们确实不需要或不想要某种服务,但在另外一些情况下,是因为社会创业者没有真正理解服务对象为什么需要某种服务。比如,几位志愿者在农村建立了一家乡村图书馆,但是村民却很少使用它,因为他们没有阅读习惯。实际上,这些村民需要的不仅仅是图书馆,可能还需要有人组织和带领他们读书。

微案例 5-6

留美生物学博士回国做儿童癌症公益

不同人群在知识方面的差距远远超过他们在财富方面的差距。人们对财富差距忧心忡忡,却对更为严重的知识差距视而不见。好消息是,越来越多的知识精英认识到知识差距背后潜藏的风险,投身于弥合知识差距的事业。

李治中在美国杜克大学获得生物学博士学位后,来到诺华公司研发新型抗癌药物,三年后成为该公司癌症新药开发部实验室的负责人。2018年,在深圳拾玉儿童公益基金会的促成下,李治中决定回国做儿童癌症公益,并担任该机构的秘书长。[①] 2017年,中国大约有3.5万名15岁以下的儿童被诊断患癌症,全国有超过100万的儿童癌症幸存者。在癌症儿童治疗过程中,患者和家庭常常会陷入一种无力感,他们不知道从哪寻求准确的治疗信息,如何获取和使用慈善资金。[②] 同一年,他发起建立的"向日葵儿童"项目在深圳拾玉儿童基金会官网正式上线。"向日葵儿童"的宗旨是解决儿童癌症领域的信息不对称问题。李治中还是癌症科普作家,近年来,他用笔名"菠萝"出版了一系列癌症科普畅销书,如《癌症·真相:医生也在读》《癌症·新知:科学终结恐慌》《深呼吸:菠萝解密肺癌》《她说:菠萝解密乳腺癌》等。[③]

信号检测理论(Signal Detection Theory)可以帮助创业者理解创意与机会之间的关系。[④] 这个理论描述了机会认知与现实需求之间的关系:如果创业者认识到一个确实存在的机会,称为"击中";如果创业者没有认识到现实存在的机会,

---

① 张玲:《李治中:无问东西》,《中国慈善家》2018年第12期,第60、61—65页。
② 沈丹丽:《留美博士为什么回国做儿童癌症公益?他讲了三个故事》,澎湃新闻,2018年3月10日,https://www.thepaper.cn/newsDetail_forward_2023685,2023年2月28日访问。
③ 张玲:《李治中:无问东西》,《中国慈善家》2018年第12期,第60、61—65页。
④ 〔美〕亚瑟·C.布鲁克斯:《社会创业——创造社会价值的现代方法》,李华晶译,机械工业出版社2009年版,第36页。

称为"错过";如果创业者看到的机会现实中并不存在,称为"误报";如果现实中不存在某个创业机会,创业者也没有认识到它,称为"正确否定"。社会创业者在将创意转化为机会的过程中,应该尽可能增加"击中"的概率,催生真正满足社会需求的创意,尽力使不具备创业潜力的创意数目最小化。也就是说,创业者要努力开发各种可能的创意,然后根据现实需求对它们进行严格评价和审视,识别出真正有潜力的创业机会。

第三节 创业行动

一个好的创意是创业成功的基本条件,但仅有创意是远远不够的,还要有计划地实现这一创意。创业计划是创意的具体化,是实现创意的可行方案。创业计划包括创业理念开发和创业计划书的编写。创业者在创业计划的指导下,要做好组建团队、通过章程、筹措资金、召开成立大会、完成登记注册等繁杂的工作。

一、创业理念

创业理念开发可以帮助创业者简洁清晰地描述所要创办的事业,形成创业使命、愿景和价值观。创业理念开发的基本目的有两个:一是让创业团队更深入地了解自己将要从事什么业务、如何衡量其价值以及如何判断创业是否成功;二是吸引利益相关方加入创业过程。如果没有清晰地表达衡量成功的标准和创业所需的资源,创业者将很难得到捐赠者和志愿者的支持,也难以得到服务对象的了解与认同。

一个有效的使命必须清晰、准确、有说服力,用寥寥数语解释组织存在的理由。同时,它也是衡量所有治理和管理决策的标准。[①] 比如,旧金山某听力协会的使命宣言非常动人:"我们生活在一个有声的世界:充满了儿童的声音、语言和音乐、婴儿的哭声、蛙鸣声、叶子的沙沙声、火焰燃烧的噼啪声、表达爱意和抚慰的话语、静夜轻微的呼吸声、电话铃声、危险的声音和轻松的闲谈。听力的损耗使我们与声隔绝。听力协会的使命是帮助人们重回有声世界。"

仅有使命还不够,同时还需要愿景和价值观。使命解释了组织存在的原因,愿景则描绘了组织希望达到的最终目的,而价值观则体现组织的工作理念。制定愿景的过程本身可以帮助理事会、管理层和员工增进相互理解,帮助建立团队

---

① NPO信息咨询中心主编:《非营利组织的治理》,黎佳等译,中国书籍出版社2008年版,第98页。

精神并塑造组织文化。愿景可能是一个永远无法实现的梦想,但是对它的追求就足以推动组织不断地进行尝试。价值观定义了在实现使命和愿景的行动过程中必须遵守的基本原则。价值观包括避免利益冲突、诚信和公开。比如,文化多元化对于一些组织来说是非常必要的,但是对于其他组织来说可能是不适宜的。数量和质量问题也和价值观有关。组织是应该为尽可能多的人提供服务,还是应该给一定数量的人提供高质量的服务?非营利组织理事会在这些问题上通过的政策反映了组织的价值观。只有理事会直面这些价值观问题并依此制定政策的时候,它才算是履行了自己的领导职责。1985年美国独木舟和皮划艇队的经历很好地说明了使命和价值观的关系。①

微案例 5-7

美国独木舟和皮划艇队赢得奥运金牌的秘诀

自从1932年起,独木舟和皮划艇成为奥运比赛项目。这项运动在美国知名度不高,主要是因为美国队很少获得胜利。在1984年的洛杉矶奥运会上,美国队也只获得一枚铜牌。1984年秋天,参与洛杉矶奥运会的美国队队员都参加了独木舟和皮划艇协会的年会,他们改选了理事会和领导人,并决定要重新修订组织使命。一些理事觉得,使命应该是为尽可能多的人尤其是年轻人提供参与该项运动的机会。而另一些理事认为组织的唯一使命就是要产生奥运冠军。讨论非常激烈,分歧也很大。最后,理事会以微弱多数通过了新的使命:培养奥运冠军。一些人愤怒地退出了理事会,支持者留了下来,并承诺尽一切努力达到这个目的。一些理事提出一个达到目的的捷径——服用违禁药品。理事会否定了这个提议,赢得金牌是组织的使命,但是为了胜利不惜一切代价甚至违法是不被接受的。接下来的四年中,协会大力募款,聘用最好的教练,招募最有潜力的运动员,改善训练场所和设施,提高国内赛事水准,参加国际比赛。1988年首尔运动会上,美国独木舟和皮划艇队赢得了两枚金牌。②

二、创业计划

很多社会创业者以为创业成功的主要因素是热情和创意,创业计划书并不

---

① NPO 信息咨询中心主编:《非营利组织的治理》,黎佳等译,中国书籍出版社 2008 年版,第 101 页。
② 〔美〕菲利普·科特勒:《营销管理》,梅汝和等译,中国人民大学出版社 2001 年版,第 125 页。

重要。这种想法是错误的。创业计划有多个方面的作用,可以帮助创业者提高成功率。正式的创业计划事先对创业活动做出详细规划,帮助创业者在启动新事业之前对创业过程的所有重要方面进行分析和判断,做好充分准备。规划过程也是沟通过程,在这个过程中,创业团队将尽可能达成一致认识。创业计划也是创业者与利益相关方沟通时最正式、最规范的信息展示形式。比如,在成立社团时,发起人必须向业务主管单位提交《设立申请书》,这个文件的基本内容与创业计划书很相似。

创业计划的受众包括内部受众和外部受众。内部受众包括创业者、现实的和潜在的员工以及志愿者。员工和志愿者为新创事业投入心血和汗水,他们有权了解创业计划。理事会被赋予了法律和道德责任,以确保社会事业能够为公共利益服务并合理地运用资源。因此,理事会理应了解创业计划。外部受众主要包括资助者、政府官员和社区。如果没有事先阅读创业计划,资助者缺乏充分的信息来做出资助与否的决策,很可能会拒绝提供资助。同样的道理,新创事业要想得到政府的许可和支持,也必须向相关政府部门(尤其是业务主管单位和登记管理机关)提供详细的创业计划。社区领导和社区代表是事业的重要合作伙伴(或者反对力量),如果不给他们提供充分的信息,就很难获得他们的支持。没有他们的支持,公益活动就很难在社区顺利开展。比如,2009 年,联想集团以"飚爱心,创未来"为主题,在北京启动了联想青年社会创业计划,面向全国大学生以及初入职场的青年人,公开征集选拔优秀的社会创业团队,并为他们提供专业培训、公益实习、创业资金等关键支持。该活动要求参赛团队针对某一具体的社会需求,提交一份创业计划书。这种模式被很多资助机构包括一些地方政府借鉴,成为公益创投的基本方式。

创业计划的基本要素包括:创业计划概要(概述和组织基本状况)、创业团队、需求状况、行业状况、营销与财务计划、目标与时间计划、风险评估以及支持材料等。各个部分基本内容参见表 5-2。

表 5-2　创业计划书的主要内容

基本要素	主要内容
创业计划概要	对机构名称、性质、宗旨、服务对象、服务内容、服务方式、绩效标准等做简要说明。
创业团队	首先是理事会成员名单,简要介绍每个理事的资质和经历;其次是管理团队名单,简要介绍主要管理者的资质和经验,发起人往往会成为所创办机构的理事会成员和管理者;其三是资助者名单;其四是顾问名单。

(续表)

基本要素	主要内容
需求状况	包括服务对象画像、服务对象的规模、需求特点等。
行业状况	为目标群体提供相同或相近服务的其他机构的状况以及本组织的预期定位。
营销与财务计划	包括组织品牌定位、筹款目标与战略、政府或基金会拨款计划、产品或服务销售与定价计划、组织的营利性活动等；未来3—5年的财务规划、财务预测、利润表、现金流量表和资产负债表。
目标与时间计划	提出组织近期、中期和长期目标及实现措施；确定衡量组织成功的标准；设置关键时间节点，比如创业启动、注册登记、人员招聘、场所租赁、设备购置、开始提供服务等。
风险评估	评估财务风险、法律风险、人才风险、环境风险和其他风险，计划的缓冲区以及备选的行动方案，如何在风险出现时尽量减少损失。
支持材料	创业团队成员的简历、证明组织合法性的各种文件、引用的各种观点和数据的来源。

总的来说，创业计划最重要的因素不是财务数字和活动事项，而是创意和人。创业计划对于创业成功是有帮助的，但是也不能夸大它的作用。人们在制订社会创业计划时会遇到各种问题和困难，其中，创业计划制订者最常遇到的问题是：目标不现实、风险估计不足、缺乏对创业投入和贡献的准备信息、缺乏经验、目标市场定位不准确等。这些问题往往会降低创业计划的准确性，从而影响计划对创业活动的指导意义。因此，在创业过程中往往需要根据现实情况的变化不断修改创业计划书。

三、筹备和登记

非营利组织从发起到成立往往要经历或长或短的筹备阶段。以创办社会团体为例，在机构名称经过登记管理机关审核批准之后，方可开始筹备工作。在筹备期间要完成十分繁杂的任务，主要包括：组建筹备委员会；至少发展50个会员，收集、汇总会员基本信息，确定会员名单；确定发起人名单、理事会成员名单、监事（会）名单、负责人名单；拟定章程、选举办法以及财务管理、会员管理等方面的规章制度；筹集注册资金；确定机构住所；筹备并召开成立大会等。筹备时间短则数月长则几年，等到终于完成所有筹备任务，准备好业务主管单位和登记管理机关要求的各项文件时，就可以申请注册登记了。注册申请获得业务主管单位和登记管理机关批准之后,登记管理机关会发给《社会团体法人登记证书》,宣告一个社会团体法人的诞生。社会服务机构(民办非企业单位)和基金会属于捐助法人,由于法人性质不同,注册登记所要求提交的文件和筹备过程需要完成的事项略有不同,证明它们合法成立的文件分别是《民办非企业单位登记证书》(法人)和《基金会法人登记证书》。

2016年以来,全国各地陆续在社会组织登记管理中采用"三证合一"统一代码制度。这是社会组织登记领域实施的一项制度改革,将原来成立社会组织必须办理的社会组织登记证书、组织机构代码证、税务登记证合并为载有统一社会信用代码的社会组织登记证书。以前社会组织在民政部门办完注册登记以后,还需到质量技术监督部门、税务部门办理组织机构代码、税务登记证。"三证合一"后,社会组织只需到民政部门办理载有18位社会信用代码的登记证书即可。①

社会组织注册为法人后,将依法享有民事权利,承担民事责任。符合《慈善法》规定条件的社会组织,还可以申请注册成为慈善组织。由于我国社会组织注册登记的门槛相对较高,大量未达到登记条件的社会组织开展活动又受到限制,很多地方政府对这些社会组织采取了备案制管理办法。比如,武汉市的社区社会组织可以在区民政局备案,由街道代管资金账户。通过这样的办法,完成备案的社会组织就可以承接政府购买服务项目和接收社会捐赠了。

一旦有人在某个领域开创性地建立起第一家非营利组织,后来者就可以在现有组织的基础上"衍生"或"复制"出类似的组织。每个领域都可能出现非营利组织的"黄埔军校",从这个组织里面走出更多的创业者。依托现有的组织创建出新组织,可以称之为"衍生型"(spin-off)创业。② 比如,2011年江苏师范大学教师魏晨创办了无锡市锡山区乐助社工事务所,这个事务所成功承接并实施了武汉市武昌区的一个项目后,得到当地政府的支持,项目负责人就地注册成立了武汉市武昌区乐仁乐助公益发展与社会创新中心。通过这样的方式,目前在苏州、泰州、杭州、武汉等地衍生出十多家冠有"乐仁乐助"名称的社会组织。③ 上海恩派公益组织发展中心也是通过类似方式在多个城市衍生出来一系列恩派机

---

① 卢松:《我省实施社会组织"三证合一"制度》,2016年12月8日,河南省民政厅官网,https://mzt.henan.gov.cn/2016/12-08/540131.html,2022年10月5日访问。

② 〔美〕玛丽·切尔哈特、沃尔夫冈·比勒菲尔德:《非营利组织管理》,那梅、付琳赟译,社会科学文献出版社2021年版,第58页。

③ 参见乐仁乐助官网,"项目联盟机构",http://www.lerenlezhu.com/governingbody.html,2022年10月5日访问。

构。还有一种常见的途径,就是通过品牌授权的方式"复制"现有社会组织。比如,北京蓝天救援队于 2008 年在北京市红十字会的支持下创办,2010 年在北京市民政局登记注册。此后,全国各地创办的几百家蓝天救援队都是在获得北京蓝天救援队授权的基础上建立起来的。一个原创机构就像第一粒种子,它长大成熟之后产生更多的种子,播撒出去能够生长出一个新的行业。

思考题

1. 为什么把非营利组织创始人称为社会企业家?
2. 非营利组织创业与商业创业有何异同?
3. 非营利组织创业机会从哪里来?
4. 创意与机会的关系是什么?
5. 如何设计非营利组织的业务模式?
6. 非营利组织创业计划的主要内容是什么?
7. 非营利组织的创业计划书与商业创业计划书有何不同?
8. 非营利组织登记注册要注意哪些问题?

本章案例

私人美术馆的兴起与蝶变

美术馆是博物馆中的新贵。世纪之交的创业潮催生了一大批亿万富豪,世界范围内再度兴起了私人创办美术馆的潮流。私人美术馆已经成为全球超高净值人群累积文化资本的"新战场"。如今,建一座私人美术馆,对公众免费开放,成为留名青史的理想途径。[①] 近年来,我国非营利性的民间博物馆和美术馆快速发展。在全国社会组织信用信息公示平台检索到,截至 2022 年 9 月 22 日,我国拥有非营利性民间博物馆 2 517 家,美术馆 958 家,艺术馆 833 家。这些美术馆和艺术馆基本上都是 2000 年以后成立的。注册日期最早的一家美术馆是山东省刘宝纯美术馆,成立于 2001 年 6 月 5 日。这些私人美术馆以鲜明的个性吸引了社会的关注,促进了当地文旅产业的发展,有的甚至发展成为公共文化空间。不过,民间美术馆的发展面临着不少问题,它们的影响也引起了人们的担忧。

---

① 《私人美术馆:全球高净值人群"新战场"》,《董事会》2016 年第 4 期,第 12 页。

一、一个例子:南京四方美术馆

在国内众多美术馆中,四方美术馆以其建筑设计和国际化定位惹人瞩目。四方美术馆是南京四方艺术区的一部分。四方艺术区毗邻美丽的佛手湖和老山森林公园,那里聚集了刘家琨、王澍、矶崎新等来自13个国家的24位建筑大师的杰作。美国建筑大师斯蒂文·霍尔(Steven Holl)设计的未来主义风格的四方美术馆就位于园区入口处,美术馆上层的画廊悬浮在空中,以顺时针方向逐渐展开,在终端处可以眺望到远处的南京城,从南京老民居收集而来的明代砖石被嵌入当代美术馆外的地砖。①

引领我国民间美术馆浪潮的是一些"80后"的年轻收藏家,四方美术馆的馆主陆寻就是其中之一。他的父亲是一个地产商兼收藏家,很早就想建一个国际建筑群,其中要有一座美术馆。作为家族企业的继承者,陆寻在筹备了整整十年后,将一个特立独行的四方美术馆呈现在世人面前。陆寻认为每个私人美术馆都带有非常强烈的馆主个性,因此,每个私人美术馆定位都不一样,针对的观众不一样,所要做的事也不一样。他说:"四方可能会有一种出世的感觉,它是一个乌托邦,一个游乐场。这就是我对它的定位。"不同于一般城市中的私人美术馆,四方美术馆每年只做两个展览,它的特点则在于委托创作,邀请艺术家依据四方美术馆的空间和场地因地制宜进行创作。②

陆寻考虑通过出租别墅和供公众参观来创收,将书店、酒店的收益都投入到美术馆中,同时会出租场地增加收益,用以做更好的展览。"四方严格意义上不是一个美术馆,而是一个当代建筑群,这个建筑群里面其中一个建筑是美术馆,其他的建筑都有各自的功能。"陆寻说。他希望大家将四方美术馆跟单一功能的美术馆分离开来,不把四方看成一个独立的单体,而是整个园区的组成部分。③

像陆寻一样的年轻收藏家正在崛起,他们有海外生活经历,有家族产业做支撑,根据自己的品位收藏艺术品,他们正成为私人美术馆大潮中的新兴群体。

二、私人美术馆的成长之忧

然而,私人美术馆的繁荣背后潜藏着隐忧。比如,同质化现象严重,缺乏运营管理专业人才,资金不足等。

首先是同质化现象严重。由于绝大多数展品都是藏家从资本市场竞买回来

---

① 王宏州:《南京四方美术馆》,《东方艺术》2012年第23期,第152—153页。
② 于娜:《富二代掀起私人美术馆浪潮》《华夏时报》2014年9月29日,https://www.chinatimes.net.cn/article/45151.html,2023年2月28日访问。
③ 同上。

的,那些受追捧的艺术品很可能就是那些被资本过度炒作的艺术家作品,比如齐白石、吴冠中、傅抱石等人的画作。同质化的根本原因是学术力量薄弱,运作不够专业。一个成熟的美术馆应当建立自己的独特性,甚至引领艺术创新的方向。无论一座城市还是一个国家,应该具有多样化和独特性的博物馆、美术馆,向世人展示自己独特的文化魅力。在发达国家,很多著名的私立博物馆大多由私人收藏演变而来,藏品往往独具特色,不求广而求精。比如,法国巴黎既有卢浮宫这种综合性的博物馆,也有奥赛博物馆这种国立艺术博物馆,还有展示现当代艺术的蓬皮杜艺术中心,展示亚洲艺术的吉美博物馆等,这些各具特色的博物馆形成了巴黎艺术之城的丰富性。①

其次,私人美术馆普遍面临人才瓶颈。成都当代美术馆馆长吕澎认为,国外专家缺乏中国语境的经验,国内的艺术批评家根本没有管理经验,艺术学校也没有培养运营美术馆的专业人才。国内这么多家私人美术馆,几乎没有一家是在确定了专业馆长之后,在馆长领导下建设完成的。②

最后是资金问题。即便私人美术馆的创办者都是家财万贯,但是仍然难以确保美术馆的资金需求。③ 创办私人美术馆需要巨额资金。比如,上海的龙美术馆2012年开馆之时,其藏品价值就超过了40亿元人民币。目前,我国的私人美术馆主要由个人、家族或企业出资,资金来源过于单一。一旦创办者遇到财务问题,美术馆就会减少或失去资金来源。

三、私人美术馆的蝶变之旅

私人美术馆要解决上述这些问题,需要经历一次蝶变之旅。私人美术馆蝶变之旅的关键是将私人收藏转用于公共服务,让私人机构变身为非营利组织。在发达国家,众多闻名世界的博物馆并不都是国有的,而是民间创办的非营利性机构,像纽约大都会博物馆、洛杉矶盖蒂博物馆、贝利尼博物馆以及古根海姆博物馆等。④ 它们采取了非营利组织的运作方式,才得到了政府和公众的资助。它们被接纳为公共文化体系的一部分,成为供人们学习、参观、休闲娱乐的公共文化艺术基础设施。南京四方美术馆于2013年11月竣工后运营多年,直到2021年才注册成为非营利组织。

实际上,私人美术馆这个词本身很容易令人产生误解,让人们将其视为私人

---

① 彭杨、易琼娟:《民营美术馆的"大"时代难题与展望》,《艺海》2019年第2期,第128—130页。
② 潘慕英、何超:《民办博物馆:开馆不易守馆更难》,《广州日报》2014年5月21日,第FSA18版。
③ 彭杨、易琼娟:《民营美术馆的"大"时代难题与展望》,《艺海》2019年第2期,第128—130页。
④ 同上。

财产甚至炫富工具，这种观念使得私人美术馆很难获得政府和公众的资助。如果一家美术馆只是某个家族的私人收藏或某个公司的财产，是没有理由得到政府和公众资助的。只有当它将私人收藏用于公共服务，采取非营利组织形式进行管理和运作的时候，它才具备了得到政府和公众资助的正当性与合法性。只有多元化的资金来源才能够更好保障私人美术馆的可持续性。

私人美术馆是公益事业还是商业游戏，需要时间来检验。① 艺术既有文化属性，又有经济属性，艺术既是一个文化领域，又是一个产业，是市场经济的一部分。私人美术馆可以作为非营利性机构服务于社会，也可以作为营利性机构服务于市场，还有可能打着非营利的旗号服务于资本。事实上，私人美术馆已经成为资本力量介入艺术市场的一种重要途径，成为影响艺术市场的重要力量。进入 21 世纪以来，我国当代艺术蓬勃发展，逐渐形成了完整的一级、二级市场体系，一级市场是创作市场（艺术作品生产），二级市场是交易市场（艺术作品交易和消费）。② 民营美术馆的出资方作为艺术市场中的买家和收藏家，获得了对艺术作品的话语权和定价权。艺术作品先是转变为艺术产品，最终成为市场交易的艺术货品。在这个过程中，出资方主导艺术市场的资源配置，通过市场手段操控公众的审美取向，决定艺术的流行风尚。艺术家逐渐丧失评价艺术作品价值的话语权，失去艺术领域的主体地位，降格为艺术工人，迫于生存压力，压制自己的创造力，迎合收藏家的喜好。③

当一家私人美术馆注册成为非营利组织之后，更恰当的称谓是民间美术馆。从私人美术馆到民间美术馆的顺利蝶变，不仅需要制度支持，更有待观念的转变和美术馆文化氛围的形成。

案例分析题：

1. 创办私人美术馆为何成为一股潮流？
2. 南京四方美术馆是如何创办和运营的？
3. 中国私人美术馆成长面临哪些困难？
4. 私人美术馆转变为民间美术馆要克服哪些障碍？

---

① 高鹏：《关于那些私人藏家和他们的美术馆——西班牙提森家族及提森·博内米萨博物馆》，《东方艺术》2014 年第 9 期，第 138—139 页。

② 胡钰、张楚、张铮：《民营美术馆发展中的政府角色研究——以北京市为例》，《武汉科技大学学报（社会科学版）》2017 年第 4 期，第 421—427 页。

③ 高媛：《权力与场域：中国民营美术馆的艺术史叙事》，《湖北美术学院学报》2019 年第 1 期，第 31—35 页。

第六章　非营利组织的治理

> 卓有成效的非营利组织的领导者能够保持人格和个性的完整独立，即使把一切都奉献给组织，在他们离开后，工作仍要继续下去。除了工作，他还应该有自己的生存价值。
>
> ——〔美〕彼得·德鲁克①

非营利组织需要良好的治理。尽管创业者在组织的创立和成长过程中扮演了不可替代的角色，但是一旦创业者的理念转变为一个正式组织，治理就成为组织持续发展的关键要素。

第一节　非营利组织治理概述

完善的治理结构是非营利组织实现其使命与战略、提升自身能力和社会公信度的必要前提，也是非营利组织健康持续发展的保障。

一、非营利组织治理的概念及特点

"治理"一词在英文(governance)中的含义有管理、统治、管理方式、统治方式。在《辞海》中，"治理"的含义一是统治、管理；二是理政的成绩；三是理政的道理。② 一直以来，"治理"主要用于与国家公共事务相关的管理活动和政治活动，是统治者或管理者通过公共权力的配置和运用，支配、影响和调控社会的方式。现代治理理论对"治理"的解释通常分为两个层次：第一个层次是宏观层面的治理，强调政府与企业和非营利组织在公共事务中的合作；第二个层次是微观层面的治理，即组织的治理，包括营利性组织治理（最为典型的是公司治理）和非

---

① 〔美〕彼得·德鲁克：《非营利组织的管理》，吴振阳等译，机械工业出版社2007年版，第17页。
② 参见《辞海（第七版）》，辞海网络版，https://www.cihai.com.cn/home，2023年4月25日访问。

营利组织治理。就组织层面而言,治理的内涵比管理要宽泛得多,治理包含了确定组织使命、制定政策制度、确定权力分配机制、构建决策过程、设定特殊任务执行程序等。①

非营利组织治理是指非营利组织建立治理结构,确定组织使命,并确保组织实现其使命的一种机制。良好的治理具有合法性、合理性和有效性,能够防范"内部人控制"风险,确保领导权顺利交接,平衡利益相关方的诉求,提升非营利组织的公信力,为非营利组织可持续发展保驾护航。

非营利组织治理体系由内部治理和外部治理两大部分组成。狭义的非营利组织治理主要是指非营利组织的内部治理。内部治理结构主要涉及出资者或捐赠人、会员和会员大会、理事会、管理层、监事或监事会等主体之间的权责关系设置。出资者或捐赠人为非营利组织提供注册资金和运营资金,他们可以限定资金的用途,也在相当程度上影响着非营利组织的目标。社团类社会组织有会员和会员大会,社团的治理权力来自会员的授权,会员大会是最高权力机构。所有非营利组织都有理事会,理事会是非营利组织治理的核心机构。管理层负责非营利组织的日常运营,执行会员大会和理事会的决定。监事或监事会监督理事会和管理层的工作。广义的非营利组织治理除了内部治理之外,还包括外部治理。外部治理的主体包括广泛的外部利益相关方。非营利组织服务对象和治理的参与者是受益人;政府依法对非营利组织实施规制;社区为非营利组织提供运营环境;行业协会、合作伙伴、审计部门、媒体等其他利益相关方形成非营利组织的外部约束。

相对于营利性组织而言,非营利组织的治理机制具有产权安排的特殊性、出资人与受益人相分离、广泛的利益相关方等特点。

(一) 产权安排的特殊性

尽管非营利组织的治理结构和运作方式看起来与公司治理很相似,但其合法性基础不同。在企业治理中,治理权力来源于私人产权,投资者根据出资比例享有相应份额的所有权及其衍生的占有权、使用权、处分权和收益权。在企业契约关系中,投资者对资产的所有权演化为企业的法人财产权,法人财产权进一步分化为管理层的经营决策权。② 然而,非营利组织的治理机制具有与公司治理机

---

① 陆璇主编:《社会组织内部治理法律与实务研究》,法律出版社2018年版,自序第3页。
② 李宇立:《基于公共资本资产问责视角的非营利组织治理》,《会计之友》2015年第16期,第35—42页。

制完全不同的逻辑起点。非营利组织的制度设计阻断了出资者与法人财产权之间的联系,非营利组织出现所有者缺位的状况。

从法律角度来看,非营利组织的注册资金属于捐赠资金,出资行为属于捐赠行为,出资者实际上是捐赠人。因此,出资者不能称为投资者或所有者,不再享有这笔捐赠资产的所有权。同时,法律一般还规定了"非分配原则",这意味着出资者也不享有所捐赠资产的收益权。不过,一般来说,出资者可以通过达成捐赠协议和加入理事会等方式,在一定程度上间接享有所捐赠资产的使用权和处分权。非营利组织成立之后,其他捐赠者对捐赠资产享有的权利也是如此。创始人和捐赠人将资源投入非营利组织之后,他们就丧失了这些资源的所有权,出资人无法像企业股东那样约束管理者的行为。① 以国外私立大学为例,它们的核心治理机构是由外部人士组成的理事会(Board of Trustees),理事会成员不是学校的所有者,而是它的受托人。

非营利组织的这种产权设置使得理事会成员资格的获得往往基于个人的美德和会员(或公众)的信任,而不是投资形成的所有权。这使得非营利组织理事会的权力失去所有权基础,内部不能形成行权与问责的闭环。因此,对理事会的监督主要依靠外部主体。

除了捐赠资金之外,非营利组织还可以从政府和市场获得收入。比如,政府对非营利组织减免税收、提供补贴和购买服务,消费者为非营利组织提供的产品和服务支付一定的费用。由于非营利组织的收入享有税收优惠,接收的捐赠也享有税收优惠,而获得的政府资助则直接来源于国家税收支出,即使从事收费业务获得的收入从根本上也是以上述资源为资本获得的收益。因此,非营利组织的资源性质蕴含了整个社会的公共利益,具有公共(或社会)资本资产属性,社会公众成为非营利组织产权的最终虚拟所有者。既然非营利组织的资源属于公共资本资产,那么它必须接受外部利益相关方的监督。②

(二)出资者与受益人相分离

非营利组织具有出资者与受益人相分离的特征。在商业领域,一般来说,消费者是付款者,也是产品或服务的使用者,他们为满足自己(有时也为家人或朋友)的需求而付费。但是,在非营利组织中,出资者或付款者往往不是受益人。

---

① 李宇立:《基于公共资本资产问责视角的非营利组织治理》,《会计之友》2015年第16期,第35—42页。

② 同上。

而且很多受益人,比如老人、儿童、病人等群体,他们处于弱势地位,往往没有能力或条件充分地表达需求,以及获取满意的服务。

出资人与受益人相分离的特征决定了资源配置往往取决于非营利组织的社会声誉。非营利组织的社会声誉是相对稳定的,一旦形成就不容易发生变化,大学社会声誉的稳定排名顺序就是例证。声誉机制决定了大学之间竞争程度比较低。可以说,非营利组织一旦失去信任,也就失去了存在的合法性基础。对美国私立大学收入状况的研究表明,社会声誉好的学校不仅可以收取较高的学费,而且还可以获得较多的社会捐赠;相反,社会声誉差的学校不仅无法收取较高的学费,而且无法获得较多的社会捐赠。因此,私立大学采取多种手段,维护学校的声誉,保护学生对学校的信任感。

社会声誉固然能够在一定程度上反映非营利组织履行使命的情况,但对于服务于脆弱群体的非营利组织而言,他们在管理自己的社会声誉方面享有更大的主动权。

(三) 广泛的利益相关方

非营利组织比企业具有更为多样的利益相关方。非营利组织的治理主体除了出资者或捐赠人、会员和会员大会、理事会、管理层、监事或监事会之外,还包括受益人、政府、社区、行业协会、合作伙伴、审计部门、媒体等广泛的利益相关方。即便是同类利益相关方,他们在非营利组织治理中也可能比其在企业中的参与程度更深。

非营利组织可以通过正式及非正式的制度安排来协调与各种利益相关方的关系,确保实现组织的宗旨和使命。正式的制度安排比如吸纳利益相关方成为理事会成员,通过正式渠道向利益相关方披露信息,签订合作协议与购买合同,等等。非正式的参与途径比如接受舆论监督等。

二、非营利组织的内部治理结构

一般而言,非营利组织的内部治理结构主要由决策机构、执行机构和监督机构组成,三者之间形成分权制衡的关系。① 具体来说,理事会是决策机构,以行政负责人为首的管理团队是执行机构,监事或监事会是监督机构。由于历史文化传统和政治法律制度的差异,各国采取的非营利组织治理模式各有不同,但基本

---

① 陆璇主编:《社会组织内部治理法律与实务研究》,法律出版社 2018 年版,第 21 页。

的共同点是以理事会为核心,充分发挥行政负责人和监督机构的作用。

美国作为世界上非营利组织最为发达、非营利组织治理理论研究也最为深入的国家,其非营利组织的治理结构在很大程度上借鉴了公司治理结构的形式。以美国社团组织为例,其治理结构是由成员大会、执行机构(理事会和首席执行官)和独立会计师等三部分组成。成员大会是非营利组织的最高权力机构,理事会是非营利组织的法定代表机关和最高决策机关,首席执行官是首席雇员和决策执行者。非营利组织内部不设立监事会,但是由法人聘请独立的会计师来承担审计监督职能。[①] 在内部治理问题上,英美法系国家非常强调理事的义务和责任。[②]

德国对非营利法人治理结构的规定受到其公司治理模式的影响,但又与公司治理结构有所不同。德国的公司治理结构采取董事会和监事会双重结构,其特点是股东和员工共同治理。在德国的公司里,董事会是公司的对外代表机构,主要负责公司的经营管理,并向监事会报告工作。监事会由股东和员工组成,是公司股东、职工利益的代表者和监督者,拥有相当大的权力。而德国的非营利组织治理结构没有公司治理结构那么复杂。德国的非营利法人分为社团法人和财团法人,其内部治理结构主要依据德国《民法典》的相关规定。德国《民法典》要求社团法人必须具备两个机关:社团总会和理事会。社团总会是最高权力机关,选举产生理事会,理事会是对外代表法人的机关。而对于财团法人来讲,只规定一个必设机关——理事会。监事会是公司的必设机关,却并不是非营利法人的必设机关。[③]

日本的非营利法人治理结构也在很大程度上借鉴了其公司治理结构,1998年通过的《特定非营利活动促进法》对非营利法人的治理模式做了规定,其他法律如《私立学校法》《社会福利法》《更生保护事业法》则分别对不同类型的非营利法人治理结构做了规定。非营利法人的最高决策机构为会员大会,除组织章程中规定的可委托给理事的事项之外,诸如章程变更、法人解散合并等重大事项均须通过会员大会表决。会员大会每年必须召开一次,但会员表决可通过代理人、书面表决或电子邮件等方式进行。此外,非营利法人须设置理事3人以上,

---

① 徐宁、汤小宾、卫文凯:《我国非营利组织治理结构研究述评》,《山东理工大学学报(社会科学版)》2015年第6期,第15—18页。

② 方文进:《民办非企业单位治理结构问题探讨》,《社团管理研究》2010年第11期,第46—48页。

③ 徐宁、汤小宾、卫文凯:《我国非营利组织治理结构研究述评》,《山东理工大学学报(社会科学版)》2015年第6期,第15—18页。

监事 1 人以上。①

三、非营利组织的理事会

在社团法人中,理事会是最高决策机构,代表决策权和最终责任承担者。在财团法人中,理事会既是最高权力结构,又是最高决策机构。对非营利组织而言,理事会尽管没有所有权,却获得了控制权。志愿精神和慈善天性的最高体现就是成为非营利组织的理事会成员,并且尽力履行好理事的职责。②

(一)理事会和理事的基本职责

理事会与理事履行职责的具体方式取决于所属机构的大小、架构以及历史。尽管每个非营利组织都不尽相同,而且也没有放之四海而皆准的职责标准,但是,随着治理理论的发展和经验的增多,人们发现一些理事会在结构、政策和运行方面的做法比其他同类做法更为有效。理事会的基本职责可以概括为五个方面(参见表 6-1),这些基本职责应该融入非营利组织的规章制度,甚至成为日常行为之指导。

表 6-1 非营利组织理事会的基本职责

主要维度	基本职责	具体内容
自身建设	理事会建设	确保理事会有效运转,评估理事会的绩效,确保理事会顺利换届。
使命责任	定义使命和目标	定义组织使命,制定长期、中期和短期目标。
	确保组织有一个称职的首席执行官	任命首席执行官,支持其工作,评估其绩效,必要时更换首席执行官。
	确保组织实现使命	保证组织规划的制定,筹集资源,财务监督,审批、监测并改进组织的项目和服务。
对外职责	确保合法性与公信力	提高组织的公众形象,确保组织守法和道德诚信,维护和提升组织的公信力。

根据以下资料整理:NPO 信息咨询中心主编:《非营利组织的治理》,黎佳等译,中国书籍出版社 2008 年版,第 1—23 页。

---

① 俞祖成:《日本 NPO 法人制度的最新改革及启示》,《国家行政学院学报》2013 年第 6 期,第 116—120 页。
② NPO 信息咨询中心主编:《非营利组织的治理》,黎佳等译,中国书籍出版社 2008 年版,第 1 页。

非营利组织理事会的基本职责主要有三个维度,即自身建设、使命责任和对外职责。首先是理事会的自身建设。发起人在创办非营利组织之时,就创建了第一届理事会。在第一届理事会开始履职之时,它就必须确保有效实现自我管理和自我延续。理事会应该培训新成员,帮助每个成员有效履职,并定期评估自己的工作绩效。

非营利组织最重要的职责是明确组织的使命责任,确保组织有一个称职的(最好是优秀的)首席执行官,并支持和监督首席执行官的工作,确保实现组织使命。理事会是否具备清晰、自信地定义使命的能力与组织能否成功息息相关。在保证组织完成使命的过程中,理事会发挥着决定性的作用。工商管理专业的学生入学第一天就被教导:企业的目的就是创造利润。企业里的每个人都知道,自己的首要职责就是尽可能实现企业的利润最大化。尽管近年来企业界逐渐认识到企业行为也有社会责任的约束,但是利润始终是最重要的。对非营利组织而言,每一次理事会投票都应该建立在如下基础上:这个决策能否对组织使命有贡献?每次投票之前,都应该问这么一个问题:这个政策或项目是否比其他所有选择更好地帮助组织实现使命?①

有些社团的首席执行官是会员大会选举产生的。除此之外,任命适合的首席执行官和支持首席执行官的工作是理事会的职责。在选择首席执行官时,理事会可以请猎头公司代为寻找,也可以自己来找。理事会可以征询利益相关方的意见,但保留最后的决定权。为了让首席执行官更好地发挥作用,理事会必须为其提供一个良好的工作环境,从精神上和物质上予以支持。对双方而言,正式而全面的定期评估都是具有挑战性的,理事会和首席执行官只有在达成共识的情况下,才能最好地履行各自的职责。评估的首要目的是帮助首席执行官改进工作。理想状态下,为了保证评估过程的客观性和建设性,评估的主要目的最好不是提高工资或者续签雇用合同。

组织规划可以帮助理事会和员工把组织使命转变为可以衡量、可以实现的目标。首先,理事会成员必须积极地参与战略规划的制定过程,他们的作用是提出有见解的问题、要求得到合理解答,并在自己专业领域内提供专家意见。其次,在广泛征询、论证修改方案之后,理事会应该正式而隆重地批准通过该战略规划。最后,如果组织有专职员工,最好由员工来负责制定战略规划的具体任务。

理事会可以通过帮助制定和审批年度预算来履行自己的财务监督责任。由

---

① NPO 信息咨询中心主编:《非营利组织的治理》,黎佳等译,中国书籍出版社 2008 年版,第 88 页。

于审批年度预算实际上是以决议的形式对许多不同的项目、人事决定和其他事项做了优先排序,因此,审批年度预算可以说是理事会每年必须做的最重要的决策之一。一个非营利组织只有拥有足够资源来达成使命和目的才算是一个有效的组织,确保组织得到足够资源正是理事会的首要职责。在可能的情况下,理事会成员应该以身作则,带头捐赠。理事会往往设立发展(或筹资)委员会来负责筹资。

理事会还应该审批、监测并改进组织的项目和服务。理事会最根本的职责始于一个问题:组织现有的项目和服务是否与组织的使命和目的相符?组织的资源有限,而需求无限,理事会必须在不同的需求中决定最重要的工作是什么。

理事会的第三大职责是对外责任,确保组织守法和诚信,维护组织的公众形象,提升组织的公信力。理事会成员不仅是连接组织员工、志愿者、捐赠者及服务对象的桥梁,同时还是组织的形象大使、宣传者和社区代表。[①] 近年来,非营利组织的公信力屡屡受到挑战。其中一部分原因是个别组织内部监督不力,导致组织出现欺诈和挪用善款等背离公众信任的事情。理事会应该为组织的守法诚信负最终责任。

就如理事会负有一些共同的基本责任一样,作为理事会的成员,理事本身也被赋予了一定的职责。在任理事和理事候选人应该承诺全面履行职责,这些职责对于非营利组织治理而言可谓重大,具体内容参见表 6-2。

表 6-2 非营利组织理事应承担的职责

职责维度	具体内容
总体期望	了解组织使命;对组织忠诚和遵从;提名新理事;与首席执行官和理事长保持良好沟通;关注组织所在领域的发展趋势等。
理事会会议	参加理事会的会议和活动;积极提出意见和建议,支持理事会的决议;除非得到允许,不得擅自代表理事会发表公开言论等。
与员工的关系	支持首席执行官的工作;除非得到首席执行官和理事会的许可,不得对员工个人提出特别请求。
避免冲突	为组织利益服务,而不是为个别利益集团服务;及时向理事会报告任何潜在的利益冲突;保持独立和客观;拒绝收礼和送礼。

---

① NPO 信息咨询中心主编:《非营利组织的治理》,黎佳等译,中国书籍出版社 2008 年版,第 15 页。

(续表)

职责维度	具体内容
信托职责	与理事会一起在控制和转移资金时审慎行事；支持理事会履行其作为信托人的义务。
筹款	为组织捐款量力而行；向他人为组织筹款。

根据以下资料整理：NPO 信息咨询中心主编：《非营利组织的治理》，黎佳等译，中国书籍出版社 2008 年版，第 21—23 页。

微案例 6-1

美国私人基金会的治理结构

美国私人基金会的治理结构通常包括理事会、理事会内设委员会(board committee)和管理层(office)。理事会负责明确组织宗旨和制定各种政策，包括捐赠项目、支付比例、投资、日常管理、组织治理、监督和审查财务及外部审计、绩效考核等。理事会成员一般包括创始人或家族成员以及企业界、学术界、金融界、公共组织的知名人士，很多成员是已退休的公司高管。理事会下设各种专业委员会，包括执行委员会、审计委员会、财务委员会、投资委员会、薪酬委员会、提名委员会和项目委员会等，各基金会的具体配置情况有所不同。其中，投资委员会是协助理事会进行投资管理的机构。委员会成员一般是过去或现在任职于投资银行、基金公司、资产管理机构等具有丰富投资经验的理事会成员。投资委员会的职责主要包括：(1)制定基金会的投资政策和投资方针，包括选择资产配置和投资限制等政策；(2)监督和审查基金会投资和再投资，委员会可任命官员和员工以及外部投资管理机构执行投资工作；(3)在评估投资业绩时，评估其是否遵守投资政策和投资方针及风险水平。没有下设专业委员会或者投资委员会的基金会，通常由理事会或财务委员会承担相应职责。此外，基金会还可以根据自身投资情况进一步邀请其他顾问协助投资委员会。基金会理事会制定了组织的投资政策和投资目标后，在具体运营上分为两类投资管理模式，一类由基金会内部管理层负责管理，另一类由外部的基金会信托管理。[①]

---

① 根据以下资料改编：王崇赫、孙凌霞：《非公募基金会投资管理模式选择：美国经验及启示》，《社团管理研究》2010 年第 2 期，第 41—45 页。

(二) 理事会的产生、规模与结构

理事会是依据社会组织的章程产生的,社会团体法人和捐助法人的第一届理事会产生方式有所不同。社会团体一般由发起人依据章程提名第一届理事会的理事候选人,在召开成立大会时,由会员选举理事产生第一届理事会。社会服务机构和基金会属于捐助法人,它们的第一届理事会一般由业务主管单位、主要捐赠人和发起人分别提名并共同协商确定。社会组织的理事会一旦产生就具备了自我复制的功能。

随着非营利组织内外部环境的变化,理事会的成员、规模与结构也处于不断变化之中。在非营利组织发展的早期阶段,由于规模小,预算少,只有很少甚至没有专职员工,理事会往往承担组织的日常运营工作。在一些首席执行官很强势的组织里,理事往往被视为一个名誉身份,不具有太多的实际义务。不过,随着非营利组织的规模和影响力扩大,公众对它的公信力要求越来越高。理事会将逐渐减少对日常运营的具体干预,其角色将变得比以往更具有战略性。

不同类型非营利组织的理事会规模大小存在差异。一般来说,社团法人的理事会规模较大,财团法人的理事会规模较小。当然,非营利组织的规模也会影响其理事会规模。大型理事会模式源于理事越多越好的想法。大型理事会更具有会员代表性,更多的理事还能够带来更多捐款。尤其重要的是,大型理事会能让更多人得到担任理事的机会。然而,大型理事会不一定有效,也可能达不到应有的效果。实际上,它让很多理事觉得自己的时间精力没有得到充分尊重和很好利用。由于规模大,很多理事很少有机会在理事会会议上发言,以至于他们觉得自己参加与否并不重要。一个30人的理事会在讨论问题时,即使每人只发言2分钟,一轮下来就要1个小时。为了让每个人都表达意见,只能延长会议时间或者忽略某些人的部分意见。因此,通常小型理事会反而能更好地发挥治理作用。理事会越小,每个理事对组织的作用就越大,就能更好地参与讨论。小型理事会还能更好地形成一致意见,让理事之间的沟通更亲密。此外,不同时期非营利组织的规模大小也不一样。美国非营利组织的理事会过去一般比较大,现在的规模一般比较小,更注重理事的积极参与。①

理事会的组织结构和规模大小没有一定的模式,形式应该服从于功能。每个组织都应该评估自己的需要和工作重点,依此来建设自己的理事会。一些组

---

① NPO信息咨询中心主编:《非营利组织的治理》,黎佳等译,中国书籍出版社2008年版,第82—84页。

织在小型理事会之外建立了专门委员会,这样可以兼得大型和小型理事会的优点。为了吸纳那些不愿意担任理事重任的社会贤达进入组织,许多组织还特设了顾问委员会。对于那些长期服务于理事会但任期已满而对组织依然非常重要的理事,一些组织为他们设立了名誉委员会(emeritus council)。名誉理事和其他理事一样收到组织文件,也受邀参加理事会议,但是他们没有投票权。另外,设立特别委员会或工作小组也是提高理事会工作效率的常用办法。[①]

非营利组织理事会的结构是由章程规定的。委员会是一种常见形式,委员会是为了处理一些理事会闭会期间的工作,由理事会授权建立的。最常见的理事会委员会包括执行委员会、财务委员会、治理委员会(或称提名委员会)以及战略规划委员会等。比如福特基金会的理事会设有稽核管理委员会,行政委员会,投资委员会,交易委员会,人事委员会,代理人委员会,资产建立与社区发展委员会,和平与社会正义委员会,教育、传播、艺术与文化委员会等9个委员会。理事会的另外一个常见举措是设立顾问委员会(advisory council),充分利用名人或专业人士的帮助,让他们给组织的项目提供专业意见。由于顾问委员会没有投票权,人数可以酌情决定。[②]

四、非营利组织的执行机构

非营利组织的执行机构是以首席执行官(在我国一般称为行政负责人)为首的管理团队及其领导下的员工队伍。首席执行官是组织的首席雇员。尽管在法律意义上,理事会在治理结构中处于核心地位,但首席执行官才是非营利组织的关键角色。因为,理事会成员基本上都是兼职的志愿者,为组织付出的时间和精力是有限的,首席执行官往往是领取薪酬的全职人员。上文说到理事会应任命首席执行官和支持其工作,在实际情况中,理事会的有效性往往取决于首席执行官对它的支持力度。此处首先讨论首席执行官与理事会之间的关系,然后讨论首席执行官的角色和技能。

(一) 首席执行官与理事会的关系

首席执行官与理事会之间的关系是非营利组织有效领导的关键,两者在功能上是交叉的。从理论上讲,理事会居于最高地位,首席执行官接受理事会的领

[①] NPO信息咨询中心主编:《非营利组织的治理》,黎佳等译,中国书籍出版社2008年版,第82—84页。

[②] 同上。

导并协助其工作。然而,非营利组织的理事都是没有报酬的志愿者,理事会很少能够完全履行上述职责和角色。实际上,首席执行官与理事会的关系除了传统的"上下级"关系之外,也有"伙伴"或"团队成员"关系的成分。总的来说,理事会与首席执行官虽不完全平等,却是相互依赖的关系。理事会是非营利组织法律意义上的上级,而首席执行官拥有更多信息、更专业,而且与组织的利害关系更为紧密,甚至可以说,首席执行官是非营利组织领导力的核心。

在美国,非营利组织的理事和员工几乎一致认为首席执行官所负实际责任最大,是组织管理的中心人物,这意味着以下两点:其一,因为首席执行官要负实际责任,他们必须掌控全局,并且以他们认为最好的方式来进行组织运作,而现实中理事会往往只是橡皮图章或者橡皮图章加现金牛;其二,因首席执行官事实上对组织使命负责,他们应该采取措施让理事会担起法律的、组织的和公共的角色。这是现实和明智的选择,不仅与法律和道德的要求一致,而且也可以提高组织的有效性。

这并不是说,首席执行官要主宰理事会或者降低理事会的地位。理事会除了法律和道德要求的职责之外,还能够在帮助组织实现使命方面发挥作用。然而,只有当首席执行官认识到自己的中心地位,负起支持和促进理事会工作的责任,才能使理事会更好地发挥功能。因此,尽管从层级结构来说首席执行官是理事会的下级,但是负责组织日常运作的是首席执行官,首席执行官是非营利组织领导力的核心,只有首席执行官负起责任才能使理事会有效地履行其职责。在以首席执行官为核心的治理模式中,理事会主要是通过支持首席执行官的工作来履行自己的职责的。理事会应当遵循"多治理、少管理"的原则,让首席执行官放手履行日常管理运作之责。①

尽管在原则上没有什么异议,在具体谈到理事会和管理层的职责和职权范围时仍然会出现很多混淆和分歧。有的理事会过多地注重管理而不是治理,主要原因有以下几个方面:

理事会在一些管理事务上有法定义务,例如接受捐赠、签字授权、筹资、招聘和评估首席执行官等。一些初创的非营利组织没有或者只有很少的员工,不得不由理事会来做一些日常工作。即使在规模较大的非营利组织,如果理事会对首席执行官失去信任,理事也可能更多地投入到日常管理当中去。此外,有些理事更喜欢插手管理事务,因为管理比治理能够更迅速地带来满足感和成就感。

---

① NPO 信息咨询中心主编:《非营利组织的治理》,黎佳等译,中国书籍出版社 2008 年版,第 272 页。

相比之下,战略和政策方面的事务一般来说需要反复的讨论、深刻的分析以及对于组织内外环境的深入了解才能见到成效。从某种意义上来说,理事会把治理作为工作重心,其实就是要和自己天生的管理倾向做斗争。[①]

对于那些初创期的组织或小型的草根组织来说,由于它们缺少正式员工,理事会承担日常行政和管理事务非常正确。但是,即使在这种情况下,如果理事会对政策和战略加以关注,对组织的长期发展也是有好处的。对于理事会来说,治理和管理的界限并不总是那么明显。理事应该把自己当作监管人,而不是执行人。清晰地定义理事会和员工的职权范围有助于对组织的监管。如果理事会跨过了治理和管理的边界,理事们就可能是"多管闲事"了。

理事会很容易出现管理过细的问题。管理过细是指管理人员过多地注重细节而忽视了宏观层面。这样的人很难把任务交给别人,总是觉得需要亲力亲为。如果理事会过度干涉管理事务,它就等于超出了自己的治理角色而从事执行工作,就会出现理事会既想制定战略又想插手具体管理的情况,而首席执行官才是那个应该根据理事会制定的原则来管理组织的人。

这种角色冲突的情况在志愿组织里更为显著。志愿组织没有员工,因此理事会应该合理分配花在治理和管理上的时间。理事会要区分理事会作为一个整体和理事作为志愿员工的不同角色。理事会的角色是战略规划者。理事会把具体任务分配给志愿者个人,然后志愿者按照理事会制定的原则开展工作。如果每个人都能够很好地把握自己在不同情形下扮演的具体角色,那么理事会就能避免管理过细的情况发生。理事个人必须能够区别以理事会成员身份起草政策指南与以志愿者身份完成理事会分配的任务之间的差异。[②]

如果理事会聘请了称职的首席执行官,那么就具备了从根本上区别理事会和员工的不同角色的基础。理事会把管理的责任交给首席执行官,并清晰地定义首席执行官的工作内容。与其他所有上司一样,理事会支持首席执行官的工作,制定评估其工作的标准,并鼓励其推动组织的事业发展。监督员工完成任务是首席执行官的责任,而监督理事完成理事会的任务则是理事会的责任。

(二) 首席执行官的角色和技能

首席执行官既负有治理职责,又承担执行和管理的重任。为了扮演好治理和管理的双重角色,首席执行官必须具备多项技能,除了具备组织管理技能之

---

① NPO 信息咨询中心主编:《非营利组织的治理》,黎佳等译,中国书籍出版社 2008 年版,第 275 页。
② 同上书,第 278 页。

外,还要具备与理事会合作的技能和适应外部环境的技能。[①]

1. 与理事会合作的技能

首席执行官的领导力取决于理事会和员工。首席执行官有责任支持理事会的工作,懂得理事会的价值并且尊重理事会,为其工作提供便利。首席执行官将理事会视为工作中心,其领导是以理事会为中心的。

具体来说,首席执行官与理事会合作的技能包括:通过互动与理事会建立良好关系;关心尊重理事会成员;与理事会一起洞察变化与创新;为理事会提供充分信息,即日常运作信息、财务报表、预算、项目信息;建立并维护理事会的结构,和理事会一起确立工作目标、计划和日程;促使理事会完成计划提高效率。

微案例 6-2

格莱珉银行告别尤努斯

1976年,孟加拉国大学教授尤努斯在一个小村庄用27美元开始了针对农村贫困妇女的小额信贷实践,这一金融创新非常成功,并很快扩展到孟加拉国的其他地区。1983年,在孟加拉国政府的支持下,尤努斯将这个项目转变成一家银行,即格莱珉银行。格莱珉银行是一家"穷人所有、服务穷人"的银行,股东主要是获得贷款的贫困妇女。孟加拉国政府拥有格莱珉银行25%的股份,并有权提名3个董事,其中一人担任董事长。尽管后来孟加拉国政府的股份被稀释到3.5%,但董事会的名额分配和行长的任命方式一直没有改变。尤努斯担任格莱珉银行的首任行长,掌握着银行的实际控制权。格莱珉银行在尤努斯的领导下迅速壮大,成为一家具有广泛国际影响的小额贷款机构。2006年10月,尤努斯荣获诺贝尔和平奖。但是随着尤努斯年事渐高,格莱珉银行的领导权更替问题逐渐浮上水面。2011年2月,作为格莱珉银行最大的股东,孟加拉国政府暗示尤努斯应该主动辞职。3月2日,孟加拉国央行直接将尤努斯解职。尤努斯不服,诉讼至高等法院,法院做出了支持央行的裁定。尤努斯随即上诉至最高法院,5月5日,最高法院做出终审裁决,驳回尤努斯的上诉。一周后,尤努斯黯然离职,离开了他亲手创办并领导了三十多年的格莱珉银行。[②]

---

① Robert Herman, "Executive Leadership," in David O. Renz, ed., *The Jossey-Bass Handbook of Nonprofit Leadership and Management*, 3rd ed., Jossey-Bass, 2010, pp. 157–176.

② 本案例根据以下资料改写:王灵俊:《告别尤努斯》,《南方周末》2011年6月20日,http://www.infzm.com/contents/60480,2023年4月26日访问。

2. 适应外部环境的技能

首席执行官可以通过四大战略来提升非营利组织的外部影响。第一,注重外部关系。内部事务会日渐挤占首席执行官的大量时间和精力,首席执行官一定要懂得将内部事务授权出去,从而腾出时间来关注外部。第二,建立非正式的信息网络。有关过去的信息固然重要,有关未来的信息则更加重要。有关未来的信息往往是分散的、零碎的、模糊的,为了收集、评价和整理这些"软信息",首席执行官必须与政府机构、基金会、评估机构、行业协会和其他非营利组织保持交流。首席执行官必须参加各种会议,建立一个关系网络,与上述利益相关方的领导人不仅是熟人,还要成为朋友,只有在双方互相信任、互相理解的基础上,才会深入交换可靠信息,并在必要时互相帮助。第三,首席执行官要了解自己的工作日程。战略计划决定了首席执行官的日程,但首席执行官常常会偏离战略计划规定的优先顺序。因此,首席执行官要经常反思自己的时间管理和工作方式,以使工作更有成效。第四,不要过于追求细节完美,要接受环境变化,接受临时性的、不完美的解决方案。跨界领导力要求首席执行官将组织置于更大的环境系统中来考虑问题,将组织能力与服务需求和可获得的资源相匹配。然而,所有这些因素都不是静态的,而是在不断变化的。工作日程只是指明了一个方向,就像一个指南针,并没有指明现在所处的具体地点和未来要去的明确地点。首席执行官的理想总是比现实可行的措施要更大,在不能一步到位的情况下,要面对现实,接受渐进的方案,逐步实现目标。

同时,一个优秀的首席执行官还要有政治格局,懂得从政治视角来看待外部环境和各方面关系,在完成组织使命的同时,关注员工的期望、感受和偏好。

此外,在非营利组织的治理机制中,监督机制也是不可缺少的一环。在非营利组织内部,监事或监事会担任此项职责。在外部,政府监管和社会监督也很重要。

总的来看,有效治理的良方可以简单概括为几个基本原则:首先是使命,清晰准确和具有说服力的使命能够团结、激励理事会和员工一起努力做出有意义的事情;其次是理事会和执行团队的组成;最后,简洁流畅的组织结构能够帮助人们运用自己的技能,同心协力为实现组织使命做出贡献。如果使命正确,为之奋斗的人也非常合适而且各司其职,组织成功的可能性是极大的。这些理念既不复杂,也不深奥,但是很少有组织能够完全实现。[①]

[①] NPO 信息咨询中心主编:《非营利组织的治理》,黎佳等译,中国书籍出版社 2008 年版,第 31 页。

第二节 我国社会组织的治理

我国社会组织的治理结构也由权力与决策机构、执行机构和监督机构构成。根据我国《民法典》的规定，社会组织属于非营利法人，分为社团法人和捐助法人两种类型。社团法人和捐助法人的治理结构略有不同。社团法人由会员结社而成，权力机构与决策机构分别是会员大会和理事会。捐助法人的权力机构与决策机构都是理事会。因此，社团法人的治理结构由会员大会、理事会、秘书长（行政负责人）和监事（会）构成，而捐助法人的治理结构由理事会、秘书长（行政负责人）和监事（会）构成。现行的《社会团体登记管理条例》《民办非企业单位登记管理暂行条例》没有对社团和民办非企业单位的治理结构作出明确规定。《基金会管理条例》只对基金会的治理结构作了简要规定。民政部针对不同类型社会组织特点制定了《社会团体章程示范文本》《基金会章程示范文本》《民办非企业单位（法人）章程示范文本》《行业协会商会章程示范文本》《社区社会组织章程示范文本（试行）》等章程示范文本。地方政府在此基础上，结合当地实际情况发布各类章程示范文本，当地社会组织以此为模板制定章程，并且报登记管理机关备案。章程是社会组织依据章程示范文本制定的，指导社会组织依法治理的纲领性文件。

一、社团法人的治理结构

社会团体是由会员组成、为会员服务的组织。社会团体的治理就是确保会员享有权利和履行义务，并且确保实现组织的使命。民政部发布的《社会团体章程示范文本》规定，社会团体必须设置会员大会或会员代表大会、理事会（在理事会人数较多时还可以设立常务理事会）、监事（会）和秘书长。

（一）会员大会（或会员代表大会）

民政部《社会团体章程示范文本》规定，会员大会或会员代表大会是社会团体的最高权力机构。一个社会组织可以选择会员大会或会员代表大会作为最高权力机构，但不能同时设置会员大会和会员代表大会。会员大会由全体会员组成，会员代表大会由会员选举的代表组成。会员大会是社会团体当然的最高权力机构，而会员代表大会则是经由法定程序成立的最高权力机构，会员代表大会一经成立则会员大会即告终止。① 社会团体的会员包括个人会员和单位会员。一般来说,社会团体至少要有 50 个会员才达到注册门槛,当会员超过 200 个时可以选择会员代表大会作为最高权力机构。

会员大会(或会员代表大会)的主要职权是制定和修改章程、选举和罢免理事、审议理事会的工作报告和财务报告、制定和修改会费标准、决定终止事宜等等。会员大会(或会员代表大会)须有 2/3 以上的会员(或会员代表)出席方能召开,其决议须经到会会员(或会员代表)半数以上表决通过方能生效。会员大会(或会员代表大会)每届最长不超过 5 年。因特殊情况需提前或延期换届的,须由理事会表决通过,报业务主管单位审查并经社团登记管理机关批准。延期换届最长不超过 1 年。

(二) 理事会

理事会是会员大会(或会员代表大会)的执行机构,在其闭会期间领导社会团体开展日常工作,并对其负责。理事会的主要职权是:执行会员大会(或会员代表大会)的决议;选举和罢免理事长(会长)、副理事长(副会长)和秘书长;筹备召开会员大会(或会员代表大会);向会员大会(或会员代表大会)报告工作和财务状况;决定会员的吸收和除名;决定设立办事机构、分支机构、代表机构和实体机构;决定副秘书长、各机构主要负责人的聘任;领导本团体各机构开展工作;制定内部管理制度;等等。

理事会须有 2/3 以上理事出席方能召开,其决议须经到会理事 2/3 以上表决通过方能生效。理事会每年至少召开一次会议。情况特殊的,可采用通讯形式召开。理事人数较多时,可以由理事会选举产生常务理事会,在理事会闭会期间行使理事会的部分职权,对理事会负责。常务理事人数不超过理事人数的 1/3。

社团的法定代表人一般应由理事长(会长)担任。如因特殊情况需由副理事长(副会长)或秘书长担任法定代表人,应报业务主管单位审查并经社团登记管理机关批准同意后,方可担任,并在章程中写明。一个社会团体的法定代表人不兼任其他团体的法定代表人。理事长(会长)的职权包括召集和主持理事会(或常务理事会),检查会员大会(或会员代表大会)、理事会(或常务理事会)决议的落实情况,代表本团体签署有关重要文件,等等。

---

① 陆璇主编:《社会组织内部治理法律与实务研究》,法律出版社 2018 年版,第 15 页。

社会团体可以根据实际情况依照章程规定的程序调整理事会的规模和结构。自然之友是一家民间环保社团。在成立之初,理事会成员最多达到四五十人,理事的参与度也很高。随着自然之友的发展,执行团队有了一定的规模,专业化和职业化程度越来越高,理事会规模太大导致了议事效率不高的问题出现。2010 年底,自然之友通过会员大会选举产生了新一届理事会,由七位成员组成。①

(三) 秘书长

我国社会团体的行政负责人一般称为秘书长。秘书长可以通过选举产生,也可以采取聘用制。秘书长主要行使下列职权:主持办事机构开展日常工作,组织实施年度工作计划;协调各分支机构、代表机构、实体机构开展工作;提名副秘书长以及各机构主要负责人,交理事会或常务理事会决定;决定办事机构、代表机构、实体机构专职工作人员的聘用等。

(四) 监事会

监事或监事会在社会团体内部发挥监督职能,对理事、理事会以及社会组织其他职能部门的日常运作进行监督。虽然目前并没有全国性的法律法规规定社会团体必须设立监事或监事会,但部分地区已经出台文件和地方性的《社会团体章程示范文本》,要求社会团体设立监事或监事会,目的是健全社会团体的组织机构。②

2011 年曝光的"郭美美事件"引起了媒体和公众对中国红十字会内部治理问题的高度关注,人们发现中国红十字会内部治理结构不健全,只设置了会员代表大会、理事会和执行委员会,没有设立监督机构。经过整改,中国红十字会最终于 2012 年 12 月设立了社会监督委员会,完善了内部治理结构。③

一般而言,规模较小的社团可以选举 1—2 名监事,规模较大的社团可以成立监事会。监事会由三位及以上监事组成,由会员大会(或会员代表大会)选举产生,向会员大会(或会员代表大会)负责。例如,湖北省民政厅 2018 年发布的《社会团体章程示范文本(专业性、学术性、联合性使用)》规定,监事或监事会的主要职责是:选举产生监事长;出席理事会(或常务理事会)会议;监督本团体及

---

① 窦丽丽:《推动宜居城市建设是自然之友未来三到五年的工作目标》,《自然之友通讯》2011 年第 3 期。
② 陆璇主编:《社会组织内部治理法律与实务研究》,法律出版社 2018 年版,第 29 页。
③ 戚枝淬:《社会组织内部治理结构法律问题研究》,《理论月刊》2016 年第 8 期,第 5—10 页。

领导成员依照《社会团体登记管理条例》和有关法律、法规开展活动;督促本团体及领导成员依照核定的章程、业务范围及内部管理制度开展活动;对本团体成员违反本团体纪律,损害本团体声誉的行为进行监督;对本团体的财务状况进行监督;对本团体的违法违纪行为提出处理意见,提交理事会(或常务理事会)并监督其执行等。

二、捐助法人的治理结构

社会组织中的捐助法人包括民办非企业单位和基金会,它们的治理结构都是由理事会、行政负责人和监事(会)构成。

(一)民办非企业单位的治理结构

《民办非企业单位登记管理暂行条例》没有对治理结构作出明确规定。民政部2005年发布的《民办非企业单位章程示范文本》在第三章"组织管理制度"中对其治理结构作了规定。

1. 理事会

理事会是民办非企业单位的决策机构。理事由举办者(包括出资者)、职工代表(由全体职工推举产生)及有关单位(业务主管单位)推选产生。理事会行使下列事项的决定权:修改章程;业务活动计划;年度财务预算、决算方案;增加开办资金的方案;本单位的分立、合并或终止;聘任或者解聘本单位院长(或校长、所长、主任等)和其提名聘任或者解聘的本单位副院长(或副校长、副所长、副主任等)及财务负责人;罢免、增补理事;内部机构的设置;制定内部管理制度;从业人员的工资报酬;等等。

理事会设理事长1名,副理事长1—2名。理事长、副理事长由理事会以全体理事的过半数选举产生或罢免。理事长行使下列职权:召集和主持理事会会议;检查理事会决议的实施情况;法律、法规和本单位章程规定的其他职权。副理事长协助理事长工作,理事长不能行使职权时,由理事长指定的副理事长代其行使职权。

理事会会议应由1/2以上的理事出席方可举行。理事会会议实行1人1票制。理事会做出决议,必须经全体理事的过半数通过。章程修改、本单位的分立、合并或终止等重要事项的决议,须经全体理事的2/3以上通过方为有效。

民办非企业单位的法定代表人为理事长或院长(校长、所长或主任等)。

2. 行政负责人

民办非企业单位的行政负责人类似于美国非营利组织的首席执行官,在我国被称为院长(或校长、所长、主任等)。行政负责人对理事会负责,并行使下列职权:主持单位的日常工作,组织实施理事会的决议;组织实施单位年度业务活动计划;拟订单位内部机构设置的方案;拟订内部管理制度;提请聘任或解聘本单位副职和财务负责人;聘任或解聘内设机构负责人;等等。

院长(或校长、所长、主任等)列席理事会会议。

3. 监事(会)

监事会成员不得少于3人,并推选1名召集人。人数较少的民办非企业单位可不设监事会,但必须设1—2名监事。监事任期与理事任期相同,任期届满,连选可以连任。

监事在举办者(包括出资者)、本单位从业人员或有关单位推荐的人员中产生或更换。监事会中的从业人员代表由单位从业人员民主选举产生。本单位理事、院长(或校长、所长、主任等)及财务负责人不得兼任监事。

监事会或监事行使下列职权:检查本单位财务;对本单位理事、院长(或校长、所长、主任等)违反法律、法规或章程的行为进行监督;当本单位理事、院长(或校长、所长、主任等)的行为损害本单位的利益时,要求其予以纠正等。监事会会议实行1人1票制。监事会决议须经全体监事过半数表决通过,方为有效。

(二)基金会的治理结构

国务院颁布的三大条例中,唯有《基金会管理条例》对治理结构作了规定。《基金会管理条例》在第三章"组织机构"中规定基金会的治理结构由理事会、监事和秘书长构成。民政部颁布的《基金会章程示范文本》对基金会治理结构作了更为详细的规定。

1. 理事会

基金会设理事会,理事会是基金会的决策机构,依法行使章程规定的职权。理事为5人至25人,理事任期由章程规定,但每届任期不得超过5年。理事任期届满,连选可以连任。用私人财产设立的非公募基金会,相互间有近亲属关系的基金会理事,总数不得超过理事总人数的1/3;其他基金会,具有近亲属关系的不得同时在理事会任职。在基金会领取报酬的理事不得超过理事总人数的1/3。

理事会设理事长、副理事长和秘书长,从理事中选举产生。理事长是基金会的法定代表人,不得同时担任其他组织的法定代表人。理事会的主要职权包括:章程的修改;选举或者罢免理事长、副理事长、秘书长;章程规定的重大募捐、投资活动;基金会的分立、合并。

2. 秘书长

《基金会管理条例》没有专门规定秘书长的职权。民政部发布的《基金会章程示范文本》规定,除了召集和主持理事会会议、检查理事会决议的落实情况、代表基金会签署重要文件等职权由基金会理事长行使之外,其他职权由基金会根据实际情况在章程中规定理事长和秘书长的分工,理事长和秘书长的职权不能重叠。《基金会章程示范文本》罗列了由理事长和秘书长行使的职权:主持开展日常工作,组织实施理事会决议;组织实施基金会年度公益活动计划;拟订资金的筹集、管理和使用计划;拟订基金会的内部管理规章制度,报理事会审批;协调各机构开展工作;提议聘任或解聘副秘书长以及财务负责人,由理事会决定;提议聘任或解聘各机构主要负责人,由理事会决定;决定各机构专职工作人员聘用;章程和理事会赋予的其他职权。

3. 监事(会)

基金会设监事或监事会。监事任期与理事任期相同。理事、理事的近亲属和基金会财会人员不得兼任监事。监事依照章程规定的程序检查基金会财务和会计资料,监督理事会遵守法律和章程的情况。监事列席理事会会议,有权向理事会提出质询和建议,并应当向登记管理机关、业务主管单位以及税务、会计主管部门反映情况。

基金会理事长、副理事长和秘书长不得由现职国家工作人员兼任。基金会理事遇有个人利益与基金会利益关联时,不得参与相关事宜的决策;基金会理事、监事及其近亲属不得与其所在的基金会有任何交易行为。监事和未在基金会担任专职工作的理事不得从基金会获取报酬。

三、提升社会组织治理的有效性

近年来,我国社会组织法人治理的观念逐渐普及,法人治理结构逐渐规范,法人治理的制度环境逐步改善。[1] 然而,我国社会组织内部治理还存在治理理论不完善、法人治理有待健全、治理能力不足等问题,迫切需要提升治理有效性。

---

[1] 郁建兴、王名主编:《社会组织管理》,科学出版社2019年版,第78—79页。

(一) 完善社会组织治理理论

良好的社会组织内部治理结构需要合理的理论支撑。目前,我国社会组织内部治理结构的理论依据主要是委托代理理论。委托代理关系是委托方和代理方在利益冲突和信息不对称条件下所结成的一切契约关系。当委托人赋予某个代理人一定权利,一种代理关系就建立起来了。代理人受契约的约束,代表委托人的利益,并获得相应的报酬。社会组织中至少存在两层委托代理关系:第一层是权力机构与决策机构之间的委托代理关系,第二层是决策机构与执行机构之间的委托代理关系。①

委托代理理论可以用来解释社会团体法人的治理结构。社会团体是由会员自愿结社形成的非营利组织。社会团体的治理结构中存在多重委托代理关系:第一层是权力主体授权给权力机构,即会员作为委托人授权给会员代表大会;第二层是权力机构授权给决策机构,即会员大会或会员代表大会作为委托人授权给理事会;第三层是决策机构授权给执行机构,即理事会作为委托人授权给秘书长。在这个委托代理链条中,会员是第一委托人。会员的意志形成组织的使命,是整个组织系统运转的第一推动力。可见,社会团体内部的委托代理关系能够追溯到最初的权力来源,并以此为基础建立激励和约束机制。因此,这个系统在逻辑上是自洽的。

但是,委托代理理论在解释捐助法人的治理结构时遇到了困难。以基金会为例,基金会是利用捐赠财产建立的非营利组织,它的治理结构由理事会、秘书长和监事会构成。这意味着委托方是理事会,而不是捐赠者。实际上,由于捐赠者将财产捐赠给基金会之后,就不再拥有捐赠财产的所有权,捐赠者与基金会之间不能基于所有权形成委托代理关系。② 民办非企业单位的情况也是如此。因此,捐助法人是以捐赠财产形成的,但是整个治理结构却不是以捐赠财产的产权为基础而设置。从上文对捐助法人治理结构的介绍可以看出,捐助法人没有权力机构,理事会是决策机构而不是权力机构。也就是说,理事会的决策权没有得到权力机构的授予,决策权的来源不清楚。可见,用委托代理理论来解释捐助法人的治理结构是不能自洽的。

公益信托理论可以弥补委托代理理论的不足,公益信托制度能够解决捐赠

---

① 戚枝淬:《社会组织内部治理结构法律问题研究》,《理论月刊》2016 年第 8 期,第 5—10 页。
② 同上。

财产的所有权和管理权分离的问题。公益信托又称慈善信托,是指出于公共利益的目的,为使社会公众受益而设立的信托。公益信托通常由委托人(捐赠者)提供一定的财产设立,由受托人管理信托财产,并将信托财产用于信托文件确定的公益目的。公益信托理论可以解决基金会接受捐赠财产导致的所有者缺位问题,通过公益信托,捐赠者作为委托人将财产委托基金会管理,基金会作为信托人为捐赠者和受助者管理和使用财产。① 实践中,公益信托发展很快。根据慈善中国(慈善组织信息披露平台)的数据披露,截至2020年9月初,有近450家慈善信托进行了注册,管理着320亿元的捐赠资产。②

除了上述问题之外,社会组织治理还有很多其他理论问题有待解决。

(二) 健全社会组织法人治理

健全社会组织法人治理首先是要将党组织纳入社会组织法人治理结构,建立党组织参与社会组织重大问题决策的制度安排,党组织书记列席理事会、常务理事会、会长办公会等会议。③

理事会制度是社会组织法人治理的核心制度。但是,由于理事会制度是一个舶来品,很多人一开始对它持排斥的态度。比如,一些社会组织的创始人坚决反对理事会,他们认为组织已经有了一套管理机构,不需要再给管理层套上一个紧箍咒。④ 近年来,随着法律知识的普及以及社会组织等级评估的促进作用等因素的影响,人们在思想上逐渐接受了法人治理,社会组织基本上都建立了理事会。但是,在实际运作中,理事会虚设或沦为橡皮图章的情况十分普遍,理事会很少能够真正有效地履行职责。

社会组织仍然普遍存在精英治理和内部人控制现象。精英治理是指社会组织的创始人或主要负责人(理事长、秘书长等)凭借自身的资源、威望或人格魅力,主导社会组织的决策和执行。内部人控制是指管理层(比如秘书处)掌握社会组织的实际控制权,谋求自身利益最大化,而不是以实现组织使命为目标。精英治理只是部分社会组织成长过程中不得不经历的一个阶段。内部人控制则是

---

① 戚枝淬:《社会组织内部治理结构法律问题研究》,《理论月刊》2016年第8期,第5—10页。
② 陈雪萍:《中国慈善信托组织形态化研究》,《上海政法学院学报(法治论丛)》2021年第2期,第78—87页。
③ 方向文:《社会组织法人治理结构的基本框架及要求》,《大社会》2017年第12期,第42—45页。
④ 〔美〕丽莎·乔丹、〔荷兰〕彼得·范·图埃尔主编:《非政府组织问责:政治、原则与创新》,康晓光等译,中国人民大学出版社2008年版,第129—162页。

法人治理失效最常见的表现,也是最难以解决的问题。①

(三)提升理事会的治理能力

理事会的治理能力是提升社会组织治理有效性的关键点。无论是将党组织纳入法人治理结构,还是解决精英治理和内部人控制问题,都需要强化理事会的功能,使理事会有效运转起来,行使职权、承担责任。要使理事会有效运转起来,就需要给理事会赋能,只有充分赋能,才能有效行权。理事会教育是提升理事会治理能力的重要途径。目前,为社会组织提供培训赋能的机构很多,但主要集中在提升管理技能方面,理事会教育没有受到应有的重视。

理事会教育的内容至少应该包括理事会文化、理事会制度、理事会工作方法等几个方面。理事会文化的核心是志愿精神和公民精神。社会组织的理事会成员都是与组织没有直接利益关系的志愿者,担任社会组织理事实际上是在履行公民责任。缺乏志愿精神和公民精神的人没有服务社会的内在驱动力,不适合成为社会组织的理事会成员。理事会制度的主要内容是相关法律政策和本组织的章程。理事会是确保社会组织合法合规运营的主体,理事会成员必须了解和掌握相关知识,才能履行职责。很多社会组织理事会明白法律政策的重要性,却不懂得章程是组织内部的"宪法",是连接法律制度和组织内部制度的纽带,是制定其他规章制度的依据。理事会工作方法是将理念和制度落实到行动的工具。理事会的主要工作是开会,议事规则和行为规范非常重要。比如,以企业家为主体的阿拉善SEE生态协会就非常重视议事规则,专门制定了SEE议事规则并且严格执行,极大地提升了协会的治理水平。②

理事会教育不仅仅是理事会成员的事情,管理层和员工都要接受教育。不仅如此,还要向社会公众传播理事会文化,吸引人们成为理事会成员,支持理事会的工作。谁来教育理事会呢?理事会首先应该自我教育,然后才是接受外部机构提供的培训和辅导等。正如德鲁克所说,理事会教育不在于教,而在于学。

总之,提升理事会治理的有效性是一个系统性工程,需要建立鼓励理事会行权履责的激励和约束制度,提升理事会的治理能力,还要在社会组织内部和外部建立理事会文化。

---

① 陆璇主编:《社会组织内部治理法律与实务研究》,法律出版社2018年版,第80页。
② 杨鹏:《为公益而共和——阿拉善SEE生态协会治理之路》,中信出版社2012年版,第254页。

思考题

1. 什么是非营利组织的治理？
2. 什么是社会组织的治理结构？
3. 社团法人的治理结构由哪些构成？
4. 捐助法人的治理结构由哪些构成？
5. 会员大会和会员代表大会有何区别？
6. 如何提升我国社会组织治理的有效性？

本章案例

阿拉善 SEE 生态协会的治理

2004 年 6 月 5 日，近百名企业家在内蒙古阿拉善腾格里沙漠发起成立阿拉善 SEE 生态协会。这是一家以社会（Society）责任为己任，以企业家（Entrepreneur）为主体，以保护生态（Ecology）为目标的社会团体。① 阿拉善 SEE 生态协会的治理是企业家社团组织的一次民主治理实验，取得了一定的经验，也存在不少问题。

一、协会的创立

2003 年 10 月初，企业家刘晓光在阿拉善月亮湖的一个会议上提出了创立一个以生态环保为目的的机构。因为阿拉善是北京沙尘暴的来源地之一，他希望通过这个机构在阿拉善治沙来"扫清北京的天空"。起初的设想是找 100 个企业家，成立一个私募基金，连续出资 10 年，建一个沙漠高尔夫球场，一方面治沙，另一方面赚钱。2004 年春节之后，刘晓光、宋军、张树新等企业家作为发起人正式启动了机构的筹备工作。在筹备过程中，发起人最终决定放弃商业目标，创办一个公益机构。②

阿拉善 SEE 生态协会吸纳了 102 位企业家作为创始会员，并于 2004 年 6 月 5 日召开了成立大会。在成立大会召开当天，协会进行了一场民主治理实验，现场通过了章程，确定了会长、副会长和秘书长的提名，随后严格按照章程规定的程序进行竞选演说和差额选举，产生了第一届理事会成员和秘书长。③

2022 年，阿拉善 SEE 生态协会有企业家会员近 900 名。自成立以来，协会先

---

① 参见阿拉善 SEE 生态协会官网，http://www.see.org.cn/index.html，2022 年 7 月 22 日访问。
② 杨鹏：《为公益而共和——阿拉善 SEE 生态协会治理之路》，中信出版社 2012 年版，第 2—7 页。
③ 同上书，第 37—40 页。

后设立了 32 个环保项目中心,推动企业家、环保公益组织、公众深度参与在地环保事业,直接或间接支持了超 900 家中国民间环保公益机构或个人的工作。①

二、协会的治理结构

阿拉善 SEE 生态协会的治理结构由会员代表大会、理事会、监事会和章程委员会组成(参见图 6-1)。

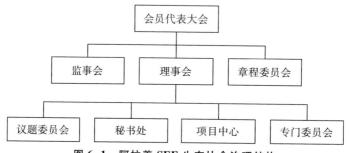

图 6-1　阿拉善 SEE 生态协会治理结构

会员代表大会是阿拉善 SEE 的最高权力机构,由协会全体会员选出的会员代表组成。理事会是会员大会的决策机构,由十一名理事组成,在会员代表大会闭会期间代表会员大会行使职权。理事会成员(理事)由会员代表大会以无记名投票方式产生,候选人名额不受限制,理事可以连选连任。监事会为协会的最高监督和裁判机构。协会还专门设立了章程委员会,由其负责协会章程的修改和解释。②协会第一届治理团队的任期为三年,中间一度改为两年。两年任期制在执行了十年之后,从第七届起又重新改为三年。

理事会设会长 1 名,设副会长 2 名,会长担任法定代表人,副会长协助会长工作。会长由理事以无记名书面投票方式选举产生,得票最高者当选。会长提名副会长,提交理事会表决,理事会成员超过半数同意才能通过。选举会长、副会长的会议由监事长主持。会长不可连任,但自动成为下一届理事会成员。理事会会长对会员代表大会负责,行使下列职权:主持召开会员代表大会;向会员代表大会做协会工作报告;主持召开理事会;负责向理事会提出聘任或解聘的秘书长人选,督促和监督秘书长落实会员代表大会、理事会批准的决议和其他计划;代表协会或授权代表签署合同和文件;等等。协会历任会长有刘晓光、王石、韩家寰、冯仑、钱晓华、艾路明、孙莉莉。③

---

① 数据来源于阿拉善 SEE 生态协会官网。
② 杨鹏:《为公益而共和——阿拉善 SEE 生态协会治理之路》,中信出版社 2012 年版,第 42 页。
③ 资料来源于阿拉善 SEE 生态协会官网。

协会设秘书长1名。秘书长是协会的首席执行官,拥有执行权。秘书长负责领导秘书处执行会员代表大会和理事会的决策,秘书处是协会的常设执行机构。秘书长采取聘任制,由会长提名,解聘也由会长提起,由理事会半数以上成员表决通过。秘书长接受会长的领导,向理事会、监事会报告工作,通过秘书处执行会员代表大会、理事会、监事会和章程委员会的决定。秘书长的主要职责是:主持协会日常工作;向理事会提出项目计划、财务预算方案、财务决算报告、人事管理、部门设置及其他重要规章制度,并在理事会表决通过后负责组织执行;聘用或解聘副秘书长以外的工作人员;配合监事会的财务检查。[①]

三、秘书长困境

根据社会团体的治理规则,理事、会长、副会长和监事一般都由选举出来的会员担任,属于志愿性服务,而不是专职工作。治理团队的成员往往还有自己的本职工作,在社团治理中投入的时间和精力是十分有限的。秘书长是社团的首席员工,可以通过选举产生,也可以通过聘任产生,可以是专职或兼职员工,也可以是志愿者。无论采取何种方式、何种身份,秘书长都要投入更多时间精力负责机构的日常运作。因此,秘书长往往在事实上成为决定社团工作效率和有效性的关键因素。自创立以来,阿拉善SEE生态协会的历任秘书长遇到了很大的挑战,随着协会治理的改进,这些问题才逐步得到缓解。

阿拉善SEE生态协会聘任了专职秘书长,历任秘书长是杨平、杨鹏、聂晓华、刘小钢、王利民、张媛。在协会成立之初,由于认识不足和缺乏经验,秘书长在工作中遇到了不少困难和问题。秘书长上要对会长和执行理事会、监事长和监事会、章程委员会、专门委员会负责,下要组织全体员工开展工作,中间还要应付会员、政府、媒体与业务合作伙伴等方面的需求。秘书长要为各种利益相关方服务,在"一仆多主"的格局中,一个人干活的同时还要接受各个方面的领导、指导和监督。不仅如此,各方的指令和要求并不一致,有时甚至相互冲突。在这种情况下,秘书处左支右绌,难以应付。秘书长职务一度被秘书处员工戏称为"史上最恐怖的职务"[②]。

造成上述这种情况的原因是多方面的,主要是制度设计不合理。在协会初创时期,章程规定的执行机构是执行理事会而非秘书处,秘书长的权力边界比较模糊。章程没有明确理事会、监事会以及各委员会如何具体指导、监督秘书长的

---

① 资料来源于阿拉善SEE生态协会官网。
② 杨鹏:《为公益而共和——阿拉善SEE生态协会治理之路》,中信出版社2012年版,第150—163页。

工作。为了体现民主治理原则,章程规定会长任期两年、不得连任,会长权力受到抑制,事无巨细都需要执行理事会表决,因此会长无力支持秘书长。此外,来自会员的压力也很大。因为会员企业家对协会工作的参与热情很高,每个会员都可以直接向秘书长提要求和建议。协会很快认识到了问题的严重性,开始调整治理结构和治理规则。直到 2008 年 6 月,各个治理主体之间的关系才算初步理顺,秘书长有了相对明确自主的决策执行空间。到第五任秘书长时期,协会出台规定,抑制会员企业家直接参与协会的项目管理。① 迄今为止,阿拉善 SEE 生态协会治理体系的优化和完善仍然在继续探索之中。

案例分析题:

1. 阿拉善 SEE 生态协会设立了专门的章程委员会,其理论和法律依据是什么?
2. 理事会任期长短要考虑哪些因素?
3. 秘书长难题产生的原因是什么?如何解决这个难题?

---

① 参见杨鹏:《为公益而共和——阿拉善 SEE 生态协会治理之路》,中信出版社 2012 年版,第七章。

第七章　非营利组织战略管理

> 搬掉大山需要雄心壮志,更需要推土机。对于非营利组织来说,使命和计划(如果这就是所有的一切)就是雄心壮志,而战略则是推土机。
> ——〔美〕彼得·德鲁克①

未来难以预测,却可以创造。非营利组织处于不断变化的环境之中,战略管理可以帮助非营利组织适应环境变化,利用环境变化中出现的新机会,开创新的服务项目或业务模式,实现组织的可持续发展。

第一节　基本概念与理论基础

一、基本概念

"战略"一词历史久远,"战"即战争,"略"即谋略。春秋时期孙武的《孙子兵法》被举世公认为人类历史上最早的一部系统性讨论军事战略的著作。英文中的战略"strategy"一词意为军事将领,也指将领指挥军队作战的谋略。②

战略是一个涉及目的、政策、计划、行动和资源分配的模式。这个模式界定了组织是做什么的以及为什么要这样做。③ 成功的战略是在充分认识环境状况的基础上确定应对之策。环境总是处于变化之中,每个非营利组织的战略,无论

---

① 〔美〕彼得·德鲁克:《非营利组织的管理》,吴振阳等译,机械工业出版社2007年版,第49页。
② 〔美〕玛丽·切尔哈特、沃尔夫冈·比勒菲尔德:《非营利组织管理》,那梅、付琳赟译,社会科学文献出版社2021年版,第85页。
③ William A. Brown, "Strategic Management," in David O. Renz, ed., *The Jossey-Bass Handbook of Nonprofit Leadership and Management*, 3rd ed., John Wiley & Sons, 2010, p. 206.

曾经多么成功,若不随环境改变都会变得不合时宜。如果组织没有及时感知环境变化,并且做出适应性的改变,那么就会面临组织与环境之间的矛盾和冲突。没有哪个组织能够完全避免或消除环境变化带来的矛盾和冲突,但是战略管理可以有效地帮助非营利组织了解环境、认识自己,在恰当的时机做出正确的选择,将冲突转化为推动组织不断前行的力量。

战略是非营利组织在环境中的自我定位。雷蒙德·迈尔斯(Raymond Miles)和查尔斯·斯诺(Charles Snow)根据非营利组织自我定位的不同,提出了四种战略:探索者、防御者、跟随者和反应者。探索者是开拓新市场和创造新产品、新服务的创新者;防御者是寻求提高现有服务效率的守成者;跟随者不是某项服务的开发者,但却是对服务进行整合创新最迅速的;反应者往往被动地对环境变化做出反应,缺乏具有内在一致性的方法,不能持续可靠地实施战略。①

随着环境变得更加不稳定、复杂和不可预测,应急和学习变得更加重要。在这种情况下,非营利组织只能建立一般性的战略方向,并随着环境变化随时做出反应。亨利·明茨伯格(Henry Mintzberg)将战略分为预期战略、实际战略和应急战略。预期战略是由高层管理团队规划和实施的战略。实际战略是组织在现实环境中通过行动实际实施的战略。预期战略可能永远不会实现,而实际战略可能事先无法预期。应急战略是组织在经验中通过学习和实验所形成或发现的战略。②

战略管理的基础是差异化理念。非营利组织的规模一般都比较小,这限制了它们的战略选择。非营利组织管理者面对的需求远超出他们拥有的资源和服务能力。为了取得成功,每个非营利组织都应该考虑怎样才能区别于其他组织。对于营利性组织来说,它们要与竞争对手争夺消费者。非营利组织之间的竞争性可能没有那么强,但竞争优势的概念仍然是有用的。因为即使是在合作关系中,一个组织也会从潜在的伙伴中寻找具有突出的或独特能力的组织作为合作伙伴。因此,非营利组织需要考虑如何使自己提供的服务和持有的价值观具有独特性。

---

① Raymond E. Miles and Charles C. Snow, *Organizational Strategy, Structure, and Process*, McGraw-Hill, 1978.

② 参见 Henry Mintzberg, "Crafting Strategy," in J. Steven Ott and Lisa A. Dicke, eds., *Understanding Nonprofit Organizations*, Westview Press, 2001, pp. 158-166. 转引自:〔美〕玛丽·切尔哈特、沃尔夫冈·比勒菲尔德:《非营利组织管理》,那梅、付琳赟译,社会科学文献出版社 2021 年版,第 105 页。

二、理论基础

战略管理首先是在企业管理领域发展起来的。20世纪初,随着科学管理的兴起,美国企业开始注重计划管理。二战后,一些大企业更加重视长期规划和控制。1962年,艾尔弗雷德·钱德勒(Alfred D. Chandler)首次针对企业提出战略管理的概念。这个时期,一些管理学家提出所有企业都需要一个整体战略。20世纪70年代,高度理性的分析式的战略制定模型受到挑战。20世纪80年代,竞争战略成为战略管理领域的主导理论。20世纪90年代,竞争优势、核心能力、价值链、战略联盟、蓝海战略等成为战略管理的重要概念,动态战略和应急模型受到更多关注。① 20世纪战略管理领域出现了很多流派,早期的战略规划学派关注企业内部,随后的环境适应学派和产业组织学派把关注点转移到企业外部环境,而到了资源基础学派,又重新回到对企业内部要素的关注。② 进入21世纪以来,网络组织理论和组织生态学理论被运用到战略管理之中。

非营利组织直到20世纪70年代才开始引入战略管理,其思想和方法在很大程度上来源于企业战略管理。随着非营利组织管理逐渐发展成为一门独立的学科,战略管理已经成为其中一项重要内容。

近年来,网络化、数字化逐渐成为全球技术变革的战略方向。③ 这场变革不仅从根本上改变了商业竞争的底层逻辑,也在改变公益事业的底层逻辑。与此同时,生态学也被应用到组织理论研究之中,发展出组织生态学。组织生态学被运用到公益慈善领域催生了慈善生态系统理论。尽管慈善生态系统理论还在发展的早期阶段,但已经给非营利组织战略管理带来了崭新的视角。组织生态学诞生于20世纪70年代,是生态学与社会科学相结合的产物。生态学本身是一个相对年轻的学科。德国博物学家在1869年首先使用了"生态学"这个概念,意为"研究有机体与其环境之间相互作用的科学"。2014年全球资助者支持计划(WINGS)在报告中首次提到"慈善生态系统",中国基金会发展论坛2019年的研

---

① 〔美〕玛丽·切尔哈特、沃尔夫冈·比勒菲尔德:《非营利组织管理》,那梅、付琳赟译,社会科学文献出版社2021年版,第85页。

② 张东生、王宏伟:《战略管理理论前沿与演变规律——基于文献的科学计量分析》,《管理现代化》2021年第4期,第121—125页。

③ 陈冬梅、王俐珍、陈安霓:《数字化与战略管理理论——回顾、挑战与展望》,《管理世界》2020年第5期,第220—236页。

究报告提到了"公益生态系统"。① 所谓公益生态系统,就是公益事业领域的各种利益相关方在互动过程中形成的一个有机系统。经过近四十年的发展,现代中国慈善生态系统初步形成。慈善生态系统可以分为微观、中观和宏观等层面。微观层面由组织个体构成,它们构成了基础性的实体;中观层面关注网络平台、组织联盟、枢纽型社会组织等中层组织结构;宏观层面关注统摄整个系统的架构和机制。② 慈善生态系统理论中的生态位、共生关系、协同演化等概念都可以给非营利组织战略管理带来新的视角。

第二节 战略管理过程

一、战略管理的循环

非营利组织战略管理与企业战略管理既有很多相似之处,也各有一些不同特点。企业优先追求财务目标,非营利组织优先追求社会和环境目标;企业生产产品和服务,非营利组织主要为人提供服务,绩效更加难以衡量;企业的服务对象是顾客,非营利组织既服务顾客,更服务公民;企业雇用员工,非营利组织在雇用员工之外,大量使用志愿者;企业对员工的激励手段多样,非营利组织不仅财力有限,而且无法使用股权激励之类的手段,更多依靠精神鼓励;企业的资源主要来自市场,非营利组织的资源来源更加多样化,可以来自市场、政府和慈善组织;企业有各种利益相关方,非营利组织的利益相关方更加广泛多样。

非营利组织的战略管理是由一系列活动构成的一个不断循环的过程,如图7-1所示。这三个阶段分别是识别服务需求和资源机会(市场机会)、服务提供系统与能力建设、绩效监控与运作控制。首先,非营利组织要识别市场机会。对于非营利组织而言,市场机会不仅意味着对服务的需要或需求,还意味着考虑资源环境。其次,为了满足上述需要,非营利组织要开发一个服务提供系统,这个系统包括付费与不付费的参与者。最后,非营利组织要控制绩效。这个环节尤其重要,因为非营利组织的绩效往往很难衡量。在更一般的意义上,这三个阶段可以称为战略制定、战略实施和战略控制。

---

① 樊亚凤、胡左浩、洪瑞阳:《互联网公益平台生态圈的价值创造与治理机制——基于S公益平台的个案研究》,《中国行政管理》2022年第2期,第51—58页。
② 康晓光、张哲:《行政吸纳社会的"新边疆"——以北京市慈善生态系统为例》,《南通大学学报(社会科学版)》2020年第2期,第73—82页。

第七章　非营利组织战略管理

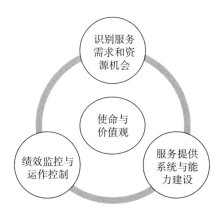

图 7-1　非营利组织的战略管理循环

资料来源：William A. Brown, "Strategic Management," in David O. Renz, ed., *The Jossey-Bass Handbook of Nonprofit Leadership and Management*, 3rd ed., John Wiley & Sons, 2010, p. 209。

二、战略制定

在非营利组织中，制定战略是理事会和行政负责人的职责。他们也可以聘请咨询顾问协助制定战略，还应当为利益相关方（比如资助方、员工、社区等）提供适当的机会和渠道参与战略制定过程。

非营利组织制定战略的过程可以从战略分析开始。战略分析一般包括宏观环境分析、中观环境分析和微观环境分析。战略分析的逻辑和使用的工具都可以从企业战略管理中找到。外部宏观环境分析可以使用 PESTI（Political-legal, Economic, Social-cultural, Technological and International factors）分析框架。PESTI 分析从政治法律环境、经济环境、社会文化环境、技术环境和国际环境等五个维度对非营利组织所处的宏观环境进行分析，目的是识别宏观环境中正在出现的有利和不利因素，以及这些因素可能对组织造成的影响。中观环境分析也称为行业分析，行业分析用于了解非营利组织在一个或多个行业中的运作情况，确定组织在行业中的角色和定位。行业分析最常用的还是迈克尔·波特（Michael Porter）的五种竞争力模型。但是，这个模型是为企业开发的，非营利组织在使用时需要作一些修改。[①] 对于一些规模较大的提供多种产品或服务的非营利组织来说，波士顿矩阵也是可资利用的分析工具，它能够区分每种产品或服务在各自行业领域的发展前景，帮助组织做出选择。微观环境分析就是内部条件分析，就

---

① 〔美〕玛丽·切尔哈特、沃尔夫冈·比勒菲尔德：《非营利组织管理》，那梅、付琳赟译，社会科学文献出版社 2021 年版，第 104 页。

是对非营利组织自身情况进行分析,可以借鉴企业常用的价值链、核心能力等分析工具。当然,也要根据需要对这些工具稍作修改。SWOT 分析是最常用的综合性分析工具,这个工具将外部环境分析和内部条件分析结合起来。① SWOT 分析可以与上述各种工具配合使用。这些内容在几乎所有管理学或战略管理的教科书中都可以找到,此处不再赘述。

非营利组织在制定战略时,首先必须考虑对产品和服务的需求以及资源机会。一般来说,营利性组织更容易识别它们的消费者,因为在大多数情况下产品(或服务)、消费者和资源相互之间是紧密联系在一起的。营利组织管理者还需要考虑怎样以有效且高效的方式提供服务和产品,营利组织在满足顾客需求的同时就产生了收入。这对非营利组织来说并不是一定的。非营利组织在运作过程中很少像营利组织那样通过出售产品或服务来换取等价的收入。非营利组织即便对产品或服务收取一定的费用,这些收入也往往不能弥补成本,它们通常还要寻找其他的资源来补充收入。因此,非营利组织不仅仅要注意服务对象的需求,还要注意潜在的资源市场,平衡使命与资源之间的关系是至关重要的。②

微案例 7-1

可汗学院:一个国际性的教辅机构

可汗学院(Khan Academy)成立于 2009 年,是美国人萨尔曼·可汗创立的一个非营利性教育辅导机构。最初,萨尔曼拍摄视频为远方的亲戚辅导功课,没想到这些视频在网上火了。于是,萨尔曼辞职创办了这家机构,自己制作视频,讲授数学、金融、物理和化学等课程。2009 年,可汗学院获得"微软技术奖"中的教育奖,得到了社会的赞助以及视频网站的广告费。2010 年,盖茨基金会和谷歌公司分别捐助可汗学院 500 万美元和 200 万美元。如今,可汗学院拥有 75 个专职人员和来自世界各地的兼职志愿者,一年提供覆盖 12 种语言的 3 200 个视频课程,有的课程甚至登上了"网易公开课"。③

---

① SWOT 是战略管理中常用的一个分析框架,四个字母分别代表组织内部优势(Strength)与劣势(Weakness)以及外部环境中的机会(Opportunity)与威胁(Threat)。

② William A. Brown, "Strategic Management," in David O. Renz, ed., *The Jossey-Bass Handbook of Nonprofit Leadership and Management*, 3rd ed., John Wiley & Sons, 2010, p. 210.

③ 刘畅、张静:《教育类非营利组织案例分析——以可汗学院为例》,《鸡西大学学报》2015 年第 6 期,第 37—39 页。

第七章　非营利组织战略管理

在战略制定过程中，阐明建立组织的宗旨是非常重要的。使命、愿景和价值观在战略管理循环中处于核心地位。在确立使命的时候，非营利组织管理者需要考虑资源市场，考虑谁可能资助和支持他们的工作。非营利组织必须将资源作为市场的一部分来考虑。尽管很多人将资源看作非营利组织实现使命的手段，但非营利组织在确定使命的时候必须考虑资源这个现实问题。

非营利组织要考虑两类市场：首要市场和次要市场。首要市场即服务需求，也就是非营利组织的使命；次要市场是资源机会。非营利组织的"市场"包括服务需求、潜在的资助机会、潜在的劳动力（志愿者和雇用的员工）以及其他服务提供者。非营利组织要同时满足多个市场的需求是很不容易的。①

明确组织在行业中的定位是战略制定要解决的一个基本问题。非营利组织所处的行业领域是混杂的——许多非营利组织总是或多或少在做同一件事。管理者应该了解其他组织和利益相关者在同一服务领域中的运作情况。战略定位就是要使一个非营利组织区别于其他的组织，表明自己的独特性。这种差异性不仅对于吸引员工和服务对象而言是重要的，对于获取资助方的认同也很重要。有的组织能够很好地把不同利益相关方的需求结合在一起。比如，北京"绿十字"是一家致力于环保和乡村建设的非营利组织，其口号是"把农村建设得更像农村"。北京"绿十字"在全国各地完成了多个非常成功的新农村建设示范项目。它把自己定位为"协调者"，该组织的负责人孙君更是自称"村长助理"，很好地协调了地方政府、村干部与村民以及志愿者的需求，在利益相关方之间建立起信任与合作，最终实现了组织的使命。② 再比如，哥伦比亚特区中心厨房（D.C. Central Kitchen, DCCK）是一家位于美国首都华盛顿特区的非营利组织，其使命是"通过食物使社区更强壮"，主要服务是为贫困学生和流浪者提供免费食物，同时还经营营利性餐饮业务。它十分巧妙地将捐赠者、志愿者、顾客联系起来，将志愿者变成捐赠者，又将捐赠者变成志愿者，捐赠者和志愿者都成为其营利性业务的顾客。③ 国际小母牛组织（Heifer International）的"礼物传递"计划也是一

---

① 刘畅、张静：《教育类非营利组织案例分析——以可汗学院为例》，《鸡西大学学报》2015 年第 6 期，第 37—39 页。
② 张远凤、张君琰、许刚：《非营利组织参与社区建设比较案例研究——以北京绿十字和匹兹堡 BCC 为例》，《中国非营利评论》2016 年第 1 期，第 165—181 页。
③ 张远凤、〔美〕莱斯特·萨拉蒙、梅根·韩多克：《政府工具对美国非营利组织的影响——以 MFN，BCC 和 DCCK 为例》，《中国非营利评论》2015 年第 1 期，第 200—201 页。

个经典的例子。①国际小母牛组织是一家支持乡村发展的国际性机构,总部设在美国阿肯色州小石城,美国前总统克林顿是其支持者之一。国际小母牛向全球范围内的贫困家庭提供家畜、农作物以及可持续农业教育。它的核心理念是提倡"礼物传递",要求每一个受助人将自己获赠的牲畜所产后代中的一部分转赠他人,并且把学到的生产知识和技能传递给其他需要帮助的人,与他人分享资源、相互帮助,让更多的人共同富裕。

非营利组织在考虑市场机会的时候,还要考虑多重目标问题。比如,美国的"为国从教"(Teach for America)是一个致力于在美国消除教育不平等的非营利组织,招募了一批优秀大学毕业生志愿者来给贫困儿童做老师。这个组织的目标是双重的:一方面它希望为贫困学生提供更好的教育服务,另一方面它也希望这个项目能够影响志愿者。尽管招募来的大学生只有一部分会成为志愿者,但所有人都会认识到美国教育体制面临的挑战。这种对多元市场(资源和需求)的认识是非营利组织战略的基础。

除了考虑宗旨和市场,战略管理者也要考虑怎样进入市场。回顾一下迈尔斯和斯诺提出的四种战略类型,可以了解非营利组织对市场机会和战略投入可能做出怎样不同的反应。探索者更具有企业家精神,他们会通过创新来抓住机遇。防御者会期望市场保持公平和稳定,在这种环境中他们更加关心服务提供系统的完善。探索者更适合动荡和高度竞争的环境,在这种环境中,不断出现的新的产品和服务需求需要不断地创造性地解决问题。第一个提供服务的组织(或获得新的资金来源的组织)会占据更大的优势。防御者更适合稳定的市场,这种市场不需要新的服务,但是需要效率,需要从平时的工作中吸取更多经验。分析者相信这是事实,但是组织也需要选择性的创新,在扩大市场领域的同时努力做到更有效率。②

缺乏市场敏感性也可能是一件好事。因为这意味着非营利组织能够专心于组织目标。在许多案例中非营利组织是唯一的提供者,受益者经常不能选择提供者,只能被动地接受。即使存在其他的提供者,服务需求也往往超出所有提供

---

① 路征、杨云鹏、李倩:《非政府组织主导型社群经济的农村扶贫模式与效应研究——以海惠组织农村扶贫项目为例》,《中国农村研究》2020年第1期,第171—190页。
② William A. Brown, "Strategic Management," in David O. Renz, ed., *The Jossey-Bass Handbook of Nonprofit Leadership and Management*, 3rd ed., John Wiley & Sons, 2010, p. 214.

者的能力。因此,服务提供者只能做他们能做的,尽管他们知道存在过剩需求。①

相比于服务需求,非营利组织面临的更大压力来源于资源环境的特性。非营利组织的收入来源十分复杂,包括政府、公司、个人、基金会等。这些资助者提供资助的方式也很多样,例如捐款、捐物甚至捐赠股权等。非营利组织必须确保得到持续的、可靠的资助。资助者可能会对某个领域失去兴趣而转变偏好。例如,一个致力于提供预防服务的美国非营利组织,主要是在公立学校里提供服务,擅长在学校里提供有关药物滥用和成瘾方面的临床与教育服务。这个组织几乎所有的服务都是在校园里提供的,资金来自当地学区的合同。然而,当这些学校的工作重点发生转移之后,教学占用了更多的时间,用于其他项目的时间和资源就减少了,学校砍掉了药物滥用教育项目,这个非营利机构丢失了主要市场。理事会的一些人可能会认为,"那就是我们所擅长的,现在资助者不再需要我们的服务,我们的项目就结束了"。但是另外一些人,尤其是新的首席执行官可能认为,组织可以考虑采取其他方式来继续提供这项服务,因为需求并没有减少,药物滥用的现象不但没有消失,反而在增多。组织可以考虑运用其他方式向社区提供服务,并以其他方式获得收入。药物滥用预防服务的故事也阐释了另一个决定市场战略的因素,即管理层和理事会的角色。领导层的更替使得非营利组织有机会采取新模式,产生新想法。战略思路往往存在于主要决策者的脑子里,因此领导层的变化能改变非营利组织做事的方式。②

当长期掌权的创始人离开了组织,组织管理往往会受到显著影响。成功的创始人常常有敏锐的直觉,创始人规划的战略方向在组织成长的一段特殊时期内可能会把握得很好。当创始人离去,新的管理者可能提出了新的战略方向。如果新的管理者没有和理事会成员分享他的新战略思路,或者理事会成员不支持这个新想法,那么理事会和新的管理层之间就会出现意见分歧。许多理事会成员留恋旧的运作模式,在这种情况下,管理层可能需要花费很多时间与他们沟通,让他们明白服务需求和资源环境已经发生显著变化,旧的模式已经不合时宜,从而赢得理事会的理解和支持。③

---

① William A. Brown, "Strategic Management," in David O. Renz, ed., *The Jossey-Bass Handbook of Nonprofit Leadership and Management*, 3rd ed., John Wiley & Sons, 2010, p. 218.
② Ibid., p. 216.
③ Ibid., p. 217.

> **微案例 7-2**
>
> **自然之友的二次创业**
>
> 　　2013 年夏天,张伯驹从香港中文大学硕士毕业,回到自然之友担任总干事。读硕士之前,他已经在自然之友工作过 6 年。自然之友成立于 1994 年,做了近 20 年的环境教育,正在寻找新的战略方向。从 2004 年 8 月到 2013 年 7 月,自然之友更换了 6 任总干事,最短一任仅在职 5 个月。2013 年 8 月 5 日,张伯驹带着一份新的战略规划,回到自然之友走马上任。在他的带领下,自然之友确立了三个核心业务板块,即法律与政策倡导、公众行动支持、环境教育。对于张伯驹而言,最难的不是开辟新领域,而是关闭旧项目。比如,资助方已经承诺给"社区垃圾分类"项目提供百万元资金,张伯驹还是砍掉了它,因为它不是战略规划中的核心业务。由于失去了这些业务带来的收入,自然之友几近"断炊"。幸运的是,自然之友得到了阿里巴巴公益基金会、南都公益基金会等公益伙伴的支持,获得了继续推动战略聚焦的资源。张伯驹知道,必须实现收入来源多元化,才能保持自然之友的独立性和实现可持续发展。因此,张伯驹奋力开拓个人捐赠,包括月捐和遗产捐赠等。同时,尝试自我造血。自然之友推出第一个公益创业项目——盖娅自然学校,通过出售环境教育课程获取资金,已经取得成功。[①]

三、战略实施

　　完成了战略制定任务之后,下一个战略问题就是怎样去实施。如果执行团队有能力抓住它,机会才是可行的。战略实施过程的核心任务是建立一个服务递送系统(service delivery system),并且使这个系统具备服务能力。围绕着这个任务,非营利组织的管理者需要解决这样一些问题:吸引和留住认同并忠于组织使命的人员(包括志愿者和员工),建立组织的价值观和文化,找到多样化的收入来源,建立和维护合作关系网络,确保受益者得到服务,以及积极参与公共政策过程。[②]

[①] 本案例根据以下资料编写:张火鸟:《自然之友张伯驹:一方面要让世界变得更好,同时要让它不要变得更不好》,2019 年 5 月 5 日,社会创新家,https://ishare.ifeng.com/c/s/7mIRN94coU8,2022 年 10 月 6 日访问。

[②] William A. Brown, "Strategic Management," in David O. Renz, ed., *The Jossey-Bass Handbook of Non-profit Leadership and Management*, 3rd ed., John Wiley & Sons, 2010, p. 219.

第七章 非营利组织战略管理

> **微案例 7-3**
>
> ### 阿拉善 SEE 生态协会的业务模式
>
> 阿拉善 SEE 生态协会在与当地人、政府和企业家不断磨合的过程中,摸索出了一种"内生式发展"的理念,通过促进当地人对权利和责任关系的理解,让他们在失败和成功中自己进行尝试和修正,使人与自然的关系慢慢恢复平衡,最终达到和谐相处。阿拉善 SEE 生态协会建立生态保护试验区的工作有五个原则:第一,农牧民需求为本原则。首先让农牧民将他们的需求表达出来,农牧民的切身需求就是阿拉善 SEE 生态协会选择项目、投入资金的方向。第二,农牧民为管理主体原则。公共资金由农牧民集体来管理和支配,由农牧民自己来进行项目管理。第三,项目资金三方配套原则。阿拉善 SEE 生态协会坚持在项目投入上,政府、阿拉善 SEE 生态协会、农牧民各投入一部分。农牧民必须投入一定比例的钱,只有这样他们才会把项目当成自己的事来做。第四,项目资金使用民主原则。阿拉善 SEE 生态协会、政府和农牧民投入的资金,放在一个公共账户里,由村民民主选举产生的"村民项目委员会"负责管理。第五,财务监督三方制约原则。项目资金由"村民项目委员会"负责管理,政府和阿拉善 SEE 生态协会帮助村民项目委员会建立起完善的财务制度和监督制度。[①]

在非营利组织中,人员的能力对于实现组织目标具有最重要的影响。在典型的非营利组织中,员工成本占到总支出的七八成,乃至更多。不仅如此,很多非营利组织使用的志愿者远远多于其正式员工。与营利性机构相比,志愿者构成了非营利组织特有的人力资源。然而,志愿者是较难管理的,领导和激励志愿者是非营利组织要面对的独特难题。本书另辟专章讨论这个问题。

组织承诺对非营利组织的员工和志愿者都十分重要。我们反复强调,非营利组织是由使命和价值观驱动的组织,这是非营利组织独具的优势。不论是员工还是志愿者,不管拿工资还是不拿工资,只要他们认同组织的使命并且做出承诺,就会受到无形的激励,为了更好地实现组织目标而努力工作。

如何才能鼓励人们对某项使命做出承诺呢?显然这并不容易。从战略的角度来看,这要求非营利组织的领导者展示出领导力,在日常运作中确保自己的行为与组织确定的价值观和道德准则保持高度一致,并且一以贯之。在大多数情

---

① 苏西:《阿拉善 SEE 生态协会 荒漠里的慈善实验》,《绿色中国》2009 年第 11 期,第 53—55 页。

况下，非营利组织没有能力支付和营利性组织一样水平的工资，也没有能力像公共部门那样提供就业稳定性。非营利组织实际上是依靠信任与合作来运作的，内部和外部的利益相关者都期待非营利组织的运作符合其使命和价值观。使命和价值观是非营利组织特有的优势，是吸引捐赠者、志愿者以及员工最有力的手段。① 维护使命和价值观需要长期的努力，但毁掉它只需要一个丑闻。

微案例 7-4

天鹅面包房的人性化管理

日本天鹅面包房是一个连锁面包店，目前已经拥有 23 家连锁店，雇用了 270 多名残障人士，占员工总数的七成以上。公司支付给他们的工资远远超过政府规定的最低工资。以往的残疾人福利企业生产的都是一些娃娃、饰品等日常生活中可有可无的东西，许多人出于同情买过一次就不会再买第二次。而天鹅面包房生产的是顾客每天都要消费的食品。天鹅面包房的核心理念是："把残障人士当正常人看待，只要提供适合他们生理特点让他们感到安全的工作环境，他们同样具有无限的潜力。"在运作管理上，天鹅面包房根据残障人士特点设计工作流程，把步骤分得很细，每个步骤都十分简单，一个人负责几个步骤，既便于记忆，又可熟能生巧提高效率。比如同样是做盒子，有自闭症的人一口气能做 250 个，而健全人做 10 个就要去抽烟了。天鹅面包房精心地维护社区和顾客关系。比如，组织员工穿着印有天鹅标志 logo 的工作服清扫社区环境，社区居民因之熟悉并喜爱上天鹅品牌；为对奶油和鸡蛋过敏的顾客定制特别蛋糕；利用旅游节、文化节的时机进行宣传，促进地方经济振兴；与残障人士技能培训学校合作；还支持年轻画家在店中展出画作。②

在建立服务递送系统的过程中，另一个重要的考虑是潜在的合作关系。如果一个组织没有足够的内部能力，那么和其他组织一起行动就是个不错的选择。合作战略是困难的，但往往又是必要的，有时甚至是实现更大目标的唯一方法。企业为了提高生产力或市场占有率常常采取收购或兼并的策略。收购和兼并在非营利部门不那么普遍，但也并非没有先例。光点基金会（Points of Light Foun-

---

① P. Frumkin and A. Andre-Clark, "When Missions, Markets, and Politics Collide: Values and Strategy in the Nonprofit Human Services," *Nonprofit and Voluntary Sector Quarterly*, Vol. 29, No. 1, 2000, pp. 141-163.

② 松江直子：《爱、正义和勇气的经营——记天鹅面包房》，《中国发展简报》2010 年第 8 期。

第七章 非营利组织战略管理

dation)和接力网络(Hands-On Network)的合并就是个很有趣的例子。这两个非营利组织都是由志愿者管理的。光点基金会是一个中介组织,它负责招募和管理志愿者,并安排他们到其他非营利组织去工作。接力网络是个很年轻的组织,也是一个为非营利组织提供志愿者的中介组织。但是,两者在志愿者管理思路方面有所不同。接力网络更多的是自己来组织项目。两者合并以后,两家机构都略微调整了战略方向,以便更好地支持志愿者,并且将多种方法整合起来,努力提升组织的可持续性和影响力。①

除了通过直接提供服务来实现组织目标以外,非营利组织还可以通过参与公共政策过程在更大范围、更高层面上解决问题。"免费午餐"就是一个成功的例子。当然,不是所有组织都如此幸运,能够在短时间内对公共政策形成如此大的影响。但是,几乎所有直接提供服务的非营利组织在意识到需求规模之巨大与自己服务能力之微弱的时候,都会想到通过公共政策和政府干预来解决问题。

有一个经典的故事很好地说明了这个道理。有个渔民,生活在河边的小镇上。一天,他发现一个婴儿漂浮在河面上,就把婴儿从河里打捞上来,并且告诉了镇上的居民。镇上居民就此事开了个会,决定安排人手经常观察河面,一旦看到有婴儿漂下来就可以及时施救。随着从河面漂下来的婴儿越来越多,小镇发明了一个复杂的服务递送系统,包括救起婴儿、清洗干净,然后把他们安置在养父母家等环节。过了一段时间,小镇居民意识到他们已经没有能力抚养更多的婴儿。因此,他们决定沿着河流到上游去查看这些婴儿究竟是从哪里漂过来的。很快,他们便发现是一个偷婴儿怪物把婴儿扔进河里的。下游的小镇居民联合上游的小镇居民一起杀死了这个怪物,从此河里再也没有婴儿漂下来了。②

和很多管理学的故事一样,河里漂来的婴儿和小镇居民对婴儿的救助都是隐喻。非营利组织需要提供服务,在这个故事里就是救助婴儿,同时它们也应该努力去寻找问题的根源,从源头上改变产生服务需求的社会系统,在这个故事里就是找到河里漂来婴儿的根本原因并且杀死偷婴儿并抛到河里的怪物。救助婴儿只是治标,杀死怪物才是治本。在许多情况下,治本意味着通过改变法律和规则来改善服务对象的处境,从而减少对非营利组织的服务需求。美国的母亲反酒驾组织(Mothers Against Drunk Driving, MADD)也是一个很好的例子。这是一个为改变酒驾规则而建立的非营利组织。通过组织各种活动,其改变了美国人

---

① William A. Brown, "Strategic Management," in David O. Renz, ed., *The Jossey-Bass Handbook of Nonprofit Leadership and Management*, 3rd ed., John Wiley & Sons, 2010, p. 221.

② Ibid.

关于喝酒和开车的传统观念。母亲反酒驾组织不仅为酒驾受害者提供服务,安慰因为酒驾事故而失去孩子的母亲,并且通过游说倡导改变人们的观念和行为,改变了法律规定,从而大大减少了酒驾行为,使得因酒驾事故而失去孩子的母亲越来越少。①

四、战略控制

非营利组织战略管理循环的最后一环是战略控制。很多因素都会对非营利组织的绩效产生影响,包括项目绩效、组织结构、员工学习和参与、财务控制以及与捐赠者和其他利益相关者的关系等。许多组织绩效评估工具普遍适用于营利组织和非营利组织,比如目标管理、平衡计分卡、全面质量管理和标杆瞄准等。然而,绩效管理和控制不仅仅是计算数字和客观指标等技术方面的问题,还涉及监控主要利益相关者之间的关系。捐赠者、志愿者乃至管理者都可能出于各种原因反对绩效控制过程,或者反对使用某种绩效管理技术。常用的战略控制手段包括行政控制、财务控制以及组织内外部的监督。

行政控制是战略控制最常用的手段。一个集权的组织结构倾向于拥有更加严厉和彻底的控制系统和授权结构。在法律规制十分严格的情况下,人类服务领域的非营利组织倾向于采取严密的控制机制以确保合法性。集权型组织倾向于限制参与者的非授权行为,这样做也有利于缩小选择范围从而提高运作效率。采取防御者战略的组织往往采用集权型结构,通过寻找以及实现最佳实践来实现最优效率。采取探索者战略的组织往往采用较为分权的结构,这种类型的组织结构允许更多眼睛盯着外部环境并为识别机会提供建议。采用分权型结构的组织愿意承担一些由效率损失带来的成本,因为参与者享有一定程度的独立性可能会孕育创新,也因为在分权组织中控制成本可能太高。总之,防御者的眼睛主要向内看,而探索者的眼睛主要盯着外部环境中的机会。

财务控制是绩效控制的另外一种重要手段。非营利组织管理者花费大量时间通过财务预算和财务报告来监控财务指标。非营利组织常常要以有限的能力去实现很高的期望,因此必须明智而审慎地使用资源。无谓的花费、过高的薪酬以及欺诈行为都会对非营利组织乃至整个非营利部门产生极为不利的影响。在很多情况下,财务管理面临两难处境。以基金会为例,我国8 000多家基金会的投资收益率只有大概1%,舆论批评这些钱没有很好地用于投资。然而,如果投

---

① 参见 https://madd.org/our-history/,2023年5月1日访问。

资收益率较高的项目,由于风险较高而出现亏损的话,舆论可能还是会批评基金会理财不善。这对基金会的财务管理提出了很高的要求,但绝大多数基金会的规模很小,无力承担聘用优秀专业理财人员的成本。财务绩效显示了一个组织的健康状况,管理者需要考虑财务指标反映出来的运作问题,如项目绩效和捐赠者关系问题。

组织的内部监督是非营利组织战略控制不可或缺的环节。理事会的监督至关重要。理事会设定基调,更重要的是,努力确保组织在实践上的一致性,从而推进整个组织的成功。理事会帮助和引导组织走上正轨。理事会帮助管理者识别战略投入和操作实务中的优先事项,但是不应该干预服务递送过程的细节问题。更常见的是,理事会应该掌握必要的信息来评价这些优先事项的进展情况。若管理层在运作管理中处于灰色地带难以决断,应该向理事会寻求指导和方向。通过影响组织的优先事项决策以及评估这些优先事项的进展情况,理事会可以成为管理层活跃的伙伴,同时发挥其最重要的作用——对组织和管理层的监督。理事会是市场和主要利益相关方的中间人,它存在的目的就是要证实组织的运作诚实地遵循了其宗旨。这个角色不是带有批判性和对抗性的局外人,而是一个帮助处理组织优先事项和实现目标的合伙人。非营利组织的绩效评估也面临许多挑战。在许多情况下,确切知道某个项目给服务对象带来了何种好处即便不是不可能的,也是相当困难的。不仅如此,一些严谨的评估方法所需的信息经常超出非营利组织可获取信息的范围。

最后一环是组织的外部监督。战略管理的一项常规工作是维护与主要利益相关方的关系,尤其是捐赠者、员工以及外部环境中的主要决策者(例如规制者、政府官员和其他服务提供者)。他们每一方都在组织战略管理中扮演着重要角色。

第三节 合作战略

正如德鲁克所说,非营利性组织和营利性组织的一个最根本的区别在于非营利组织拥有更多至关重要的关系网络。[①] 几乎解决所有社会问题所需的资源都超出了单个组织的能力。在很多情况下,非营利组织管理者往往通过与其他组织合作以创造更大的社会影响和社会价值。非营利组织与政府、企业及其他非营利组织之间建立起战略联盟已经成为最重要的战略。

---

① 〔美〕彼得·德鲁克:《非营利组织的管理》,吴振阳等译,机械工业出版社2007年版,第126页。

一、合作战略的重要性

对于非营利组织而言,与利益相关方合作有多重好处,既能够提升合法性,又能够获得资源,还能够增加公信力。①

首先是获得合法性。在我国创办非营利组织必须有业务主管单位才可能获得民政部门的登记注册,取得合法身份。近年来,在行业协会和协会等的设立上,广州、深圳等一些城市开始取消业务主管单位要求,采取直接由民政部门登记注册的做法。然而,不管是否有业务主管单位的要求,非营利组织管理者如果能够与政府部门进行良好沟通,得到政府的奖励和表彰,对于提升合法性是十分重要的。

其次是获取资源。社会创业往往面临资源缺乏的难题,如果能够想出好的创意或者利用自己的品牌和无形资产,与企业进行合作,则能够获得创业所需的资源。政府招标购买服务的项目也是重要的资金来源。比如,美国国际开发署(USAID)下属美国海外学校和医院项目(American Schools and Hospitals Abroad,简称 ASHA 项目)主要为美国的海外院校和医院等机构的发展提供资助。该项目每年申请一次,必须由一家美国本土机构和一个海外机构一起申请完成。2008 年,美国世界健康基金会(Project HOPE)与武汉大学 HOPE 护理学院联合申请的护理教育远程教学系统获得批准,总金额 71.2 万美元,其中 ASHA 项目将资助 40 万美元用于购买设备,武汉大学将配套资金 31.2 万美元,用于项目的执行和实施。②

最后是获得公众的信任与支持。公众的信任是非营利组织的生命线,获得公众的信任不仅需要好的管理和服务,而且需要有效的沟通与宣传。非营利组织可以借助合作伙伴的力量来扩大宣传和影响,推动自己事业的发展,促进使命的达成。

此外,通过与合作伙伴的合作,还能够分享合作伙伴的经验和能力,提升自己的管理与服务水平。

非营利组织的合作对象可能是其他非营利组织,也可能是政府、企业、媒体或其他机构。在实际运作中,非营利组织往往同时与多个组织合作。任何一方都可以成为合作关系的推动者。比如,加拿大社会企业家中心(Canadian Centre

---

① Jane Wei-Skillern et al., *Entrepreneurship in the Social Sector*, Sage Publication, 2007, p. 3.
② 董巍:《美国国际开发署 ASHA 项目官员访问 HOPE 护理学院》,2008 年 11 月 5 日,武汉大学医学部,https://www.whu.edu.cn/wsm70/info/1046/2001.htm,2023 年 5 月 1 日访问。

for Social Entrepreneurship，CCSE）致力于加强志愿部门、政府和企业界之间的联系与合作，该中心建在阿尔伯塔大学商学院。合作关系管理必须克服许多困难和障碍，如各方利益冲突、知识产权保护等。

二、非营利组织之间的合作

非营利组织的有效性取决于其专业化程度，而一个非营利组织所能够达到的专业化程度取决于整个非营利部门乃至整个社会分工达到的水平。非营利组织之间的分工首先是资助型组织、服务型组织及平台型组织的分工，然后是各类组织在服务领域和服务对象上的进一步分工。非营利组织之间的分工不仅可以使各个组织更加专业、更有效率，而且可以使服务覆盖地区、覆盖人群、覆盖领域更加符合现实需求，更加公平。非营利组织之间的合作可以在各个领域展开，比较常见的是合作筹款、合作赋能以及合作开展业务。

合作筹款随着互联网的发展越来越普遍。2003年，浦东"慈善公益联合捐"已经成为上海公益事业的一个品牌活动。2007年底成立的首都公益慈善组织联合会也建立了联合劝募机制。[①] 2015年开始的每年一次的腾讯"99公益日"是我国公益领域规模最大的合作筹款活动。没有公募资格的草根社会组织与具有公募资格的慈善组织合作，利用腾讯公益平台公开发布筹款信息，使得所有社会组织都能够利用互联网进行筹款。

知识和经验的分享等合作赋能能够促进非营利组织能力提升。近年来出现的一些行业支持类组织为草根社会组织提供培训赋能。比如，全国各地都建立了大大小小的社会组织孵化器或社会组织公益园，外包给支持型社会组织来运作，这些支持型组织利用政府和基金会资助，为初创的社会组织提供孵化和赋能服务。

非营利组织合作开展业务也是普遍现象。例如，救助儿童会（Save the Children）是一家服务于儿童领域的国际慈善机构，它有时会向福特基金会申请项目。福特基金会关注的领域包括儿童福利，而救助儿童会在这个领域拥有专业能力和卓越表现，因此两者很容易形成合作关系。救助儿童会具有直接深入最基层的办事机构和工作人员，直接和最终的受助对象建立联系；而福特基金会没有也不需要专门为了儿童项目向基层派驻机构和人员，它主要是依据双方合作

---

① 参见中民慈善捐助信息中心，《慈善"联合"是大势所趋》，2009年8月2日，http://gongyi.sina.com.cn/gyzx/2009-08-02/214211682.html，2023年5月1日访问。

协议、救助儿童会所提供的项目建议书、定期工作报告、财务报告,以及安排工作人员随访等这一类形式来控制和监督项目的运作情况。这样的合作方式对于双方都有好处。一方面,资助型的基金会不必事事亲力亲为,投入较少的工作人员和精力就可以推动基金会的事业按计划进行;另一方面,作为具体领域运作型的专业机构,其工作效率比非专业机构更高,在得到了需要的资金以后,可以把事情做得更好。①

微案例 7-5

深圳国际公益学院

深圳国际公益学院是在北京师范大学中国公益研究院院长王振耀的推动下,由多位中美慈善家联合倡议发起成立的,2015年正式注册登记,是国内首家具有独立法人地位的公益学院。深圳国际公益学院的发起人包括:比尔及梅琳达·盖茨基金会联席主席比尔·盖茨,美国桥水公司联席首席投资官、北京达理公益基金会理事瑞·达利欧,老牛基金会创始人、荣誉会长牛根生,北京巧女公益基金会会长何巧女,浙江敦和慈善基金会名誉理事长叶庆均。深圳国际公益学院的举办方是深圳市亚太国际公益教育基金会。②深圳国际公益学院秉承"兼爱·师仁"之院训,致力于培养满足国内外公益慈善需求的高级管理人才、慈善家、社会企业家和新公益领导者。截至2022年6月,学院校友及在读学员累计6 063人,遍布全国以及全球20个国家和地区。③

近年来,我国越来越多社会组织开始意识到分工协作的重要性,采取了与同行合作的战略。比如,公众与环境研究中心为方便公众了解身边的排放不达标企业,与北京"绿家园志愿者"、甘肃"绿驼铃"、河南"淮河卫士"和安徽"绿满江淮"等环保组织携手,将当地公布的污染企业和超标污水处理厂进行定位。根据采集到的经纬度,公众与环境研究中心把这些不达标企业标注到数字地图上,以

---

① 马昕:《基金会公益活动的项目化管理》,载《基金会内部治理与公信力建设》编委会编:《基金会内部治理与公信力建设》,中国社会出版社2010年版,第113页。
② 《王振耀:我如何促成瑞·达利欧和比尔·盖茨在中国发起一所公益学院》,2018年3月2日,界面新闻,https://baijiahao.baidu.com/s?id=1593808737828796555&wfr=spider&for=pc,2022年10月6日访问。
③ 参见深圳国际公益学院官网,"关于CGPI",http://www.cgpi.org.cn/aboutuscollege/aboutuscgpi,2022年8月17日访问。

便社区公众能够了解身边的风险源,共同参与污染源的监督治理。

在应对自然灾害或其他重大突发事件时,非营利组织往往能很快联合起来,一起开展应急救援和灾后重建。近年来,在应对地震、泥石流、洪水等自然灾害的过程中,社会组织快速发展,并且初步形成了一个民间救灾网络。不过,受到内外部因素影响,社会组织联合救灾行动是一种不完全合作。正是这种不完全合作策略使得社会组织联合救灾成为可能,但也因为合作的不完全性,使得联合行动难以持续。① 2020年新冠肺炎疫情暴发之后,各国的非营利组织都参与了志愿服务,在抗击新冠肺炎疫情中开展了一些合作行动。②

总体上看,我国非营利组织的专业化分工还有待深化。目前,我国非营利部门尚未形成资助型组织、服务型组织和平台型组织的合理分工。在社会部门发达的国家,基金会往往扮演资助型组织的角色,由它们资助服务型组织直接为会员或公众提供服务,而平台型组织则为资助型组织和服务型组织提供人力资源、能力培训、信息服务以及评价监督等服务。其中,基金会与服务型组织之间的分工是第一步。然而,目前来看,我国基金会的功能分化程度还很低。大部分基金会的主要精力仍然用在自己运作项目上,而不是资助其他运作型组织上。比较而言,2007年,美国各类基金会数量达到75 187家,其中,独立的拨款型基金会超过67 000家,占比超过90%。③ 美国不仅有基金会这样专业化的筹款机构,还有专业化的人力资源供给机构。我国的基金会也应该逐步由运作型向资助型方向发展,功能应该定位在筹款、理财、项目资助和监督评估等方面,减少直接项目运作,通过资助其他服务型非营利组织来推动它们的可持续发展,成为公益事业领域的金融机构。④

"中"字头基金会的理念与工作方式都在逐步发生变化,开始关注草根组织的建设和发展,由运作型向资助型转变。如中国法律援助基金会逐步将资金转赠给"打工妹法律援助工作站"等一些有业务能力的草根组织和各地方的法律援助工作站,以推动法治社会的进步和社会组织的发展。中国残疾人基金会和中

---

① 朱健刚、赖伟军:《"不完全合作":NGO联合行动策略——以"5·12"汶川地震NGO联合救灾为例》,《社会》2014年第4期,第187—209页。
② 张远凤、苗志茹:《专业志愿服务在新冠肺炎疫情应对中的作用及其发展前景》,《中国非营利评论》2021年第1期,第310—324页。
③ Lester M. Salamon, *America's Nonprofit Sector: A Primer*, 3rd ed., Foundation Center, 2012, p. 45.
④ 高功敬:《中国非公募基金会发展现状、困境及政策思路》,《济南大学学报(社会科学版)》2012年第3期,第63—71页;国家民间组织管理局编:《2010年中国社会组织理论研究文集》,时事出版社2011年版,第489页。

国乡村发展基金会也开始做同样的转变。尤其是中国乡村发展基金会率先放弃了工作人员的行政级别,脱离了国家公务员系列,开始全面向民间基金会转型。①

对于获得基金会资助的非营利组织来说,维护好与资助方的关系十分重要。比如,中国肝炎防治基金会是这样管理与合作伙伴的关系的:一是请他们参与决策和监督,将捐助数量较大而且比较稳定的捐赠人聘为基金会理事;二是经常征求他们的意见,遇到重大活动或换届时,召开合作伙伴座谈会,及时通报情况、汇报工作、争取支持;三是请他们进行监督指导,让他们参与项目的决策和实施过程,尤其是资金的管理和使用,并适时进行项目阶段性汇报,做到公开透明。

我国同类非营利组织内部分工程度也还很低。仍然以基金会为例,目前我国基金会的宗旨和资助取向比较单一,功能分化程度与趋势还不明显。现有基金会主要关注教育和扶贫领域,对健康、医疗卫生、文化艺术、环保、社区发展、政策倡导以及公益支持等领域的资助则较少。集中向公众关注度高的领域和地区投入资源而忽视了其他同样需要服务的领域,这造成服务的不均衡与不公平。

非营利组织之间合理分工的实现还有赖于行业服务组织或支持性平台的建设。美国就有为数众多的基金会行业服务机构,如以提供信息服务为主的美国基金会中心(Foundation Center),以促进行业自律为主的美国基金会联合会(Council on Foundation)和美国慈善信息局(National Charities Information Bureau),以专业化开展公益资金投资活动为主的美国共同基金(Common Fund),以及其他众多专业化的研究机构。这些行业服务机构为美国基金会的繁荣提供了必不可少的专业化支持。我国可以通过行业整合、内部协调及外部联合等方式积极推动各类行业服务组织的建立与发展,为非营利组织和公益事业的可持续发展提供支持平台。比如,中国 NPO 信息咨询中心、中国国际民间组织合作促进会等机构就扮演了支持平台的角色。

三、与政府合作

非营利组织的发展离不开与政府的合作。政府是公共产品和服务的最大供给者,也是民间公益事业的资助者和规制者。政府与非营利组织的合作伙伴关系已经成为新公共治理的重要内容。进入 21 世纪以来,我国政府通过培育孵化、购买服务等多种方式支持社会组织发展,政府在合作过程中处于主导地位。

---

① 根据以下资料编写:葛道顺、商玉生、杨团、马昕:《中国基金会发展解析》,社会科学文献出版社 2009 年版,第 197 页。

美国学者建立了一个从国家层面理解政府—非营利组织关系的框架,按照对制度多元化的接受程度,将政府与非营利组织的关系描绘为一个由八种关系模式组成的连续谱,见图7-2。① 在"国家中心论"观念的影响下,政府习惯于主导与非营利组织的关系,利用其法定地位和资源分配权控制非营利组织,将二者之间的关系视为官民关系而不是平等的契约关系。随着"国家中心论"向"社会中心论"转变,政府对非营利组织的信任度和资源开放程度提高,逐步构建起功能互补、彼此合作的新型关系。在这种关系模式下,非营利组织可以进一步参与公共政策制定过程并影响公共服务决策。②

图7-2 政府与非营利组织关系连续图谱

官方背景的非营利组织与政府有着天然的联系,比较容易建立和维护合作关系。官方背景的非营利组织,其创办人和管理者往往曾经在政府部门任职,熟悉政府的运作方式,建立了政府部门的人脉关系,取得了各个政府部门的信任。这样的非营利组织与政府的合作过程往往比较顺利。尽管如此,非营利组织要在与政府的合作中长期保持良好关系并且保持自身的独立性,在依附性和自主性之间取得平衡,也不是一件容易的事情。

微案例 7-6

中国华侨公益基金会与政府的合作

中国华侨公益基金会③是民政部登记主管、中国侨联业务主管的全国性公募基金会。2003年以来,该基金会通过与政府各级侨联部门合作实施"侨爱心工程",接受海外侨胞、港澳台同胞、归侨侨眷和社会爱心人士捐赠超过15亿元人

---

① 詹少青、胡介埙:《西方政府—非营利组织关系理论综述》,《外国经济与管理》2005年第9期,第24—31页。
② 张钟汝、范明林:《政府与非政府组织合作机制建设——对两个非政府组织的个案研究》,上海大学出版社2010年版,第71—72页。
③ "中国华侨公益基金会"原名"中国华侨经济文化基金会",2011年经民政部批准改为现名。

民币,捐建"侨爱心小学"1 350多所,资助科教项目600多个,资助贫困学生20多万人。"侨爱心工程"项目在筹款过程中坚持"侨胞捐一点,地方政府配套一点,当地百姓贡献一点"的"三个一点"来保证资金来源的多元化,从而保证资源的持续性。这个项目带动了侨联基层组织建设,许多省市侨联的基层组织借助这个项目得以恢复或重建,使基金会从初始的5个工作人员发展到成千上万人。①

行业协会商会是经济类会员组织,是同行业企业或来自同一地域的企业基于共同利益自发组成的互益型非营利性社会团体。它们对外代表着同行业(或同地域)经营者的利益,对内联结同行业(或同地域)生产经营者,是同行业(或同地域)的商业共同体。我国的一些行业协会商会是在计划经济体制向市场经济体制转型的过程中,由原来的政府行政部门改制而来,天生就与政府系统有着密切的联系。针对长期以来行业协会商会与行政机关之间政会不分、管办一体的弊端,以及行业协会商会存在的治理结构不健全、自律性不强等突出问题,民政部从2015年起分三批开展了行业协会商会与行政机关脱钩改革试点,并于2019年全面推进脱钩改革,要求各行业协会商会必须在机构、职能、资产、人员、党建等五个方面与行政机关彻底分离、规范管理,即"五分离、五规范"。截至2021年7月底,729家全国性行业协会商会以及7万余家地方性行业协会商会完成了与行政机关的脱钩。② 通过行业协会商会脱钩改革,有效地理清了行政机关与行业协会商会职能边界,厘清了政府、社会、市场三者的关系,切断了行业协会商会与行政机关之间的利益链条,对于规范行业协会商会收费发挥了较好的源头治理作用。③ 通过脱钩改革,行业协会商会初步建立起政社分开、权责明确、依法自治的现代社会组织新体制。④

---

① 《基金会内部治理与公信力建设》编委会编:《基金会内部治理与公信力建设》,中国社会出版社2010版,第14—18页。
② 沈慧:《七万余家行业协会商会完成脱钩》,2021年7月29日,经济日报,https://m.gmw.cn/baijia/2021-07/29/1302439843.html,2023年5月1日访问。
③ 《全国7万行业协会商会与行政机关"脱钩",清理整治全面展开》,2021年7月28日,北京日报客户端,https://baijiahao.baidu.com/s?id=1706497685056423538&wfr=spider&for=pc,2022年10月6日访问。
④ 李玉梅:《民政部:行业协会商会与行政机关脱钩改革工作基本如期完成》,2021年2月23日,中国青年网,https://baijiahao.baidu.com/s?id=1692480450119871461&wfr=spider&for=pc,2022年10月6日访问。

草根社会组织与政府的合作也越来越广泛,合作的途径越来越多样。一般来说,草根组织与政府的合作要注意几个基本原则:首先要理解我国政府在与非营利组织关系中的主导地位,懂得与政府合作的重要性,清楚自己在合作关系中的地位与角色;其次,非营利组织要积极主动地与政府沟通,掌握公共政策导向,赢得政府的信任;最后,要掌握与政府沟通的技巧。

2013年以来,随着政府向社会组织购买服务政策在全国范围的实施,社会组织被正式纳入公共服务供给体系,通过公益创投和政府购买服务合同,大量社会组织与政府建立了契约式合作关系。

四、与企业合作

非营利组织与企业的合作是双方都需要的。一方面,非营利组织与企业合作可以获得更多的资金、技术和其他资源;另一方面,企业需要非营利组织的帮助来更好地履行社会责任,获得更高的销售额、更好的公众形象和更高的士气。当然,除了诸多好处之外,非营利组织与企业合作也存在风险。

(一) 合作关系的发展阶段

有学者认为,非营利组织和企业关系的发展过程可以分为慈善关系、交易关系与整合关系三个阶段。[①]

第一个阶段是慈善关系阶段。在这个阶段,企业向非营利机构捐钱捐物。慈善阶段的特点是合作双方参与水平较低,活动领域较窄,互动不频繁,对双方的使命和战略不起重要作用。常见的方式是拨款、捐赠、赞助和利润分享等。

比如,中国海洋石油总公司(以下简称中海油)与中国宋庆龄基金会合作的助学基金项目就是一个成功的例子。2003年7月,出于对公益事业的关注,中海油领导层决定将原本用来支付北京市主要道路边的巨幅广告牌的费用1 086万元人民币一次性捐给中国宋庆龄基金会,设立"中海油大学生助学基金项目",在4年的项目周期内资助全国30所重点高校的家庭经济困难的大学生3 622人次。该项目运作取得了成功。在对这一项目的管理运作高度认可的情况下,中海油在4年周期尚未结束的时候,提出了新的合作意向,在下一个为期5年的项目周期中,向宋庆龄基金会捐赠1 500万元继续开展大学生助学公益项目。2005年,

---

① James E. Austin and Maria M. Seitanidi,"Collaborative Value Creation: A Review of Partnering Between Nonprofits and Businesses. Part I: Value Creation Spectrum and Collaboration Stages," *Nonprofit and Voluntary Sector Quarterly*, Vol. 41, No. 5, 2012, pp. 726-758.

合作双方被《公益时报》等媒体评为"社会公益示范项目最佳合作伙伴";2006年,中海油被评为全国慈善排行榜十大企业之一。①

第二阶段是交易关系阶段。在这个阶段,利益在合作者之间流动。当非营利组织向企业购买或出售商品、服务、技术或设备时,两者之间就产生了交易关系。这个阶段的主要特征是商业性关系,双方都关注特定交易。在这个阶段,合作各方的使命和战略有所重叠,有了资源的交换互惠。

第三阶段是整合关系阶段。在这个阶段,合作各方的行动相互影响,通过交流的增加和资源的共享,各方注重使命和价值观的协同。常见的方式有品牌合作、许可经营、联合推广和伙伴关系等。非营利组织可以公开出售自己的名称或商标的使用权,或者按销售额的一定比例提成来获得收入,类似于许可经营。又比如,1997年美国医学会(American Medical Association,AMA)与生产家电产品的阳光公司签署了一份许可证协议。根据协议,美国医学会授权阳光公司在其加湿器、血压监测仪和其他特定设备上使用其认证标识,作为交换,阳光公司在5年内付给美国医学会100万美元的特许权使用费。②

联合推广也被称为事业关联营销(Cause-related Marketing)。事业关联营销是企业为了增加销售收入而向非营利组织进行捐赠的营销活动。事实上,许多营销活动并不能马上刺激销售,但是可以通过提高企业或品牌的形象、鼓舞员工士气而产生长远影响。事业关联营销与传统的慈善捐赠不同,在传统捐赠中,企业并不通过大张旗鼓的宣传来获得利益。区分传统捐赠和事业关联营销的重要标准是看捐赠是否出于企业的营销预算。

整合关系是最高阶段,非营利组织和企业共享资源,一起服务顾客。③ 为了寻找持续性的解决社会问题的方法,在医疗、教育和人类服务等传统上由政府和非营利组织主导的领域,非营利组织与企业建立起伙伴关系,兼顾社会目标和商业目标。比如,全球营养改善联盟(Global Alliance for Improved Nutrition,GAIN)是一家致力于改善发展中国家居民健康、营养水平的国际性非营利组织,即通过与发展中国家的生产商合作,帮助它们改进工艺技术,提高产品的营养成分,达

---

① 葛道顺、商玉生、杨团、马昕:《中国基金会发展解析》,社会科学文献出版社2009年版,第97—116页。

② 〔美〕亚瑟·C. 布鲁克斯:《社会创业——创造社会价值的现代方法》,李华晶译,机械工业出版社2009年版,第99—100页。

③ James E. Austin and Maria M. Seitanidi , "Collaborative Value Creation: A Review of Partnering Between Nonprofits and Businesses. Part I: Value Creation Spectrum and Collaboration Stages," *Nonprofit and Voluntary Sector Quarterly*, Vol. 41, No. 5, 2012, pp. 726-758.

到改善消费者福利的目的。该机构在中国就有"铁强化酱油项目"和"营养强化面粉项目",都是与国内一些地方的酱油厂、面粉厂合作实施的。全球营养改善联盟如此积极地与企业合作的原因并不复杂。如果全球营养改善联盟不与企业合作,要完成同样的项目,它就需要自己建设厂房、引进生产线、雇用生产工人,最后还要将产品通过市场渠道卖给需要的人。这个过程相当复杂,对于全球营养改善联盟来说,这样做显然需要付出更高的成本。对于企业来说,这一合作能够让它们免费得到更好的技术,而且经过改良的产品可以有更好的销路。此外,提高消费者的健康水平还能够帮助企业塑造良好的形象。再比如,一些企业帮助中国青少年发展基金会免费在社区设立募捐箱,作为回报,企业可以在募捐箱上设电子显示屏播放广告。

微案例 7-7

基金会与企业合作的形式

基金会与企业的合作大致有三种形式:第一种形式是与公司业务关联的公益推广活动,公司将销售收入的一定比例捐赠给非营利组织。目前很多企业单方面开展这种活动。如农夫山泉宣称每销售一瓶饮料就捐一分钱给贫困儿童。第二种形式是共同主题营销,双方之间不一定有资金流动。医疗卫生方面的基金会就很合适采取这种方式开展项目。比如,致力于癌症防治的基金会与生产女性化妆品的公司合作,在其产品中附赠介绍乳房保健和防治乳腺癌知识的宣传品,既能完成基金会的宣传和扩大影响的任务,又帮助企业塑造关爱女性的形象。这种形式不一定能够给基金会带来收入,但可以使其在不付出或减少付出成本的前提下完成公益项目。第三种形式是基金会授权某些企业使用它们的名称。这是基金会最容易获得企业经济回报,但是也最具风险的一种合作方式。采用这种形式合作开展项目,一定要注意在合作中确保自己的公益形象不受损害。①

近年来,新出现一些促进非营利组织与企业之间合作的机构。2005 年 10 月成立的企业公益伙伴网络为中国的社会组织和企业提供信息与资源交流的平台,举办促进民间公益组织和企业合作的各种培训交流活动。2016 年,腾讯志愿

---

① 国家民间组织管理局编:《2010 年中国社会组织理论研究文集》,时事出版社 2011 版,第 345 页。

者协会、深圳市恩派非营利组织发展中心、腾讯云、CSDN、BottleDream等五方联合发起中国信息技术公益联盟,倡导"IT+公益"模式,旨在通过信息技术方案解决社会问题,让更多互联网企业参与公益慈善事业发展。①

(二)合作风险管理

非营利组织与企业合作可能存在风险,非营利组织管理者对此要有充分的认识和衡量,通过风险管理来降低风险。

非营利组织与企业的合作可能存在合作失败的风险,即使合作成功,也可能面临收入减少、活动受限的风险,最严重的风险是声誉受损。如果合作失败,非营利组织将损失付出的时间、金钱和精力。同时,与一家企业合作,就意味着丧失与该企业的竞争者合作的机会。与企业的合作还可能会使非营利组织获得的传统捐赠收入减少。原因在于,企业会因为非营利组织在合作过程中已经获得了收入,而减少或不再进行传统捐赠。其他捐赠者也可能会认为非营利组织已经开辟了新的收入来源而减少捐赠。企业可能通过合作较多地限制非营利组织的活动,因为企业希望"控制"慈善活动,或者只是对非营利组织提出要求而不承担风险。合作行动的商业气息太浓或者合作企业的过度宣传行为,都可能给非营利组织的声誉带来负面影响。当合作企业出现问题或丑闻时,非营利组织可能会受到牵连,使自己的声誉受到严重打击,不仅妨碍组织完成其使命,甚至危及组织的生存。

例如,1999年美国烟草业巨头菲利普·莫里斯(Philip Morris)向慈善事业捐款7 500万美元,同时花了1亿美元来宣传这一捐赠。② 还有一些企业捐款给研究机构,要求研究机构发布对企业的商业活动有利的研究结果,影响公众的认知,帮助企业在市场上获利。有很多企业建立基金会来管理它们的慈善事业。按照道理来说,这些基金会必须独立于企业运作。但在很多情况下,这些基金会的独立性值得怀疑。比如,壳牌基金会就坐落于壳牌石油公司总部,使用壳牌石油公司的信息技术和管理系统,其委员会中有壳牌雇员,并且使用相同的标志。值得怀疑之处在于:壳牌基金会享受了捐赠税收优惠,但是却对壳牌石油公司的

---

① 张以勋:《科技向善,"IT+公益"助力中国战"疫"——第四届中国信息技术公益峰会观察》,2020年4月23日,公益慈善论坛,https://ishare.ifeng.com/c/s/7vupcB1esfD,2022年10月6日访问。

② M. Bertrand, M. Bombardini and R. Fisman et al., "Tax-exempt Lobbying: Corporate Philanthropy as a Tool for Political Influence," *American Economic Review*, Vol. 110, No. 7, 2020, pp. 2 065–2 102.

营利性业务具有明显的影响。还比如,1993 年,美国一家乳腺癌基金会与珍妮·克雷格公司进行联合推广。珍妮·克雷格公司宣称每增加一人参加其减肥项目,就捐 10 美元给这家乳腺癌基金会,基金会将这笔钱用于宣传以加强公众对乳腺癌的了解。但是,就在活动开展之前,珍妮·克雷格公司被美国联邦贸易委员会点名,指责其减肥项目有问题,其广告活动具有欺骗性。乳腺癌基金会决定,在珍妮·克雷格公司解决所有问题之前,不会与之开展合作。[①]

非营利组织在与企业合作时,应该建立一套风险管理机制,通过有效的风险管理,可以降低或避免合作可能带来的风险,真正实现双赢。一般来说,非营利组织在管理合作风险时,应该坚持以下基本原则。

首先,要审慎选择合作伙伴。非营利组织首先要评估组织自身的实力和不足,了解能增加合作伙伴价值的所有途径,考虑机会成本,谨慎选择并严格审查合作伙伴,采取有利于合作双方长期战略的合作途径。非营利组织要确定企业合作伙伴在理解社会问题和解决办法方面与自己具有相似的兴趣和利益,明确各自在合作中扮演的角色。不要选择兴趣和利益与组织相冲突的合作者。

其次,坚持坦诚对待顾客和公众。合作双方应该与公众进行坦诚的交流,避免让公众以为企业在利用非营利组织的正面形象掩盖其劣质产品。企业必须坦诚地在合作开展的活动中公布投入了多少,捐赠了多少,获得了多少。只有坦诚对待顾客和公众,才能赢得他们的信任,合作双方才能真正获益。

再次,不要过分受制于企业合作者。企业一般喜欢控制和利用慈善活动,有时甚至超出了双方约定的合作范围。因此,非营利组织一定要在合作协议中严格界定双方合作的领域和时间范围,避免陷入企业与对手的竞争。否则,非营利组织自身的运作将会受到很大牵制。比如,公募基金会可以与企业合作建立以公益为目的的营销联盟。非公募基金会往往也要与主要捐赠企业联合开展活动。然而,基金会应该清醒地认识到,对于合作方企业来说,扶助公益事业的营销活动不仅是在做善事,更是要为提高企业的利润服务。基金会的公益形象是其最宝贵的资源,为了避免自身的公益形象在合作中受损,基金会应当与合作者建立平等的伙伴关系,而不是作为一个求助者谋求合作。[②]

---

① 〔美〕菲利普·科特勒、艾伦·安德里亚森:《非营利组织战略营销(第五版)》,孟延春等译,中国人民大学出版社 2003 年版,第 329 页。
② 转引自马昕:《基金会公益活动的项目化管理》,载《基金会内部治理与公信力建设》编委会编:《基金会内部治理与公信力建设》,中国社会出版社 2010 年版,第 115 页。

最后,要公正地评估合作成果。对合作成果进行客观公正的评估,对于从每次活动中吸取经验、改进未来绩效具有重要意义。仔细评估工作也为将来吸引和选择合作者奠定基础。具体的评估方法可以参考非营利组织评估等有关章节的内容。

五、与媒体合作

媒体是非营利组织实现目标的重要工具,同时也是舆论监督的重要工具。由于公共媒体的影响力,非营利组织管理者应该十分重视并管理好与媒体的关系。非营利组织管理者要积极主动地与媒体互动交流,借助媒体力量传播公益理念、开展社会动员、树立良好声誉和组织形象。很多成熟的非营利组织往往设立公共关系经理职位,由专业人员来处理与媒体的关系。[1]

公共媒体是支持非营利组织管理者完成目标的重要正面力量,但它也可能为组织带来负面影响。比如,2010年,比尔·盖茨与巴菲特来北京召集慈善晚宴。一时间,大小媒体纷纷报道和评论这一消息。然而,很多富豪出于各种顾虑不愿参加晚宴,他们不怕慈善怕媒体。[2]

良好的媒体覆盖率是有代价的。为了取得媒体的支持,非营利组织要与媒体建立伙伴关系。首先要与记者、编辑和媒体管理者建立起个人关系。其次要建立一个围绕组织的关键议题和活动的日程表,比如报告发布日、再次发布的特殊日期等。还要策划其他的新闻来加强媒体曝光率。再者还要制作书面材料、图片和视频等提供给相关媒体。另外,在确有重大新闻要发布时,还要安排新闻发布会和媒体见面会等,并且通过电子邮件、传真等及时为媒体提供信息。最后要按时更新组织官网和官微信息。

大型非营利组织都建立了发言人制度。因为成功的战略需要一个善于表达、值得信任、受人尊敬的发言人来向公众发布信息或者接受媒体的采访。为了成功应对媒体采访,沟通团队和发言人必须做好充分的准备工作。在摄像头面前侃侃而谈并非"即兴表演",而是经过严格训练和精心准备的结果。

无论一个非营利组织的形象多么良好,管理层都应该对可能出现的公关危

---

[1] 〔美〕菲利普·科特勒、艾伦·安德里亚森:《非营利组织战略营销(第五版)》,孟延春等译,中国人民大学出版社2003年版,第575页。

[2] 卞乐:《媒体如何报道慈善》,2010年9月9日,《南方周末》,http://www.infzm.com/contents/49934?source=202&source_1=49933,2023年5月2日访问。

机有所准备。时间长了,任何组织都难免会遇到一些状况。比如,理事会成员之间闹矛盾;管理层和员工之间发生冲突;负责人被起诉性骚扰;资金管理方面出现严重失误等。有时一个小错误一旦被媒体公开就可能带来灾难性的后果,给组织和个人的声誉带来损害。如果碰到这样的情况,非营利组织就要进行危机沟通。非营利组织的危机沟通要遵守三项基本原则:第一,做好最坏打算;第二,保持冷静和对事态的控制;第三,先发制人。非营利组织有效的应对机制对事态发展起明显的积极影响。当然,管理危机的关键在于预防。不过,一旦危机发生,非营利组织管理者必须担起责任,采取行动,必要时承诺做出改变。

除了相互之间开展合作,以及与政府、企业、媒体合作之外,非营利组织还越来越多地与社区合作。很多社会组织参与了精准扶贫和脱贫攻坚工作,与农村社区合作,帮助农民脱贫。在城市社区,"三社联动""五社联动"都是非营利组织与社区合作的成功模式。

思考题

1. 什么是非营利组织战略管理?
2. 非营利组织战略管理的理论基础是什么?
3. 非营利组织制定战略时要考虑哪些问题?
4. 非营利组织实施战略时要考虑哪些问题?
5. 非营利组织战略控制有些什么方法?
6. 非营利组织之间如何开展合作?
7. 非营利组织如何与政府合作?
8. 非营利组织如何与企业合作?
9. 非营利组织如何与媒体合作?
10. 非营利组织如何管理合作中的风险?

本章案例

好公益平台的公益产品规模化战略

社会组织作为提供服务的机构,也要追求规模效益。但是,社会组织不同于企业,不能通过获取利润扩大再生产,也不能开设分支机构扩大规模。因此,目前社会组织普遍存在小、弱、散的问题,整个公益行业发展水平还很低。

2016年11月23日，由南都公益基金会、中国乡村发展基金会（原中国扶贫基金会）等多家机构联合共建的好公益平台正式启动。好公益平台的目标是建设一个开放共享的公益产品规模化平台，促进社会组织之间的学习与合作，推动优质公益产品的复制与推广，从而高效、精准、大规模地解决社会问题。[①]

一、战略设计

好公益平台本质上是要建立一个公益市场，促进供需对接。供需对接的对象是优质公益项目。供给方是开发出优质公益项目的社会组织，需求方是需要引入优质公益项目的社会组织。我国现有已登记的社会组织近百万家，很多社会组织开发出了创新性的公益项目，并且已经在实践中将项目打磨得比较成熟和完善。这些项目如果能够复制和推广，不仅可以节约大量的重复开发成本，避免资源浪费，还可以帮助更多社会组织快速成长，少走弯路。然而，由于各种原因，很难自发地形成这样一个市场。一方面，大量优质项目还没有被充分发现，得到同行的了解和认可。即便是在业界已经小有名气的品牌项目，开发者也没有足够的意愿和能力来进行大规模推广。另一方面，很多社会组织缺少开发设计公益项目的资源和能力，迫切需要引进成熟的优质项目。不仅如此，社会上也有很多主体想要去支持优质公益项目，比如企业、个人或者政府机构等，但他们不知道好的公益项目在哪里。

好公益平台的定位就是要填补公益产品市场的"结构洞"。首先，发掘和甄选出已经被证明有效的优质品牌公益项目，并且创建该品牌的社会组织（即供给方）愿意与好公益平台合作，一起推动该项目的规模化。其次，为品牌创建机构提供品牌推广、能力建设、资源链接、经验分享以及资金等一系列支持，通过多种方式将品牌创建机构和需要引入品牌项目的社会组织（即需求方）联系在一起，促成它们直接合作，帮助需求方实现项目落地。最后，对优质公益项目实行动态管理，建立更新机制和淘汰机制。建立优质公益项目的遴选标准和评价标准，不断地寻找和识别新的优质公益项目，帮助它们建设成为品牌项目，纳入好公益平台的优质公益项目库。同时，如果品牌创建机构的意愿发生变化、出现知识产权纠纷或者其他风险，该机构的品牌项目就会被移出好公益平台的优质公益项目库，支持与推广活动相应终止。[②]

[①] 参见好公益平台官网，"平台简介"，https://haogongyi.org.cn/home/about，2022年10月6日访问。

[②] 王祖敏：《致力推动公益产品规模化 中国好公益平台递交两年"成绩单"》，2018年12月11日，中国新闻网，https://baijiahao.baidu.com/s?id=1619563563800474917&wfr=spider&for=pc，2022年10月6日访问。

这个流程中关键环节是供给方对所开发的品牌项目的授权管理。2018年10月,好公益平台摸索出了一套从入选平台、到高潜力、再到"益次方"的三级标准管理体系。"益次方"是好公益平台在国家商标局正式注册的商标,只授予那些达到最高标准的公益产品。①

好公益平台由六类合作伙伴共同建设,即联合共建机构、战略合作伙伴、品牌创建机构、枢纽合作基地、项目示范机构、指定服务供应商。通过赋能枢纽机构带动基层的落地合作机构能力提升。好公益平台就像是公益行业的聚宝盆和加速器,把最好的资源聚集在一起,联合各方力量,共同提高公益行业发展效率。②

二、初见成效

截至2023年2月,好公益平台累计签约优质公益产品94个,当前合作70个,覆盖教育、安全健康、乡村振兴、助老、特需人群关爱、环保、性别平等和社区发展等多个领域,签约各省市地区枢纽合作基地41家。平台产品共覆盖全国34个省级行政区,单个项目最多覆盖了1 950个区县。这些公益产品累计受益人次超过9 870万人次,累计动员志愿者参与超过499万人次,累计撬动资金超过23亿元。共有近8 400家次社会组织、志愿者团队、事业单位和学校,在超过6万个项目点落地开展这些优质公益产品。③

优质公益项目的供需双方都从与好公益平台的合作中得到了明显的益处。供给方在自身发展和项目推广方面都获得了显著进步。供给方为了项目能够达到好公益平台的标准,入选好公益平台的优质项目库,进入好公益产品手册,就要对项目进行反复梳理和打磨,使项目日益成熟。项目入选之后,供给方获得了更多资源和渠道,在推广项目的过程中进一步完善了项目,使得项目更加规范,更有品质,项目执行效果和社会影响力显著提升。比如,以小荷公益的"彩虹村助学"项目为例,在加入好公益平台之前,该项目的合作伙伴(需求方)只有7个,撬动社会资金35万元,直接受益群体不到370人。在入选好公益平台之后,截至2018年6月,该项目的合作伙伴达到41个,撬动社会资金426万元,直接受益群

---

① 《"规模化学院"启动——让公益项目实现更大的影响力》,2019年6月4日,《人民政协报》,http://dzb.rmzxb.com:18081/index.aspx? date = 2019 - 06 - 04&verOrder = 10&banzi = 9&paperType = rmzxb,2023年5月2日访问。
② 徐永光:《规模化是公益行业发展的自然规律和必然趋势》,2018年12月10日,公益中国,http://gongyi.china.com.cn/2018-12/10/content_40608141.htm,2023年5月2日访问。
③ 参见好公益平台官网,"平台简介",https://haogongyi.org.cn/home/about,2023年6月15日访问。

体超过 2 000 人。① 通过这种方式，优质公益项目规模化带动了草根社会组织（包括已注册和未注册）的成长，促进了整个公益行业的发展。更多需求方引入品牌项目，在实施的过程中又有创新，从而加速这些项目的更新迭代，实现项目质量的持续提升。

三、面临的障碍

公益项目规模化面临渠道、能力和资源三大障碍。好公益平台已经采取了一些措施来解决这三个方面的问题。一是利用好公益平台自身的影响力建立合作伙伴网络，帮助供给方迅速找到需求方；二是为供给方和需求方赋能，比如主题培训、一对一咨询、同伴学习、提供学习经费支持供需双方自主学习等；三是提供资源，好公益平台通过对接筹款和传播资源，帮助合作伙伴提升筹款能力和品牌影响力。尽管好公益平台的创举已经获得了初步成果，但优质公益产品规模化还面临着不少挑战。②

第一是优质公益项目的"原型化"问题。原型化开发是软件开发的一种常用方法，在公益领域还是一个新概念。供给方是优质公益项目的原创者。原创非常难得，第一粒种子特别珍贵。然而，供给方的项目做得很漂亮，需求方将其原样移过去却很可能失败。问题就出在"原样"上面。供给方在复盘梳理自己如何设计项目操作流程和标准的时候，可能忽略或遗漏了重要的隐性知识，或者只是描述了项目最终达到的状态，却忽略了达到最终状态所需的学习和成长过程。这些被忽略或遗漏的知识是确保项目复制成功必不可少的信息，需要专业人员帮助供给方把项目"原型"梳理出来。

第二是需求方复制项目过程中的主动性与创造性问题。在甲地获得成功的公益产品复制到乙地，由于两地情况不同，这个项目不一定满足乙地的需求。供给方通过培训提供给需求方的标准化操作流程，也不一定符合需求方的实际情况。因此，复制过程是一个再创造的过程，要尊重需求方的主动性和创造性。项目复制不只是依葫芦画瓢，而是要依据本地的具体情况和需求方的核心能力创造性学习。这意味着，需求方不仅需要事前的培训，还需要事中的督导，以及事后的反馈。而优秀的督导人才是很稀缺的，需要为督导服务提供资源。

第三是时间和耐心。项目移植过程并非即插即用、一步到位的简单操作。

---

① 李慧：《业界研讨公益产品规模化发展路径》，2018 年 12 月 11 日，光明日报，https://baijiahao.baidu.com/s?id=1619563342330933297&wfr=spider&for=pc，2022 年 10 月 6 日访问。
② 陶传进：《关于规模化的 6 个命题》，2021 年 12 月 14 日，好公益平台，https://haogongyi.org.cn/Home/Resource/articleDetail/article_id/178.html，2022 年 10 月 6 日访问。

实际上，项目复制过程对于需求方来说也是一个探索过程，不能有丝毫揠苗助长的行为。即便供给方毫无保留地把自己的经验传授给需求方，后者可以节省时间，缩短学习周期，但它还是不可能一蹴而就。如果原创者开发成功一个项目花了六年时间，复制者依然需要花两年时间才能真正学会，不可能只花两个星期培训一下就完全掌握了。因此，公益产品规模化考验着所有合作伙伴的耐心。

案例分析题：
1. 好公益平台为何提出公益产品规模化战略？
2. 好公益平台有哪些合作伙伴？这些合作伙伴扮演什么角色？
3. 好公益平台如何实施战略？
4. 公益项目规模化战略存在哪些挑战？有何解决之策？

第八章　非营利组织项目管理

> 非营利组织不只是提供服务,它希望其终端服务对象不要成为消极的受惠者,而是成为积极的行动者。
>
> ——〔美〕彼得·德鲁克①

第一节　非营利组织项目管理概述

绝大多数非营利组织以项目的方式开展活动和提供服务,甚至有的非营利组织就是为了承接某个项目而成立的。项目管理贯穿非营利组织工作的每一天,能否申请到项目,能否管理运作好项目,是关系到组织生死存亡的大事。

一、基本概念

(一) 项目

组织的活动可以分为两类:一类是重复性的、连续不断的活动,称为常规任务;另一类是为实现特定目标,在一定期限内完成的一组任务或活动,称为项目。当然,常规任务和项目是可以相互转化的。在必要时,常规任务也可以转化为项目,项目亦可以转化为常规任务。不过,项目化管理是当前的普遍趋势。

一般而言,项目不同于常规任务,项目有自己独立的目标、任务和资源,并且预先规定了开始和结束的时间。项目通常具有六个特征:第一,项目有一个明确界定的目标;第二,项目的实施过程中执行一系列关联的任务;第三,项目需要运用独立的资源;第四,项目有具体的时间计划;第五,项目有明确的起点和终点;第六,项目

---

① 〔美〕彼得·德鲁克:《非营利组织的管理》,吴振阳等译,机械工业出版社 2007 年版,第 43 页。

包括一定的不确定性。①

项目对于非营利组织来说非常重要。因为,项目是达成组织使命的手段,是组织竞争力的载体,是向资助方筹款时亮出的"名片",是培养人才的训练场,是组织成长的基石。②

(二) 项目管理

非营利组织的项目管理指非营利组织通过项目申请的形式分配或获取资源,实施项目合同管理,完成项目目标,从而实现组织宗旨的过程。非营利组织的项目往往是服务类项目,项目管理主要不是为了营利,而是为了实现组织的宗旨。

项目管理作为一门学科最早出现在美国,是为了满足建设和管理大型项目的需要而产生的。20世纪60年代,项目管理概念被引入中国,在水利、建筑等部门进行试点应用。改革开放后,项目管理大量应用于建设工程等领域。20世纪90年代分税制改革后,中央政府以项目形式将财政专项转移支付资金向下分配。自2012年起,中央政府每年拨付大约2亿元财政专项资金支持发展示范、社会服务试点、社会工作服务示范和人员培训示范等四类项目。③ 2013年,国务院办公厅公布《政府向社会力量购买服务的指导意见》之后,政府向社会组织购买服务都采取了项目管理方式。

基金会对社会组织的资助也普遍实行了项目管理。以中国青少年发展基金会为例,它的宗旨是促进中国青少年教育、科技、文化、体育、卫生、社会福利事业和环境保护事业的发展。这个宗旨的范围极大,无论是长期目标还是短期目标都难以量化。因此,中国青少年发展基金会通过推出一系列具体的公益项目来实现组织的宗旨。不仅基金会的外部活动可以划分为一系列项目的组合,甚至其常规任务也可以项目化。例如,长期开展的奖励活动,对某个贫困地区的长期资助等。这种常规性的任务也可以按地区按阶段划分为项目。④

(三) 项目管理过程

项目管理一般可以分为前期评估、项目设计、项目实施、期终评估、项目收尾等

---

① 郭俊华编著:《公共项目管理》,上海交通大学出版社2014年版,第5页。
② 徐本亮:《社会组织管理精要十五讲(修订版)》,上海社会科学院出版社2021年版,第78页。
③ 豆书龙、叶敬忠:《项目制研究何以成为"显学":概念辨析、性质定位与实践探索》,《内蒙古社会科学(汉文版)》2019年第4期,第24—35页。
④ 《基金会内部治理与公信力建设》编委会编:《基金会内部治理与公信力建设》,中国社会出版社2010年版,第109页。

几个环节。① 如果一个项目所有环节都由同一个组织承担,这种阶段划分是清楚的。比如,有的运作型基金会自己筹款和提供服务,独立完成项目管理的所有环节。但是,在大多数情况下,项目管理的这些环节不是由一个组织而是由多个组织合作完成的。比如,政府向非营利组织购买公共服务,基金会筹款资助其他非营利组织提供服务等。在这种情况下,项目管理一般采取合同制,项目管理的各个环节是由资助方和承包方根据合同相互配合、共同完成的。非营利组织可能是资助方,也可能是承包方。无论扮演哪种角色,它都不是独立完成所有环节的任务。

多个主体参与的项目管理过程包含一个关键环节——项目购买环节。购买行为将项目管理主体分为买方和卖方,它们在合同关系中被称为甲方和乙方。买方和卖方通常也被称为资助方和承包方,它们在项目管理中的分工不同,在项目管理中承担的任务也有区别,只有双方的工作整合在一起才构成一个完整的项目管理过程。如果以合同管理为主线,以签订合同为节点,多个主体参与的项目管理可以分为两个阶段,即项目购买阶段与项目实施阶段。

非营利组织的项目来源不同,管理过程也有区别。非营利组织利用自有资金开展的项目,在项目管理方面具有最大的自主性,项目管理过程与前文所讲的战略管理过程具有相似之处。非营利组织承接外部资助方发包的项目,项目管理过程因资助方不同而有所不同。对于非营利组织来说,主要的项目发包方是政府和基金会。这两种来源的项目性质不同,政府发包的项目属于公共服务项目,政府通过购买服务,将社会组织纳入公共服务供给体系。基金会发包的公益慈善项目,往往是非营利组织作为承包方。在政府购买服务项目中,政府是发包方,非营利组织是承包方。在基金会资助的项目中,发包方和承包方都是非营利组织。

二、政府购买服务项目的管理过程

在很多国家,政府购买服务项目都是非营利组织的主要收入来源。党的十八大及十八届三中全会提出,要加强和创新社会管理,改进政府提供公共服务方式,推广政府购买服务。我国政府购买服务制度是在《中华人民共和国政府采购法》《中华人民共和国预算法》和《中华人民共和国招投标法》的制度框架之内建立的。原来的《中华人民共和国政府采购法》所指"政府采购"主要是针对工程和货物。2013年国务院办公厅公布《关于政府向社会力量购买服务的指导意见》(以下简称

---

① 韩俊魁:《非营利组织项目管理》,社会科学文献出版社2015年版,第3页。

《指导意见》)之后,2014年全国人大对《中华人民共和国政府采购法》进行了修正,将"服务"纳入政府采购范围。由于政府购买服务的资金来源于政府财政预算,因此受《中华人民共和国预算法》的约束。政府购买服务的采购程序应该适用《中华人民共和国招投标法》。

2013年《指导意见》发布以来,政府向社会组织购买服务成为全国各地改革创新的一大热点领域。2016年通过的《慈善法》第87条规定,各级人民政府及其有关部门可以依法通过购买服务等方式,支持符合条件的慈善组织向社会提供服务。《指导意见》对政府购买服务的定义是,"通过发挥市场机制作用,把政府直接向社会公众提供的一部分公共服务事项,按照一定的方式和程序,交由具备条件的社会力量承担,并由政府根据服务数量和质量向其支付费用"。《指导意见》还对购买主体、承接主体、购买内容、购买方式、资金预算、绩效管理、组织领导和工作机制等方面作了规定。党和政府机构、群团组织以及公益一类事业单位都可以作为政府购买服务的主体,非营利组织和企业等社会力量是承接主体(即承包方)。2014年,财政部、民政部、工商总局联合发布的《政府购买服务管理办法(暂行)》(以下简称《管理办法(暂行)》)对政府购买服务相关事项作了更为具体的规定。

在购买内容方面,《管理办法(暂行)》规定了应纳入政府购买服务指导性目录的六大类服务内容,即基本公共服务、社会管理性服务、行业管理与协调性服务、技术性服务、政府履职所需辅助性事项以及其他适宜由社会力量承担的服务事项。基本公共服务包括以物为对象的服务和以人为对象的服务,前者如公共设施管理服务、环境服务、专业技术服务等,后者如教育、医疗卫生和社会服务等。① 政府向社会组织购买的服务主要是以人为对象的公共服务。

在购买程序方面,《管理办法(暂行)》规定政府购买服务在程序上分为确定承接主体和签订合同两个环节,确定承接主体可以采用公开招标、邀请招标、竞争性谈判和单一来源采购等方式,购买服务合同可以采取购买、委托、租赁、特许经营、战略合作等形式。

从国外经验来看,政府购买服务合同程序包括三大步骤。第一步是购买决策

---

① 在美国,社会服务是指为弱势群体(包括被虐待、被忽视或有残疾的儿童和青少年,贫困老年人,精神疾病或慢性病患者等)提供的各种服务,包括日托服务、收养服务、家庭咨询、居家照顾、再就业、灾害救助、难民救助、紧急食物救助、住房或庇护所、戒毒戒酒服务等。社会服务往往用于改变弱势群体的行为或生活环境。参见 Ralph M. Kramer, "Nonprofit Social Service Agencies and the Welfare State: Some Research Considerations," in Helmut K. Anheier and Wolfgang Seibel, eds., *The Third Sector: Comparative Studies of Nonprofit Organizations*, De Gruyter, 1990, pp. 255-268。

与合同设计,购买决策确定某项服务能否购买以及是否应该购买,合同设计要考虑绩效、定价、支付以及其他方面的因素。第二步是选择承包方,购买主体可以采用公开招标或单一来源采购等方式,以"最低价格"或"最优价值"作为评估标准。第三步是合同管理,包括成本监控、绩效监督、合同修改、合同纠纷、合同终止与续约。整体方案设计的首要目标是政府要做"精明买家",要做"划算的交易";其次是防止政府官员腐败寻租,尤其是选择承包主体和竣工验收相关人员;最后是保证购买过程对参与各方的公平性。①

购买服务合同有三种类型。第一种是"竞争性合同",采用竞争性招投标来选择承包方;第二种是"协商性合同",政府只在有限数量的潜在承包方之中进行挑选;第三种是"合作性合同",政府与承包商建立长期合作关系,这种合同也被称为"关系合同"。② 购买服务合同以公共服务为主要标的,公共服务的对象往往是脆弱群体,服务性质常常是劳动力密集型,服务质量往往体现在服务过程中,很难控制成本和评估绩效。因此,一味强调竞争性对于公共服务供给来说往往并不可取。实际上,购买服务合同更加强调连续性、协调性与合作性,不一定要采取竞争性程序。

公益创投(venture philanthropy)是政府购买服务的一个特殊形式。20世纪70年代,美国慈善家洛克菲勒三世将商业领域的风险投资理念引入慈善事业领域,提出了公益创投概念。20世纪90年代后期,公益创投实践才得以发展。近年来,公益创投被我国政府用于向社会组织购买服务,并且很快由沿海城市扩散到全国各地。③

严格来讲,公益创投与政府购买服务有性质差异,公益创投属于慈善事业,政府购买服务属于公共服务。因此,公益创投与政府采购的流程很不一样,参见表8-1。政府采购项目一般先有标的再公开招标,然后从多个竞标者中选出中标者。公益创投往往事先并没有确定的购买标的,只是限定了项目数量、资助金额和服务领域,通常以大赛的形式举办,由竞标者自己选择服务对象、设计服务内容,可以说每个项目都不一样。

---

① 〔美〕莱斯特·M.萨拉蒙主编:《政府工具——新治理指南》,肖娜等译,北京大学出版社2016年版,第242、273页。
② 同上书,第274页。
③ 李健:《公益创投政策扩散的制度逻辑与行动策略——基于我国地方政府政策文本的分析》,《南京社会科学》2017年第2期,第91—97页。

表 8-1　政府采购与公益创投的区别

	政府采购	公益创投
购买主体	党政机构、群团组织、事业单位	政府主办，其他主体承办、协办
购买目的	公共服务	公益事业
购买程序	招投标等政府采购流程	类似点子大赛
合同设计	政府设计标准合同	竞标者自行设计项目
资质要求	高（注册社会组织）	低（注册或备案社会组织）
资金来源	财政资金	财政资金、捐赠资金
服务方式	标准化服务	差异化服务

我国政府将公益创投与购买服务相结合有几个方面的原因。第一，公共服务与慈善公益服务的基本出发点是一致的，都是以公共利益为目的。公益创投既为社区提供了公共服务，同时又培育了供给主体——社会组织。[1] 第二，公益创投的操作程序相对简便，由于公益创投项目的单项资助金额一般较小，因此不必严格遵循政府采购程序来选择承接主体。资助方主要考虑公平原则，在服务区域和服务对象相对平衡的基础上，从竞标者中选择既定数量的项目。第三，公益创投利用多种渠道筹集资金，比如民政部门可以通过慈善总会筹款，妇联可以通过妇女儿童基金会筹款，一定程度上弥补了财政资金的不足。第四，公益创投项目评审往往采取路演等生动新颖的形式，吸引媒体宣传，花少量资金就可以引起公众的广泛关注，产生较大的社会影响。[2]

政府购买服务以前所未有的规模为社会组织发展注入了大量资源，政府作为购买主体，由于掌握资源分配权力主导了承接主体的行为，进一步加深了社会组织对政府的依赖；[3]另一方面，政府购买服务在一定程度上以契约关系取代了等级制关系，在配置资源上以市场竞争机制取代了行政机制，为塑造国家与社会的新型关系提供了可能。[4]

---

[1] 陈伟东：《赋权社区：居民自治的一种可行性路径——以湖北省公益创投大赛为个案》，《社会科学家》2015年第6期，第8—14页。

[2] 张远凤：《公共服务供给中的伙伴——政府向社会组织购买服务制度研究》，中国财政经济出版社2019年版，第43页。

[3] 管兵：《竞争性与反向嵌入性：政府购买服务与社会组织发展》，《公共管理学报》2015年第3期，第83—92、158页。

[4] 句华：《政府购买服务的方式与主体相关问题辨析》，《经济社会体制比较》2017年第4期，第107—117页。

三、基金会资助项目的管理过程

在我国,基金会是最早引入公益创投的主体,公益创投也是其向社会组织提供资助的主要形式。这与基金会的民间属性有关,也与其引领社会创新的角色有关。基金会不像政府那样负有提供普遍性公共服务的职责,它既没有责任也没有足够的资源提供普及性服务。基金会的优势在"点"而不在"面",它至少可以做好两件事:一是拾遗补阙,在公共服务的阳光没有照到的地方,起到辅助和补充的作用;二是社会创新,发现新的服务需求并且创造性地予以应对。

2006 年,我国社会组织就开始了公益创投的试验。当年 11 月,麦肯锡中国咨询公司资深顾问陈宇廷发起成立了境内第一家公益创投组织——新公益伙伴(New Philanthropy Partners,NPP)。一年后,它与中国红十字基金会合作设立境内首个公益创投基金——NPP 公益创投基金。[①]

越来越多的慈善组织成为资助型机构,以项目方式为社会组织提供资助。腾讯公益基金会和南都公益基金会是两家典型的资助型基金会。2021 年,腾讯公益基金会联合南都公益基金会共同推出"千百计划之百个项目资助计划",项目第一期共收到来自全国的 713 份项目意向书,经过三轮评审合议,最终 53 个项目获得资助。2022 年 3 月,百个项目资助计划第二期正式启动。本期项目将继续围绕捐赠与筹款研究、行业支持和数字化应用三大方向开展资助。[②]

微案例 8-1

百个项目资助计划第二期流程

腾讯公益和南都基金会百个项目资助计划第二期于 2022 年 3—9 月进行,具体流程如下:

(1)发布招募细则(3 月 28 日):通过腾讯公益和南都基金会官网和微信公众号等渠道发布细则。

(2)项目意向书征集(即日起—5 月 31 日):申报组织自公告发布之日起在线提交项目意向书。

---

① 黄杨:《NPP 公益创投:游走于企业和 NGO 之间》,2008 年 1 月 25 日,中国经济时报,http://finance.sina.com.cn/roll/20080124/23251959987.shtml,2023 年 5 月 2 日访问。

② 《千百计划——百个项目资助计划第二期拟资助项目公示》,2022 年 11 月 2 日,南都公益基金会,https://mp.weixin.qq.com/s/m6IYSjw-8hnBtYuTeNHXlA,2023 年 5 月 2 日访问。

（3）项目意向书初审（6月中上旬）：腾讯公益与南都基金会对意向书进行初审。

（4）提交项目建议书（6月下旬—7月初）：通过初审的机构进行方案细化并提交项目建议书。

（5）项目评审（7—8月）：腾讯公益与南都基金会将邀请内外部专家，组成专家组进行项目评审。

（6）项目公示（8月底）：通过腾讯公益和南都基金会官网和微信公众号对拟资助项目进行公示。

（7）项目签约（9月）：公示期结束，双方签订资助协议并拨付款项，原则上资助款按每次50%的比例分两次拨付，即自协议签订后拨付首期款，项目尾款在结项后予以拨付。

（8）项目实施：项目实施周期内，受资助方应当接受资助方的项目管理和监测，包括项目进展、项目变更等方面。

（9）项目结项：项目结束，经评审合格，予以尾款拨付。[①]

从百个项目资助计划第二期的具体流程可以看出，步骤（1）至（7）都属于项目购买过程，只有（8）和（9）这两个步骤属于项目实施过程。购买过程是买方主导的，实施过程实际上是卖方主导的。在项目签约之后，项目管理的主导权从买方转移到卖方。因为这个流程是买方视角的，所以看起来购买过程很复杂的，实施过程很简单。如果从卖方视角来看，项目可能在这套流程的中间环节结束，如果意向书没有提供初审，或者项目建议书没有通过评审，又或者在实施中出现问题，都可能是项目结束的节点。因此，如果是卖方制作的流程，项目实施过程可能会复杂得多。

第二节　项目购买过程

一般来说，在项目购买过程中，买方是主动的一方，卖方是被动的一方。买方做出购买决策之后，发布信息寻找卖方。卖方得知信息后，如果决定参与，就着手根据买方要求开发设计项目。当然，卖方也可以参与买方的购买决策，甚至

[①] 《千百计划——百个项目资助计划第二期拟资助项目公示》，2022年11月2日，南都公益基金会，https://mp.weixin.qq.com/s/m6IYSjw-8hnBtYuTeNHXlA，2023年5月2日访问。

主动寻找买方合作。项目管理对于购买方来说是始于购买决策,对于卖方来说是始于项目开发。

一、购买决策

政府的购买决策程序比较复杂,基金会的购买决策在程序上相对简单一些。

政府部门购买服务的决策过程包括需求识别、项目审核、预算编制与审批等环节。财政部印发《中央本级政府购买服务指导性目录》,规定了政府购买服务的范围,但是并没有明确规定具体的服务项目、服务对象和服务内容。政府部门如果打算购买服务,首先就要在指导目录范围内选择购买项目类别,然后根据实际需求决定具体项目内容。比如说,某地妇联打算购买服务,它首先看看当地政府发布的指导性目录,如果目录包含了妇女儿童服务,那就意味着购买妇女儿童服务是合法的。然后,它通过调研基层妇联、访谈妇女代表、咨询专家、征求社会组织意见等方式,了解本地的实际需求。最后,决定购买困境儿童服务和反家暴服务。又比如,某市民政局打算购买服务,它首先会同各区民政局开展项目课题调研,根据本地经济社会发展水平和财力状况,协调有关部门和群团组织做好人民群众尤其是困难群体、特殊人群社会服务需求的摸底调查与分析评估,确定该年度主要购买社工服务项目,即为每个街道建一个社工站。

政府部门确定了购买服务项目之后,部门领导可能会对项目进行审核,项目审核内容包括项目合规性、绩效指标合理性、资金需求及来源等。审核同意之后这些项目就被纳入部门预算。所有部门预算经财政部门汇总之后编入年度预算,报当地人大审批,预算经过人大批复即获得合法性,财政才会给予拨款。随后,进入购买过程,预算单位申报购买服务计划,财政采购部门审核,确定承接主体的方式(招投标、单一来源采购、竞争性磋商等)。到这个时候,采购服务的政府部门才可以向社会发布购买服务的公告,启动采购程序。

基金会的购买决策在组织内部完成,秘书长为首的管理层根据组织使命和战略,制订购买服务计划方案,经理事会批准就可以发布采购信息,启动购买程序了。当然,基金会的购买决策也必须基于对现实需求的了解,建立在客观数据基础上。比如,腾讯公益和南都基金会合作的百个项目计划第二期在确定具体资助方向时,对第一期项目申请人提交的标书和中标项目的执行情况进行了数据分析,征求了公益行业伙伴和专家的建议,内部还召开多次会议进行讨论,最终决定聚焦捐赠与筹款研究、行业支持和数字化应用三大方向。

二、项目开发

对于卖方来说,在购买阶段最重要的就是做好项目开发,特别是写出一个好的项目建议书。项目开发要紧扣组织宗旨。宗旨是非营利组织的最高行动纲领,项目的选择和运作都必须符合组织的宗旨。一般来说,对于众多可行项目,应该优先选择那些符合本组织宗旨和战略的项目。如果组织尚有运作项目的余力,对于企业或其他组织主动要求合作的项目,即便与宗旨关系不大,出于组织可持续发展的考虑,也可以适当参与。开发项目首先要找准需求。识别需求有两条捷径:一是关注社会热点问题,一般来说,社会热点问题是当前紧迫的需求,而且热点问题也容易引起媒体和公众的关注;二是党和政府的政策,开发有社会需求,又是国家战略重点的项目,比较容易筹集到资源,得到多方支持。[①]

(一)项目开发要考虑的主要方面

项目开发过程中,首先要做好情况分析工作。既要分析自身条件,又要了解买方情况,还要结合实际情况。既要知己知彼,又要天时地利人和。分析组织自身情况包括分析近期战略目标和以往的项目经验两部分。组织的宗旨是通过一系列战略任务体现出来的,近期战略目标是实现其宗旨的重要一步,所以在设计项目的时候要充分考虑,力求项目和战略目标方向保持一致。一般来说,在已完成项目的基础上继续拓展是项目设计的重要方法,没有任何基础的新项目难度比较大。如果涉足新领域,则需做更加详细的可行性论证。深入分析对方的情况,能够提高项目申请的命中率。需要分析的有以往的合作经历、高层领导变更情况、对方的合作意向等。分析合作方的情况,需要收集一些必要的信息,这些信息一般可以从公开的资料中或网站上获得。结合当地的实际情况,是为了评估当地的服务需求,以便充分利用当地的各种资源来满足需求。依据每个地方情况和特色设计出来的项目才能更顺利地得到实施。根据经验,最好不要在项目设计阶段参考别的项目文件,因为这样会限制设计人员的主观能动性和创造力。当然,在撰写项目建议书时,可以参考别的项目建议书。

开发项目时,要考虑项目选题来源。项目选题通常有三种形式。第一种是命题式选题,主要特点是项目资助机构有明确的项目指南,项目选题必须在指南规定的范围之内,这时只要逐一考虑项目是否符合组织的实际情况即可。第二

[①] 徐本亮:《社会组织管理精要十五讲(修订版)》,上海社会科学院出版社 2021 年版,第 84 页。

种是非命题式选题,许多国际资助机构的项目往往没有明确的项目指南,但申请者和资助者都有明确的申请意向,选题的过程是双方相互磋商和调整的过程。第三种是合作式选题,特点是双方已经有明确的合作意向,但双方还没有明确的项目指向,选题的过程就是在合作的基础上逐渐明确项目指向的过程。

在开发项目时,还要合理预算。在项目设计上要坚持和体现少花钱多办事的原则。当非营利组织显示出自身良好的项目运作效率,用更少的资金就能达成较好的效果时,更容易获得项目资金支持。

最后,开发项目时要准备替代方案。对于一个项目的实现,可能不止一种方案,而应该有若干不同的选择。这就需要在项目设计的时候,把各种思路都罗列出来,为项目的可行性论证提供最大的选择余地。

除了上述这些注意事项,在项目设计过程中,还需要强调参与性,即让项目有关人员参与到项目设计过程之中。采用参与式的项目设计,有利于在项目设计阶段就调动项目参与人员的积极性,集思广益,使项目方案更加全面更加完善;项目有关人员参与设计,还有利于增强参与者的责任感,培养和提高参与者的能力,为组织培养后备的项目经理。上述这些原则在实际应用过程中,项目设计人员可以灵活掌握、因地制宜,不必循规蹈矩、按部就班。

(二) 项目可行性论证

在项目开发的时候,已经进行了初步的分析和论证,但这往往还不够,必要时还需要对项目是否合理可行做进一步论证,为决策提供科学依据。做可行性论证的意义在于它的结论是决策的依据、项目建议书的依据和项目实施的依据。非营利组织项目的可行性论证一般涉及对项目背景、项目意义、组织内外环境、需要的资金、预期成果等方面的系统分析。一般而言,可行性论证要回答下列问题:为什么需要开展本项目?组织内外的有利因素有哪些?不利因素有哪些?需要多少资金?能不能筹到足够的资金?如何筹集资金?项目实施需要多少时间?需要多少人财物资源?需要组建多大的项目团队?项目完成之后,服务对象有何受益?可能存在哪些困难、问题和风险?如何应对?

非营利组织项目的可行性论证可以分为两个层次:一是项目管理人员自己做的论证;二是项目之外的人员做的论证。由于项目设计人员往往是将来的项目实施者,他们做的可行性论证可能会出现较强的主观性,为了避免这种情况,组织通常还会请项目之外的人员进行可行性论证。项目外人员不一定来自于组织之外,可能是组织内其他项目主管或高层管理者,由他们对项目各项指标进行客观和科学的分析,并在此基础上做出支持或否定项目的结论。无论是谁,做可行性论证应遵循科学、客观和公正的原则。

非营利组织项目的可行性论证一般分为四个步骤。第一步是准备,落实参加可行性论证的人员,搜集项目有关资料,搜集组织内部信息,并做出初步分析和判断。第二步是论证,对各个备选方案的优缺点、费用、效果等指标进行全面分析,比较各个备选方案,最后确定一个最优方案,或者否决所有方案。第三步是编制可行性报告,可行性报告的内容在编写项目建议书时可以作为参考。第四步是资源筹集计划,包括选择资助方,确定组织内部项目小组,确定是否需要招募志愿者;等等。在实际运作中,许多资助机构要求非营利组织在正式递交项目建议书之前,做好可行性论证,甚至有的资助机构直接派有关专家参与论证。

(三)项目建议书

项目建议书,也称为项目申请书或标书,集项目申请前期工作之大成,是直接向资助方提交的正式文件。撰写项目建议书是非营利组织项目设计人员必须掌握的基本技能。项目建议书的目的在于打动和说服资助方,让资助方同意提供项目所需的资源。不同的资助机构对项目建议书的要求有很大差别。有的要求简洁,有的要求详细;有的要求宽泛,允许申请人自由发挥创造力,有的严格限定格式,要求填写统一的表格。

项目建议书的格式和内容与创业计划书相似。尽管不同的资助机构所要求的项目建议书有差别,但归结起来大都包含如下要素:项目名称和首页、建议书主体部分(包括背景和立项理由、项目内容、时间进度、项目编制、风险防控)、项目团队与合作者、项目绩效。

1. 项目名称和首页

选定项目名称是项目建议书的第一步。虽然经过项目设计和论证,项目的选题和方向都已经确定,但在撰写项目建议书的时候,还需要确认是否有一个更好的、能高度概括而又准确表达项目内容的名称。

出于方便读者的考虑,项目建议书的第一页通常要罗列最重要的信息,包括项目名称、实施地点、项目时间、资金需求额(包括申请资金和配套资金)、实施机构、项目负责人和项目简介。

2. 建议书主体部分

建议书的主体部分与可行性报告类似。通常包括如下五个方面的内容:

第一,背景和立项理由。需要阐明项目环境、项目背景和项目意义。项目环境阐明地理位置、面积、人口、民族构成、交通信息条件、生产力结构、人均收入水平、教育卫生状况,项目所在地的政治、经济、社会、文化和生态情况,只要是与项目有关的因素都要予以说明。项目背景描述项目需求出现的历史、发展与现状,市场需求分析,当前供给状况分析,实施项目的迫切性,等等。如果是科研项目,还要说明国内外研究现状。项目意义则说明通过项目的实施,受益人群将出现何种变化,项目所在地将出现何种变化。

第二,项目内容。包括项目目标,说明如何达成项目目标,选择项目运作方式,项目运作计划,与地方政府和其他机构合作的计划,等等。

第三,时间进度。项目建议书要求有详细的进度安排,包括何时启动项目、何时截止、划分为几个阶段、召开几次联络会、何时进行中期汇报等,这些都需要有明确说明,最好做一张详细的时间进度表。

第四,项目编制。所有的项目建议书都要求有预算计划,以便资助机构提供资金支持和对支出状况进行监控。预算内容要求尽可能具体,包括申请资助部分和配套资金部分。一般来说,预算项目包括:交通费、通信费、食宿费、资料费、设备费或设备使用费、会议费、劳务费、管理费和其他费用。

第五,风险防控。分析项目运作中存在的不确定性及可能会碰到的风险。在撰写项目建议书时需要阐明攻克难点的应对措施,以及如何应对不确定事件,降低项目风险。这部分对申请资助非常重要,它不但可以为资助机构的决策提供依据,而且也可以看出申请方对项目所采取的客观、科学和务实的态度。

3. 项目团队与合作者

项目参与人员包括主持人和执行负责人,还应包括项目小组直接参与人员。建议书应提供这些人员的个人基本信息或个人简历。

有的项目要求各种不同类型的合作者,包括国际合作者、政府部门、其他非营利组织、大学或科研机构等。例如,如果需要合作者,应该在项目建议书中列出合作者的基本信息、合作方式以及合作内容。另外,还需要合作者出具同意合作的承诺书。

4. 项目绩效

项目绩效部分要阐明项目运作成果,即期望获得的成果。如果需要,还要包括项目中期成果。有些项目,特别是国际项目要求在项目进行过程中进行一到两次中期汇报或总结。所涉及的主要内容包括:项目进展情况、已经取得的成果、财务中期报告、经费使用、结余情况等。这些都需要在撰写项目建议书时做出计划。一般在项目结束后,要求提交项目最终报告,对项目整个进行过程特别是取得的成果做出详细说明。

三、承包方选择与签订合同

买方在确定承接主体时,可以采用公开招标、邀请招标、竞争性谈判和单一来源采购等方式,购买服务合同可以采取购买、委托、租赁、特许经营、战略合作等形式。招投标最强调竞争性,操作流程最为复杂,包括准备招标书、宣传招标书、标书审查与合同发包。对于金额较大的项目,一般采取公开招标与单一来源采购等形式确定承接主体。金额较小的项目,往往采取竞争性谈判或竞争性磋商等方式确定承接主体。

确定了承接主体之后,双方就可以签订合同了。有的购买服务合同不只是买卖双方之间签订,而是多个主体之间签订的。比如,某市民政局向社工机构购买社工服务,签订了三方合同,民政局作为购买主体是甲方,社工机构作为承接主体是乙方,街道办事处作为社工服务的使用主体是丙方。

各国在政府购买服务时普遍采用绩效合同(performance-based contract),在确定承包方时强调竞争性。近年来,强调合作的社会采购理念越来越为人们所接受。人们逐渐认识到,在社会服务领域,片面强调市场竞争并不明智,关系合同往往更为可行。关系合同肯定了利益相关方的信任、沟通、合作在社会服务中的重要性,主张以较为长期的合同取代短期合同。① 关系合同中包括能够影响合同双方行为的"非正式的协议"和"不成文的行为准则",强调建立高度信任关系,依赖自我履约机制,减少对代理人的监控和限制。② 关系合同可以大大减少沟通成本,提高服务供给的效率。比如为困境儿童提供服务时,服务人员需要花费相当长的时间才能与服务对象建立关系,获得服务对象的信任,这种关系本身就是服务内容。短期合同使得服务人员与服务对象之间建立的关系不稳定,后续服务成本增加,服务效果受到影响。当然,在社会采购过程中,也要避免关系合同可能产生的腐败问题。

---

① Jo Barraket, Robyn Leign Keast and Craig W. Furneaux, *Social Procurement and New Public Governance*, Routledge, 2016, pp.4-66.

② 叶托:《资源依赖、关系合同与组织能力——政府购买公共服务中的社会组织发展研究》,《行政论坛》2019 年第 6 期,第 61—69 页。

第三节 项目实施过程

项目合同一经签订,项目实施过程就可以开始了。项目实施过程也是合同管理过程。在项目实施过程中,要做好项目计划、组织管理和风险控制。买方通过购买服务将项目外包给了卖方,但是并不能做甩手掌柜,而应在服务供给的整个流程中都与卖方密切合作。非营利组织开展项目虽然不以营利为目的,但也要注重成本控制,优化资源配置,提高工作效率。项目管理的规范化和精细化对于提高非营利组织项目管理的成效非常重要,一套简单而高效的规范化项目管理程序有利于保证项目管理的可持续性。

一、启动项目和制订计划

在项目获得批准后,一般就应立即启动项目,并在项目申请工作的基础上制订详细的项目计划。

由于一般项目工作人员对于项目申请工作涉入不深,对于项目的具体细节并不十分了解,所以在项目得到批准、获得资助之后,需要有一个类似动员会性质的项目启动会。在项目启动时,要求所有参与项目的人员弄清楚下列问题:选定此项目的动机,以及项目的申请过程;项目要达到的预期目标和受益人群;实施项目的初步计划,以及项目参与人员需要进一步讨论详细计划;各个工作人员的分工;项目的周期和投入资金的规模;可能影响项目成败的外部因素。

通过对这些问题的了解,项目工作人员可以明确今后项目实施的方向,并对项目运作方式达成共识,为实施过程中的良好合作打下基础。

虽然项目建议书阐述了项目的基本目标和实施战略,但是不可能详细说明将要开展的各项具体活动。因此,还必须制订必要的工作计划。在项目计划阶段,项目管理人员的工作是和各方协商,确定尚未明确的各项具体活动并制订实施计划。

项目计划包括项目总计划和年度工作计划。项目总计划由项目经理来完成。在编制计划时,首先应该再次明确项目目标、资金到位情况、各项活动及其效果。一般说来,从项目设计到最终获得批准要经过很长一段时间,在此期间,很多情况可能发生变化,所以必须重新审定工作。然后,在项目人员充分参与讨论之后,制订出项目总计划。项目总计划通常包括项目总目标和分阶段目标、各项活动目标、各项活动设计和时间估算,并应明确优先次序排列、资金预算、人员配备、设施要求和详细的工作进程。

对于大型项目来说,年度工作计划在项目执行的控制和管理过程中起着重要作用,也是项目管理部门批准各个项目活动所需经费的基本依据。年度工作计划在项目总计划和预算的基础上制订,主要内容包括工作任务、方法、工作量、时间进度、项目区域范围、参与人员的详细分工、预期效果、详细的报告程序、资金预算等。编制年度工作计划需要考虑以下问题:年内实施的各个主要的项目活动及其优先顺序如何?这些活动是否能在一年内完成,是否需要延续到下个年度?需要哪些支持?是否需要合作伙伴?谁是合作伙伴?要不要进行培训?活动成本是多少?如何确定各项活动的负责人?最后的年度报告如何产生?如何确定项目进程时间表?哪些活动需要制订单独的分计划?[①]

二、项目组织管理

项目一旦得到批准,并且制订了项目计划,随之而来的就是组织实施的问题。工程项目管理的主要内容包括范围管理、时间管理、成本管理、人力资源管理、风险管理、质量管理、采购管理、沟通和集成管理。[②] 非营利组织的项目管理一般没有大型工程项目那么复杂,组织管理过程中重点要考虑项目管理机构、项目进度控制、项目财务管理、项目监测评估以及项目风险管理等方面的问题。完成好这些工作的关键是有一位优秀的项目经理,非营利组织的领导人要给予项目经理充分的授权和支持。

(一)项目管理机构

一般而言,在项目设计或者启动之时已经基本确定了项目负责人和项目管理机构。一般由项目经理全面负责项目的实施过程。在项目实施过程中,项目经理至关重要。项目经理在项目具体运作中应该有充分的自主权,项目经理本身要具有项目运作的丰富经验和很强的组织运作能力。项目经理通常在资深员工中挑选,要求其在项目相关领域工作过相当长时间,并且以项目助理的身份承担过类似项目的管理工作。当然,非营利组织也可以从外面聘请项目经理。

在非营利组织的传统管理结构中,秘书长直接领导所有职能部门和项目经

---

① 郭俊华编著:《公共项目管理》,上海交通大学出版社2014年版,第18页。

② 同上。

理,项目经理再从各个职能部门抽调人员组成项目小组。这种结构虽然具有权力集中和资源集中的优点,但是等级森严、信息不畅的缺点也十分明显,项目经理容易陷入琐碎的事务协调,甚至出现争权夺利的矛盾。

现代非营利组织的项目管理往往采取网络式管理结构,秘书长仍然直接领导各个职能部门,但是增设一个项目主管,项目主管下面再设项目经理,项目经理不直接向秘书长报告工作,项目经理和各个职能部门之间更多的是合作关系。这种结构使单个的项目管理机构更为独立,自主权更大。

(二) 项目进度控制

项目进度控制主要通过项目进展报告制度实现。项目进展报告没有固定格式,主要内容包括:报告期间各项活动进展的具体情况;实际情况与原计划之间的差异及其原因分析;项目管理机构与人员配备情况;项目现存问题;项目实施成果、既定目标实现情况;项目下一步工作安排。

报告应该有规范的封面,注明报告日期,最后由实施机构盖章,并由项目负责人签字。

(三) 项目财务管理

健全的财务管理是项目顺利实施的基础。一般来说,资助方不会一次性地把所有项目经费都拨下来,而是根据项目进展情况和财务情况,逐笔汇到项目管理机构。因此,项目实施过程中必须做好财务管理工作。

项目一经批准,资助方即要求项目管理机构设立独立的账户,保证专款专用,并配备财务人员。根据要求,组织要及时提交财务报告,使资助方及时掌握项目的收支状况,确保资金及时到位。在项目运作过程中,要严格进行支出控制,严格按照预算执行;除非有特殊理由,否则不允许有超支现象。

(四) 项目监测和内部评估

项目进展报告是自下而上的报告,项目监测和内部评估是自上而下的监督。项目监测是持续不断地对项目实施情况进行跟踪或监测的过程,旨在及时掌握项目的进展和财务状况,及时发现问题和解决问题。

内部评估是指项目管理机构对项目内容和战略所做的评估,旨在发现预见到和未预见到的项目活动影响因素,并提出调整意见。作为项目管理机构,内部评估应该是经常性行为。

(五) 项目风险控制

在项目运作过程中,由于一些不可控因素和不确定性事件的存在,项目运作存在风险。完善的项目管理要求能够对项目风险进行有效管理。项目风险控制的常用办法有差异控制和应急计划两种方法。差异控制是对项目进度和支出实际情况与计划之间的差异进行分析,并及时采取措施进行调整的办法。应急计划是未雨绸缪,为未来可能出现的情况预先做好准备。风险常常在毫无准备的情况下出现,这时应该把风险情况和应对风险的活动如实记录下来,为以后更有效地管理风险提供参考。

三、评估验收与结项

项目评估验收是指对已经完成的项目在目标达成情况、工作效率和项目管理能力等方面所做的客观、系统的分析和评价。

在正式的项目评估开始之前,应该编制评估提纲。评估提纲的主要内容包括:项目背景、项目概述、现阶段基本情况、评估目的、评估问题、评估成员、日程安排、评估报告的提交等。项目评估的主要内容包括:项目设计评估、项目目标评估、项目成果评估、经济效益评估、组织实施评估、项目管理能力评估和受益人群评估等。项目评估的方法有很多,有观察法、问卷法、文献法和访谈法等,项目评估往往综合运用多种方法,依据评估的成果形成项目评估报告。评估报告的主要内容包括:摘要、项目概述、项目内外部影响因素、资料描述和分析、经验教训、最终结论和意见、评价方法说明、参考资料等。

如果购买方认定评估合格,卖方就可以结束项目了,购买方应该按照合同规定支付余下的款项。如果购买方对卖方的项目执行情况感到满意,双方也可以续约。

四、项目管理的前景与挑战

一旦政府购买服务达到一定规模,就会形成各种新的产业链。政府不仅把公共服务的生产和提供外包出去,而且可能把购买服务工作本身也外包出去,招投标、合同管理以及绩效评估等活动可能被分割并且外包给不同的主体。与此同时,各种为承接主体提供技术、法律、会计、公关等各种专业服务的机构也逐渐加入进来,各个服务领域的非营利组织再组建起行业组织……如此一来,各种各样的主体就会重新组合,形成一个复杂的利益相关方网络。到这个时候,政府购买服务就不再仅仅是某个购买主体与某个承接主体之间的关系,而是会产生出公共服务新的生态网络系统。① 基金会购买服务亦如此,越来越多资助型基金会成长起来,越来越多资金用于资助其他非营利组织开展项目,就会催生出各种各样的非营利组织以及为它们服务的机构,一个公益慈善生态系统就生长起来。

不过,这幅图景也潜藏着不少问题,尤其是政府购买服务领域。首先,政府购买服务使得非营利组织对政府的依赖性增加、独立性减弱,甚至有沦为街头官僚和利益集团的危险。② 其次,政府购买服务并不一定能够提高效率、节省成本。即便有些项目确实节约了政府支出,但其他环节消耗的费用可能远远超过政府节省的费用。一些购买服务项目确实节省了费用,但节省费用很可能只是暂时的,并不必然伴随效率的提高和质量的提升。③ 很多情况下,购买服务节约成本的主要原因不是生产率的提高,而是私人部门员工待遇低于政府雇员所带来的人工成本下降。④ 很多政府购买服务合同都有"挑战性条款",合同费用不能覆盖全部成本,要求承包方自己筹款补足余额。在某些环境下,购买服务可能导致服务质量的降低,并损害员工的利益。⑤ 此外,政府在履行监督职责方面的情况也不容乐观。政府作为购买服务合同的一方,既是合同的制定者,又是合同的遵守者,经常处在角色冲突与利益纠葛之中。政府往往没有足够的时间、精力、资源和能力对公共服务承包商进行监督,而是将评估工作也外包给了第三方。很多外包公共服务的政府官员日常工作就是与承包商打交道,几乎没有机会当面接触自己的服务对象。尽管如此,政府购买服务还是成为新公共治理范式的标配,这是因为,完全由政府系统提供服务也有很多问题,所以才转向购买服务。但是,这些问题的出现并不意味着要否定这个做法,而是提醒我们保持警觉。

---

① 〔美〕菲利普·库珀:《合同制治理——公共管理者面临的挑战与机遇》,竺乾威、卢毅、陈卓霞译,复旦大学出版社 2007 年版,第 25 页。

② David M. Van Slyke, "The Mythology of Privatization in Contracting for Social Services," *Public Administration Review*, Vol. 63, No. 3, 2003, pp. 296-315.

③ Graeme A. Hodge, *Privatization: An International Review of Performance*, Westview Press, 2000, pp. 213-215.

④ Stephen Van Evera, "Primed for Peace: Europe After the Cold War," *International Security*, Vol. 15, No. 3, 1990/1991, pp. 14-15.

⑤ P. H. Jensen and R. E. Stonecash, "Incentives and the Efficiency of Public Sector Outsourcing Contracts: A Literature Review," *Journal of Economic Surveys*, Vol. 19, No. 5, 2005, pp. 767-787.

第八章　非营利组织项目管理

思考题

1. 非营利组织为什么应该重视项目管理？
2. 项目管理的基本任务是什么？
3. 项目建议书的主要内容是什么？如何撰写项目建议书？
4. 项目建议书与创业计划书有何异同？
5. 如何看待非营利组织承接与组织宗旨不直接相关的项目？
6. 项目总计划和年度工作计划应如何实现有机衔接？
7. 非营利组织的项目为什么必须体现其使命？

本章案例

"蓝信封"的项目管理[①]

书信是一种传统的交流方式，笔友也是一种古老的交友方式。在互联网时代，书信和笔友似乎已经过时了。然而，广州一家公益机构的书信项目"蓝信封"通过精巧的设计和精细化管理竟然让这个被时代遗忘的沟通交友方式重新焕发生机，几十万封通过"蓝信封"传递的书信温暖了许多留守儿童的心，打动了无数不相识的人。

一、机构简介

2008年3月，周文华受到一则"留守儿童因思念父母而自杀"的惨案触动，创办了"蓝信封"项目。同年3月，该项目在"益暖中华"谷歌杯大学生公益创意大赛中获奖，并且获得了一笔启动资金。2012年，广州市海珠区蓝信封留守儿童关爱中心（本案例简称"蓝信封"）正式注册为民办非企业单位。"蓝信封"现有两名受薪专职员工以及来自全国2 110所高校的大约7万名注册志愿者，建立了比较完善的组织结构，参见图8-1。

"蓝信封"专注于留守儿童心理陪伴，搭建了一个志愿者与留守儿童之间朋辈交流的平台，通过志愿者和留守儿童的一对一写信的方式，引导留守儿童健康成长，帮助志愿者自我成长，同时影响社会对留守儿童的关注和认识。自2008年以来，"蓝信封"已为全国20个省61市共401所乡村学校的留守儿童提供书

---

① 本案例根据以下信息编写：蓝信封行动官网，"关于我们：蓝信封简介"，http://www.lanxinfeng.org/about/org-introduction/，2022年10月6日访问。

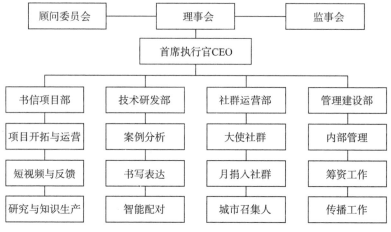

图 8-1 "蓝信封"组织结构图

信陪伴服务，来往信件超过 32 万封。"蓝信封"项目获评团中央和民政部发布的"全国农村留守儿童关爱服务和权益保护示范项目"，国务院扶贫办（现国家乡村振兴局）发布的"志愿者扶贫 50 佳案例"，中央电视台、人民日报等主流媒体均有相关报道。

二、项目管理

（一）项目开发

"蓝信封"书信项目所回应的社会问题是留守儿童情感缺失的心理问题，主要服务对象是农村青春期留守儿童，包括乡村小学 5—6 年级和乡村初中 1—3 年级的学生。这个项目是在精准扶贫背景下开展的，因此，项目重点服务对象是建档立卡的贫困户及其子女、存在返贫风险的已脱贫建档立卡贫困户及其子女、存在致贫风险的非建档立卡的边缘人口子女等农村困境儿童。

服务对象群体具有两个比较突出的特点。一是亲子矛盾高发。这个年龄段的留守儿童处于青春期初期，心理变化较大，父母在外务工无法跟踪和理解其心理变化，容易产生亲子关系问题。二是留守儿童心理压力大，需要倾听和引导。进入初中阶段，孩子们开始住校生活，需要适应集体生活环境，自己处理各种关系。孩子们的学业压力增加，很多孩子受父母打工影响，产生了读完初中就外出打工的想法。由于父母长期不在身边，这些儿童感情倾诉渠道受限，倾诉机会较少，往往具有更强烈的倾诉欲望。当倾诉需求得不到满足时，容易出现厌学情绪；如倾诉需求长期得不到满足，有的孩子可能从厌学发展到辍学，可能形成忧郁、孤僻的性格，甚至产生暴力或自杀倾向。

书信项目的基本设计思路包括以下内容。(1)书信方式。书信方式看似原始,但却是比互联网沟通更适合建立长期陪伴关系的一种媒体。心理学研究表明,写作表达是一种经典的心理疗愈方式。(2)一对一方式。大学生与青春初期留守儿童建立一对一的陪伴关系,两个群体之间年龄差距不大,同理心更强,更容易建立归属感和安全感。(3)写信为主,家访辅助。以写信为主,辅以家访等实地走访方式,有效维系一年以上的陪伴关系。(4)联结父母/留守监护人。通过参与活动同意书的签订、家访及一年半后的回访,获得父母/留守监护人的理解信任和对写信项目的实际支持。(5)联结班主任。通过参与项目中的收发信环节,教师座谈会,共同处理突发事件,让教师参与进来。

(二)项目流程

在这个书信项目中,"蓝信封"提供了一个平台,扮演着"传书者"的角色。它的核心任务是服务好互通书信的两个群体,即留守儿童群体和志愿者群体。因此,书信项目的操作流程是双线并进的,一条线是留守儿童服务流程,与之并行的另一条线是志愿者服务流程。两个流程在双方通信的时候实现交叉。

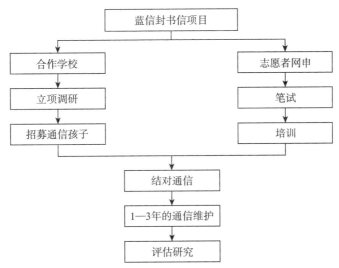

图8-2 "蓝信封"书信项目操作流程

1. 留守儿童的招募与选择

"蓝信封"的书信项目并不是以个体为单位开展的,而是依托学校以群体的方式开展的。因此,"蓝信封"首先找到有合作意愿的学校,进行需求调研,签订合作协议。然后,在学校的帮助下招募和选择参与通信的留守儿童,优先选取单亲、离异、孤儿等特殊背景的留守儿童。

2. 志愿者招募、筛选和培训

蓝信封面向全国招募志愿者,并为通过严格筛选的志愿者提供专业培训。通过培训考核的志愿者正式成为"蓝信封通信大使"。申请者要通过三轮考核才能入选成为志愿者通信大使,申请者的通过率只有大约25%。

3. 留守儿童与志愿者配对

"蓝信封"将入选的留守儿童与志愿者配对,让他们建立一对一通信关系,每个儿童获得一个专属的通信对象,称为通信大使。按照性别相同、兴趣一致的基本原则配对。"蓝信封"与参与通信的双方约定至少通信陪伴1年,鼓励通信陪伴3年(到孩子初中毕业)。每个月通信1—2次,每年大约通信8—10封。

4. 通信规则

通信模式是这个项目的核心技术。通信双方并非自由通信,而是由"蓝信封"统一收发信件。儿童在确定参与项目的5天内给结对的志愿者通信大使写第一封信。儿童所在学校的项目老师收集信件之后打包快递给"蓝信封"办公室。"蓝信封"工作人员收到儿童的信件之后,扫描信件并且上传到网上的虚拟"邮筒"中。志愿者通信大使在"邮筒"中查看自己收到的信件,并在5天之内写好回信,拍照上传到"邮筒"。"蓝信封"工作人员打印志愿者通信大使的信件,装进信封,统一寄给各个学校的项目老师,最后由项目老师将信件分发给写信的儿童。

5. 通信维护

"蓝信封"与校方共同承担项目运营期间的通信维护,包括管理收发信、跟踪通信进展、处理通信过程中发现的留守儿童特殊状况(比如在信中表示想自杀、想伤害他人、离家出走等)。通过信息化系统,管控往来信件,及时高效监测信件敏感内容;设立红绿黄机制,项目团队中的心理学、社会工作等专业成员快速对接及回应极端个案问题。比如,广东省12355青少年综合服务平台对接的一批有经验的心理咨询师,采取"一对一"方式为有需求的个案提供心理服务。

6. 通信回访

通信一年结束后,蓝信封会给通信孩子做回访,评估孩子的通信感受和效果。

7. 附加服务

除了书信服务之外,"蓝信封"会在暑期在部分地区的项目学校组织"小书信,大梦想"的夏令营,为通信孩子在亲子关系、朋辈关系、青春期教育、职业规划等方面做引导,帮助他们在成长中更好地面对和处理各种小烦恼,让他们找到实现梦想的力量。

除了直接为留守儿童提供的服务之外,"蓝信封"提供配套支持性服务。比如,为老师提供关于留守儿童心理方面的专业培训及心理咨询服务。还有"蓝信封"亲子书信,针对参与书信项目活动的孩子开展"给父母一封信"的活动,引导孩子和父母情感沟通。

三、项目评估

2016年,"蓝信封"与中山大学心理系合作,进行了一个大规模的介入成效调查(调查对象分别为非留守儿童、参与通信的留守儿童及未参与通信的留守儿童三个组别)。调查结果发现,通信显著提高了留守儿童的亲社会行为及支持利用度。书信项目产生效果的机制如下。(1)书信陪伴提升了儿童的社会适应水平,从而增加了亲社会行为,具体表现为更加关心别人的感受、愿意与他人分享、对年少的孩子更加友善、主动帮助生病的朋友、主动帮助老师和父母等。(2)书信陪伴通过建立社会支持机制,提高了儿童的社会支持利用度,比如主动向他人倾诉自己的烦恼、有困难时向家人和朋友求助、主动参加团体活动等。

"蓝信封"还开展了系统的案例回访工作,以书信为基础,实地回访,从家长、朋友、老师、通信志愿者、孩子各个层面的访谈还原孩子1—3年的成长历程,于2015年4月结集出版《中国留守儿童书信访谈录》。书中得出的结论是:书信陪伴有效提高孩子安全感和归属感,大大减少心理隐患和问题行为。

案例分析题:

1. "蓝信封"如何设计书信项目?
2. "蓝信封"如何运作书信项目?
3. "蓝信封"如何评估书信项目?
4. 你如何看待"蓝信封"的项目评估?

第九章　非营利组织的财务管理

捐赠者是组织予以精心培育和激励的，并想把他们请来共同参与组织的发展，而非仅仅向他们筹集当年所需的资金。

——〔美〕达德利·哈夫纳①

财务管理是指组织的资金筹集、管理、分配和使用等活动。② 非营利组织的财务管理为实现其使命和宗旨服务，其本质特征是非营利性。非营利组织财务管理必须严格遵守法律和政策，会计制度和税收制度是其中最重要的部分。非营利组织的财务管理过程与企业财务管理过程相似，但具体内容大不相同。与其他组织相比，非营利组织财务管理最突出的特点是收入来源更加多样化。

第一节　制度基础

会计制度是非营利组织财务管理制度中最为基础性的制度。2004 年财政部颁布《民间非营利组织会计制度》之后，我国社会组织财务管理制度从无到有、从粗放到精细逐步建立起来。③ 本节简要介绍非营利组织会计制度和税收优惠制度。

一、会计制度

非营利组织的会计制度是政府为了规范非营利组织的会计核算，确保其真

---

① 转引自〔美〕彼得·德鲁克:《非营利组织的管理(珍藏版)》,吴振阳等译,机械工业出版社 2009 年版,第 66 页。
② 谢晓霞主编:《民间非营利组织财务管理》,西南财经大学出版社 2019 年版,第 4 页。
③ 郁建兴、王名主编:《社会组织管理》,科学出版社 2019 年版,第 128 页。

实、完整地提供会计信息而建立的一整套规则。

会计核算是财务管理的基础,是非营利组织不可缺少的管理工具。非营利组织的会计核算是以货币为计量单位,采用专门的方法和程序,对非营利组织的业务活动或者预算执行过程及其结果进行连续、系统、全面的记录计算和分析,定期编制并提供财务会计报告和其他一系列内部管理所需的会计资料,为组织决策和管理提供依据的一项会计活动。

2004年,财政部颁布《民间非营利组织会计制度》,于2005年1月1日起正式施行。《民间非营利组织会计制度》适用于我国境内依照国家法律、行政法规登记的社会团体、基金会、民办非企业单位和寺院、宫观、清真寺、教堂等。这些非营利组织必须符合以下三个条件:第一,不以营利为目的;第二,任何单位或个人不因为出资而拥有非营利组织的所有权,其收支结余不得向出资者进行分配;第三,非营利组织一旦进行清算,清算后的剩余财产按规定继续用于社会公益事业或与组织宗旨一致的其他社会事业。

(一) 会计要素

《民间非营利组织会计制度》规定了资产、负债、净资产、收入和费用等五大会计要素,并根据各个会计要素设置了相应的报表项目和会计科目,参见表9-1。

表9-1 非营利组织会计要素及科目一览表

会计要素	项目	会计科目
资产	流动资产	现金、银行存款、短期投资、应收款项、预付账款、存货、待摊费用等
	长期投资	长期股权投资和长期债权投资等
	固定资产	固定资产、在建工程、文物文化资产、固定资产清理
	无形资产	无形资产
	受托代理资产	受托代理资产
负债	流动负债	短期借款、应付款项、应付工资、应交税金、预收账款、预提费用和预计负债等
	长期负债	长期借款、长期应付款和其他长期负债
	受托代理负债	受托代理负债
净资产	限定性净资产	限定性净资产
	非限定性净资产	非限定性净资产

(续表)

会计要素	项目	会计科目
收入	主要业务活动收入	捐赠收入、会费收入、提供服务收入、政府补助收入、投资收益、商品销售收入
	其他收入	固定资产处置净收入、无形资产处置净收入等
费用	业务活动成本	业务活动成本
	管理费用	工资、奖金、福利费、住房公积金等
	筹资费用	借款费用、汇兑损失(减汇兑收益)等
	其他费用	固定资产处置净损失、无形资产处置净损失等

资料来源:根据2004年《民间非营利组织会计制度》整理。

(二) 财务报告

财务报告是反映非营利组织的财务状况、业务活动情况和现金流量等的书面文件。非营利组织的内部管理者和利益相关者主要通过财务报告来了解组织的运行状况和效率。按照报告期的长短,财务报告可以分为中期财务报告和年度财务报告。以短于一个完整的会计年度的期间(如月度、季度和半年度)编制的财务会计报告称为中期财务报告;以整个会计年度为基础编制的财务会计报告称为年度财务报告。

财务报告主要由会计报表、会计报表附注和财务情况说明书组成。会计报表主要由资产负债表、业务活动表和现金流量表三种报表构成。

资产负债表是反映非营利组织在一定时点上财务状况的报表,因而也称为财务状况表。它反映非营利组织在某一时点上占有和使用的经济资源、债务负担、偿债能力和净资产状况,是非营利组织的重要会计报表之一。资产负债表以会计恒等式"资产=负债+净资产"为基础,以组织整体为报告重点,按照资产、负债和净资产三类会计要素分别列示。企业会计制度基于资产等于负债加所有者权益的会计恒等式,由于非营利组织没有所有者,也不存在所有者权益,因此非营利组织会计制度所依据的会计恒等式是"资产=负债+净资产"。

业务活动表也称收入支出表,是反映非营利组织一定时期内收入、支出及结余总体情况的报表。业务活动表可以帮助我们了解报告期内不同渠道资金的数量、支出方向和用途、组织预算执行进度、收支合理性等情况。业务活动表以组织整体为重点,在全面反映非营利组织收入和支出情况的同时兼顾资金的使用限制,分别列示限定性资金和非限定性资金的变化情况。

非营利组织的收入来源往往是多元化的,包括捐赠收入、会费收入、服务收费、政府资助、投资收益等主要业务活动收入和其他收入。非营利组织的支出主要包括项目支出、日常办公支出、工作人员的工资福利以及基本建设支出等。非营利组织的支出管理,应当按照支出的用途分为项目及活动支出与行政支出分别进行管理。项目及活动支出是非营利组织为了实现其使命直接发生的支出。项目及活动支出的管理应当从社会效益出发,通过规划与监督,保障最大限度地实现组织的使命。行政支出是非营利组织为了自身的存在和发展而发生的支出。行政支出的管理应当厉行节约,尽可能控制行政支出占总支出的比重。不过,行政支出并非越低越好,行政支出太低就难以保证工作人员得到合理的报酬,使得组织缺乏能力建设投入。长此以往,不仅难以留住人才,而且组织的服务水平和服务质量也难以得到保证。一般来说,非营利组织的支出管理要做到四个坚持:坚持按照批准的预算和计划办理;坚持按照规定的定额和开支标准办理;坚持按照合法的原始凭证办理;坚持按照规定的资金渠道办理。①

现金流量表是考察非营利组织资产流动性的重要报表。现金流量表是反映非营利组织一定时期内现金流入与流出情况的财务报表。我国的《民间非营利组织会计制度》要求非营利组织主要从业务活动、投资活动、筹资活动及汇率变动等四个方面考察其现金流动情况,分别列示现金的净流量,然后加总,计算该组织以现金为基准的资产净值。如果该数值为正,说明非营利组织存在现金净流入,在报告期内积累现金;如果该数值为负,则表明该组织存在现金净流出,在报告期内耗用现金。

会计报表附注是非营利组织财务报告不可缺少的组成部分,是对财务报表本身无法或难以充分表述的内容和项目所作的补充说明与详细解释,目的是进一步提高会计报表中相关数据信息的准确性以及完整性。

财务情况说明书则是对非营利组织的宗旨、组织结构和人员配备情况、业务活动、年度计划和预算以及其他对组织的业务活动有重大影响的事项的陈述。

非营利组织应当做到财务收支透明并且每年编制财务报告,定期接受财务审计,公布财务报告与审计结果,并接受公众质询。

---

① 北京志愿者协会编著:《志愿组织建设与管理》,中国国际广播出版社2006年版,第118页。

二、税收优惠制度

各国政府普遍采取措施鼓励非营利组织发展,支持它们参与提供公共服务和开展公益事业。税收优惠制度便是其中最重要的一项激励制度。

(一)税收优惠制度的理论基础

稳定的税收优惠制度必须建立在可靠的理论基础之上。发达国家非营利组织发展较早,税收减免相关理论较为完善,主要理论基础包括税式支出理论、利他主义理论、税基定义理论、税收激励理论等。近年来,我国相关理论也有所发展,比较具有代表性的有第三次分配理论和可税性理论。[①]

税式支出理论也称为辅助理论。该理论从政府职能视角出发,认为非营利组织提供的公益性产品和服务分担了政府供给公共物品的职责,减轻了政府的财政负担。因此,政府应当减免非营利组织的税收负担,这相当于一种间接财政支出。不过,由于税式支出理论强调非营利组织分担政府承担职能的作用,故该理论只能解释公益性组织的免税问题,却无法解释互益性组织的免税问题。[②]

利他主义理论认为,除了分担政府职责之外,非营利组织的活动还为社会带来了超越公共物品本身的其他公共利益。这种公共利益既体现为增加公共物品的供给,促进公共服务效率的提高,也包括增进社会团结,扩大社会福祉。因此,政府应予以税收减免。[③]

税基定义理论从应税收入的角度出发,认为所得税针对的是有"所得"的营利性行为,非营利组织的收入均投入运营和服务过程,属于减少纳税人消费能力的成本,并未形成收入,不属于"所得"范畴,故非所得税之税基。[④] 与税式支出理论相比,税基定义理论直接将非营利组织收入排除在税基之外,而非在纳税的基础上解释为何应予免税。此外,税基定义理论还可以适用于解释互益性组织免税问题。但该理论的缺陷在于,实践中许多非营利组织的受益人并不一定属于政府公共服务的对象,例如许多捐赠最终投向了中高收入阶层的医院、社区、学

---

① 刘培峰、龚宇:《非营利组织税收减免制度研究述评》,《中国非营利评论》2021年第2期,第325—327页。

② 同上。

③ Rob Atkinson, "Theories of the Federal Income Tax Exemption for Charities: Thesis, Antithesis, and Syntheses," *Stetson Law Review*, Vol. 27, No. 2, 1997, pp. 396-432.

④ Boris Bittker and George Rahdert, "The Exemption of Nonprofit Organizations from Federal Income Taxation," *Yale Law Journal*, Vol. 85, No. 3, 1976. pp. 299-358.

校等,对这类收入免税并不合理。①

税收激励理论认为对慈善捐赠减免税收能够降低慈善捐赠的成本,产生替代效应,激励慈善捐赠。由于税收减免降低了捐赠成本,客观上增加了捐赠。因此为鼓励慈善捐赠,应对其予以税收减免。但也有反对者认为,税收减免并不一定是激励捐赠的最佳途径,它也会减少政府的税收收入,造成新的财政负担。②

第三次分配理论主张市场经济条件下的收入分配有三种途径:第一次分配由市场按照效率进行分配;第二次分配由政府按照兼顾效率与公平的原则,通过税收等方式进行再分配;第三次分配则是由社会根据道德原则,通过慈善等非强制方式进行分配。③ 非营利组织作为慈善事业的主体,应给予税收减免。

可税性理论主张国家只对具有可税性的收益征税。可税性理论主张依据纳税人行为的收益性、公益性和营利性来判断可税性:在存在收益的情况下,若收益主体以营利为目的且收益具有营利性,则应征税;若收益主体不是以营利为目的,且其宗旨和活动具有公益性,则不应征税;但对公益性组织的营利性收入,则仍应征税。非营利组织的收入和捐赠人捐赠的收入虽然具有收益性,但考虑到收入的公益性和非营利性,并不具有可税性,也就不应征税。④

上述理论大多数建议以各种方式扩大非营利组织税收减免的范围,促进非营利组织和慈善捐赠发展,但少有研究从税收公平的角度考虑,从限制性的角度为非营利组织的税收减免划定上限,以防止扩大税收减免范围带来的不正当竞争以及可能给政府带来的财政困难。⑤

(二) 针对非营利组织的税收优惠制度

与非营利组织有关的税收优惠制度主要针对两类主体,即非营利组织和捐赠人。针对非营利组织的税收优惠措施涉及免税资格的认定、免税收入的界定以及税收减免规定。

---

① 刘培峰、龚宇:《非营利组织税收减免制度研究述评》,《中国非营利评论》2021年第2期,第325—337页。

② Eric Zolt, "Tax Deductions for Charitable Contributions: Domestic Activities, Foreign Activities, or None of the Above," *Hastings Law Journal*, Vol. 63, No. 2, 2011, pp. 361-410.

③ 厉以宁:《论共同富裕的经济发展道路》,《北京大学学报(哲学社会科学版)》1991年第5期,第3—13、128页。

④ 张守文:《收益的可税性》,《法学评论》2001年第6期,第18—25页。

⑤ 刘培峰、龚宇:《非营利组织税收减免制度研究述评》,《中国非营利评论》2021年第2期,第325—337页。

1. 免税资格认定

非营利组织需要经相关部门认定之后才能获得免税资格。2018年财政部、税务总局公布的《关于非营利组织免税资格认定管理有关问题的通知》(以下简称《通知》)规定:经省级(含省级)以上登记管理机关批准设立或登记的非营利组织,凡符合规定条件的,应向其所在地省级税务主管机关提出免税资格申请;经地市级或县级登记管理机关批准设立或登记的非营利组织,凡符合规定条件的,分别向其所在地的地市级或县级税务主管机关提出免税资格申请。财政、税务部门按照上述管理权限,对非营利组织享受免税的资格联合进行审核确认,并定期予以公布。非营利组织免税优惠资格的有效期为五年。非营利组织应在免税优惠资格期满后六个月内提出复审申请,不提出复审申请或复审不合格的,其享受免税优惠的资格到期自动失效。

《通知》规定符合下列条件的非营利组织才能获得免税资格认定:(1)依照国家有关法律法规设立或登记的事业单位、社会团体、基金会、社会服务机构、宗教活动场所、宗教院校以及财政部、税务总局认定的其他非营利组织;(2)从事公益性或者非营利性活动;(3)取得的收入除用于与该组织有关的、合理的支出外,全部用于登记核定或者章程规定的公益性或者非营利性事业;(4)财产及其孳息不用于分配,但不包括合理的工资薪金支出;(5)按照登记核定或者章程规定,该组织注销后的剩余财产用于公益性或者非营利性目的,或者由登记管理机关采取转赠给与该组织性质、宗旨相同的组织等处置方式,并向社会公告;(6)投入人对投入该组织的财产不保留或者享有任何财产权利,本款所称投入人是指除各级人民政府及其部门外的法人、自然人和其他组织;(7)工作人员工资福利开支控制在规定的比例内,不变相分配该组织的财产,其中:工作人员平均工资薪金水平不得超过税务登记所在地的地市级(含地市级)以上地区的同行业同类组织平均工资水平的两倍,工作人员福利按照国家有关规定执行;(8)对取得的应纳税收入及其有关的成本、费用、损失应与免税收入及其有关的成本、费用、损失分别核算。

由于免税资格的规定严格,加之各类行政性、程序性事项烦琐,我们的非营利组织存在免税资格认定难的问题,一些非营利组织通过借用具有免税资格的非营利组织的账户并缴纳管理费的方式获得税收减免。①

---

① 刘培峰、龚宇:《非营利组织税收减免制度研究述评》,《中国非营利评论》2021年第2期,第325—337页。

2. 免税收入界定

非营利组织本身能够享受到的税收待遇包括不同税种的减免税待遇,包括所得税、流转税、财产税、行为税、耕地占用税、契税、关税等。根据《企业所得税法》及《中华人民共和国企业所得税法实施条例》的规定,符合条件的非营利组织的收入(不包括非营利组织从事营利性活动取得的收入)属于免税收入,免予征收所得税。符合条件的收入是指:非营利组织获得的国家财政拨款、捐赠收入、银行存款利息以及社会团体所收取的会费。非营利法人从事营利性活动,无论是否与宗旨相关,所获得收益都将被征收所得税。其他税种的免税收入界定参见表9-2。

表 9-2 相关政策对非营利组织免税收入的规定

税种	政策	相关内容
增值税	《中华人民共和国增值税暂行条例》	对直接用于科学研究、科学实验和教学的进口仪器、设备以及由残疾人的组织直接进口供残疾人专用的物品免收增值税。
财产、行为税	《关于对老年服务机构有关税收政策问题的通知》和《关于医疗卫生机构有关税收政策的通知》	非营利性、福利性老年服务机构和非营利性医疗机构自用的房产、土地、车船,免征房产税、城镇土地使用税和车船税。
耕地占用税	《中华人民共和国耕地占用税暂行条例》	学校、幼儿园、敬老院、医院经批准征用的耕地,免征耕地占用税。
契税	《中华人民共和国契税暂行条例》	事业单位、社会团体的土地、房屋用于办公、教学、医疗、科研的免征契税。
关税	《关于科技类民办非企业单位进口科学研究用品免征进口税收的规定》	对符合条件的科技类民办非企业单位以科学研究为目的,在合理数量范围内进口国内不能生产或者性能不能满足需要的科研用品,免征进口关税和进口环节增值税、消费税。

目前我国非营利组织的经营性收入须按照营利组织的标准缴税,然而我国非营利组织获得的捐赠较少,常需要通过开展营利性活动维系自身的存在和发展,有些学者主张对营利性收入加以区分后实施税收减免。[①]

[①] 刘培峰、龚宇:《非营利组织税收减免制度研究述评》,《中国非营利评论》2021年第2期,第325—337页。

3. 公益性捐赠税前扣除资格确认

我国对公益性捐赠税前扣除资格的规定较为严格，早期只有财政部和国家税务总局特许的少数全国性非营利组织才具有该资格。直到2008年才出台有关公益性捐赠税前扣除资格的专门政策。只有具备公益性捐赠税前扣除资格的非营利组织在接受捐赠时开具的发票，才能让捐赠人享受税收优惠。实践中能够取得这项资格的非营利组织少之又少，因此，具有此项资格的社会组织在获取社会捐赠方面拥有显著的优势地位。

财政部、国家税务总局和民政部2015年联合发布《关于公益性捐赠税前扣除资格确认审批有关调整事项的通知》，按照现行政策规定，财政、税务、民政等部门结合社会组织登记注册、公益活动情况联合确认公益性捐赠税前扣除资格，并以公告形式发布名单。财政部、税务总局、民政部于2020年发布的《关于公益性捐赠税前扣除有关事项的公告》对社会组织取得公益性捐赠税前扣除资格应当具备的条件作了具体规定。

现实中取得公益性捐赠税前扣除资格的社会组织数量很少。比如，财政部、税务总局、民政部发布的《关于2020年度—2022年度公益性社会组织捐赠税前扣除资格名单的公告》中，一共120个社会组织获得资格，基本上都是基金会和慈善组织。

(二) 针对捐赠主体的税收优惠制度

非营利组织的税收减免政策不仅针对非营利组织，也针对向非营利组织提供捐赠的主体。对于企业捐赠者，《企业所得税法》第9条规定，企业发生的公益性捐赠支出，在年度利润总额12%以内的部分，准予在计算应纳税所得额时扣除。对于个人捐赠者，《个人所得税法》第6条规定，个人将其所得对教育、扶贫、济困等公益慈善事业进行捐赠，捐赠额未超过纳税人申报的应纳税所得额30%的部分，可以从其应纳税所得额中扣除；国务院规定对公益慈善事业捐赠实行全额税前扣除的，从其规定。对于个人捐赠，我国的税收减免基本限于货币捐赠，捐赠人捐赠不动产、股权等财产要支付税费。① 境外捐赠人向全国性扶贫组织、慈善社会团体、国务院有关部门和各省级政府捐赠直接用于扶贫、慈善事业的部分物资，能够免征进口增值税和进口关税。

---

① 栗燕杰:《我国慈善税收优惠的现状、问题与因应——以慈善立法为背景》,《国家行政学院学报》2015年第6期,第93—97页。

慈善事业发达的国家对捐赠人设置了较高的税前扣除比例,比如,美国的个人捐赠税前扣除比例为50%,英国的企业捐赠甚至允许全额扣除。[①]《企业所得税法》在2017年进行了修正,允准企业的公益性捐赠支出超过年度利润总额12%的部分,结转以后三年内在计算应纳税所得额时扣除。《个人所得税法》尚未有此类规定。为了应对重大自然灾害或突发公共事件或者为了支持国家战略,国家往往出台具有针对性的鼓励捐赠的政策。比如,新冠肺炎疫情暴发之后,财政部、税务总局发出的《关于支持新型冠状病毒感染的肺炎疫情防控有关捐赠税收政策的公告》规定,企业和个人通过公益性社会组织或者县级以上人民政府及其部门等国家机关,捐赠用于应对新型冠状病毒感染的肺炎疫情的现金和物品,允许在计算应纳税所得额时全额扣除。

第二节 非营利组织的财务管理

非营利组织财务管理的目标是确保组织实现其宗旨和使命,不断提高资源使用效率,以最小的投入获得最大的产出,同时使资产保值增值,保障组织资源的可持续性。非营利组织财务管理的主要任务是建立健全内部财务管理制度,加强经济核算,合理编制预算,依法筹集资金,并控制成本费用。主要内容包括预算管理、资金管理、筹资与投资管理、成本分析和财务报告分析、财务监督等内容。

一、预算管理

非营利组织要保证组织内部财务活动规范,资金使用效益最大化,更好地实现组织的使命,就必须做好财务的预算管理。预算管理可以帮助非营利组织了解未来资金需求的规模和时间,合理分配有限的资源,便于组织内部沟通,为决策和评估提供依据。

非营利组织的预算管理包括预算编制、预算执行和预算监控几个环节。预算编制往往与非营利组织的计划工作结合在一起进行,计划的结果就是数字化的预算。预算工作应该得到组织高层的重视,具体工作由专业人员来做,再由理事会和高层管理者来审核。预算被理事会批准之后,组织内部必须举办预算说

[①] 张娜:《我国公益捐赠的税收优惠制度研究》,《湖南工程学院学报(社会科学版)》2019年第1期,第69—73页。

明会,让组织的员工清楚明白预算涵盖的项目、组织的目标、各个部门的目标和执行活动的安排等。对预算实施的监控就是看它对组织运营造成的影响程度。或者说,看它在决策者做出决策的时候是否起到关键作用。这是非营利组织最为薄弱的环节。有的组织虽然有很好的预算,但是却无法严格执行,所谓计划没有变化快。

一个非营利组织要制定出好的预算需要具备三个基本条件:首先,组织的状况要相对稳定。也就是说组织的外部环境、组织的管理层以及内部运作状况都应该是相对稳定的,否则即使做了预算也用处不大。当情况不太稳定时,可以考虑采取弹性预算法。弹性预算是在不能准确预测业务量的情况下,根据量本利之间的关系,用一系列业务量水平编制的具有伸缩性的预算编制方法。[1] 其次,要有好的会计系统。对非营利组织而言,一个好的会计系统包括有专人负责会计工作,账目清楚,成本明晰。最后,预算要纳入计划和决策。预算必须具有权威性和可行性,财务主管应该参与计划和决策过程。

财务预算有很多种方法,非营利组织可以根据自己的情况选择一种或几种方法。常用的预算方法有:递增预算法、项目预算法、零基预算法和弹性预算法等。非营利组织最常用的是项目预算法。项目预算法,即将现有资源按比例分配给不同的项目,并将预算过程与评估过程紧密结合在一起,考查项目运作是否有效,并检查组织是否达成其宗旨与目标。项目预算法主要根据宗旨符合程度、项目可行性、费用开支等三个指标来决定方案的优先顺序。预算必须同时考虑项目的直接和间接成本,组织如果有多个项目,间接成本按照一定的标准分配给各个项目。[2]

二、资金管理

资金管理包括日常资金管理和项目资金管理。只有对日常资金进行科学、合理的管理,非营利组织才可能保护货币资金安全,防止贪污、盗窃和侵吞货币资金,杜绝因挪用、滥用而造成的货币资金短缺或损失。也才可能合理调度资金,加速资金周转,利用闲置资金进行保值增值,最大限度提高资金使用效率。一般而言,非营利组织日常资金管理的内容主要是现金管理、银行存款管理、其他货币资金管理和存货管理四个方面。[3]

---

[1] 谢晓霞主编:《民间非营利组织财务管理》,西南财经大学出版社 2019 年版,第 23 页。
[2] 同上书,第 87 页。
[3] 同上书,第 32 页。

非营利组织还要以项目管理方式进行资金运营和管理。项目资金管理是非营利组织优化配置所获得的项目资源,有效地管理和控制项目资金运作的过程,包括项目资金收入管理和支出管理。

三、筹资与投资管理

资金筹集包括资本金和运营资金的筹集。任何组织为了生存和发展都必须具有财务上的可持续性,需要源源不断地获取资源以维持再生产或扩大再生产。商业企业筹集资本金的主要方式是股东投资和发行股票。非营利组织没有股东,但可以建立类似资本金的永续基金。政府的收入主要靠征税,企业的收入主要靠销售,非营利组织收入来源更加多元化,政府资助、慈善捐赠和服务收费都是合法的收入来源。非营利组织为了实现资金的保值增值,需要进行投资管理。由于非营利组织筹资管理的特殊性,我们将在下一节专门论述,这里主要介绍投资管理。

非营利组织的投资管理也必须遵循三个基本原则:安全性、流动性和收益性。根据这三个基本原则,拟定投资策略时,需要考虑下列参数:投资目标、投资期、风险极限、流动性、回报率等。为了确保非营利组织在投资管理中遵守上述三原则,许多国家通过了相关立法。比如,美国允许基金会投资于股票和债券,但必须遵守《统一谨慎投资人法》。[①] 按照这个法令,基金会的投资不是出于营利目的的投机活动,而是在确保操作稳健、风险合理基础上的投资,为此要求基金会的理事承担投资管理之责。此外,美国税法禁止基金会的"内部交易"(self-dealing)。内部交易指基金会与其"内部人"(insiders)发生的各种交易行为,包括买卖、租赁、借贷、资产及收益的转移和使用等。"内部人"包括主要捐助人或企业、基金会理事及其家庭成员等。因为内部交易违反公益事业的问责原则,从而带来各种利益冲突。[②]

拥有悠久历史的美国私人基金会期望能够永久从事慈善事业。它们往往只留存少量流动资金用于慈善支出,其余资金全部进行投资运作。私人基金会已经成为美国金融市场中最重要和最成功的机构投资者之一,有效的投资管理和资产配置是其不断发展壮大的秘诀。2004年,盖茨基金会被中国证监会批准成

[①] 张淳:《〈美国统一谨慎投资人法〉评析》,《法学杂志》2003年第5期,第57—58页。
[②] 赵明、褚蓥:《美国慈善基金会利益输送禁止规则探析——兼与中国相关规定之比较》,《北京航空航天大学学报(社会科学版)》2012年第1期,第51—56页。

为中国股市的合格境外投资者,可以投资中国股市。①

非营利组织广泛采用投资回报率(Return on Investment,ROI)指标来衡量运作效率,其计算公式是:

$$投资回报率 = (总收入 - 总成本) \div 净资产$$

非营利组织的投资回报率一般都低于企业的水平。2001年,美国学者一项研究发现非营利组织的投资回报率一般都低于3%,有的甚至是负值。同期另一项研究显示,美国跨国公司的平均投资回报率达到17%。②

非营利组织与商业企业在投资回报率上的差异并不是因为非营利组织缺乏效率。对于大多数非营利组织而言,它们追求的目标首先是组织使命,而不是收益。"使命性"服务本身往往是无利可图的。当然,非营利组织的投资回报率也不是越低越光荣。净收入太多意味着组织可能将主要精力放在了增加收入而不是完成使命上,净收入太少又意味着组织没有足够的资源来履行其使命。非营利组织必须在净收入和使命之间找到一个最佳平衡点。

我国的非营利组织在投资管理方面还处于起步阶段。我国基金会普遍缺少专业性投资管理人才,投资管理不规范不完善,导致投资管理水平不高、资金使用效率偏低等问题。很多基金会收支形势严峻,实际资产价值持续下降,难以抵御投资风险。例如,陈嘉庚科学奖基金会在2005年将3 000万元原始资金全部交由中国银河证券进行投资,但因对方重组导致三年投资收益为零,甚至险些无法收回本金。③

四、成本分析和财务报告分析

成本分析和财务报告分析是非营利组织利用财务信息改进决策、提高管理水平的基本方法。成本分析是非营利组织的管理者利用会计核算及其他相关信息,对成本水平与构成的变动情况进行分析,找出影响成本变动的各种因素及其变动原因,从而找到降低成本、提高资金使用效率的一项活动。财务报告分析是指财务报告的使用者利用会计报表提供的基础数据资料,结合其他有关信息,运用专门的分析方法,对非营利组织的财务状况、业务活动情况和现金流量等情况

---

① 葛道顺、商玉生、杨团、马昕:《中国基金会发展解析》,社会科学文献出版社2009年版,第147页。
② 〔美〕亚瑟·C.布鲁克斯:《社会创业——创造社会价值的现代方法》,李华晶译,机械工业出版社2009年版,第80页。
③ 王崇赫、孙凌霞:《非公募基金会投资管理模式选择:美国经验及启示》,《社团管理研究》2010年第2期,第41—45页。

进行综合比较和评价,以获得相关决策信息的一项活动。① 非营利组织的成本分为直接成本和间接成本,直接成本是业务活动支出,间接成本包括筹款成本和管理费用等。

非营利组织所提供的服务往往难以量化,造成成本分析的困难。选择成本的计量单位是一个先决条件。下面是四种常用的服务计量单位:第一,受益者数量,即计算非营利组织所提供服务的受益者人数;第二,服务种类,即计算一个工作人员所提供服务的种类,比如巡回医疗、家访、特殊治疗、电话咨询和中介服务等;第三,服务数量,即计算工作人员所完成的服务数量,例如一周内进行三次巡回医疗等;第四,服务时间,即计算受益者所获得的服务总时间,比如一个7人小组为某个社区的居民提供了1小时的服务,可以折算成7小时的服务时间。

行政管理费用一般按照项目费用所占比率,分摊到各个项目的成本中,计为间接成本,行政管理费用一般包括房屋租赁费、邮费、电话费、清洁费、差旅费、人员工资、筹资成本、营销费用等。我国的基金会由于担心向公众募集来的资金用作运营费用会引起外界的指责,往往并没有专门的运营费用。希望工程在早期的运作过程中,采取的解决办法是用募集来的资金进行投资,用投资收益来支付运营费用。然而,这样做存在很多问题,包括资金在谁的名下运作以及投资失败的风险谁来承担等。甚至还有基金会宣称自己采取"零成本公益模式",不支付任何管理费用,所有管理费用由捐赠人承担。② 事实上,任何一个组织正常运营都要花费管理成本。"零成本公益"的概念很容易误导公众,对公益事业形成道德绑架,给非营利组织带来不必要的压力。

非营利组织的财务状况和成果可以通过财务报告来反映,但是要对此做出评价,仅有报表上的数据是不够的。例如,花费2万元成本募集10万元资金和花费2万元成本募集100万元资金显然是不一样的。为了满足不同目的,需要对财务报表中的数据进行进一步加工,通过比较、分析得到我们需要的信息,进而评价该组织的财务状况是否健全、组织的业务是否有效、运作是否有效率等。通常,非营利组织的年度报告要经过注册会计师的审计。因此,分析的时候,可以参阅会计师的审计意见,以确定数据的可靠程度。

财务报告分析的两种基本方法是纵向分析和横向分析。纵向分析又称动态分析或趋势分析,是根据连续几期的财务报告,比较前后期各项目的增减方向和幅度,从而揭示财务和经营上的变化和趋势。横向分析又称静态分析,是将同一

---

① 谢晓霞主编:《民间非营利组织财务管理》,西南财经大学出版社2019年版,第87页。
② 张龙蛟:《"公益零成本"争议,到底争的是什么?》,《公益时报》2018年7月31日,第8版。

期财务报告上的相关数据进行比较,以说明财务报表上所列项目之间的相互关系。

财务报告分析有四种常用指标:第一种是比率分析,即两组数据之间的比较,表现为一定的百分比或数值比;第二种是动态趋势,也可以用以时间为横轴的折线图来表示;第三种是百分比,即部分占全部的百分比,也可以用圆状饼图来表示;第四种是差异指标,比较实际费用与预期费用之间的差异等。

非营利组织常用的几种主要财务比率包括:流动比率、速动比率、现金量可用日数、结余边际比率、工作资本可用日数、净资产比率和固定资产财务比率等。

五、财务监督

非营利组织的财务监督是指根据国家有关方针政策和财务制度的规定,对志愿组织的财务活动和其他有关的经济活动所进行的监督,包括组织内部的财务审核和监督,也包括外部审计以及政府和公众的监督。加强财务监督,有利于提高非营利组织的财务透明度,确保组织的非营利性,提高组织的公信力,在制度层面有效遏制腐败的滋生,为组织的可持续发展打下良好基础。

一个非营利组织的财务收支项目体现了其活动是否符合组织的宗旨。在美国,税务部门通过对非营利组织的财务收支进行审计,来判断其是否具有非营利性质,从而决定是否给予其免税资格。在我国,2008年开始实施的《企业所得税法》明确规定对非营利组织实行免税待遇。相关部门开始对各类非营利组织展开评估工作,加强对财务状况的监督和审计,以此来确认非营利组织是否具有非营利性。

对非营利组织的财务监督包括预算监督、收支监督、财产物资监督和资金监督等。对非营利组织的预算监督包括对单位预算编制的监督和对预算执行过程的监督。

对收入方面的监督主要包括:各项收费是否按照国家规定的范围和标准收取;应缴预算款和应缴财政专户是否按照规定及时足额收缴;是否按照国家规定划清各项收入的界限,并按规定进行管理和核算;各项应纳入单位预算的收入是否都纳入了单位预算;本单位正常的事业行政经费有无用于基本建设项目的情况。

对支出方面的监督主要包括:各项支出是否符合国家有关方针、政策和财务制度的规定,支出原始凭证是否真实合法;是否按照预算规定的范围、内容和开支标准办理各项开支;是否按照政策规定划清各项开支的界限;对于大宗商品的采购,是否按照采购管理办法具体实施和操作;对于资产的支出和存货的支出是否严格区分、管理,有无违章购买的现象。

对财产物资方面的监督主要包括:固定资产的购置、验收、进出库、保管、使用、清查盘点、报废、报损、转让是否符合国家规定;存货或库存材料的采购有无计划;库存是否合理、有无超储备积压;财产物资的领用出库是否符合财务制度的规定;材料的管理制度是否健全;无形资产的取得与转让是否符合国家规定;无形资产评估价值与开发成本是否得到真实完整的确认与计量;等等。

对资金方面的监督主要包括:现金管理是否符合国家规定;各种存款是否按照国家规定开立账户,办理有关存款、取款和转账结算等业务是否手续完备、数字准确;等等。

此外,非营利组织要积极主动地向社会各界公布自己的财务状况、项目资金使用情况,接受社会的监督,使捐款人了解组织的运行状况,为组织的持续健康发展打下基础。

第三节 非营利组织的筹资管理

筹资也称筹款,是非营利组织基于宗旨和使命,向政府、企业、基金会、公众和服务对象募集资金、物资或劳务的过程。一般而言,从财务管理角度称之为"筹资",从营销管理角度称之为"筹款"。狭义的筹资指募捐,广义的筹资则除了传统的募捐之外,还包括其他所有能够为非营利组织带来收入的活动。目前,我国非营利组织的筹资渠道包括捐赠收入、会费收入、提供服务收入、政府补助收入、投资收益、商品销售收入、金融机构借款以及境外援助等。

萨拉蒙将非营利组织的收入来源分为三大类:政府资助、慈善捐赠以及会费和服务收费。① 政府资助包括政府拨款、补助、购买服务合同以及转移支付等,慈善捐赠包括个人捐赠、企业捐赠以及基金会拨款等,会费和服务收费包括会费、销售收入以及理财收入等。2010年,美国非营利部门总收入约为1.1万亿美元,其中,政府资助占32%,慈善捐赠仅占13%,会费和服务收费占到55%。②

---

① 〔美〕莱斯特·M.萨拉蒙:《全球公民社会——非营利部门视界》,贾西津、魏玉等译,社会科学文献出版社2007年版,第21页。
② Helmut K. Anheier, *Nonprofit Organizations: Theory, Management, Policy*, 2nd ed., Routledge, 2014, pp. 107–108.

无论从何渠道以何种方式进行筹资,都要遵守筹资途径合法化原则、筹资金额的合理性原则、筹资风险的适当性原则和筹资成本最小化原则。

一、慈善捐赠

慈善捐赠属于传统的慈善资本市场,曾经是体现非营利组织志愿精神的标志。在西方国家,20世纪70年代以来,随着政府资助以及收费收入的大幅增加,慈善捐赠的贡献率持续下降。2006年,美国、英国、德国和法国的慈善捐赠占本国当年GDP的比重分别为1.67%、0.73%、0.22%和0.14%。[①] 即便是以慷慨著称的美国,慈善捐赠占本国GDP的比例也从没有超过3%。[②]

慈善捐赠的主体分为个人/家庭和企业,基金会和专业筹款机构往往吸收了大部分的慈善捐赠,然后又通过项目拨款和其他方式将筹集到的资源分配给直接提供服务的非营利组织。

(一)个人/家庭捐赠

个人和家庭捐款是重要的筹款渠道。个人或家庭捐赠的动机多种多样,既有内在原因也有外在原因,既有积极因素也有负面因素。

罗伯特·夏普(Robert F. Sharpe)根据人们所处生命周期阶段和资助形式的不同,把个人/家庭捐赠者分为三类。[③] 第一个群体是早年捐赠者。这类人的年龄在50岁以下,他们一般还忙于工作,需要应付各种压力,比如支付孩子的教育费用、赡养老人等,他们可以自由支配的收入受到较大限制。因此,这个群体的捐赠数额较小。在美国,这个群体通常是做一些经常性的小额捐赠。第二个群体是中年捐赠者。中年捐赠者年龄在50—70岁之间,他们处于比较稳定的时期。小孩学业已经完成,大多没有赡养老人的负担,主要的资金支出已经完成,他们自己一般在这个时期退休,他们有较为充裕的时间来考虑各种问题,参与公益活动。在美国,这个群体会保持经常性捐赠,并开始为公益事业捐赠较大数额。第三个群体是晚年捐赠者。晚年捐赠者年龄超过70岁,夏普称他们是"最

[①] 转引自〔美〕马修·比索普、迈克尔·格林:《慈善资本主义——富人在如何拯救世界》,丁开杰等译,社会科学文献出版社2011年版,第35页。

[②] 〔美〕彼得·德鲁克:《非营利组织的管理》,吴振阳等译,机械工业出版社2007年版,前言第XV页。

[③] 转引自王名编著:《非营利组织管理概论(修订版)》,中国人民大学出版社2010年版,第235—236页。

后的礼物"。在美国,这个群体因为收入逐渐减少,不再像一般的捐助者那样做经常性的捐赠,但他们往往以遗赠或其他方式做大额的捐赠。美国遗产税很高,这可能是激励晚年捐赠的重要原因。

微案例 9-1

巴尼斯先生的遗嘱难题

阿尔伯特·巴尼斯是费城人,早年因为发明了一种药品而发了财,后来对艺术品收藏产生了兴趣。20 世纪 30 年代,巴尼斯从欧洲购买了一大批塞尚、马蒂斯等人的作品,现在这些收藏价值数亿美元。巴尼斯不喜欢费城的博物馆和画廊,最终选择在一个偏远小镇修建了自己的博物馆。巴尼斯的博物馆就像一个小型的美术学院,聘请了艺术家来帮助参观者学习和欣赏艺术。然而,由于小镇的地理位置过于偏僻,参观者寥寥。1951 年,巴尼斯在一场车祸中丧生。他在死前留下遗嘱,要求这些藏品按照他的方式永久保存在这个博物馆里,既不和其他机构交流,也不外借。巴尼斯先生去世后,他的一个女同事遵照这个遗嘱来管理博物馆。1990 年,这个女士也去世了。最后,费城的艺术界接管了这批宝藏,把其中一些藏品转移到了费城的博物馆。有人以这个故事为题材拍了一部电影《盗画记》。这部电影引起了广泛的争议。支持者认为这是不尊重私人产权的行为,是违法行为。另外一些人则认为,在巴尼斯死后,这些东西已经不再是私人财产,而是变成了公共财产。现在的接管人为了公众更好地享用这笔财富而违背其遗嘱,情有可原。①

(二) 企业捐款

与个人/家庭捐赠不同,企业捐赠更注重回报。一般而言,企业参与公益事业的动机主要有以下几种:一是为免税;二是为树立和维护企业形象;三是为由履行企业社会责任带来的长期回报;四是为促进销售;五是为改善企业内部关系。

印第安纳大学每年出版有关美国慈善市场的研究报告《慈善美国》(Giving

---

① Randy Kennedy,"Court to Hear More Arguments in Barnes Foundation Dispute," *The New York Times*, March 29, 2011, https://archive.nytimes.com/artsbeat.blogs.nytimes.com/2011/03/29/court-to-hear-more-arguments-in-barnes-foundation-dispute/,2023 年 5 月 3 日访问。

USA)。根据该报告,美国人对慈善事业的捐赠与经济增长基本同步。1954年,慈善捐赠总额为54亿美元,2004年达到2 485亿美元。个人捐赠占主体,以2004年为例,70%—80%的美国家庭为慈善事业捐款,59%的捐赠来自年收入10万美元以下的家庭。基金会是主要的机构捐赠者,占11.6%;企业捐赠只占4.8%。2004年,美国善款运用前三名的领域是宗教机构(35.5%)、教育(29.5%)和健康(19.1%)。[①]

对非营利组织而言,如果打算向企业筹款,必须要弄清楚哪些是潜在的捐款企业。一般来说,潜在的捐款企业包括有地缘关系的企业、有业务关系的企业、有个人关系的企业以及形象定位与非营利组织的宗旨相符合的企业。和非营利组织处于同一个城市或者同一个社区的企业,往往较难拒绝非营利组织的捐款建议。企业如果与非营利组织有业务关系或业务关联关系,也有可能成为该组织的捐款者。比如,一所学校往往能够从雇用其大量毕业生的公司得到捐款。非营利组织的筹款人利用他们的私人关系也可以筹到款。非营利组织的理事会成员负有筹款之责,这些理事大多都是有影响的人,他们具有敲开公司大门的社会关系。此外,支持公益事业的慷慨大方的大公司往往是潜在的捐款人。能够满足特殊募捐要求的公司也是潜在捐款人。比如,一个非营利学校需要油漆维修校舍,它可以向一家生产油漆的公司提出捐赠申请。弄清楚了潜在捐款企业之后,还应该制订周详的募款计划,明确捐赠的意义、数额和用途以及能够给予企业何种回报。

尽管慈善捐赠是一个重要的资金来源,但这种传统渠道也有一些缺点:其一,短期导向,使得公益组织资金缺乏持续性;其二,来源分散,不便于管理;其三,寻找资源非常费时而且成本高昂,美国许多非营利组织的负责人超过50%的时间花在筹款上,筹资成本占所筹资金的比例高达18%,远远高于企业的筹资成本。[②]

我国慈善捐赠起步较晚,多年来一直处于很低水平,不到100亿元。2008年汶川地震之后,当年捐赠额达到将近800亿元。此后几年保持在这个水平上下。2011年由于"郭美美事件"的打击,捐赠水平有所下降。几年之后才恢复到这个事件之前的水平。2020年新冠肺炎疫情暴发,又激发起捐赠热潮,当年捐赠额突破1 000亿元。企业的大额捐赠比较关注发展领域,普通人的小额捐赠更重视对身边困难人群的救助,主要用于扶贫、助学、大病救治、救灾、社会服务、农村发展等领域。

---

① Jane Wei-Skillern et al., *Entrepreneurship in the Social Sector*, Sage Publication, 2007, p. 63.
② Ibid.

微案例 9-2

"股权捐赠"推动制度建设

2009年,福耀玻璃集团董事长曹德旺提出了总额超过40亿元的股权捐赠计划,计划捐给他自己发起的河仁慈善基金会。这个捐赠计划不仅数额巨大,而且还向现行制度发出了挑战。由于当时我国还没有通过股权捐赠成立非公募基金会的先例和相关法规流程,曹德旺的"河仁慈善基金会"面临着注册、纳税等诸多障碍。但是他仍坚持股权捐赠形式,并表示要以此推进制度破冰。[①] 2016年4月20日,财政部、国家税务总局发布《关于公益股权捐赠企业所得税政策问题的通知》,规定企业向公益性社会团体实施的股权捐赠,应按规定视同转让股权,以企业所捐赠股权取得时的历史成本为依据确定股权转让收入额。企业实施股权捐赠后,以其股权历史成本为依据确定捐赠额,并依此按照企业所得税法有关规定在所得税前予以扣除。公益性社会团体接受股权捐赠后,应按照捐赠企业提供的股权历史成本开具捐赠票据。

(三) 基金会和专业筹款机构

基金会(包括国际资助组织)在公益事业领域的角色类似商业领域的金融机构。它们之间的不同之处在于,企业向金融机构融资必须还本付息,而基金会对非营利组织的拨款一般不要求偿还。正因为如此,基金会对拨款及其使用的管理十分严格。

在美国,资助型基金会往往以项目的方式向运作型非营利组织提供拨款,非营利组织必须寻找与自身定位相符的基金会,通过项目建议书申请资助。基金会首先规定了与自己的使命和宗旨相符的资助领域和资助项目范围,然后进行识别并寻找合适的非营利组织作为拨款对象。比如说,一些小型的非营利组织经常给福特基金会提交项目建议书,但是很少得到福特基金会的资助。这是因为,这不符合福特基金会的资助方式,它对小型非营利组织的支持远不及一些地区性或专业性的基金会。

非营利组织要根据基金会的兴趣寻找与自己的领域相匹配的资助者。所

---

① 东方愚:《风暴中的"慈善大王"曹德旺》,《贵阳日报》2009年3月17日,第B05版。

以，非营利组织必须准确判断各种基金会的关注领域和运作方式，以增加获得资助的成功率。在分析研究这些基金会时，不妨直接与它们取得联系以进行咨询。大多数基金会会迅速对咨询电话和邮件做出反应，并直接表明它们对项目是否感兴趣。筹款管理是日常工作的重要内容，临时抱佛脚的做法往往不能奏效。这就需要非营利组织平时做好功课，让所在领域的基金会知道和了解自己，保持与它们的联系，即所谓"修筑桥梁"和"关系营销"。如果与基金会或国际资助组织通过长期交往，双方形成了相互理解和信任的关系，那么项目建议书就很容易得到批准了。

非营利组织在确定了本组织的项目与某个基金会的兴趣相匹配之后，撰写一份优质的项目建议书就成为成功获得资助的关键因素。

据民政部发布的《2021年民政事业发展统计公报》提供的数据，截至2021年底，我国注册基金会达到8 877家。这些基金会大多是运作型基金会，除了政府背景的大型公募型基金会之外，南都公益基金会、壹基金、敦和基金会等是我国最知名的资助型民间基金会。

值得一提的是，非营利组织的不分配约束只是约束人们的逐利动机，并没有约束人们获取非经济形式的回报。对于大公司和超高净值个人来说，他们创建慈善基金会的宗旨是消除贫困、保护环境、促进社会进步、实现人类和平等等，但结果他们可能不仅获得了荣誉和地位，还可能获得更大的权力和更多的财富。因此，慈善捐赠在一些平等思想占主流的国家（如瑞典、挪威等国）往往并不会得到特别的赞誉，他们认为慈善捐赠在解决结构性问题方面作用有限。[①]

二、政府资助

非营利组织提供的是公共服务，开展的是公益活动，从一定程度上是帮政府做了部分工作，因此希望政府给予一定的资助是合情合理的。国内外研究都表明，政府的资助是非营利组织的主要资金来源之一。在我国，政府不仅在慈善资源动员方面具有强大的号召力，在善款使用和管理方面也起着主导作用。

政府对非营利组织的资助有直接拨款、税收减免、奖励、项目委托和政府购买服务等多种形式。一般来说，直接拨款并不是一种最有效的形式。因为直接

[①] 〔英〕英德杰特·帕马：《以慈善的名义——美国崛起进程中的三大基金会》，陈广猛、李兰兰译，北京大学出版社2018年版，第254—261页。

拨款容易让非营利组织对政府产生过度依赖,从而丧失自主性,甚至成为政府的附属机构。通过税收减免、奖励、项目委托和政府购买服务等方式更能推动非营利组织健康发展。

在我国,政府在慈善资源分配中居于主导地位。汶川地震发生后,国务院办公厅先后出台了《关于加强汶川地震抗震救灾捐赠款物管理使用的通知》和《关于汶川地震抗震救灾捐赠资金使用指导意见》,规范了抗震救灾捐赠资金的募集和使用。截至 2009 年 4 月 30 日,全国共接收国内外捐款 660 亿元,捐赠物资折合人民币 107 亿元。按照民政部规定的"谁接收、谁负责"原则,捐赠者可以通过受赠方进行查询,各受赠单位也会按照要求对资金使用情况进行公示。① 2020 年新冠肺炎疫情暴发之后,民政部指定的五家社会捐赠接收主体也是将接收的捐赠款物交由新冠肺炎疫情防控指挥部统筹安排使用。② 这种做法符合《公益事业捐赠法》的规定。非营利组织在吸收、配置、管理捐款的能力方面与政府有差距,公众还是更信任政府机构而不是民间公益组织。

三、会费和服务收费

会费是社团类非营利组织获得收入的一个主要渠道。有两种类型的非营利组织拥有会员和会费收入:一种是为会员服务的组织,比如各种行业协会和学会组织;另一种是拥有会员的公共服务组织,比如一些拥有会员的环保组织向会员收取会费,但向公众提供服务。③

当非营利部门的增长速度超过慈善资本市场的增加速度时,在总体上就会出现慈善资源紧张的状况,资源动员会呈现边际效用递减的趋势。这种情形反过来又会进一步加剧非营利组织之间获取慈善资源的竞争。在慈善资源短缺和竞争加剧的情况下,非营利组织开始更多地依赖政府和市场来获得资源,这些方式也被称为创收。④

---

① 陈贺新:《抗震救灾捐赠款物使用情况公布》,《中华工商时报》2009 年 5 月 12 日,第 3 版。
② 2020 年 1 月 26 日民政部发布的《关于动员慈善力量依法有序参与新型冠状病毒感染的肺炎疫情防控工作的公告》规定,慈善组织为湖北省武汉市疫情防控工作募集的款物,由湖北省红十字会、湖北省慈善总会、湖北省青少年发展基金会、武汉市慈善总会、武汉市红十字会接收,除定向捐赠外,原则上服从湖北省、武汉市等地新型冠状病毒感染的肺炎防控指挥部的统一调配。
③ 〔美〕亚瑟·C. 布鲁克斯:《社会创业——创造社会价值的现代方法》,李华晶译,机械工业出版社 2009 年版,第 101—103 页。
④ 苏力等:《规制与发展:第三部门的法律环境》,浙江人民出版社 1999 年版,第 123 页。

有些非营利组织依靠出售产品和服务获得大部分乃至全部收入,比如剧院和交响乐团出售演出门票,医院出售药品和诊疗服务,学校出售教育服务。还有一些非营利组织将出售产品和服务视为辅助性业务,其目的是完成更多的基本社会使命。比如,美国女童子军(Girl Scout)出售饼干,山岳俱乐部(Sierra Club)出售日历,美国红十字会出售急救包,博物馆出售各种各样的纪念品、复制品、食物和饮料,等等。这些生意并不仅仅是无足轻重的小生意。比如,女童子军出售的饼干占美国全部饼干销售的10%,1986—1987年度,纽约大都会艺术博物馆出售商品及版税收入为5 300万美元,盈利920万美元,占博物馆营运收入的14%。[1]

非营利组织创收的主要方式包括服务收费、经营性收入、政府采购合同以及与企业合作等。[2] 服务收费通过直接为社会脆弱群体提供符合他们购买力的产品和服务来收取一定的费用。鉴于目前非营利组织的经济压力,一些机构开始尝试在服务范围之外开拓一些经营性产业,通过这些产业的收益来支持机构的可持续发展,如北京太阳村特殊儿童救助研究中心、青海吉美坚赞民族职业学校[3]。政府采购合同方式是指政府通过合同外包的方式购买非营利组织的产品和服务,非营利组织提供服务,政府来买单。非营利组织与企业合作的形式多种多样,具体内容参见第七章第三节。

越来越多的非营利组织通过销售产品和服务来获得收入,但创收活动的风险不可忽视。自然之友在成立之初因为经费困难曾经开展创收活动,结果对组织的声誉带来了一定的负面影响。近年来,又再次尝试通过盖娅自然学校出售环保课程等方式获取收入,取得了比较好的效果。

非营利组织的商业活动可能形成对营利性主体的不公平竞争。由于非营利组织享有减免税优惠,这使得它们与营利性机构竞争时具有成本优势。这不仅形成对营利性主体尤其是小型企业的挤压,而且使得一些人利用注册非营利组织的方式开展营利性活动。这种现象一方面对营利性主体形成不公平竞争,另一方面也破坏了非营利组织的社会信誉。[4]

---

[1] 〔美〕菲利普·科特勒、艾伦·安德里亚森:《非营利组织战略营销(第五版)》,孟延春等译,中国人民大学出版社2003年版,第18—19页。
[2] 严中华编著:《社会创业》,清华大学出版社2008年版,第259—261页。
[3] 青海"吉美坚赞民族职业学校"原名为青海"吉美坚赞福利学校"。
[4] 王名、李勇、黄浩明编著:《美国非营利组织》,社会科学文献出版社2012年版,第150页。

四、筹资管理

非营利组织的筹资管理是一个财务管理与营销管理深度结合的领域。一般而言,财务术语称之为"筹资管理",营销术语则称之为"筹款管理"。非营利组织的筹资管理首先要确定采取哪些筹资方式,然后对每一次筹资活动进行精细化的过程管理。

(一)筹资方式选择

非营利组织应该明确自己的筹资需求,充分考虑筹资效率,依据不同筹资方式的特点选择适合的筹资方式。

传统筹资方式包括利用私人关系、电话劝募、信函或邮件劝募、媒体劝募、举办筹资活动等。私人请求是一种成功率比较高的劝募方式,非营利组织的理事会成员或者高层管理人员在筹资时经常采用这种方式,直接向潜在的捐赠者募捐。同时,私人请求这种筹资方式成本较高,对筹资人的要求也高。电话劝募是一种常用的方式。在电话募捐时,根据收集好的筹资对象的名单,给他们一一打电话进行募捐。电话募捐的关键是对募捐对象的了解,因此,收集整理潜在捐赠人的信息是一个重要的准备工作。电话募捐的技巧也很重要,在短短几分钟之内向募捐对象说清楚募捐的目的,并说服对方捐款是一项有很大难度的工作。信函或邮件募捐在国外是常用的筹资方法之一。这种方式成本比较低,但是效果也比较差,经常出现发出很多信件却泥牛入海无消息的情况。因此,采用这种方法时,要尽量保证募捐对象的名字和地址的准确性,确保他们能够收到信函;精心设计信函的内容和形式,以打动捐赠者的心。经常使用信函劝募的组织往往会收集整理非常详细的捐赠者资料库,这是需要长期坚持才能做好的工作,这些信息对非营利组织来说是宝贵的资源。

非营利组织还可以利用平面和电视媒体进行募捐。义演义卖、慈善晚宴、项目筹资等都是传统的筹资手段。义演义卖是文化、艺术、体育、娱乐类非营利组织常用的筹资手段。慈善晚宴一般邀请社会贤达参加,往往与年会或特定事件结合在一起。

除此之外,非营利组织为了应对突发的紧急事件,可以临时设立一个小型项目进行筹资。例如,一个贫穷家庭的小孩得了重病,急需治疗资金,非营利组织可以设立小型项目进行筹资。以大型公益工程方式筹资也是常见的做法。例如,"希望工程"和"免费午餐"就属于此类项目。这种方式能够取得广泛的社会效果，往往需要动员大量人财物力，花费很长时间来运作。此外，还可以举办"一对一"捐助活动。

20世纪90年代以来，电子慈善（E-philanthropy）和数字慈善（digital philanthropy）在全球范围兴起，出现了在线捐赠、网上慈善购物广场、在线慈善拍卖等新型筹资方式。我国逐步建立起互联网筹资的基础设施。民政部分三批指定了30个慈善组织互联网公开募捐信息发布平台。① 2015年以来，腾讯公益平台发起的"99公益日"点燃了非营利组织互联网筹资的激情。

微案例9-3

"99公益日"筹资的马太效应

2021年"99公益日"筹资活动的"马太效应"持续增强。2021年腾讯"99公益日"活动期间，共计有超过6 870万人次捐款35.69亿元，加上腾讯公益慈善基金会的6亿元资金支持，总共募得善款41.69亿元。总计有336家公募机构参与募捐，其中，基金会226家，慈善会系统62家，红十字系统33家，社会团体13家，社会服务机构2家。慈善会系统包括各省市区慈善总会、慈善协会、地方慈善会系统成立的慈善基金会。红十字系统包括各省市区红十字会及红十字基金会。慈善会系统和基金会的筹资分别占到总额的45.1%和49.6%。前5家机构的筹款总额占总筹款额的47%。②

除了互联网引发的筹资方式创新浪潮之外，筹资理念也在发生显著变化，尤其是受到风险投资理念影响而兴起的社会影响力投资。2002年，美国已有42家影响力投资机构，资本总额达到4亿美元。③ 新利润公司（New Profit Inc.，NPI）是这个领域的先锋之一，它开发了一种风险慈善模式。它在小范围的个人捐赠者中筹集了1 000万美元，找到了一些运作很成功并且愿意复制其经验的非营利组织，连续几年对其进行投资，并且提供管理咨询服务，包括提供理事会服务。风险慈善伙伴（Venture Philanthropy Partners，VPP）是另一个先锋，它动员30个

---

① 《民政部关于指定第三批慈善组织互联网募捐信息平台的公告》，2021年11月4日，https://www.mca.gov.cn/article/xw/tzgg/202111/20211100037942.shtml，2023年5月6日访问。

② 张明敏：《99公益日观察报告（一）：筹款前五机构豪揽47%筹款量》，2021年9月14日，公益时报网，http://www.gongyishibao.com/html/yanjiubaogao/2021/09/18619.html，2022年10月6日访问。

③ Jane Wei-Skillern et al., *Entrepreneurship in the Social Sector*, Sage Publication, 2007, p. 63.

IT企业的领导人捐出3 000万美元成立了儿童学习基金,致力于加强华盛顿地区非营利组织的能力建设,资助它们为该地区低收入家庭儿童的发展和教育提供服务。盖茨基金会也借鉴风险投资的理念,选择少数几个顽固的社会问题关键领域,长期投入巨额资金以期取得重大突破。总的来看,这还是一个小而美的领域,但已经显示出可观的发展前景。①

（二）筹资过程管理

非营利组织一般每年都必须完成一定的筹资任务,以保证组织的持续运作与发展。不管采取何种筹资方式,一次筹资活动一般包括五个步骤:成立筹资小组;筹资市场分析;制订筹资计划;实施筹资计划;总结评估筹资活动。

成立筹资小组是筹资活动的第一步,也是最重要的一步。筹资小组一般由组织的主要领导人牵头,大部分高层管理者都应该参与,以保证最大限度地动员组织资源。

筹资小组要对筹资市场进行分析,然后制订合理的筹资计划。筹资市场分析的核心内容是细分市场分析,包括在哪些细分市场进行筹资、如何进入每个细分市场、在每个细分市场付出多少成本等等。确定筹资细分市场之后,才能够制订筹资计划,包括组建多大规模的筹资队伍、投入多少时间、花费多少成本、筹得多少资金等等。常用的计划方法包括增减法、需求法和机会法等。增减法就是根据组织上一年度的收入,考虑通胀因素,然后根据预期变化有所增减。需求法是根据组织下个年度的资金需求情况制定筹资额目标。机会法是对各个细分市场的筹资潜力做一个初步估算,然后结合组织自身情况,确定一个合理的筹资目标。筹资计划还要根据成本与收入相匹配的基本原则,针对不同细分市场设计相应的筹资方式。比如,小额捐赠可以采取平面广告、电子邮件和短信等联系方式,对于大额捐赠则采取电话联系甚至登门拜访的方式。

筹资结束后,要对本次筹资工作进行全面的评估,对是否完成筹资目标、员工的努力程度和工作绩效、筹资效率做出评价,撰写筹资活动报告,总结得失,并对员工和志愿者进行适当奖惩。

总的来看,随着资源竞争的加剧以及筹款方式的变化,非营利组织必须开辟多种渠道筹集资源,灵活使用传统筹资方式和互联网筹资手段,精细化管理好每一次筹资活动,才能完成筹资目标,保障组织的生存和发展。

---

① 〔美〕萨拉蒙:《撬动公益——慈善和社会影响力投资新前沿导论》,叶托、张远凤译,社会科学文献出版社2017年版,第82页。

思考题

1. 非营利组织财务管理的主要内容是什么?
2. 非营利组织财务管理与企业财务管理有何不同?
3. 非营利组织的财务报告有哪几种?
4. 非营利组织如何做好财务预算?
5. 非营利组织如何做好投资管理?
6. 非营利组织的投资回报率是不是越高越好?
7. 非营利组织财务监督的主要内容是什么?

本章案例

壹基金的年度报告

一、深圳壹基金公益基金会简介

2007年,李连杰与中国红十字总会合作设立"中国红十字会李连杰壹基金计划",以"尽我所能、人人公益"为愿景,专注于灾害救助、儿童关怀与发展、公益支持与创新三大领域。2008年10月,为了保证公益项目更高效地实施,在中国红十字总会、上海市民政局等多方管理机构的指导和支持下,上海李连杰壹基金公益基金会以非公募基金会的形式注册登记,成为"中国红十字会李连杰壹基金计划"的执行机构。2010年12月,深圳壹基金公益基金会(以下简称壹基金)在深圳市民政局的正式注册成立,成为一家拥有公开募捐资格的公募基金会。法定代表人是马蔚华。壹基金的发起机构为上海李连杰壹基金公益基金会、老牛基金会、腾讯公益慈善基金会、万通公益基金会及万科公益基金会,注册资金5 000万元,每家发起机构出资1 000万元。壹基金的业务范围是资助慈善公益性项目,资助慈善推广活动,向社会需救助人群提供捐助,以及奖励慈善事业贡献者。①

壹基金成立之后,"中国红十字会李连杰壹基金计划"及"上海李连杰壹基金公益基金会"清算注销,其项目、资金及工作人员由壹基金承接。壹基金在深圳市社会组织等级评估中被评为5A级社会组织,在中国基金会中心网的透明度评价中连续十年保持满分,两度获得慈善领域政府最高奖"中华慈善奖",并获得"先进基层党组织""鹏城慈善40年致敬单位""深圳青年五四奖章"等荣誉。②

---

① 参见壹基金官网,"机构介绍",https://onefoundation.cn/about,2022年10月19日访问。
② 同上。

二、2021 年壹基金的业务活动表

2022 年 3 月 28 日,壹基金公布《深圳壹基金公益基金会 2021 年度审计报告》。5 月 17 日,壹基金公布《深圳壹基金公益基金会 2021 年度报告》,从情况概述、灾害救助、儿童关怀与发展、公益支持与创新、公众参与及捐赠等方面展示了 2021 年的工作成果。8 月 16 日,壹基金公布《深圳壹基金公益基金会 2021 年度年检工作报告》,对基金会的基本情况、党员信息及党建情况、内部建设情况、业务开展情况等进行了说明,并提供了资产负债表、业务活动表、现金流量表等信息。其中,业务活动表提供了有关收入、费用和净资产变动额的信息,参见表 9-3。

表 9-3　2021 年壹基金业务活动表　　　　　　　　　　（金额单位:元）

项目	行次	上年末期			本年累计数		
		非限定性	限定性	合计	非限定性	限定性	合计
一、收入							
捐赠收入	1	12 947 570	439 070 269	452 017 838	15 714 266	467 943 569	483 657 835
会费收入	2	—	—	—	—	—	—
提供服务收入	3	88 634	2 696 750	2 785 384	166 415	3 546 213	3 712 628
商品销售收入	4	0	0	0	0	0	0
政府补助收入	5	0	0	0	0	0	0
投资收益	6	7 786 791	49 883	7 836 674	15 093 012	163 165	15 256 177
其他收入	9	579 941	0	579 941	111 086	0	111 086
收入合计	11	21 402 936	441 816 902	463 219 838	31 084 779	471 652 947	502 737 726
二、费用							
1. 业务活动成本	12	14 882 528	472 974 787	487 857 315	1 742 648	402 580 584	404 323 232
2. 管理费用	21	487 242	8 593 905	9 081 147	225 114	9 119 067	9 344 181
3. 筹资费用	24	1 305 624	0	1 305 624	2 993 273	0	2 993 273
4. 其他费用	28	23 411	0	23 411	3 960	0	3 960
费用合计	35	16 698 805	481 568 692	498 267 497	4 964 995	411 699 651	416 664 646
限定性净资产转为非限定性净资产	40	0	0	0	0	0	0
净资产变动额(若为净资产减少额,以"-"号填列)	45	4 704 129	-39 751 790	-35 047 661	26 119 784	59 953 296	86 073 080

注:原表中数值精确到小数点后两位,本表对原表数值进行取整处理,即对小数点后的数值进行四舍五入,这使得本表与原表的数值略有差异。

数据来源:《深圳壹基金公益基金会 2021 年度年检工作报告》,壹基金官网,https://onefoundation.cn/infor/detail/62fb30ee22be3f8d1f,2022 年 10 月 19 日访问。

从业务活动表可以看出,2021年壹基金实现收入502 737 726元,主要是捐赠收入,占总收入比例达到96.21%。投资收益、提供服务收入和其他收入占比很小,分别为3.03%、0.74%和0.02%。2021年壹基金的总支出(费用)为416 664 646元,占上一年度总收入的比例为89.95%,管理费用占本年度总支出的比例为2.24%,均符合我国《慈善法》的规定。我国《慈善法》第60条规定,具有公开募捐资格的基金会开展慈善活动的年度支出不得低于上一年总收入的70%或者前三年收入平均数额的70%,年度管理费用不得超过当年总支出的10%。

2021年壹基金年度总支出中,业务活动成本、管理费用、筹资费用所占比例分别为97.04%、2.24%和0.72%。如图9-1所示,业务活动成本主要用于儿童关怀与发展、灾害救助及公益支持与创新等三大领域,三大领域的支出所占比例分别为54.76%、41.90%和3.32%。此外,税金及附加的支出占2021年业务活动成本支出的0.02%。

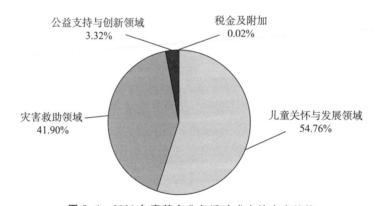

图9-1　2021年壹基金业务活动成本的支出结构

数据来源:《深圳壹基金公益基金会2021年度报告》,壹基金官网,https://onefoundation.cn/infor/detail/628372a9b694aaf24b,2022年10月19日访问。

三、2021年壹基金项目收支情况

受新冠肺炎疫情的持续影响,2021年壹基金在项目筹资、项目管理、项目执行模式等方面进行了调整和优化。2021年度壹基金共开展了18个公益项目,包括7个灾害救助项目、7个儿童关怀与发展项目以及4个公益支持与创新项目。这些项目的实施在云南地震、青海地震、河南7·20特大暴雨等自然灾害和多省新冠肺炎疫情防控中发挥了重要作用。2021年壹基金开展的项目覆盖245个市(县),社会组织合作伙伴超过1 100家/次。2021年壹基金各个项目筹集

的捐赠收入总额达到 483 657 835 元,其中河南及周边省份洪灾项目获得的捐赠收入最高,参见表 9-4。2021 年壹基金各个项目支出明细参见表 9-5,该年度各个项目总支出达到 404 323 233 元,其中河南及周边省份洪灾项目支出最多。

表 9-4　2021 年壹基金按项目统计的捐赠收入　　　　（金额单位:元）

活动领域	项目名称	本年累计
灾害救助	1 温暖包项目	30 205 125
	2 儿童平安项目	27 096 100
	3 九寨沟地震项目	—
	4 抗击新冠肺炎疫情项目	8 668 868
	5 安全家园项目	13 588 557
	6 河南及周边省份洪灾项目	121 346 957
	7 其他救灾项目	21 152 169
儿童关怀与发展	1 海洋天堂项目	71 030 993
	2 净水计划项目	23 334 321
	3 壹乐园项目	54 447 624
	4 儿童服务站项目	62 494 736
	5 中航盈富公益基金	1 560 000
	6 儿童早期发展项目	15 377 612
	7 其他儿童关怀项目	11 911 868
公益支持与创新	1 联合公益项目	2 858 814
	2 为爱同行项目	510 200
	3 快手 V 困境儿童关怀行动	—
	4 其他公益支持项目	2 359 625
非限定性收入		15 714 266
合计		483 657 835

注:原表中数值精确到小数点后两位,本表对原表数值进行取整处理,即对小数点后的数值进行四舍五入,这使得本表与原表的数值略有差异。

数据来源:《深圳壹基金公益基金会 2021 年度报告》,壹基金官网,https://onefoundation.cn/infor/detail/628372a9b694aaf24b,2022 年 10 月 19 日访问。

表 9-5 2021 年壹基金业务活动成本支出明细　　（单位：人民币元）

活动领域	项目名称	本年累计
灾害救助	1 温暖包项目	26 287 392
	2 儿童平安项目	19 941 576
	3 九寨沟地震项目	2 209 732
	4 新冠肺炎疫情项目	11 287 228
	5 安全家园项目	9 015 935
	6 河南及周边省份洪灾项目	81 757 720
	7 其他救灾项目	18 922 821
儿童关怀与发展	1 海洋天堂项目	69 486 039
	2 净水项目	20 064 296
	3 壹乐园项目	57 231 290
	4 儿童服务站项目	58 054 148
	5 中航盈富公益基金	1 494 999
	6 儿童早期发展项目	8 621 737
	7 其他儿童关怀项目	6 442 617
公益支持与创新	1 联合公益项目	3 249 859
	2 为爱同行项目	293 274
	3 快手 V 困境儿童关怀行动	6 266 812
	4 其他公益支持项目	3 617 109
税金及附加		78 649
合计		404 323 233

注：原表中数值精确到小数点后两位，本表对原表数值进行取整处理，即对小数点后的数值进行四舍五入，这使得本表与原表的数值略有差异。

数据来源：《深圳壹基金公益基金会 2021 年度报告》，壹基金官网，https://onefoundation.cn/infor/detail/628372a9b694aaf24b，2022 年 10 月 19 日访问。

案例分析题：

1.《深圳壹基金公益基金会 2021 年度年检工作报告》包括哪些内容？它的编制依据是什么？目标读者是谁？

2.《深圳壹基金公益基金会 2021 年度报告》包括哪些内容？它的编制依据是什么？目标读者是谁？

3. 从表 9-3 来看，壹基金 2021 年的收入来源和费用开支结构是否合理？

4. 从表 9-4 和 9-5 来看，壹基金 2021 年的项目收入和支出是否匹配？

第十章 非营利组织人力资源管理

> 常有人问我,为何能牺牲自己的时间和心力,坚持公益服务这么久。其实对我而言,这既非坚持也非牺牲,因为在这种服务中我得到了满足,看到了人的价值和生命的意义。
>
> ——李志刚①

现代人力资源管理突出"人"的核心地位,强调以激励和引导人的行为为主要任务,促使组织的人力资源发挥出最大的效能。非营利组织要高度重视人力资源管理。人是非营利组织最宝贵的资源,对人的管理是一切管理的核心。与企业和政府机构一样,非营利组织的人力资源管理涉及组织人力资源规划、招聘与录用、培训与开发、绩效管理、报酬与激励等几个方面。与企业和政府机构不同,非营利组织的人力资源包括受薪员工和志愿者两大类。受薪员工的管理与企业人力资源管理比较接近,志愿者管理则是非营利组织特有的任务。本章第一节讨论受薪员工管理,第二节讨论志愿者管理。

第一节 受薪员工管理

非营利组织的人力资源管理与企业人力资源管理有许多共同之处,运用到许多相同的基本原理和方法。但非营利组织的人力资源管理更具有挑战性,非营利组织的领导者既要激励大家的工作热情,又要赋予工作以意义。尤其是在目前我国非营利部门工作人员的收入和保障普遍低于政府机关和企事业单位工

---

① 〔美〕彼得·德鲁克:《非营利组织的管理》,吴振阳等译,机械工业出版社2007年版,推荐序一第V页。

作人员的情况下,招募与留住优秀人才是非营利组织面临的最大挑战。

一、人力资源规划

人力资源规划(Human Resource Planning,HRP)是人力资源管理工作的起点。人力资源规划将组织使命和战略转化成人力需求,在分析组织内外部条件的基础上全面核查现有人力资源状况,预测组织的人力供需,做好各项具体规划。人力资源具体规划包括战略规划、组织规划、制度规划、人员规划和成本规划。[①] 战略规划是根据组织总体发展战略目标,制定人力资源开发和利用的方针、政策和策略。战略规划是各种人力资源具体计划的核心,是事关全局的关键性计划。组织规划是对组织整体结构框架的设计,主要包括组织信息的采集、处理和应用,组织调查、诊断和评价,组织设计与调整,以及组织结构图的绘制。制度规划是人力资源规划目标实现的重要保证,包括人力资源管理制度体系建设的程序和方法。人员规划是对人员总量、构成、流动的整体规划,包括人力资源现状分析、组织定员、人员需求和供给预测及人员供需平衡等。成本规划是对组织人工成本、人力资源管理费用的整体规划,包括人力资源费用的预算、核算、结算以及人力资源费用控制。

人力资源规划又可分为战略性的长期规划、策略性的中期规划和作业性的短期计划,这些规划与组织的其他规划相互协调,既受制于其他规划,又为其他规划服务。人力资源规划还通过人事政策对人力资源管理活动产生持续影响。

组织的人力资源规划要与员工的职业生涯规划相结合。职业生涯,从客观上看,是一个人所经历的一系列职业、职位和职务的总称;从主观上看,是指一个人一生中的价值观、态度和动机的变化过程。个人职业生涯的成败关系到个人的自我概念、尊严和满意感。职业生涯规划是指一个人通过一定的方式和途径对自己的职业生涯进行规划,以实现所选定的职业目标的过程。职业生涯的本质就是人们的自我概念与外界的现实环境合为一体的过程。[②] 人们之所以为非营利组织服务,是因为他们或多或少赞同组织的宗旨和目标。非营利组织应该帮助员工进行职业生涯规划,提供职业生涯规划所需的知识和信息,指导他们进行合理的职业生涯规划。

---

① 张广科主编:《组织与人力资源管理》,高等教育出版社2018年版,第165—168页。
② 同上。

二、招聘与录用

非营利组织通过招聘将那些认同本组织宗旨和文化的人吸引到组织中来。招聘同时也是一个在人力资源市场上与对手竞争的过程。成功的招聘可以为组织输入新鲜血液,减少离职率。招聘的渠道包括内部招聘和外部招聘。外部招聘工作一般包括发布招聘信息、报名应聘、初步审查、考试、面试、体检、通知等程序。内部招聘主要通过提升、工作调换和内部人员重新聘用等形式。

与营利性组织类似,非营利组织在其员工招聘甄选方面同样应强调员工良好的专业技能,不过非营利组织更应强调员工的道德素质、团队合作以及民主意识。价值观是非营利组织的关键性管理要素,而价值观又具有相对的稳定性。因此,非营利组织在招聘甄选环节就应挑选与组织价值观相容的员工。[1]

非营利组织确定录用某个员工,应该与之签订劳动合同。根据我国《劳动法》规定,组织和员工一旦形成劳动关系,必须签订劳动合同。劳动合同可以约定试用期。劳动合同应该以书面形式订立,并具备以下条款:(1)劳动合同期限;(2)工作内容;(3)劳动保护和劳动条件;(4)劳动报酬;(5)劳动纪律;(6)劳动合同终止的条件;(7)违反劳动合同的责任。

非营利组织除了雇用全职员工之外,往往还使用退休人员和兼职员工。非营利组织一般与退休人员和兼职人员签订劳务合同。劳务合同是指劳务提供人与劳务接受人依照法律规定签订协议,劳务提供人向接受人提供劳务活动,接受人向提供人支付劳动报酬的合同。劳务合同和劳动合同的区别在于前者为合同关系,后者为劳动关系,其所适用的法律不相同。

三、培训与开发

借鉴企业员工培训与开发的概念,非营利组织的员工培训与开发是通过教育员工以改进员工的任职能力,从而不断提升组织绩效的一种有计划的、连续性的活动。非营利组织可以通过员工培训与开发,培养出一种扎根于组织内部的、竞争对手难以模仿的、能为组织带来长期竞争优势的核心能力,这是非营利组织

---

[1] 唐代盛、李敏、边慧敏:《中国社会组织人力资源管理的现实困境与制度策略》,《中国行政管理》2015年第1期,第62—67页。

创造和积累智力资本的一条途径。①

非营利组织的培训与开发通常包括四个基本步骤。第一步是评估培训与开发需求。评估培训需求有多种方法。循环评估模型主张以连续反馈为中心，周而复始地评估员工的培训需求。任务—绩效评估模型主张根据员工即将承担的工作任务的要求，来判断员工的培训需求，根据现有员工的实际工作绩效与绩效目标之间的差异来评估培训需求。前瞻性培训需求评估模型主张根据预期的工作技能，对那些技能不足的员工进行培训。此外，还有与员工面谈、员工行为观察、问卷调查、技能测试、过去项目评估、态度调查和顾问委员会等办法。第二步是制订培训与开发计划。非营利组织应该根据培训需求评估结果拟订培训计划。培训计划包括长期培训计划、年度培训计划和月度培训计划等。第三步是实施培训与开发计划。培训计划通常有两种实施方式：一种是脱产培训，另一种是在职培训。第四步是对培训与开发工作进行评价，评价内容包括：培训内容是否满足需要？培训方式是否合适？员工是否积极参与培训？员工是否掌握了培训内容？员工在培训前后态度和行为是否发生改变？员工是否将培训所学运用于实际工作？效果如何？

非营利组织的培训大体分为四种形式：新员工上岗培训、内部培训、外派培训、员工终身教育。新员工上岗培训是指为使新员工熟悉组织、适应环境、进入角色、掌握基本知识和技能而进行的培训活动，一般在新员工报到之后进行。安排新员工上岗培训，有助于新员工进入群体，消除现实冲击造成的不确定感和焦虑，有助于培养员工对组织的归属感。培训的主要内容一般包括介绍组织和行业的历史和现状，介绍所在部门基本情况，介绍具体工作的特点和要求等。内部培训指组织内部举办的各种培训，包括工作轮换培训、外聘专家讲课、接受管理咨询等。外派培训主要分为两种：一种是到大学学习取得学位，另一种是参加培训班。外派培训所学知识较为系统和规范，但费用高，而且有时还要脱产。员工终身教育是知识社会的要求，非营利组织的员工要以多种方式开展终身学习，包括自学和组织培训。

除了面向员工的培训之外，管理人员的开发也很重要，管理人员是组织最为宝贵的人力资源，通过管理人员培训与开发能够提升管理人员的组织领导技能，提升组织绩效。非营利组织员工培训与开发要适应信息化、网络化的趋势，采取以人为中心的在线学习新模式。

---

① 李燕萍：《知识经济条件下企业员工培训与开发体系的创新》，《武汉大学学报（社会科学版）》2002年第6期，第708—713页。

> **微案例 10-1**
>
> **公益筹款 Leader 营**
>
> 公益筹款 Leader 营是由博世中国慈善中心、上海联劝公益基金会联合资助，筹款行业培育平台方德瑞信与公益人互助成长互助社区益修学院联合主办的创新型公益筹款人才培育项目。旨在突破传统筹款能力建设短板，尊重本地社会组织筹款人员的经验，为二三线城市挖掘与培育扎根本土的专业团队，陪伴支持本地机构筹款专业化发展。公益筹款 Leader 营通过调研、案例采集、线下沙龙等方式，不仅让 Leader 们增加筹款基础知识与掌握筹款咨询技能，还为 Leader 团队及项目组、行业伙伴提供本地公益筹款现状信息。同时，促进本地伙伴关注筹款能力建设，推动本地筹款行业生态的建设与发展，进一步活化整个地区的公益筹款生态。①

四、绩效管理

在非营利组织的管理过程中，要确定组织的使命和战略，将战略目标分解为各部门和团队的业务目标，每个部门和团队的目标又要落实为各个岗位上员工的具体工作目标。只有员工实现了自己的岗位工作目标，部门和团队的业务目标才可能实现，各部门和团队业务目标的实现又是实现组织战略目标的保证。因此，激发每个员工和团队的积极性和创造性，持续地提高他们的绩效水平，是组织取得成功的关键。

那么，什么是绩效呢？一直以来，关于绩效有两种代表性的观点：一种观点认为绩效是结果；另一种观点认为绩效是行为。有的学者认为，绩效是在特定时间内，在特定工作职能和活动上产生的结果，以结果为核心的绩效管理从顾客的角度出发，将个人努力与组织目标联系在一起。还有的学者认为，绩效是个人或组织与战略目标有关的行为，这些行为可以被他人观察到并被评估。综合来看，绩效应既包括工作结果也包括工作行为。② 对于不同的员工来说，结果和行为在总体绩效中所占的比例不同。对于从事简单的、结构化程度高、工作结果容易量

---

① 《让791位在地伙伴告诉你，他们需要什么样的筹款能力建设》，2021年5月7日，方德瑞信官网，https://www.cafpnet.cn/index.php?s=/Index/detail/id/598.html，2022年10月6日访问。

② 张广科主编：《组织与人力资源管理》，高等教育出版社2018年版，第165—168页。

化的工作的员工而言,工作结果在其总体绩效中所占比例较大;对于从事较复杂的、结构化程度低、工作结果不易量化的工作的员工来说,工作行为在其总体绩效中所占的比例较大。

根据不同的标准,绩效可以分为不同维度。按照绩效主体可以分为组织绩效、部门或团队绩效以及个人工作绩效。按照绩效的性质可以分为任务绩效(task performance)和关系绩效(contextual performance,也译为周边绩效)。任务绩效通常与工作目标、职责和工作结果直接相关。关系绩效是员工主动帮助工作中有困难的同事,努力保持同事间良好的工作关系或通过额外努力而完成某项工作任务时的表现。①

绩效管理是实现组织战略目标,提升部门和个人业绩的有效工具。为了保证绩效管理在组织目标实现过程中发挥应有的作用,非营利组织必须围绕绩效管理过程建立战略导向的绩效管理体系。绩效管理过程是一个首尾相连的管理闭环,包括绩效计划、绩效实施与辅导、绩效评估和绩效反馈等四个环节。②

绩效计划是绩效管理过程的起点。绩效计划是管理者与下属或员工根据组织目标、本单位或本人的工作任务和工作职责共同讨论,确定本单位或个人的绩效目标的过程。这个环节的主要任务是根据组织战略和年度计划,围绕部门业务重点和关键绩效指标制定部门工作目标,然后将部门目标分解到每个员工,形成员工绩效目标,最终形成上下左右相互连接的绩效目标体系。

绩效实施与辅导在整个绩效管理过程中处于中间环节,也是绩效管理循环中耗时最长的一个环节。这个环节强调管理者与下属和员工之间形成绩效伙伴关系,进行不断的绩效沟通,管理者要对被管理者的绩效工作进行指导和监督,并根据实际情况对绩效计划进行调整。另外,在这个过程中,管理者还要收集有关绩效数据以形成绩效考核的依据。

在绩效评估阶段,管理者要根据绩效计划目标所确定的标准和绩效实施阶段收集的数据对评估对象在考核期内的绩效进行评估。绩效评估分为三个层面,包括对组织绩效的评估、对部门和团队绩效的评估以及对员工和管理者个人绩效的评估。以个人层面的绩效评估为例,个人绩效评估是指收集、分析、评价和使用员工和管理者个人绩效信息的过程。简言之,就是对员工在一段时期内对组织的贡献做出评价的过程。在企业人力资源管理过程中,已经发展出丰富

---

① 张广科主编:《组织与人力资源管理》,高等教育出版社2018年版,第165—168页。
② 同上。

的绩效评估方法,非营利组织可以借鉴使用这些方法。非营利组织绩效评估常用的方法有标杆管理法、全面质量管理法、等级评定法、目标管理法、关键事件法、平衡计分卡和360度绩效评估法等。①

无论使用何种评估方法,都应该在绩效反馈环节将绩效考核结果以合理方式反馈给员工。评估结果出来以后,管理者应该与被管理者进行面谈沟通,就评估结果取得共识,分析工作绩效有待改进之处,明确下一个绩效周期的绩效目标,制订切实可行的绩效改善计划。这样,通过绩效面谈,使员工也参与到绩效管理过程中,使得管理者与员工对考核结果达成一致看法,总结工作取得的成绩和经验,明确工作中的问题和不足,增强工作的内在激励,提高员工对绩效管理制度的满意度,并鼓舞士气,进一步改进和提高工作绩效。

为了保证绩效管理工作的顺利进行,组织必须建立一套与之相应的管理制度和支持体系。相关的管理制度包括员工参与制度、沟通协调制度、员工申诉制度、奖惩制度和培训制度等。支持体系包括高层领导的支持和绩效导向的组织文化建设等。

五、报酬与激励

非营利组织的报酬构成与企业大致相同,包括工资、福利及其他。工资包括基本工资、奖金和津贴补贴。基本工资是根据劳动者所提供劳动的数量和质量,按照事先规定的标准付给劳动者的劳动报酬,也可以说基本工资是劳动力的价格;奖金是对员工超额劳动的报酬;津贴和补贴是对员工在特殊劳动条件、工作环境中的额外劳动消耗和生活费用的额外支出的补偿,通常把与生产相联系的补偿称为津贴,把与生活相联系的补偿称为补贴。基本工资、奖金、津贴补贴等是以货币形式直接支付的报酬,此外还包括带薪假期、保险、住房、交通等间接支付的报酬,称为福利。总体来看,目前我国非营利组织的员工薪酬水平偏低。2015年在四川进行的一项调查显示,非营利组织员工月均收入2 300元左右,其中:月收入在1 500元以下的有31.7%,月收入在1 500—2 000元的比例为24.7%,月收入在2 000—3 000元的比例为33.7%,月收入在3 000元以上的只有9.9%。同期,四川省社会平均工资水平已达到3 483元。由此可见,非营利组织

---

① 夏炜、叶金福、蔡建峰等:《非营利组织绩效评估理论综述》,《软科学》2010年第4期,第120—125页。

员工的收入水平显著低于社会平均水平。① 随着非营利部门的发展壮大，非营利组织日益向着专业化职业化的方向发展，为了吸引和留住人才，必须提供合理的报酬水平。

对于非营利组织的员工来说，他们在非营利组织工作，不仅仅是为了谋生，往往更是为了实现某种价值和意义，追求精神上的愉悦和满足。因此，为非营利组织的员工提供精神激励也是非常必要的。

微案例 10-2

如何激励公益筹款人？

对于主要依靠捐赠获得收入的社会组织来说，筹款是机构的生命线。如何吸引和留住优秀的筹款人才呢？有人提出参照企业给予销售人员提成奖励的做法，社会组织可以允许筹款人按筹款额的一定比例抽取提成。然而，这个提议引起了很大争议。尽管法律并没有明文禁止这种做法，但是由于这种做法具有浓厚的商业色彩，与公益行业的价值观不一致，可能会影响社会组织的形象。然而，筹款人员的收入水平并不是社会组织能够决定的，它受到人力资源市场的影响。即便不采用提成奖励，社会组织最终也必须利用其他激励手段提供与人才市场相当的报酬水平，才能吸引和留住优秀筹款人。②

第二节　志愿者管理

志愿者是非营利组织特有的人力资源。志愿者是志愿精神的力行者，也是不拿工资的员工。如果受薪员工的管理与企业相比并无显著区别的话，志愿者管理则体现了非营利组织的鲜明特点。志愿者的服务往往是免费的或低酬的，但他们绝不是廉价劳动力。只有良好的志愿者管理，才能真正体现出志愿服务的价值。

---

① 唐代盛、李敏、边慧敏：《中国社会组织人力资源管理的现实困境与制度策略》，《中国行政管理》2015年第1期，第62—67页。

② 王勇：《公益筹款人能否拿提成？究竟应该如何设置筹款人薪酬体系与激励机制？》，《公益时报》2020年12月18日，http://k.sina.com.cn/article_1881124713_701faf6901900tj2r.html，2023年5月6日访问。

一、志愿者的概念与类型

(一)志愿者与志愿服务的概念

志愿者(volunteers)是一个没有国界的名称,来自拉丁文"valo"或"velle",意思是"希望、决心或渴望"。志愿者是在职业之外,不受私人利益、物质报酬或法律强制所驱使,为改进社会、提供福利而付出努力的人。① 中国青年志愿者协会给志愿者的定义是,不为物质报酬,基于良知、信念和责任,自愿为社会和他人提供服务和帮助的人。2017年,国务院颁布的《志愿服务条例》中使用了志愿者概念,此后,这一概念被普遍使用。

小到社区邻里互助服务,大至国际人道主义援助活动,志愿者的身影无处不在,全世界千百万志愿者为人类和平与发展贡献了巨大的力量。据民政部统计,2021年我国全年共有2 227.4万人次在民政领域提供了6 507.4万小时的志愿服务②,相当于3万多名全职员工的工作时间。

志愿者享有一定的权利,并履行一定的义务。一般而言,志愿者的权利包括:与其他员工平等共事的权利;按照需要适当分配工作的权利;在工作中接受训练的权利;接受指导和领导的权利;获得晋升和各种必要的专业训练的权利;等等。志愿者的义务包括:真诚地提供服务;忠于所服务的组织;在公众面前维护组织的尊严;迅速可靠地执行任务;接受组织中相关负责人的领导、决策和工作安排;等等。

志愿服务是指人们出于自由意志而非基于个人义务或法律责任,不以获取报酬为目的,以自己的知识、体能、劳力、经验、技术、时间等为邻里、社区或社会提供服务的行为。③《志愿服务条例》第2条规定,志愿服务是指志愿者、志愿服务组织和其他组织自愿、无偿向社会或者他人提供的公益服务。志愿服务的内涵受到历史文化、政治环境与宗教观念的深刻影响,各个国家和地区对它的认知不尽相同。比如,献血在一些国家被认为是志愿行为,而在有些国家则不

---

① 《社区志愿者手册》编写组编著:《社区志愿者手册》,中国社会出版社2010年版,第3页。
② 中华人民共和国民政部:《2021年民政事业发展统计公报》,2022年8月26日,https://images3.mca.gov.cn/www2017/file/202208/2021mzsyfztjgb.pdf,2022年10月6日访问。
③ 参见北京志愿者协会编著:《志愿组织建设与管理》,中国国际广播出版社2006年版,第7页;《社区志愿者手册》编写组编著:《社区志愿者手册》,中国社会出版社2010年版,第3—4页。

是。在我国港澳地区,志愿服务开展得比较早。在内地,有组织的志愿服务活动始于20世纪80年代。目前,我国大部分地方都建立了社区志愿者组织,很多地区成立了省级志愿者组织,并在市、区、街道和社区成立了四级志愿者服务网络。

志愿服务的本质和特点在于改善人类生活、提升生命品质,它使服务者获得新知,使空虚者获得充实,其精神是仁爱的、利他的、公益的。人们参与志愿服务的动机不仅是锻炼自己的人际交往、公众表达和领导能力,还在于追求人的社会存在之意义,承担公民的责任。一些人以不取报酬或者低报酬来界定志愿活动,而另外一些人则更加强调自愿特征。一般来说,非营利组织应当向志愿者提供基本的生活费用,并报销开展活动所需的基本开支。例如,欧洲青年志愿服务组织规定:志愿者可以得到资助、食物、住宿以及基本开支的报销,包括旅行、保险和培训。联合国开发计划署在其专题报告《志愿精神在中国》中提出,招募单位向志愿者提供以下费用和保险:基本生活费、招募地和服务地之间往返旅费、人身意外伤害保险、大病医疗保险和住院附加保险。

上海青年志愿者协会在上海所做的调查表明,大多数人认为志愿活动不应当收费,但也有不少人主张成本服务和低偿服务。很多志愿活动采取了无偿与低偿相结合的服务方式。

(二) 志愿者的类型

根据工作性质,可以将非营利组织的志愿者划分为治理型志愿者、日常型志愿者和项目型志愿者三种类型。治理型志愿者一般会成为理事会成员或是顾问,他们参与组织的治理,为组织发展建言献策。治理型志愿者极少是全职的,一般只拿出有限的时间和精力服务于某个非营利组织。日常型志愿者是不拿工资的管理人员或员工,可以全职也可以兼职。他们参加组织日常工作,包括管理工作或一线操作。项目型志愿者主要参加各种项目或活动,为之提供支持,工作时间主要集中在项目或活动开展期间,一旦项目或活动结束,志愿服务也告一段落。

根据志愿者的角色,可以将志愿者分为领导者、服务者、支持者和赞助者四种类型。志愿者担任领导角色的经历可以帮助他们将来在企业或其他领域发展。志愿者感兴趣的领导职位包括业务主管、理事、委员会主席、项目负责人以及募资人员。有的志愿者愿意担任服务者角色。提供服务的优势在于直接接触服务对象,并从帮助对方使其受益中获得成就感。比如,某个企业人士志愿为盲人阅读书报,某位律师每周抽出一个晚上为残疾儿童服务,这些都属于服务者角色。有些志愿者乐于担任支持者角色,他们愿意提供的服务既不是志愿者领导,也不是直接服务。他们可能在某些项目中协助进行电话沟通、文字处理、跑腿、打扫卫生、维护楼层清洁和环境清洁等工作。还有的志愿者担任赞助者角色。赞助者愿意从外围提供方便性服务,随机行事,但是并不愿意从事持续性经常服务。

二、志愿者的招募

志愿者的招募包括确定招募目标、确定潜在志愿者群体以及招募准备与实施等步骤。

(一)确定招募目标

对于志愿组织而言,招募志愿者、组建团队是实现组织使命的重要保证。因此,成功的志愿者组织非常重视志愿者的招募工作。

确定招募目标之前,弄清楚"我们为什么要使用志愿者?"这个问题非常重要。这个问题与如下问题密切相关:我们的服务对象需要哪些帮助?组织需要为志愿者设计和创造什么样的工作机会?如何确定志愿者的责任?

非营利组织应当在评估服务对象需求的基础上设计志愿者岗位。评估服务对象的需求应该首先确认"为何"及"为谁"提供服务,志愿组织的管理者必须对服务对象的需求有根本的了解:他们需要什么?不喜欢什么?另外还要明确志愿者的要求,这是非常重要的。需求评估可以帮助管理者明白服务对象和志愿者希望从项目中得到什么。一个好的评估会提高志愿组织员工、志愿者和服务对象的相互了解程度。

志愿者岗位的设定必须与目标及项目计划相协调,必须使志愿者和服务对象都从中受益,从而使招募目标与服务要求相互配合,以达到最佳效果。志愿组织对于工作类型的选择和确定非常重要,因为类型不同,目标、活动方式选择、资源配置、志愿者与项目关系的定位就不一样。志愿者在不同性质的服务中扮演的角色各不相同,表10-1列举了一些例子。

表 10-1　志愿服务的相关范畴

服务性质	志愿者角色
助理	很多机构欢迎和需要志愿者为它们承担部分日常文书工作,如打字、邮件整理、图书管理和翻译等。
扶贫支教	服务对象通常是一些青少年,志愿者深入偏远山区,在中小学担任任课老师。
义务劳动	任何涉及运用体力的志愿服务都属于这类活动,其服务对象包括社会福利机构、需要援手的小区等。
心理咨询	志愿者与成长中的儿童或青少年接触,为他们建立良好的榜样,使其身心获得适当的辅导和发展。
社会调查	通常是实地为机构搜集所需的资料,范围多为社会环境方面,但也有为机构编排已有的数据或档案的工作。
会务接待	不少机构在筹办活动时需要人手协助联络,以便活动能够按期举行;而在正式举行期间,更需要人手接待以便活动程序能够顺利进行。
策划大型活动	该类活动通常为大规模的综合晚会、游艺会或志愿服务计划。
专业服务	在筹办和提供服务的过程中,志愿者提供专业知识有助于提高服务的质量。如参与医疗义务工作协会,给伤残人士制作合适的康复用具;以顾问身份给服务机构或对象提供所需的专业知识,如涉及计算机程序、影音制作等任务。

资料来源:北京志愿者协会编著:《志愿组织建设与管理》,中国国际广播出版社 2006 年版,第 51 页。有修改。

大型活动是需要大量志愿服务的一个领域。我国举办的各种大型赛事、展览或会议都使用了大量的志愿者。比如,2019 年 10 月第七届世界军人运动会在武汉举行,组委会招募了 20 万名城市志愿者,在城市主要交通枢纽、商业中心、旅游景区、广场公园、各类社区等场所开展文明引导、清洁家园、秩序维护、赛事宣传等志愿服务。同时还招募了 5 万名赛会志愿者,分两个批次招募:第一批次是在 2018 年 4 月至 6 月招募 1 万人;第二批次是在 2019 年 2 月至 5 月招募 4 万人。[①] 又比如,北京冬奥组委面向全球招募了 2.7 万名冬奥会赛会志愿者和 1.2 万名冬残奥会赛会志愿者。赛会志愿者是指由北京冬奥组委及其授权或委托的组织机构招募的、自愿为北京冬奥会和冬残奥会提供志愿服务,并在指定的时间、地点及服务岗位,参与赛时运行保障工作的人员。北京冬奥组委计划赛会志愿者分为通用赛会志愿者和专业赛会志愿者两大类。其中,专业赛会志愿者是

---

① 《武汉军运会招募 20 万名城市志愿者》,2019 年 3 月 24 日,搜狐网,https://www.sohu.com/a/303420942_219531,2022 年 9 月 11 日访问。

指具备赛会志愿服务所需的专业知识、技能与经验,能提供专业化服务的赛会志愿者,包括但不限于:语言服务、医疗服务、驾驶服务等。专业赛会志愿者以外的其他志愿者均为通用赛会志愿者。①

(二) 确定潜在志愿者群体

在确定招募目标之后,下一步就是确定潜在志愿者群体。通过市场细分、角色划分以及保证参与等环节,可确保招募工作有的放矢。首先,通过市场细分,找到愿意参与的志愿者。志愿组织和一般社会团体一样,由于参与的志愿者具有一定的特质,因而构成一个特有的市场。典型的志愿者市场细分可以从人口基本信息(年龄、性别、受教育程度等)、地理位置和族群特质(种族、文化等)等几个方面进行划分。志愿者的参与动机也非常重要,如能探知志愿者参与志愿服务工作的动机及原因,就能针对招募对象的需要,选择更有效的沟通及宣传办法。香港义务工作发展局对人们愿意与不愿意参与志愿工作的动机进行了分类,参见表10-2。

表10-2 人们愿意参与和不愿参与志愿工作的动机

愿意参与志愿工作的动机	不愿参与志愿工作的动机
1. 帮助有需要的人,响应社会需要	1. 没有空余时间参与
2. 参与改善社会问题	2. 自我中心,对其他人和事不感兴趣
3. 尽公民之责,回馈社会	3. 对没有酬劳的工作不感兴趣
4. 希望发挥一己之长	4. 认为做志愿者意义不大
5. 感觉自己的存在价值	5. 不知道怎样参与志愿工作
6. 学习新技能	6. 对志愿服务缺乏认识
7. 善用余暇时间	7. 认为志愿服务是某些热心人的活动
8. 扩大社交圈子	8. 认为志愿服务是消闲玩意
9. 取得他人认可及群体归属感	9. 没有信心去应付工作
10. 丰富经验,自我成长	10. 志愿服务的种类不适合自己
11. 培养组织能力及领导才能	11. 认为志愿者是廉价劳工,没地位
12. 丰富自己的个人履历	12. 志愿工作太投入会影响学业和家庭生活
13. 为未来升学/工作做准备	13. 没有得到家人和朋友的支持
14. 寻求新刺激及扩大生活体验	14. 害怕接触一些悲伤或困苦的人和事
15. 赢取机构的嘉许和奖励	15. 害怕别人误会自己爱出风头

资料来源:北京志愿者协会编著:《志愿组织建设与管理》,中国国际广播出版社2006年版,第55页。

---

① 参见《北京2022年冬奥会和冬残奥会赛会志愿者全球招募公告》,2019年12月5日,http://bj.bendibao.com/news/2019123/266850.shtm,2023年5月6日访问。

招募志愿者时,应聘人员对自己要在组织中扮演的角色的认知也值得重视。在考虑实际情况及落实执行时,应根据志愿者的需要及在机构所能提供的有限资源条件下做出弹性的处理。

(三) 招募准备与实施

在正式招募之前,应该做好基本物资、人员装备以及流程安排方面的准备工作。基本物资及人员装备包括以下内容:人员需求清单,包括招募的工作方向、志愿者人数、应聘资格等;招募信息发布时间和渠道;招募工作组人选;应聘者考核方案;工作时间表;招募费用预算;招募公告样稿;一般的行政工作,如器材、交通等。招募工作的策划者还需要制定一个详细的工作流程与分工表,列出各个阶段所需执行的工作,制定招募工作进程与分工,并不断跟踪工作进度,在必要时做出调整和修改。在安排人员分工时,必须按照工作性质的要求,配合志愿者的专业和能力,适当地安排工作。每部分的工作细项必须授权组长负责协调和统筹安排,组长可由工作人员或富有经验的志愿者担任。

在完成了细致的准备工作之后,方可正式启动招募工作。在招募方案的实施阶段,行之有效的宣传、选取恰当的招募方法和及时评估是最重要的环节。

在招募正式启动之前就要开始宣传,以便有意参与活动的潜在志愿者对活动有基本了解并报名。在媒体上刊登招募公告是一个常用的手段。招募公告的内容一般包括:简单介绍志愿组织的基本情况;详细介绍工作要求;明确应聘者需要准备的材料;注明应聘方式和联系方式。在前期工作准备就绪之后,在必要时进一步扩展宣传及招募活动。比如设计与活动相关的标语及标志,制作海报及宣传单,撰写宣传稿及制作宣传品,邀请有关专家举办讲座,运用互联网和电子邮件,以及由现任志愿者引荐等。

志愿者招募可以形容为一个"漏斗",通过一定的程序在应聘者中选择最适合组织目标和项目目标的志愿者。用这个"漏斗"进行筛选通常有两种不同的方法。第一种是一般招募,即招募岗位简单、技术性不强的志愿者。这种志愿岗位没有特殊的技术要求,大部分人经过简单训练就可以胜任。第二种是目标招聘。这种志愿者需要一定的技能,不是任何人都能胜任的。非营利组织的领导者要对目标招聘的岗位、应聘者、招募方式、沟通方式、激励机制等进行认真考虑和权衡,然后选择合适的宣传方式,发掘有潜质的志愿者。

在招募工作完成后,组织者应该从应聘者、招募成本和招募工作过程等几个方面对招募工作的效果进行评估。

三、志愿者的选拔

招募公告发布之后,也许会有很多人积极报名想要参加志愿活动。志愿组织要从中挑选出合适的志愿者,面试是对志愿者进行筛选的常见手段。

面试是面试官和应聘者相互评价的过程。为了保证面试顺利进行,并让应聘者对组织留下良好印象,管理者必须做好以下准备工作。(1)选择面试官,面试官应该了解组织的状况,具有广博的学识,具备良好的个人品格和修养、丰富的社会经验、熟练的面试技巧和公正的态度。(2)对应聘者进行初步筛选,以招募计划中的工作分析和服务要求为标准,阅读所有收集到的应聘者的申请材料,选择符合志愿服务要求的应聘者。初步筛选只是把符合组织要求的应聘者挑选出来,把那些明显不符合要求的应聘者提前排除,提高志愿者选拔工作的效率。(3)确定面试方式,面试方式的安排应视组织规模和应聘岗位的性质而定。一般来说,普通志愿者面试时采用个人面试,高级专业志愿者招募时采用小组面试。(4)准备面试评价量表和问话提纲,选择面试场地和时间。

为了保证面试按计划顺利进行,并获取足够的、准确的应聘信息,面试过程一般分为预备、引入、正题、确认和结束五个阶段。第一个阶段是预备阶段。在面试开始时多以社交话题为主,主要是帮助应聘者消除紧张戒备心理,营造和谐、宽松、友善的面试氛围,当应聘者情绪平稳后,就进入下一阶段——引入阶段。这个阶段围绕应聘者履历提出问题,逐步引出面试正题。在引入阶段,要给应聘者真正发言的机会,面试官开始对应聘者进行实质性评价。在此阶段,一方面要了解面试对象的情况,判断其是否符合组织需要;另一方面要让面试对象对组织及服务对象有所了解,作为其是否应聘的参考。第三个阶段是正题阶段。它是面试的实质性阶段,是面试过程最重要的一环。面试官通过广泛的话题从不同侧面了解应聘者的心理特点、工作动机、能力、素质等面试评价表所列的各项要素。第四个阶段是确认阶段。此时面试的主要问题已经谈过了,面试官可以提一些更加尖锐、更加敏感的问题,以便更深入了解应聘者,但要注意尊重应聘者的人格和隐私。在这个阶段的最后,双方可以就志愿活动本身进行讨论,面试官可以给应聘者一份有关该活动的详细说明,并回答面试对象的提问。最后是结束阶段。在这个阶段,面试官应该给应聘者留下自由提问的时间。结束后,面试官应对应聘者做出评价。每个面试官的评价是独立完成的,最后综合众人的意见,做出是否录用的决定。

整个面试过程中,面试官与应聘者的距离保持 1~1.5 米为宜,面试官的目光大体在应聘者的嘴、头顶、脸颊这个范围内,给对方一种面试官对其感兴趣、在认真听其回答的感觉,同时伴以和蔼的表情、柔和的目光与微笑。当志愿组织通过面试选拔出合适的志愿者之后,下一步可以考虑岗位和人员的匹配。

四、志愿者的培训

志愿者正式上岗之前,应该对志愿服务相关知识、岗位情况有所了解,这样才可能更好地完成任务。因此,对志愿者的培训是志愿者团队建设的重要环节。通过培训,可以让志愿者了解机构与服务的目标与期望;保证志愿者的素质;让志愿者掌握足够的知识与技能,有信心提供服务;让志愿者感受到被尊重以及工作受重视,增强对机构的归属感和对服务的投入感;增强志愿者与员工之间的合作关系和相互信任。

(一)培训管理

志愿者培训工作也必须符合管理的闭环原则,从分析培训需求,到制订培训计划、开展培训,再到培训评估,一个环节都不能少。

在进行培训期间,组织要科学地分析志愿者的培训需求,设计出完备的培训课程。这项工作包括:建立志愿者培训档案,记载志愿者素质、工作变动和培训历史等信息;了解志愿者培训现状,以前是否受过培训,喜欢哪些培训形式;从志愿者、服务对象和组织长期发展的需要等角度分析志愿者培训需求。

根据培训需求分析结果制订培训计划。培训计划的内容一般包括培训原因、培训目标、培训对象、培训规模、培训时间、培训地点、培训内容、培训教师、培训方式和培训费用等。

培训内容根据培训需求而定,确立目标必须具体、可衡量、具有可行性,并且符合机构的宗旨。培训形式必须根据志愿者的能力、兴趣及成效发挥而设计。可考虑使用正式(课程、研讨会)与非正式(交流、分享聚会)的培训形式。编制志愿者服务手册和其他参考资料作为培训辅助。培训必须与实际工作情况相配合,加强实践学习与跟进训练。还要制定培训效果指标和评估方法。

并非所有组织都能在培训后取得显著效果,许多组织往往只关注培训前期和培训过程,而忽略了对培训的评估,做了很多工作,最终效果却不好。因此,对培训工作进行评估总结是十分必要的。评估可以从总体评价、学习所得、行为表现和工作效果等四个层次展开,参见表10-3。

表 10-3　志愿者培训的不同层次与评估内容

评估的四个层次	评估内容
总体评价	培训对象对培训计划及实施过程的评价如何？
学习所得	培训对象从培训中获得了哪些知识和技能？
行为表现	培训对象在工作表现上与以往相比有了哪些积极的变化？
工作效果	从降低成本、提高工作质量等方面来看，培训为组织带来什么影响？

资料来源：北京志愿者协会编著：《志愿组织建设与管理》，中国国际广播出版社 2006 年版，第 123 页。有修改。

评估培训工作的主要指标包括：受训人员合格率、受训人员的社会贡献、受训者参与情况、受训者满意度等。受训人员合格率是合格人数除以培训总人数得到的百分比。受训人员的社会贡献主要从社会使用合格率、社会职务聘用等方面进行评估。受训者参与情况包括受训者在培训期间是否专注、主动发问、投入讨论或者积极响应。受训者满意度是受训者对训练内容、训练形式、训练实用性、培训老师的表现以及培训各项安排的满意度。

（二）培训内容

志愿者培训的内容包括通识培训、专业技能培训、素质拓展培训和管理方法培训等方面。

通识培训主要是有关服务机构、志愿服务和具体工作等方面的培训。有关服务机构的内容包括机构的历史、管理构架、宗旨、政策、经费及资源等；有关志愿服务的内容包括志愿服务的概念、志愿服务的意义和价值、志愿者的角色与责任、志愿服务的目的与内容、志愿者的职权范围等；有关具体工作的内容包括本次活动的具体计划、工作设备以及有关人事安排等。

专业技能培训是建立在通识培训基础上的对当次活动所需的特殊技能所做的培训，是对志愿者的进一步要求。另外，还需要志愿者根据不同活动的需要了解不同服务对象（如精神病患者、伤残人士、行动不便的老人、小孩及长期病患者）的需要差异。非营利组织应该对志愿者与服务对象的关系提供明确的指导，表 10-4 提供了管理志愿者与服务对象关系的基本原则。

表 10-4　管理志愿者与服务对象关系的基本原则

基本原则	具体要求
接受每个人的特性	志愿者要了解服务对象的个人独特性及生活状况,避免主观贴标签。接受服务对象的自我生活模式,切忌太快妄加判断并强迫他们改变。
了解及认同彼此的关系	志愿者与服务对象明白双方建立关系的目的。志愿者应与服务对象建立相互信任和平等的关系,采取客观的态度,不宜过分投入或冷淡。
避免施予者态度	志愿者设身处地为对方着想,慰藉对方;不宜随意提出建议;尽量对问题采取客观态度,让服务对象明白与认同。
尊重对方的自我决定权	服务对象有权自行决定是否接受服务,是否做出改变;志愿者须鼓励服务对象开放自己和积极处理问题,并从旁加以引导和协助。
严格遵守保密原则	服务对象所有数据只可用于该项服务,不可用于其他活动;志愿者不可公开和随意泄露服务对象的个人隐私;不可将自己的个人信息如住址电话随便让服务对象知道,一切联络可以依照服务机构的通信方法;该项服务完结之后,志愿者与服务对象的关系亦终止,服务以外的联络属于双方私人协议,如有任何意外或麻烦,服务机构概不负责。

素质拓展培训有利于志愿者服务和沟通能力的进一步提高,可以按照个别需要在服务过程中进行培训。训练专题包括解决基本问题的技巧、沟通及聆听技巧、建立关系技巧、社会资源的运用、自我了解及自信心提升等,目的是让志愿者面对各种突发情况都能有效地开展工作。

管理方法培训包括管理者和志愿者两方面。一是对管理者的训练,志愿服务管理问题丛生,主要是因为大部分管理者未能支持及认同志愿者参与的重要性,并缺乏技巧和知识有效地任用志愿者。因此,志愿组织的管理者需要学习与志愿者合作和有效沟通的技巧。二是对志愿者领导人的训练。这是对志愿者素质的进一步提高,一般活动中无须作此要求,可以向部分有能力而且有兴趣的志愿者提供此项训练,学习分析问题和解决问题的方法、团队合作及互动技巧、志愿活动程序设计。这种训练对培训老师的要求很高,要求培训老师对所传授的知识和信息有足够的掌握,熟悉内容并有信心在传授过程中运用自如,讲话与修辞的运用和掌握须具有准确性与逻辑性,个人气质形象俱佳,表达方式有感染力容易令受众产生共鸣,对受众反应感知灵敏并作适当响应,等等。

五、志愿者的日常管理

志愿者的日常管理首先是注册管理,然后要根据志愿者的特点选择适宜的管理模式,加强领导,并且要树立风险意识,做好风险管控。

(一) 志愿者注册管理

志愿者注册管理制度是志愿服务发展到一定程度之后,与国际志愿服务接轨的必由之路。志愿者注册就是要让那些想要参与志愿服务的人能够找到合适的志愿组织,及时获得参与志愿服务的机会。参照《中国青年志愿者注册管理办法(试行)》的规定,志愿者注册管理制度一般包括志愿者注册机构、程序、管理培训的相关规则,志愿者的基本条件、权利和义务的规定,以及志愿者的权益保障、制度保障等。志愿者注册是将志愿者与志愿组织联系起来的开放的工作平台。

目前,我国有两个志愿者注册管理平台。一个是民政部中国志愿服务网提供的全国志愿服务信息系统。该系统于 2017 年正式上线。另一个是共青团中央指导下建设的"志愿汇"应用软件以及配合青年使用习惯而升级推出的"志愿中国"信息系统移动客户端。这两个系统都提供志愿者注册、志愿服务打卡、开具志愿服务证明等服务。志愿组织可以利用这两个平台协助进行志愿者管理。不过,这两个平台只是提供了辅助功能,志愿组织还需要根据自身需要建立完整的志愿者管理体系。

(二) 志愿者管理模式

志愿组织要根据志愿者的成熟度采取适当的管理方式。志愿者的成熟度可以用其志愿服务经验和能力来衡量。一般来说,按照志愿者成熟度从低到高与管理者控制程度从高到低,可以分别采取指令工作模式、监督工作模式、定期报告模式和自主管理模式等四种模式来对志愿者进行管理。①

对于成熟度最低的"菜鸟"志愿者,可以采取指令工作模式。在这种管理模式中,志愿者无须为工作提出建议,也不能自行做出决定,他们只需按管理者的指令工作。这种管理模式,一般是在如下两种情况下采取的:一是志愿者并无相关的工作经验,对工作没有足够的认识;二是发生紧急情况,没有足够的时间去听取志愿者的建议。

---

① 北京志愿者协会编著:《志愿组织建设与管理》,中国国际广播出版社 2006 年版,第 150 页。

对于初步具备了一点经验和能力的志愿者，可以采用监督工作模式。在这种管理模式中，志愿者是工作的责任人，但在采取行动前，须向管理者提出行动建议并获得认可。这样，管理者便可在工作进展上有较大的控制权。

对于更加成熟一些的志愿者，可以采取定期报告模式。这种管理模式可以发挥志愿组织管理者的监督作用，使他们能对志愿者进行经常的监督和管理，从而保证工作朝着既定的目标进行。志愿者向管理者报告的时间间隔取决于管理者对志愿者的信任程度。

对于成熟的志愿者，可以采取自主管理模式。在这种管理模式中，志愿者拥有全部的工作决定权，他们可以自主处理他们认为应当处理的事情。一些组织在实际开展活动中，倾向于在活动中发动志愿者，在志愿者中培养志愿者领袖，实现志愿者的自我管理。

微案例 10-3

湖北省慈善总会的抗疫志愿者管理

2020年初，新冠肺炎疫情在武汉暴发。全国各地乃至世界各地捐款捐物支援武汉抗疫。湖北省慈善总会（以下简称总会）成为民政部指定的五家社会捐赠接收主体之一。截至2020年12月31日，总会共接收疫情防控捐赠资金61.7亿多元，物资超过1亿件。疫情发生初期，总会的实际工作人员只有27人。几乎与疫情防控专项捐赠启动同步，总会开始广泛招募志愿者。在整个项目运作期间，先后共有1 033位志愿者参与志愿服务。总会将志愿者分成新接收组、国内接收组、海外接收组、公益宝平台组、第三方平台组、新闻宣传组、综合保障组、捐赠热线组、信息反馈组和援鄂联络组等10个小组。多名曾长期在总会服务的志愿者被重新召回，承担专项组长或协调人的关键角色。大部分志愿者围绕物资接收、仓储运输、物资分发、捐赠热线接听、清关协调等方面提供服务，胜利完成了海量捐赠款物的接收任务，为湖北战胜疫情提供了有力支持。①

（三）志愿组织的领导工作

志愿者群体与其他工作群体相比，有一些明显的特点：志愿者选择从事志愿

---

① 张明敏：《湖北省慈善总会：从27人到1 033人，抗疫志愿服务"动员令"从这里发出》，2021年6月25日，公益时报网，http://www.gongyishibao.com/article.html?aid=17850，2022年10月6日访问。

服务往往基于爱好和热情,但热情的维系和持续是一件有挑战性的事情。由于刚性约束力相对不足,志愿组织经常会遇到志愿者无故退出、积极性下降、与其工作或其他安排相冲突而不能遵守志愿工作安排等问题,加强领导与沟通是志愿组织解决这些特有问题的重要途径。柔性主导的领导沟通术是志愿组织的最大特点。人与人之间的关系、工作上的默契、部门之间的协调,往往很容易因为缺乏沟通而产生摩擦和冲突,造成推进服务的障碍。志愿者与志愿组织如果能够清晰地了解彼此的期望、角色与责任,积极地开展志愿服务工作,这个工作就会是一项既有意义又不困难的工作。

志愿组织的领导工作要结合志愿者参与志愿服务的各个阶段的特点和需求来进行。志愿者开始从事志愿服务时往往很有新鲜感、热情和意愿,但很难自始至终都保持这样的状态。志愿者在志愿服务过程中的感受具有周期性,一般可以分为六个阶段:起始介入期、分工与承诺期、实施与推进期、问题与挑战期、疲劳与思退期、重振期。这几个阶段在较长时间的志愿服务中可能会反复出现。[①]

1. 起始介入期

在起始介入期,志愿组织中的发起人和协调者最重要的工作是进行动员、遴选和初始形象的树立。有一些志愿组织的雏形是建立在已有的社会网络上的,这时网络内原有的权威模式仍然可以发挥作用。如果是新建立的社会网络,那么发起人需要将志愿工作的目的、资源和机会以及相关规章制度向参与者做出说明,同时发起人需要进行一定的宣传鼓动工作。在比较理想的情况下,如果实际参与者数量超过需要的数量,可以对参与者进行遴选,使入选者产生优越感,从而在以后的工作中发挥得更加出色。

2. 分工与承诺期

由于志愿者之间关系比较松散,明确分工非常重要。在分工与承诺期,开始涉及具体工作问题,涉及志愿者的爱好、长处、资源分配、权责分配和协作关系等方面。管理者应当引导志愿者首先围绕分工的程序展开讨论,在就程序达成一致意见后,再进行分工内容的讨论。管理者应该担当规则制定发起者及规范权威维护者的角色。在难以就程序达成一致的情况下,可以在众多意见中达成相对多数的共识。在明确分工的基础上,管理者应该要求责任人做出明确清晰的个人承诺,经过审核批准之后在组织内公开,并用作指导、检查和评价志愿者工作绩效的标准。

[①] 北京志愿者协会编著:《志愿组织建设与管理》,中国国际广播出版社 2006 年版,第 156 页。

3. 实施与推进期

在实施与推进期，志愿者要努力动用自己的各种资源，并与团队协同开展工作。志愿服务是团队工作，许多志愿者以个人热情参与志愿服务，对很多情况并不了解，因此也非常容易遇到困难。因此，在这个阶段，管理者应该对志愿者进行培训。在有条件的情况下，可以安排资深志愿者担任教练，或者与新志愿者一起工作。在这个阶段，管理者要高度关注大家的工作进展，及时给予帮助和指导，肯定大家的工作成绩，培养大家的工作信心，和大家一起总结经验教训，积极思考逐步推进工作的办法。

4. 问题与挑战期

在工作进行了一段时间之后，必然会遇到一些问题，甚至是非常困难的情况，志愿组织进入问题与挑战期。一个孤立无援的志愿者会产生挫折感，甚至在问题严重时会考虑退出。因此，志愿组织的管理者要对可能出现的问题有充分的心理准备，在事前搜集资料，在出现问题之前及时提醒志愿者。在遇到问题的时候，管理者要与志愿者一起面对问题、分析问题、解决问题，不能简单指责或给予压力。管理者应当积累过去及他人解决类似困难的经验，同时也注意发挥有经验的资深志愿者或外部专家的辅导和支持作用。

5. 疲劳与思退期

大部分志愿者可以承受短期的志愿工作，但长期的、日复一日的工作会使他们在某个阶段感到疲劳并产生退出的想法，在遇到某种困难或者压力时，随时都可能爆发出来。志愿组织的正式约束力有限，志愿者一旦出现心理疲劳或思退心态，往往会退出工作，离开志愿组织。因此，管理者要努力通过日常沟通来预防这一现象，以及在这一现象出现时及时与志愿者沟通。另外，从工作内容安排来说，管理者要注意，虽然有日常分工，但志愿工作的分配要保持一定弹性，使大家不至于对工作本身产生疲劳或感到枯燥。同时，管理者也要给予志愿者一定的休整和调节时间，使其在身心方面得到适度调节。当然，尽管做了种种努力，仍然会有不少志愿者不能顺利度过疲劳期而退出。志愿组织的管理者对此要有必要的心理准备，并做好必要的人才储备计划。对于离开的志愿者应该以友好、热情和肯定的方式，尊敬并且欣赏志愿者付出的努力，比如，举办一个有意义的告别活动或聚餐。

6. 重振期

不少志愿组织对定期或不定期地进行成员士气重振工作深有体会。有影响力的杰出志愿者、志愿组织管理者、志愿服务研究者、社会活动家、受益群体中的积极分子的演说与鼓励活动,与其他社会组织合作进行工作价值研讨活动、对志愿者的表彰活动,都对士气重振起到很大作用。除了积极开发资源以外,志愿组织的管理者也需要了解与分析成员所存在的问题,并设计针对性的士气重振计划。如果管理者能够与志愿者进行互动,可以使重振效果更佳。

（四）志愿组织的风险管理

《可可西里》是一部描述可可西里藏羚羊保护区志愿巡山队的生活和命运的电影。这部影片展示了恶劣的自然环境、偷猎者的麻木以及志愿巡山队员绝望的呼喊和牺牲,展示了志愿服务的风险性。任何志愿项目都存在风险,志愿者的人身安全、服务对象的权益、志愿项目的推进都可能受到不确定因素的影响。很多管理者缺乏基础的规避风险的意识,常常在风险事件发生以后才追悔莫及。

志愿组织的风险管理关系到志愿者及服务对象的人身安全以及志愿组织的声誉。志愿组织的管理者在行动之前必须考虑志愿服务的风险问题。尤其在我国目前相关立法不太完善、舆论环境不太健全的情况下,志愿组织的管理者更是要牢牢树立风险管理意识,了解风险管理知识,做好风险防控。

1. 志愿组织的风险类型

所谓志愿服务的风险就是在志愿项目或活动中,可能产生负面影响的不确定性。例如,在志愿服务过程中,志愿者的身体或心理可能受到别人的伤害;志愿者的财物可能被偷盗、滥用或者损坏;志愿项目可能因为不恰当的设计、操作或者管理,产生消极后果或者不能达到预期效果;组织可能被谣言中伤或者因为某次意想不到的错误引起服务对象不满,或者激怒组织内的员工和志愿者,造成志愿者的流失,引来社会舆论指责,严重影响志愿组织的社会声誉,等等。

从理论上讲,风险可以分为两类:已知—未知型风险和未知—未知型风险。已知—未知型风险是指在志愿项目、活动实施过程中,已知存在某些风险,但风险事件何时发生,可能造成何种影响是人们所不知道的。比如对在地震带上的人们来说,有可能发生地震是已知的,但何时发生、多大烈度是不知道的。因为这类风险事件出现的可能性是可以预见的,所以这类风险又被称为可预见性风险。所谓未知—未知型风险是指,人们既不知道此类风险的存在,也不知道风险事件何时发生以及造成的影响程度如何。比如对于处于非地震带的人们来说,在发生地震时,事先根本不知道会有地震发生,也不知道发生的时间和烈度,这种风险是难以控制和防范的。在实践中,目前我国志愿组织经常会遇到的风险有如下五大类，这些风险可能是已知—未知型风险，也可能是未知—未知型风险。

第一类风险是志愿项目本身可能存在的风险。每个志愿组织都有责任和义务保证自己所从事的志愿服务活动能安全和健康地进行。但实际情况是，我们的志愿组织面对和处理的多是那些最困难、最危险的社会问题。例如，深入艾滋病高发地带宣传、调研甚至义务服务；深入条件恶劣的地区保护环境、保护动物；致力于身体和心理残疾儿童的教育，千方百计为他们提供培训和服务。志愿组织的使命始终与消除疾病、发展教育、战胜贫困、保护环境、消除歧视、预防犯罪等工作紧密联系在一起。在这些工作中，"风险"是志愿服务的一部分。比如，某志愿组织招募组建交通疏导志愿者服务小队，安排志愿者身穿制服走上街头，协助交通警察疏导交通。一般来说，交通指挥是交警的专业活动，需要经过严格的技能培训才能上岗，让仅仅受过简单培训毫无指挥经验的志愿者疏导交通，无疑有很大风险，既令志愿者的人身安全面临危险，也威胁到疏导对象的安全。

第二类风险是志愿者受到伤害的风险。志愿者遭受伤害事件被公认为最普遍的风险事件。例如，在某大型展览会上，一些外地游客频频光顾志愿者的义务导游点，引起一些无证导游的不满，结果有的志愿者义务导游点被掀掉，有的志愿者导游甚至遭到殴打。还有一些志愿者在举报制作贩卖假证件的不法分子或者为精神病患者服务的时候，遭到不同程度的伤害。在有些情况下，志愿者被当作廉价劳动力使用，合法权益也得不到保障。因此，必须把志愿服务纳入政府和社会保障体系及法律体系，为志愿者创造一个良好的法律环境，这样才能有效保护志愿者的权益，消除他们的后顾之忧。一些志愿组织通过为志愿者购买保险的方式来尽量减少损失，这日益成为通行的做法。

第三类风险是志愿者对他人造成伤害的风险。志愿者在服务过程中也可能引发一些意外事故，对他人造成伤害，这种情况特别集中在那些帮助关爱脆弱群体的领域。志愿者对服务对象的伤害更常见，影响更严重，可能影响到志愿组织的声誉以及资金的筹措。例如，国内某家为智障儿童提供特殊教育的志愿组织由于看护不周，对一个智障儿童造成了伤害，引起刑事附带民事诉讼纠纷，极大地损害了该组织的声誉。

微案例 10-4

精细化管理帮助志愿者避免不当行为

支教是支持乡村教育、促进乡村发展的重要途径。除了政府和高校组织的支教活动之外，每年都有不少社会组织招募志愿者到乡村开展支教活动。2021

年3月初,在云南一所学校支教的志愿者被曝光使用"大傻子""笨蛋"等词语辱骂学生,遭到网络舆论的批评。支教志愿者出现不当行为的主要原因是对支教学生期望过高,在现实中感到巨大落差;缺乏正确的儿童教育观念;缺乏与儿童相处的经验和能力。当他们来到乡村学校,碰到学生不遵守课堂纪律、学习热情低、理解能力差等情况的时候,往往手足无措。益微青年是一家长期从事乡村支教的社会组织,他们总结出了一套志愿者管理办法。首先是严格挑选和考察志愿者,了解志愿者的教育理念。然后,从"什么是支教""价值和意义在哪里""如何准备支教"三个方面对志愿者进行系统的培训。最后,为支教活动提供全程的支持。通过精细化管理,益微青年有效地改善了志愿者的支教体验,提升了支教服务质量。①

第四类风险是志愿者流失的风险。如果志愿者对项目失去兴趣,或者由于其他个人负面的原因,可能会离开志愿组织。志愿者流失严重,是令很多志愿组织管理者头痛的事情,尤其是在许多大学生志愿组织中。对此,应该采取一系列有效的激励措施进行补救。当然,管理者也要做好心理准备,接受总是会有一定比例的志愿者流失这个事实。比如,骨髓捐献志愿者20%的流失率是正常的,因为骨髓捐献需要一个较长的等待周期,这期间志愿者极有可能改变当初的想法。

第五类风险是财务风险。在我国,志愿组织的资金来源十分有限,常常面临资金困难的状况。草根组织很难得到政府财政支持,社会力量对志愿组织的捐助有限,会费等来源也不稳定。很大一部分注册的社区志愿者依靠志愿服务所得到的基本生活津贴维持生活(众多的社区志愿者是下岗职工)。不仅如此,志愿组织的管理者和工作人员对志愿组织的资金管理也存在风险,资助方突然抽离资金也可能会给志愿项目的实施带来极大困难和阻碍。

志愿组织面临的不确定性因素太多,除了上面五种常见风险之外,可能还面临其他方面的风险。

2. 志愿组织的风险规避

志愿组织要进行系统性的风险管理,主要包括三个关键步骤:风险评估、制度保障和过程监督。

首先是风险评估。所有的志愿组织都应该对自己的组织、对所开展的志愿项目进行风险评估。风险评估涉及风险可能发生的所有领域,包括一般运作风

---

① 柯晓雯:《支教老师骂孩子笨蛋,是志愿者选拔出了问题?》,2021年3月29日,南都观察,https://nanduguancha.cn/Home/news/detail?cate_id=1&id=4736,2022年10月6日访问。

险、志愿者和员工的风险、合作单位的风险、他人及社会的风险、财产及设备的风险等。风险评估之后，志愿组织应该把这些风险列成清单，并对其破坏性或者危害做适当的预测，形成风险规划书。如果可能的话，志愿组织可以安排专人负责风险规划，并定期检查组织的风险规划书是否符合组织情况。

其次是制度保障。除了要为某些具体风险考虑应对措施之外，风险规划书最好能包括志愿组织的危机应对机制。唯有形成制度保障，志愿组织才能够面对危机做到随机应变。如果遇到紧急意外或者突发危机，志愿组织必须保证有一套及时报告的问责机制和有效沟通的渠道，让志愿组织的管理者、志愿者和有关机构做出处理决定；同时要安排有风险应对知识和经验的督导指导志愿者冷静处理。危机事件发生之后，志愿组织的管理者应该采取一系列补救措施，通过规章制度对事件处理做出规定：第一，对志愿者或服务对象进行慰问；第二，尽快向相关保险机构提出赔偿申请，减少损失；第三，向上级汇报情况和处理方法，并积极征求专家的意见和建议；第四，细心分析及检讨风险事件发生的原因，寻找改善方法和预防方案。另外要在组织制度建设中渗透风险管理意识，将风险消除在萌芽状态。具体措施包括：严格执行志愿者申请审查和筛选工作，要求申请者提供是否有犯罪记录的证明；向志愿者提供职责和岗位说明书，并进行相关安全培训；志愿组织开展活动之前与志愿者签订服务协议书；为志愿者购买保险，并在招募公告和服务协议书中予以说明。总之，制度层面能够从两方面促进志愿组织的风险管理：其一，形成相关规定防患于未然；其二，形成制度性、规范化的补救措施，及时反应减少损失。

最后是过程监督。在开展志愿服务的过程中，志愿组织应该对整个过程进行密切监控，防止风险事件的发生。很多年轻父母为了培养子女的爱心，都非常支持未成年子女帮助他人、参加各种形式的志愿服务活动，这就更需要志愿组织安排专人监控、看护。否则，一旦发生问题，将会得不偿失。香港社会福利署出于风险规避的考虑，对不同志愿服务活动所需志愿者与活动人数的比例做出规定，非常值得借鉴。

总的来看，非营利组织的人力资源管理是一件非常具有挑战性的工作。非营利组织的领导者既要力行志愿精神，但是也不能被道德绑架。德鲁克说，卓有成效的非营利组织领导者能够保持人格和个性的完整独立，即使把一切都奉献给组织，在他们离开后，工作仍要继续下去……我不希望任何人为组织鞠躬尽瘁，只要尽最大努力就可以了。[①]

---

① 〔美〕彼得·德鲁克：《非营利组织管理》，吴振阳等译，机械工业出版社2007年版，第17页。

第十章 非营利组织人力资源管理

思考题

1. 非营利组织的人力资源管理有何特点?
2. 如何理解非营利组织的志愿服务和志愿精神?
3. 什么是志愿者? 人们为什么要做志愿者?
4. 非营利组织的志愿者分为几种类型? 志愿者有哪些基本的权利和义务?
5. 试述志愿者管理的特点。
6. 如何招募与筛选志愿者?
7. 非营利组织如何进行风险管理?

本章案例

"灯塔计划"的志愿者管理

乡村支教是大学生志愿者参与最多的一个服务领域。有的志愿支教服务很成功,更多的却不太令人满意。许多大学生志愿支教组织做了一段时间就散了,能够长期坚持下来,并且走上了稳定发展轨道的,可以说凤毛麟角。"灯塔计划"就是其中一例。

一、创立与成长

"灯塔计划"始于2001年3月,发起人陈建华喜欢旅行,去了很多边远的贫困地区,看到当地的孩子得不到什么教育,心中很受触动。有一天,他在内蒙古旅行,碰到一个来自香港的旅行者,她在一家国际非政府组织工作。她给陈建华讲述了自己在非洲做义工的经历,陈建华很受启发。回来后,陈建华和几个朋友又看到一些香港义工在广州乡村支教,这触发了他们创办一家志愿支教组织的想法。他们将这个组织命名为"灯塔计划",还提出"方向引领一生"的口号。陈建华和朋友们策划停当,开始在大学生中招募义工(志愿者),先是在华南理工大学,后来扩展到华南地区的其他高校。[①]

"灯塔计划"起初挂靠在一家公司名下,公司给"灯塔计划"的秘书长发工资。后来,公司难以负担,"灯塔计划"就独立出来。2002年,由华南理工大学的秦桑同学带头建立了相对稳定的秘书处。此后,大学生成为"灯塔计划"的中坚力量。2005年,"灯塔计划"举行了第一次义工代表大会,形成了较为合理的组织构架。这个组织构架由内外两部分组成:内部是理事会领导下的秘书处,负责

---

① 朱健刚:《行动的力量——民间志愿组织实践逻辑研究》,商务印书馆2008年版,第66—102页。

义工的日常管理工作;外部是参与"灯塔计划"的各个高校的义工团队形成的网络平台,负责协调大学生下乡支教工作以及日常交流活动。①

2012年7月23日,"灯塔计划"以广州市灯塔计划青少年发展促进会的名称在广州市民政局注册成功,成为一家社会团体法人。在正式注册登记之前,"灯塔计划"不能以一个独立法人的身份开展筹款活动,资金来源主要是爱心人士捐赠和义卖所得。2003年和2004年一共仅筹得经费1万余元,其中大部分用于义工教学以及其他工作技能培训,支教场地由当地学校无偿提供,而下乡支教期间所需的交通及食宿费用全部由义工自己承担。② 注册登记之后,"灯塔计划"的资金状况得到改善。2021年,"灯塔计划"通过项目筹款、公众筹款、月捐计划、大额捐赠以及会费等渠道筹集资金共计86.8万元。

20余年来,"灯塔计划"安静地、执着地、坚定地走出了一条属于自己的志愿支教之路。

二、教育理念

"灯塔计划"不仅有明确的教育理念,而且坚定不移地用以指导支教实践。正是这一点使它与众不同。"灯塔计划"的核心教育理念是尊重每个生命的独特性和唯一性,通过滋养生命的教育促进当地社会的可持续发展。滋养生命的教育不是辅导课业,也不是物资捐助,而是成长陪伴和精神扶助,引导并唤起孩子们的学习动力和生活追求。这是"灯塔计划"成立之初就确定的教育理念,至今不变。"灯塔计划"探索出三条途径来实践滋养生命的教育,即乡土教育、朋辈教育以及参与式学习。③

乡土教育是促进乡土认同的教育。所谓乡土认同,就是让人们客观地认识自己的家乡,不排斥,不固守。同时,在个人与家乡之间建立更加深刻的联结。"灯塔计划"教研总监黎宇烁曾是一位高校教师。他说,灯塔计划关注乡土教育,带领孩子走出课堂,走向自然,这对他们的成长很有益处。比如看到一棵果树,我们就会带领孩子去探究果实的"成长经历";看到一个精美的瓷器,我们就引导孩子去探究瓷器的制作工序。只有让孩子觉察到自己与社区、与土地、与自然的联结,意识到对家乡的责任,理解本土的传统智慧,才能使孩子们进一步认同自己的家乡,愿意以行动推进家乡的改变,从而得到生命的滋养。

朋辈教育就是年龄相近的人之间结成朋辈关系,相互陪伴成长,在陪伴过程

---

① 朱健刚:《行动的力量——民间志愿组织实践逻辑研究》,商务印书馆2008年版,第66—102页。
② 同上。
③ 钟佩:《"灯塔计划",民间义教的坚持与守望》,《大社会》2016年第4期,第50—52页。

中相互影响共同成长,达至相互肯定、理解、信任与关爱。朋辈关系包括义工和孩子之间、孩子相互之间以及义工相互之间的关系。一方面,通过平等的交流,学生从义工身上获得改变与成长的力量;义工为了服务学生去充电,也激发出成长的动力。另一方面,通过小组合作,赋权每个学生解决组内的事情,促进相互的联结与沟通。

参与式学习是推动学生自主成长的过程,只有自主的成长才是真正的可持续的成长。参与式学习就是让孩子认识自己所在的社区,了解社区的状况和存在的问题,针对社区中存在的问题开展尝试改变社区的行动,并针对在行动中暴露出来的问题寻求解决方案,从而让孩子们在参与中学习,在学习中成长,在成长中获得自信。

三、运作管理

"灯塔计划"的义工主要分布在华南师范大学、华南农业大学、华南理工大学、广东工业大学、广州大学等华南地区高校。"灯塔计划"的基本运行方式是:选择有一定基础和发展潜力的学校进行联系,当学校同意合作之后,组织甄选大学生义工下乡支教。"灯塔计划"运行管理的核心是义教周期管理和课程管理。

"灯塔计划"的义教周期始于每年9月新学期开学,一年一个周期。每个周期可以大致分为四个阶段:第一阶段是从暑假下乡返校至"十一"下乡之前。这个阶段的主要任务是义教经验交流、秘书处建设和高校义工网络建设。同时秘书处补充新生力量,并为"十一"下乡做准备。第二阶段是"十一"下乡至寒假下乡之前。这个阶段的主要任务是,通过若干培训和项目操作,使新形成的秘书处及高校网络团队有效磨合,使新人熟悉灯塔的运作模式,为十二月的换届和第二学期的招新工作做好准备。第三阶段是寒假下乡回来之后至"五一"下乡之前。这个阶段的主要任务是在高校开展全方位宣传招新工作,通过图片展览、大型沙龙等活动传播灯塔理念,吸引新人加入。第四阶段是"五一"下乡回来至暑假下乡。这是工作最繁忙的阶段。主要任务是义工培训,包括对义教的业务培训和关于团队组织纪律和安全的培训。同时还要组织募捐、义卖和毕业义工聚会。最后组织暑期下乡支教。通过这种周期性循环的设计,"灯塔计划"培养了一批又一批具有志愿精神并且热爱乡村教育的义工。[1]

"灯塔计划"设置了专门的教研部负责教学研究和管理工作。"灯塔计划"建立了包括教研培训、教研手册学习、指导教案撰写、课堂技巧传授、课程试讲、

---

[1] 朱健刚:《行动的力量——民间志愿组织实践逻辑研究》,商务印书馆2008年版,第66—102页。

课程评估等环节的系统完整的教学管理流程。其中,最值得一提的是教研培训。"灯塔计划"在义工下乡支教前的五月至六月会对义工展开一系列的教研培训。培训分为必修培训和选修培训,必修培训一般安排在周六、日举行,要求全体准义工参加,无特殊情况不得缺席。选修培训一般安排在周一至周五晚上,义工根据自己的爱好和时间选择性地报名参加,一旦加入亦不能无故缺席。必修培训包括核心理念的解读和分享、课程示范、课程试讲等内容。选修培训课程包括应用戏剧工作坊、社会性别学、绘本教育、音乐体验工作坊、摄影专题、户外探险、农村教育理念、时间管理、沟通、拍卖人生、社区发现等11门课程。义工可以参考、学习优秀选修课中的元素,形成自己的下乡教案。① 义工下乡义教期间,除了正常授课外,还和当地老师携手帮助学生建立各种社团,如文学社、尤克里里社、兴趣小组等。义教活动结束后,除了定期的回访,义工还会通过网络、电话等与孩子们保持联系。②

从2001年到2022年,"灯塔计划"先后培训和组织了24批在校大学生及10批在职人士到广东的肇庆、清远等地区以及广西、湖南、江西的乡村地区开展至少为期一个月的下乡义教,前后服务超过100万小时,受益学员逾2 000人次。从2014年开始,"灯塔计划"开始在广州市的流动人口社区为流动儿童提供课程服务。2014年到2015年间"灯塔计划"先后为11个社区提供了累计6 000小时的参与式课程服务。③

案例分析题:

1. "灯塔计划"创业和成长过程有何特点?
2. "灯塔计划"教育理念的理论基础是什么?
3. "灯塔计划"的运作管理有何特点?
3. 你所在的高校有大学生支教社团吗?它的运作管理模式是怎样的?

---

① 凌莉:《山区支教志愿服务的课程管理及其创新——以广州市"灯塔计划"为例》,《广东青年职业学院学报》2013年第1期,第25—30页。

② 钟佩:《"灯塔计划",民间义教的坚持与守望》,《大社会》2016年第4期,第50—52页。

③ 参见灯塔计划官网,"灯塔简介",http://www.lighthouse.org.cn/about/?59.html,2022年10月6日访问。

第十一章 非营利组织营销管理

营销是把外部世界的需求和愿望与组织的意图、资源和目标协调一致的一种方法。

——〔美〕菲利普·科特勒①

第一节 非营利组织营销的概念与特点

营销,也称为市场营销,是19世纪末20世纪初兴起的一种企业管理的理念和方法。营销管理的理念和方法从企业逐渐扩展到公共部门和非营利部门,成为所有组织管理者普遍使用的一种管理手段。营销理论和实践最初都来自企业,在运用到非营利组织的时候,这些概念仍然难免带有企业营销术语的色彩。使用同一套术语对于跨部门交流是非常有益的,读者宜在具体情境中加以适当解读。

一、非营利组织营销溯源

非营利组织并非从一开始就接受营销观念,将营销引入非营利部门是一项创新之举。早在20世纪60年代末期,菲利普·科特勒(Philip Kotler)等学者建议非营利部门采用营销理念。尽管这个时期非营利组织管理开始步入职业化和专业化的轨道,管理者逐步接受和使用企业管理的方法,如战略管理、人事管理和财务管理等,然而,他们却迟迟不愿接纳营销观念,因为"营销"一词当时在人

---

① 转引自〔美〕彼得·德鲁克:《非营利组织的管理》,吴振阳等译,机械工业出版社2007年版,第68页。

们心中还有太多的负面形象。即便某些非营利组织开展了营销活动,也不愿意贴上"营销"的标签。①

到 20 世纪 70 年代末,这一情况发生了变化。越来越多的非营利组织开始接受营销理念,并且在实践中运用营销手段,取得了良好的效果。到 20 世纪 80 年代末,非营利组织营销理论已经相当成熟,一些大学开设非营利组织营销管理的课程,非营利组织的营销实践也得到了发展。这一时期,西方国家出现了经济滞涨和财政赤字的严重问题,以美国里根总统和英国撒切尔夫人为首,西方国家推行了民营化改革,采取的主要措施之一就是削减政府开支。此时,政府资助已经成为很多非营利组织的重要收入来源,政府削减开支意味着对非营利部门的资助停滞或减少。在这种情况下,非营利组织不得不开辟新的收入来源以弥补政府资助的减少。出路只有两条,一是更加积极地争夺慈善资源,二是通过服务收费或开展商业活动来增加收入。这两种办法都要求非营利组织更加积极主动地采取营销手段。到了 20 世纪 90 年代,发达国家的非营利组织普遍采用营销手段。②

进入 21 世纪,非营利组织营销领域出现了一些新趋势,营销活动日益国际化,社会营销方法日臻成熟,事件营销和关联营销兴起,伦理关怀越来越受到重视。以关联营销为例,1982 年,美国运通公司(American Express Company)的首席营销官推出一项促销活动,承诺每当顾客使用一次美国运通卡就为旧金山的艺术界捐赠 5 美分,每增加一名新卡使用成员就捐赠 2 美元。3 个月内,该活动筹集了 10.8 万美元。这个方法很快被其他公司模仿,在全球范围流行开来。1983 年,美国证券交易所为每一个新开账户捐赠 1 美元,并为每笔交易捐赠 1 美分给一家基金会,用于翻新埃利斯岛和自由女神像。一年后,美国证券交易所的业务量增加了 28%,它履行诺言给翻修工程捐赠了 170 万美元。③

二、非营利组织营销的概念与特点

1985 年,美国市场营销协会(American Marketing Association,AMA)将市场营销定义为对思想、产品及服务进行设计、定价、促销及分销的计划和实施的过

---

① 〔美〕菲利普·科特勒、艾伦·安德里亚森:《非营利组织战略营销(第五版)》,孟延春等译,中国人民大学出版社 2003 年版,第 5 页。
② 同上。
③ 同上书,第 321 页。

程,从而产生满足个人和组织目标的交换。① 今天,消费者导向的营销概念已经占据主导地位。消费者导向的营销概念认为:组织成功的关键是确定目标市场的观念、需求和欲望,并通过设计、传播、定价、适当递送和富有竞争力的供给来满足消费者。② 从某种意义来说,吸引人才、筹集资金和推广服务都是非营利组织的营销领域。以大学为例,招生需要营销,吸引一流的教师需要营销,筹集资金同样需要营销。

虽然非营利组织营销使用了许多和企业一样的术语,许多工具和方法也都是一样的,但是两者之间仍然存在显著区别。具体而言,非营利组织营销有自己的特点。

第一,坚持使命导向。非营利组织与企业都追求多种目标,但两者的侧重点却大相径庭。企业的首要目标是利润最大化或股东价值最大化,把经济效益或财务目标放在首要位置。企业当然也有社会和环境责任,但它首先是一个创造财富的机构,是一个经济单位。非营利组织的首要目标是实现组织的使命,把社会和环境价值放在首要位置。这不是说非营利组织没有或不应设定财务目标,而是说非营利组织只是将财务目标视为实现使命的条件,而不是目的。

第二,产品是无形的,营销效果难以衡量。企业既生产实体产品也提供服务,非营利组织提供的产品一般是一些无形之物,比如知识和观念。这是相当抽象的东西,而推销抽象之物与推销有形产品是不一样的。由于非营利组织提供的产品具有无形性、可变性、不可储存性和不可分离性的特点,其营销活动明显具有服务营销的特点,重视内部营销管理、强调顾客的时间成本以及与顾客之间的互动关系。企业所提供的产品和服务的价值能够立即被消费者感受和体验到,但是非营利组织所提供的产品或服务的好处要经过一段时间才能显现出来,所以评价非营利组织营销的效果也就十分困难。不仅如此,很多观念和行为的转变往往不是某个机构某个项目单独起作用的结果,而是多方共同发力长期影响所促成的。因此,即便是产生了效果,也很难区分每个主体的贡献度。这种特点使得追求成就感的人往往难以接受。因此,非营利组织的领导者必须有坚定的信念和坚韧的毅力才能坚持下去。

第三,利益相关方众多。尽管企业的利益相关方也很多,并且越来越多,但

---

① 雷祺、刘晓梅:《浅谈 AMA 关于市场营销定义的演变》,《市场营销导刊》2009 年第 2 期,第 43—46 页。

② 〔美〕菲利普·科特勒、艾伦·安德里亚森:《非营利组织战略营销(第五版)》,孟延春等译,中国人民大学出版社 2003 年版,第 49 页。

非营利组织的利益相关方比企业更为复杂,并且关系的性质也不一样。非营利组织的利益相关方首先是顾客和资助方。前者是消费者,后者是付费者。企业产品的付费者与消费者往往是一致的,至少也是有密切关系的。但非营利组织的付费者与消费者却可能是分离的,甚至是完全不相识的两个群体。资助方与非营利组织的关系也不同于股东与企业之间的关系。非营利组织需要借助营销方法来妥善处理与各种利益相关方的关系。

第四,营销手段的特殊性。非营利组织的使命往往涉及改变人们的态度和行为,比如问题青少年的行为矫正,或是倡导性别平等、环境保护等价值观,因此非营利组织必须采用诸如鼓励、说服等方式向消费者传递大量信息或提供激励促使服务对象改变观念和行为。

第五,接受更为严格的监管和监督。非营利组织的资源大多来自社会捐赠和政府资助,同时还享受税收减免待遇。资金来源的特殊性决定了非营利组织在活动中要接受更加严格的政府监管和公众监督,因此非营利组织在营销活动中所受的压力要远远大于营利性组织。

上述这些特点决定了非营利组织的营销工作相当具有挑战性。尽管如此,非营利组织也不能忽视营销管理,因为这关系到组织的生存与发展,更重要的是关系到使命是否能够达成。非营利组织之间的竞争日趋激烈,筹资困难、信任危机影响着非营利组织的生存环境。非营利组织可以利用营销来传播自己的理念,树立良好的品牌和组织形象,在竞争中占据优势。营销也是非营利组织与商业企业进行竞争必不可少的手段。非营利机制作为一种市场机制的矫正措施,倡导一种不同于市场经济的伦理和价值观,却并不妨碍非营利组织使用企业管理的各种手段包括营销手段。实际上,因为市场经济已经相当成熟,它的力量无与伦比,非营利组织必须更好地利用营销工具,才能有效地传播自己的声音,形成可以与之匹敌的力量,才有可能矫正市场的缺陷,消除市场造成的不平等、不公正现象。否则,非营利组织在强大的市场力量面前已然显得十分脆弱,不堪一击,更何况挑战市场伦理、矫正市场失灵呢?

第二节 非营利组织营销管理

非营利组织营销管理必须符合"管理闭环"原则。所谓"管理闭环",就是一个由计划、组织、实施、控制等活动构成的闭合循环,缺少其中任何一个环节,都不可能确保实现组织的使命和战略。具体而言,非营利组织营销管理包括营销分析、制定营销策略、营销策略实施与控制。

第十一章　非营利组织营销管理

一、营销分析

营销分析是一个进行市场细分(segmenting)、确定目标市场(targeting)和进行市场定位(positioning)的过程,科特勒称之为 STP 营销。营销最重要的任务是研究市场、细分市场、确定所服务的目标客户群体(即目标市场)、市场定位以及提供满足客户需要的各种服务,然后才是广告宣传和推销。①

(一) 市场细分

市场细分是选择目标市场的基础工作。因为每个组织的资源有限,不可能满足所有市场的需求,必须对市场进行细分,并选择适当的目标市场。所谓市场细分,是指非营利组织按照某种标准将市场上的顾客划分成若干个顾客群,每一个顾客群构成一个子市场,不同子市场之间,需求存在着明显的差别。非营利组织可以从中选择一个或多个子市场作为自己的目标市场。地域、人口、文化、心理、行为等都可以成为市场细分的标准。

一般来说,非营利组织可以从地域、群体和议题三个维度考虑市场细分。首先是选择地域。我国社会组织是属地登记的,实行部、省、市、县(区)四级分级登记管理。从法律上来讲,社会组织应当在登记管理机关所辖区域之内运营。在民政部登记的社会组织可以在全国范围内开展业务,省级登记的社会组织可以在全省范围内开展业务,以此类推。在实践中,尽管社会组织可以跨区域开展业务,但仍然在很大程度上受到登记机关管辖范围的约束。尽管民政部登记的社会组织可以在全国范围开展活动,但是实际上几乎没有哪一家组织的服务有能力覆盖全国所有地区。哪怕是县(区)登记的社会组织也很少有能力服务全县(区)所有人口。因此,即便是最有实力的全国性社会组织,也必须选择服务的地域范围。

其次是选择群体。群体可以按照人口统计指标(年龄、性别、婚姻、教育、收入、职业、健康等)进行分类,比如按年龄分为儿童、青少年、大学生、中年人、老年人等群体,老年人口中还可以识别出特殊的了群体,比如空巢老人、孤寡老人、失独老人等。除了人口统计指标,还可以按行为特征进行分类,比如有犯罪前科者、药物成瘾者等。

---

① 〔美〕菲利普·科特勒、艾伦·安德里亚森:《非营利组织战略营销(第五版)》,孟延春等译,中国人民大学出版社 2003 年版,第 62—63 页。

最后,议题也是一个重要的维度,议题一般可以分为教育、健康、文化、科学、体育、休闲、环保、经济、社区建设、动物福利等领域。这些领域还要继续细分,比如,我国城乡差异较大,社区建设又可以分为乡村社区建设和城市社区建设。议题可能存在交叉,比如环保,就包含了环境教育、环境科学等。

微案例 11-1

营销来到大学校园

越来越多的大学管理者开始熟悉市场细分、目标市场和市场定位等营销术语。宾夕法尼亚大学高等教育研究所针对 1 200 所高校的一项研究发现,大学正在对其自身进行分类,以形成明确的细分市场。例如,哈佛、耶鲁和普林斯顿这样的名牌大学定位于高端市场,提供精英教育,采取高学费、高薪师资和小班教学的模式。二流大学定位于大众市场,提供大众化教育,采取合理收费、控制成本的规模化服务模式,以便利性吸引那些既想毕业快又想花费少的学生。比如,波特兰州立大学进行了彻底调整,以适应其目标市场。它大幅裁减员工和中级管理人员,并根据本地商业团体的建议设计课程和大学科研活动。还有一些大学通过远程学历教学,以满足多样化的需求。就连英国的牛津大学也放下身段,营销创收。牛津大学重新定位"品牌标志",积极拓展国际市场,准许第三方特许经营,在 1997 年就创造了超过 400 万美元的收入。①

(二)确定目标市场

非营利组织要将上述这些维度综合起来考虑,从众多细分市场中选择一个或多个目标市场,也就是确定服务于某地某个人群,帮助他们解决某个方面的问题。以加拿大反毒品协会为例,协会除研究历次反滥用毒品运动的经验教训之外,还分析了当前的经济、政治、人口等因素,最终发现,滥用毒品最严重的群体是 11 岁至 17 岁青少年,解决问题的关键就是对这些孩子及他们的父母进行宣传教育,并且提供相关服务。②

---

① 〔美〕菲利普·科特勒、艾伦·安德里亚森:《营销管理》,梅汝和等译,中国人民大学出版社 2001 年版,第 25 页。

② 〔美〕菲利普·科特勒、艾伦·安德里亚森:《非营利组织战略营销(第五版)》,孟延春等译,中国人民大学出版社 2003 年版,第 62—63 页。

在很多情况下,社会组织并不需要对所有细分市场进行全景扫描,然后再确定自己的目标市场。有时当它在某个地方看到某个群体的需求之时,直接就确定了目标市场。比如,阿拉善 SEE 生态协会,当创始人在内蒙古腾格里沙漠月亮湖畔创立它的时候,它就有非常明确目标市场,即帮助这里的牧民治理沙漠。当然,目标市场是随着时间而变化的。阿拉善 SEE 生态协会的服务范围现在已经扩展到全国,服务对象也不只是牧民,服务领域也不仅局限于沙漠治理。

从宏观角度来看,市场细分的过程就是将全部需求分割成多个可以管理的单元。按照地域、群体、议题等标准划分的所有细分市场拼在一起,就构成了非营利组织面临的全部需求。非营利组织选择目标市场的过程中,就确定了这些细分市场的需求被满足的优先顺序,也是资源分配的优先次序。非营利组织往往优先考虑社会热点和国家战略关注的重点领域。如果不是采取一些非常有创意的营销手段,一些非常边缘和小众的需求可能永远不会引起大众的关注。"冰桶挑战"就是一个很好的例子,它成功引起了大众对特殊罕见病群体前所未有的关注,并且慷慨解囊。

微案例 11-2

"冰桶挑战"为罕见病筹款

"冰桶挑战"(ALS Ice Bucket Challenge)算得上是 2014 年全球最吸引眼球的筹款活动。只需做一个看似简单搞笑的动作——在摄像头面前,举起一桶冰水从头顶淋到身上,就完成了"冰桶挑战"。参与者完成挑战后,可以任意挑选三人向他们发起挑战。24 小时内,被挑战者如不能同样在视频上完成上述动作,就得向 ALS(肌肉萎缩性侧面硬化病)组织捐款。"冰桶挑战"是在 2014 年 6 月 30 日由美国高尔夫球手克里斯·肯尼迪发起的。他首先向他的亲戚发起挑战,这个亲戚的丈夫就是一名 ALS 患者。克里斯将自己兜头泼一桶冰水的视频上传到"脸谱网"上,视频很快在网上被疯狂转发。NBA 球星勒布朗·詹姆斯和歌手贾斯汀·比伯都挑战了美国总统奥巴马,不过奥巴马没有接受冰桶挑战,而是选择捐款。① "冰桶挑战"进入我国之后,雷军、章子怡、林丹等名人都接到了挑战。"冰桶挑战"不仅让这种罕见疾病短时间内在全球范围提高了认知度,而且筹款

---

① Laura Stampler, "Obama Declines Ice Bucket Challenge, Donates Money Instead," *Time*, August 12, 2014, https://time.com/3104483/obama-declines-ice-bucket-challenge/1,2023 年 5 月 4 日访问。

效率更是惊人。短短 20 天，ALS 组织收到的善款已达 1 560 万美元，而上年同期该组织只筹到 180 万美元。①

(三) 市场定位

市场定位是指非营利组织推出独特的产品和服务，树立独特的组织形象，从而在目标顾客心中建立与众不同的地位，明确自己在整个行业生态系统中的位置。市场定位的关键，就是了解并且创造有效满足目标市场需求的独特产品或服务。组织在综合考虑目标市场、现在的位置、竞争对手以及自身的优势与劣势后，就可以确定市场定位，选择成为市场领导者、市场追随者、市场挑战者或是市场补缺者，并采取相应的策略。

好事做好并不容易。只有找到了有效满足目标市场需求的产品或服务才能真正确定市场定位。一些社会组织确定了目标市场之后，提供的产品或服务没有得到顾客的认可，不能实现自己的市场定位。之所以出现这种情况，通常是因为他们所做的假设往往是基于自己对客户需求的理解，而没有从顾客角度去理解需求。比如，有的社会组织在乡村建立图书室，虽然图书室里书架满满，但却空无一人。因为这些组织认为村民需要读书或者希望村民读书，但没有从村民的角度来看待读书的需求。因此，它们好心好意花费了很大力气来做一件"好"事，却没有达到预期的效果。

市场定位不仅取决于明智的选择，而且需要探索的勇气和深耕的定力。比如说，我国最早出现的公益类社会组织基本上都是直接提供服务的服务型机构。随着越来越多社会组织进入这个行业，开始出现新的需求，不是直接为顾客提供服务，而是作为支持型组织为一线社会组织提供服务，比如培训服务和行业交流等。随着行业成长必然出现分工细化，支持型组织这个定位是可行的。但是让其他社会组织接受和认可支持性服务并不容易，需要做长期深耕，才能真正站稳脚跟。安徽益和公益服务中心就是一个很好的例子。安徽益和公益服务中心成立于 2011 年，是一家服务于安徽民间公益组织的非营利性机构，关注和支持安徽地区民间公益组织、公益服务的发展及公益行动者的成长，搭建民间公益组织间交流合作的平台，促进政府、企业、社会组织的跨界合作及公众的参与，以此推

---

① 王子墨：《"冰桶挑战"切莫浪费了社会善意》，《光明日报》2014 年 8 月 26 日，第 2 版。

动安徽民间公益服务多元发展。① 益和实现这个市场定位很不容易,因为自己也是一家草根组织,不能像大型基金会那样凭借资源优势成为支持型组织。但是它立志成为支持型组织,不具有资源优势,就在能力和服务上寻求突破,深耕十余年,建立和维护了自己的市场定位。

二、制定营销策略

在完成市场定位以后,非营利组织要制定和实施有效的营销策略,来实现其市场定位。营销策略也称为营销组合策略,最常用的是"4P"分析框架,即产品策略(product)、定价策略(pricing)、渠道策略(place)和促销策略(promotion)。

(一)产品策略

任何组织都要为自己的目标市场提供产品。非营利组织可提供的产品大多是服务,甚至是知识或观念。企业的产品或服务往往追求顾客满意感,对于非营利组织来说却不尽然,要视产品的性质而定。非营利组织提供的产品的性质取决于谁来支付产品的成本。

如果这个产品是政府支付成本,那么这个产品就属于公共服务。公共服务除了追求顾客满意感,还要注重公平性和正义性。比如,政府为贫困学生提供免费午餐,标准是每份4元,这个标准只能保障基本的分量和营养水平,不能满足美味的需求。如果有学生要求提高标准,吃得更好一些,政府恐怕也难以满足。因为政府还要顾及公平性,在有限的预算条件下,为所有处境相同的学生提供午餐。

如果这个产品是慈善捐赠支付成本,非营利组织作为服务提供者需要兼顾服务对象和捐赠人的需求。还是以免费午餐为例,假如某个学校的免费午餐是由捐赠资金付费的,那么午餐的标准就取决于捐赠资金的规模和受助学生的数量。

如果这个产品是顾客支付成本,那么非营利组织只需根据顾客的支付能力来满足其需求。这种情况与企业相似,但略有不同。因为,企业要追求利润,但非营利组织可能只要收回成本即可。从理论上讲,消费者支付同样的价格,非营利组织提供的产品应该优于企业,或者同样的产品,非营利组织的收费要低于企业。

---

① 参见安徽益和公益服务中心官网,"安徽益和公益服务中心简介",http://www.ahyihe.org.cn/about/19-cn.html,2022年10月6日访问。

当然，非营利组织也可以用混合方式负担产品成本。这时，非营利组织就要面对更多需求不完全一致的利益相关方，沟通和管理更为复杂，面对的压力也更大。

（二）定价策略

大多数非营利组织是服务型机构，比如医院、学校、养老院、博物馆和交响乐团等。服务收费是这些机构的主要收入来源甚至是最大的收入来源。即便是会员型组织，也要向会员收取会费。无论是医疗收费、学费、门票还是会费都存在定价问题。

由于非营利组织不以营利为目的，因此其定价原则并不是利润最大化，而是社会价值最大化。比如，达能乳业与非营利组织合作为孟加拉国贫困地区的学生提供酸奶，酸奶的品质与市面销售的达能产品并无区别，但是产品的包装更简单，又无须广告费，达能公司及其合作伙伴并不打算从这个产品赚钱。因此，这些酸奶的价格只是以弥补其成本为限，比市场价格要低得多。① 又比如，博物馆的门票和艺术团体演出票价往往对学生和老年人等群体特别优惠。

微案例 11-3

全球疫苗免疫联盟的定价策略

盖茨基金会是世界上最富有的私人基金会，获得的捐赠超过 500 亿美元。盖茨基金会的使命是创造一个人人有机会过上健康、丰富生活的世界。② 2000 年，比尔·盖茨创办基金会之时，全世界 5 岁以下儿童死亡人数为 1 200 万，并有 3 000 万的孩子打不到疫苗，这些孩子绝大部分生活在全球最贫穷的 80 个国家。盖茨基金会运用第一笔捐款 7.5 亿美元，成立了全球疫苗免疫联盟。全球疫苗免疫联盟拥有强大的议价能力，在市场上大约需要 100 美元的五联疫苗③，全球疫苗免疫联盟的采购价不到 1 美元。全球疫苗免疫联盟与联合国、世界卫生组织等机构合作，将最需要疫苗的最贫穷的国家分成三类，分别采用不同价格为其提供疫苗。第一类是最穷的国家，免费提供疫苗；第二类是比较贫困的国家，用半价购买疫苗；其余为第三类国家，用采购价购买疫苗。从 2000 年到 2021 年，全球

---

① 《廉价酸奶：用社会企业模式摆脱贫困》，2012 年 12 月 25 日，新浪网，http://gongyi.sina.com.cn/greenlife/2012-12-25/105640077.html，2023 年 5 月 4 日访问。

② 参见盖茨基金会简介，https://www.gatesfoundation.org/about，2022 年 7 月 23 日访问。

③ 预防百日咳、白喉、破伤风、脊髓灰质炎（脊灰）、b 型流感嗜血杆菌引起的感染性疾病等 5 种疾病的疫苗。

疫苗免疫联盟通过常规免疫为 77 个国家的 9.81 亿多名儿童接种疫苗,并通过宣传活动支持了 14 亿多人接种疫苗。①

任何产品都有成本,好的服务需要付出更高的成本。非营利组织提供的很多服务不向顾客收费,并不意味着这些服务没有花费成本。实际上,免费服务的价格是隐性的,有时它的实际价格甚至超过了市场价格。比如,近年来兴起的"时间银行"就是一个典型的例子。表面上看起来,"时间银行"提供的互助服务是免费的。但是,一定有人为"时间银行"的运作管理支付了成本。一些社区的"时间银行"为了居民参与互助或志愿服务,还提供了服务时间"免费"兑换日常用品的激励措施。这更增加了管理成本。还有的非营利组织聘用了专人来负责"时间银行"的运作,这个成本就更高了。非营利组织应当仔细核算这类产品的成本,弄清楚它的实际价格,并且将这些信息公之于众,接受监督。如果因为组织的非营利性和服务的公益性,就任其变成一笔糊涂账,从长期来看,这个产品是没有生命力的。

微案例 11-4

老人康复医院的"时间银行"

广州寿星大厦经营着一家大型老人康复医院,这里的经营管理者创办了远近闻名的"时间银行"。"时间银行"基本运作方式是,本着自觉自愿的原则,凡是身体比较健康的老人都可到"时间银行"开户,由"银行"统一安排"储户"去为需要帮助的老人服务,服务时间记入"存折"。当"储户"日后也需要他人服务时,"银行"再派人提供帮助,让其享受时间相当的免费服务。这些服务包括护理、清洁卫生、代购物品、游玩娱乐和心理辅导等。为了发扬这种助老互助的精神,"时间银行"还面向社会公众开放,吸引了很多社会人士前来助老献爱心。节假日常有书画家、心理学家、歌唱演员、舞蹈老师等,以"储户"身份前来上课、讲学或辅导老人唱歌跳舞。②

---

① 参见全球疫苗免疫联盟(GAVI)官网,"Facts and figures,"https://www.gavi.org/programmes-impact/our-impact/facts-and-figures,2023 年 5 月 4 日访问。
② 王选:《养老・广州有一家"时间银行"》,《老年人》2001 年第 5 期,第 4—5 页。

（三）渠道策略

非营利组织应将自己的产品和服务以最便捷的方式提供给目标群体。但大多数非营利组织都相对缺少资源，靠组织或机构自身无法完成渠道建设，因此，它们大多需要求助于人，以获得其他机构的支持与协助。非营利组织要善于利用渠道分担成本，尽可能采取发展中介机构等有效措施，提供时空上的便利，使少量的资源能够充分发挥效用。

非营利组织要与渠道成员建立信任关系，使得彼此认同，将成功提供某项服务视为各方共同的使命。比如，世界健康基金会与武汉大学医学院合作为湖北农村地区的艾滋病患者及其家庭服务，它们要通过地方政府和当地妇联才能进入村庄接触到患者及其家人。

一些大型资助型基金会很善于借助在地社会组织的力量开展业务。比如，壹基金在全国发展了多个救灾领域的枢纽机构，这些枢纽机构往往是各个地方具有一定领导力和影响力的社会组织。壹基金通过它们来联系当地其他社会组织。这个系统在历次救灾行动中很好地发挥了作用。还比如，深圳建辉基金会的"致敬困境中的行善者"项目，为困境中的行善者提供致敬礼包、节日慰问、长情陪伴、生活补助、心愿支持等服务。① 但是，建辉基金会如何能够发现和找到遍布全国各个角落的处于困境中的行善者呢？它只有依靠全国各地的在地社会组织，通过它们搜集信息，并且通过它们提供服务。建辉基金会自己主要负责决策、筹款以及监督。

（四）促销策略

促销策略的任务是通过广告、宣传、促销和人员推销等方式，为目标市场提供信息，建立组织的良好形象，获得利益相关方的支持。

非营利组织最常用的沟通方式便是广告，包括付费广告和公益广告。媒体为了提高知名度，在公众心目中树立良好形象，也乐于参与和赞助公益事业。在20世纪80年代和90年代，我国公益事业发展的早期阶段，许多基金会的筹款广告是靠"眼泪指数"来取胜的。所谓眼泪指数是指某个事件充满悲情色彩，容易感动他人，唤起同情心，从而让人们解囊相助。希望工程的"大眼睛"广告最为典型。这种方式流行了一段时间之后，因为模仿泛滥而逐渐失去了吸引力。因为

---

① 参见建辉基金会官网，"致敬困境中的行善者"，http://www.jianhuicishan.org/category/ProjectIntroduction/detail，2022年10月6日访问。

人们对广告的接触往往是偶然的、无意识的,只有独特的、出人意料的广告才会引起公众的注意。现在的公益广告更加注重创意。比如,南都公益基金会2009年推出了帮助农民工子女上学和融入城市的"新公民计划",奥美公司为其无偿设计的广告作品《新公民计划:难以触及的课本》在当年亚太广告节中获得了银奖。[①] 今天,社会组织广告、logo和形象设计越来越专业,越来越追求创意和美感。

非营利组织由于自身资金的限制,往往不会在广告上投入太多。在自媒体时代,非营利组织除了利用公共媒体之外,还可以自办媒体,如创办自己的网站和刊物等。壹基金是一个典型例子。作为公众人物,壹基金的创办者李连杰具有丰富的媒体经验,壹基金在创办之初就运用了一套熟练的媒介推广模式:定期联合主流媒体开展活动;联合学界创办公益研究机构;积极参与重大灾害救助。与此同时,壹基金还建立了自己的网站,定期发布组织的动态,以"自己发声"的方式提升影响力。

宣传和倡导是非营利组织常用的促销策略。很多领域通过媒体宣传已经有效地改变了公众的观念和行为。我国社会组织在宣传倡导方面十分活跃,尤其是协助政府进行国家政策和大型活动的宣传倡导方面表现突出。很多社会组织还参与了各种普法宣传和科普宣传。宣传倡导想要取得好的效果,创意非常重要。比如,咸宁市人人皆知"弯腰一秒",意思是捡拾一次垃圾只需要"弯腰一秒",人人"弯腰一秒"就能维护城市的干净整洁。这个口号是当地社会组织的创意。

非营利组织也可以采用促销和人员推销的方法。企业往往采取打折手段来促销,非营利组织既可以采取类似手段,也可以反其道而行之。比如,有的非营利组织免费提供公益培训,但是发现部分学员对免费服务不太珍惜,出勤率不高,培训效果不理想。于是,它们改变做法,对培训服务开始收费,当学员坚持出勤并且达到考核标准之后,退还部分或全额学费。通过这种方式,培训效果反而提高了。

总之,非营利组织的"4P"策略是一个整体,产品设计、渠道选择和促销方式都必须符合目标市场的特点,最终目的是满足目标群体的需要,增进目标群体的福利。

[①] 《基金会内部治理与公信力建设》编委会:《基金会内部治理与公信力建设》,中国社会出版社2010年版,第24页。

三、营销策略实施与控制

策略实施和控制是非营利组织营销的重要环节。除非能得到有效的实施和控制,否则即使是最好的计划也可能一无所成。非营利组织应为实施计划构建良好的组织机构,并做好职责分工和方案预算。只有这样,一个周全的营销计划才得以顺利实施。而对营销活动的控制则可以把由工作本身和人为因素造成的偏差控制在可接受的范围内,从而保证营销活动有较大的实现目标的可能性。

营销策略的主要实施者应该是非营利组织的领导者,如果一个非营利组织的领导者对营销工作不理解、不感兴趣,不愿意把营销的基本原理传授给组织成员和其他相关人员,那么营销工作在组织中就难以发挥关键作用,其重要地位也难以体现。当然,领导者可能没有精力或能力亲自去做营销工作,必须授权有营销专长的人员来负责营销工作。[1]

微案例 11-5

美国大学的捐赠文化和筹款营销

美国私立大学的捐赠文化由来已久。美国名牌大学大多是私立大学,当初就是靠捐款建立起来的。近年来,捐赠收入在美国大学资金来源中的地位呈现不断攀升的趋势。2007—2008 年度,美国高校捐赠收入突破 300 亿美元大关,达 316 亿美元。该年度美国高校有近 12% 的校友为母校作了捐赠,其中斯坦福大学校友就有 7 万人为母校作了捐赠。[2] 2013 年美国大学获社会捐赠总额达 338 亿美元,其中校友捐赠了 90 亿美元。[3] 美国人向大学捐赠的形式多种多样,有现金、有价证券、不动产、无形资产、遗产等十几种形式。美国大学利用捐款建立了巨额的永续基金(endowment),永续基金的投资收益也是各大学重要的收入来源。

美国高校在筹款方面采用了市场化的营销手段。比如,斯坦福大学的永续基金管理人员分别负责各类校友的筹款活动,每个校友群体的联络方式都极为高效。斯坦福大学的每个毕业生都会收到大学直接寄来的两封信。捐赠 25—75

---

[1] 〔美〕彼得·德鲁克:《非营利组织的管理》,吴振阳等译,机械工业出版社 2007 年版,第 66 页。
[2] 邹晓东、吕旭峰:《校友情结:美国高校捐赠的主要动因》,《比较教育研究》2010 年第 7 期,第 72—77 页。
[3] 郭萍:《名校"发财有道"富可敌国的美国大学》,《世界博览》2014 年第 19 期,第 20—22 页。

美元的校友会收到三四封甚至更多致谢函。捐赠 75 美元以上的校友会接到学校的致谢电话。基本上,所有的筹款活动都是根据细分市场的不同状况展开的,并且运用了最为经济有效的营销组合方法。①

美国很多大学做到了将校友变成一个思想和心灵的共同体。校友捐赠的主要动机是对母校的感情和对母校事业的认同。一旦从现实利益领域走到情感领域、爱的领域,以货币计算的价格空间往往被无限延伸——至少在力所能及的范围内被不断延伸。认同母校的事业使得情感与理性连接起来,支持母校是因为它的事业超越了个人之力,只有众人一起才能做到。美国名校在维护并巩固校友感情方面做出了许多努力。比如耶鲁大学许多建筑保持 200 多年不变,许多宿舍、楼房建筑不能随意改变风格和颜色以达到保护校友珍贵的人生回忆的目的。因此,当耶鲁要改造校园任何一处甚至一草一木时,学校就要面临惹上诉讼官司的风险。②

第三节 非营利组织营销方式

营销是一个以创新为生命的领域,营销手段层出不穷,营销模式日新月异。品牌营销、网络营销、绿色营销,以及关系营销、善因营销和事件营销等其他营销方式是当前最常见的营销方式。一些非营利组织先知先觉,利用这些方式在所处行业领域占得先机。很多非营利组织对这些理念和方法还不太了解,缺乏用好这些方法的能力,因此在实践中遇到了不少问题。

一、品牌营销

美国市场营销协会将品牌定义为一种名称、术语、标记、符号或图案,又或是这些元素的组合,用以识别企业的产品或服务,并使之与竞争者的产品或服务相区别。③ 这个定义完全适用于非营利组织。现代营销竞争正越来越体现为品牌的竞争。随着非营利组织之间的竞争加剧,其中一些组织将凭借品牌影响力脱

---

① 〔美〕彼得·德鲁克:《非营利组织的管理》,吴振阳等译,机械工业出版社 2007 年版,第 62 页。
② 郭萍:《名校"发财有道"富可敌国的美国大学》,《世界博览》2014 年第 19 期,第 20—22 页。
③ 王玉华:《品牌营销的理论分析与对策研究》,《经济与管理》2011 年第 9 期,第 54—57 页。

颖而出,而一个没有品牌的非营利组织将难以立足。①

品牌是重要的无形资产,不仅有产品品牌和服务品牌,还有机构品牌和活动品牌。品牌具有以下基本功能。一是标识功能,说明产品和服务由谁制造或提供。当消费者接触到某个品牌标识时,能够确切知道它代表谁。二是品质保证功能,消费者期望同一品牌的产品或服务始终具有相同的品质。三是广告宣传功能,传达有关产品或服务的信息。一个优秀的品牌,其名称、标识及包装设计等,都具备广告宣传的效果。品牌作为无形资产,基本构成要素包括品牌认知度、品牌知名度、品牌忠诚度、品牌联想度等。

品牌不仅对于提供产品和服务的社会服务机构很重要,对于社团和基金会同样很重要。以学会为例,学会品牌包括组织品牌和活动品牌。组织品牌因会员中的专家和名人的影响而形成。活动品牌则由学会持续开展某一项活动而形成。② 基金会非常注重品牌营销。20世纪80年代末,中国青少年发展基金会凭借希望工程项目品牌在教育领域奠定了自己的领导地位。近年来,壹基金、南都基金会、敦和基金会等基金会在品牌营销方面的创新都称得上可圈可点。

品牌营销蕴含于品牌建设过程之中,品牌建设包括品牌意识、品牌策划、品牌管理、品牌宣传、品牌应用、品牌保护等方面。③ 问津书院是一个很好的例子。书院出现在唐代,是集教育和学术研究为一体的场所,也是地方文化的象征。晚清以降,随着新式学校兴起,旧式书院逐渐式微。天津的问津书院初创于清乾隆十六年(1751),卢见曾取"泛海问津"之义为书院命名。1900年,问津书院毁于八国联军炮火。2013年,问津书院在政府支持、企业资助和文化工作者共同努力下得以重建。问津书院以"追寻津沽记忆,守望文化家园"为主旨,以"读懂天津,留住乡愁"为目标,打造天津地方文化研究、交流、协作、推广的平台,推动天津历史文化资源的抢救、发掘、保护、传播工作。④ 问津书院已经成为天津一张靓丽的文化名片,地方文化领域的一个知名品牌。

---

① 戴军:《社会组织的品牌建设和媒体营销》,《社会与公益》2012年第7期,第17—19页。
② 李中赋:《浅谈学会的品牌建设》,《学会》2010年第1期,第45—48页。
③ 同上。
④ 张利民:《序言:繁荣天津文化事业的璀璨亮点》,载杜鱼编:《追源衍流——问津书院的前世今生》,天津古籍出版社2018年版,第1—6页。

微案例 11-6

问津书院的品牌营销

问津书院的理事长王振良具有很强的营销意识,从规划设计到展示应用再到传播推广,问津书院品牌营销的每一个环节都体现了文化的魅力。

(1) 精心规划和高品质设计。"问津"品牌既有子路问津的历史典故,又与天津的地名相契合,具有厚重的历史文化内涵,能够激发受众的美好联想。问津书院请著名学者来新夏题写了"问津书院"匾额,又请著名平面设计师唐文权先生设计了问津书院标志。

(2) 品牌应用和延伸。问津品牌被运用到了问津系列产品上,包括问津书院、问津文库、问津讲坛、问津沙龙、问津十景和问津年会等。在问津系列产品中,又根据每种产品的特点延伸出丰富多样的艺术设计,比如问津书院版画、问津文库题签等。问津文库出版书籍 100 多种,每一种一个题签,风格相似,形式各异,绝不重复。"问津十景"以书院活动为蓝本取意命名,衍生出十个充满传统文化意蕴的文创品牌。问津书院以"十景"为题材创作艺术品 200 余件,涉及绘画、版画、书法、篆刻、刻砖、刻竹、刻铜、剪纸、匾额、诗词等艺术门类,这些艺术作品可以转化为笺纸、册页、图籍、书签、镇尺、笔记本等文化产品。问津书院先后编印过《问津》《开卷》《品报》《参差》等四种内部交流资料。"开卷""品报""参差"与"问津"一样具有简洁高雅的风格。

(3) 开展活动、传播品牌。问津书院开展的活动多种多样,很多活动都是系列活动,比如举办问津讲坛 80 期,承办海河名家读书讲堂 53 讲,问津学术年会一年一度。问津书院通过诸如编印资料书刊、举办讲坛沙龙以及读书会、研讨会、纪念会等方式,聚集学者和作者,服务于读者和市民,成为一个活跃的公益性文化空间。问津书院成员从最初的 20 余人发展到今天的 200 余人,几乎囊括了目前天津最活跃的地方史学者。[①]

品牌侵权是很常见的问题。对于社会组织来说,在互联网新媒体环境中,创建、维护和保护好自身的品牌形象,避免受到他人侵犯,同时尊重他人的品牌,是事关组织发展和行业秩序的重要工作。2013 年,某媒体以"爱心衣橱"的名义开

---

① 鲍迎秋:《问津书院的魅力所在》,载杜鱼编:《追源衍流——问津书院的前世今生》,天津古籍出版社 2018 年版,第 204—209 页。

展慈善活动,遭到了"爱心衣橱"发起人的抗议。该媒体辩解说:"我们做的是公益,爱心和衣橱都是常见词语,哪里侵权了? 难道爱心也能当作资源来垄断?"然而,由于"爱心衣橱"此前已依法注册了商标,该媒体最终不得不向商标所有权人道歉。①

品牌无形,需要依法保护。上海市慈善基金会非常重视品牌保护。该基金会成立于1994年,1995年就在国家商标局注册了商标。2014年,上海市慈善基金会建立了全网品牌保护体系,将登记注册的会标、商标、著作权、无线网址、通用网址等全部纳入了无形资产保护范畴。②

二、网络营销

非营利组织网络营销是指非营利组织为了实现其组织的使命而运用互联网和信息技术开展的营销活动。非营利组织与网络社交媒体十分契合,两者都具有公民的自发性。非营利组织是公民自愿结社组成的,而网络社交媒体的参与者也都是自发的。很多互联网平台提供了成本低廉的网络营销工具,比如网站、微博、微信、腾讯会议、钉钉、Zoom 等,尤其是微信平台提供了微信公众号、微信群以及企业微信等服务功能。社会组织可以利用这些信息平台协助内部管理和对外沟通,甚至是开展筹款、调研、提供服务等业务活动。网络营销形式多样,创意无限,但也要注意防控风险。

(一) 网络营销的应用

网络营销可以应用到非营利组织活动的几乎所有领域,网络募捐是其影响最大的一个领域。网络募捐与以往的现场募捐不同,它简化了传统的捐赠过程,为捐赠者提供了极大便利。由于消除了时空限制,极大地降低了捐赠成本,使得小额捐赠成为可能。因此,网络募捐吸引了大量公众参与。

在每年9月举办的腾讯"99公益日"活动期间,都会出现一些凭借绝妙的营销创意拔得头筹的精彩案例。2017年,上海艺途无障碍工作室的"一元购画"(也称"小朋友画廊")项目的营销活动就是其中一个很典型的例子。2017年8

---

① 张凌霄:《浅谈慈善组织的品牌保护(一):为何要进行品牌保护?》,2018年4月18日,中国社会组织动态,https://baijiahao.baidu.com/s? id=1598081060251868200&wfr=spider&for=pc,2022年10月6日。

② 张凌霄:《浅谈慈善组织的品牌保护(二):如何进行品牌保护?》,2018年4月24日,中国社会组织动态,https://baijiahao.baidu.com/s? id=1598628540339383051&wfr=spider&for=pc,2022年10月6日。

月 29 日,该机构在腾讯"99 公益日"活动预热期间发布了"一元购画"项目筹款信息,募捐目标是 1500 万元。没想到这个项目一上线就在朋友圈被刷屏,当日 14 时 20 分,捐款金额达到 1503 万元,募捐活动提前结束。①

从这个例子来看,网络营销要取得成功首先要有新颖的创意。在"一元购画"这个创意背后,原生艺术(Art Brut)对于残障人士的治愈功能和社会融入作用是其底层逻辑。② 其次是营销过程的精心策划、充分准备和精准实施。在这个案例中,上海艺途无障碍工作室与腾讯公益一起精心设计了一个为期十天的阶梯式传播方案,先在线上发布朋友圈广告视频作为预热,然后线下由五个城市的地铁、公交站广告、画展以及美国纳斯达克的广告屏等联动配合,最后到"99 公益日"这三天(9 月 7 日至 9 日)发布主题视频压轴。没想到,这个方案的主体部分还没来得及实施,在预热阶段就完成了筹款任务。"一元购画"营销活动的成功并非偶然,上海艺途无障碍工作室一直以善于营销著称。该机构曾经把一位精神障碍学员创作的奥巴马素描赠予了奥巴马本人,还把印有学员创作的绅士狗图案的一套靠枕送给了马云。活动中发起人苗世明在见政府官员时,穿着印有学员作品的 T 恤。他说:"如果我让一个精神障碍人士坐在这里,他的行为有些不一样,你就会很紧张。但是我让你先看他的作品,然后再告诉你,他是一位精神障碍人士,你就会很钦佩这个人。"③

(二) 网络营销的问题

网络营销目前还处于野蛮生长阶段,尽管非营利组织的积极性很高,公众的参与度也在迅速提高,但媒体和公众对各种营销活动的质疑声不断,网络营销的公信力不高。

规范性问题和伦理问题是网络营销领域比较突出的两个问题。规范性包括法律上的规范性和管理上的规范性两个层面。法律层面的规范性即合法性,这是非营利组织营销必须守住的底线,知识产权纠纷、筹款信息披露等都是网络营销容易出现问题的地方。管理层面的规范性则是指由于管理不善而出现的问题。伦理是非营利组织在处理与利益相关方的关系时应当遵循的道德准则。如

---

① 陈洋、刘芮:《苗世明:一个"刷屏"的公益故事背后》,2018 年 1 月 4 日,南方人物周刊,http://www.nfpeople.com/article/7820,2022 年 10 月 6 日访问。

② 原生艺术(Art Brut)一词由法国艺术家让·杜布菲(Jean Dubuffet)于 1945 年提出,用来指代产生于学院艺术界限之外的艺术,包括未受过绘画训练的人创作的艺术作品。

③ 陈洋、刘芮:《苗世明:一个"刷屏"的公益故事背后》,2018 年 1 月 4 日,南方人物周刊,http://www.nfpeople.com/article/7820,2022 年 10 月 6 日访问。

果非营利组织在处理这些关系时违背了社会公认的道德原则,或者在很多情况下这些伦理原则尚未建立起来,这时就出现了伦理问题。这些问题在现实中往往交织在一起。

非营利组织的网络营销行为出现任何一种问题,都可能由于互联网的放大效应而导致严重后果。网络筹款项目"同一天生日的你"就遇到了问题。该项目在互联网上公布大量受助儿童的真实照片、生日信息和生活信息,侵犯了儿童隐私,有违慈善伦理。① 2016 年 11 月 20 日第 27 个联合国儿童权利日,国际救助儿童会、北京市社会组织发展服务中心等多家机构联合发布《儿童公益组织行为准则指南》,倡议所有关于儿童的宣传材料,包括纸质和电子材料,都以尊重儿童的最大利益为原则,采用适合儿童理解能力的表达方式,不得私自打听和泄露儿童的个人信息。②

总而言之,网络营销是助力非营利组织实现使命的一个有力工具,但要以合乎法律和伦理的方式利用这个利器,在开展网上募捐等营销活动时一定要保护好捐赠者的个人信息和资金安全。不然,有可能给利益相关方带来损失和伤害,也给自身发展带来不利影响。

三、绿色营销

环境危机是人类社会共同面临的生存危机,绿色营销已经成为企业营销和非营利组织营销共享的基本方法之一。由于非营利组织的性质,其在绿色营销中往往扮演比企业更加积极主动的角色。

非营利组织绿色营销是指非营利组织在遵循生态规律、不损害人类自身及后代生存环境的条件下满足消费者需求的营销活动。所有非营利组织都可以开展绿色营销活动,使其各项行为以及产品和服务符合绿色环保理念。对于以环保为使命的非营利组织,与其说是"绿色营销",不如说是"营销绿色",因为传播和推广绿色环保理念,倡导绿色环保生产和生活方式本身就是其产品和服务内容。绿色营销对环保组织是核心业务,对其他组织是社会责任。

---

① 陈立新:《主办方被立案调查,"同一天出生的你"网络募捐有多不靠谱?》,新华社深圳 2017 年 12 月 27 日电。

② 《民政部社会组织管理局有关责任人回应"同一天生日"网络募捐事件》,2017 年 12 月 26 日,https://www.mca.gov.cn/article/xw/mzyw/201712/20171215007096.shtml,2022 年 10 月 6 日访问。

（一）绿色营销产生的背景

与其他任何组织一样，非营利组织必须为自己的影响所及承担责任，除了承担对资助方、员工和服务对象的责任之外，还要承担对环境和社会的责任。随着环保运动的兴起与发展，非营利组织的环境责任不断增加。

工业革命以来，人类的活动对环境的危害日益严重。1962年，美国作家蕾切尔·卡逊（Rachel Carson）的《寂静的春天》一书使得美国人开始认识到环境问题。1972年，联合国人类环境会议第一次把维护人类生存环境问题作为最重要的国际政治问题之一提上了联合国议事日程，并号召人类采取共同行动保护地球，并将每年的6月5日定为"世界环境日"。20世纪70年代中期到80年代中期，环境保护运动取得了积极的进展，成立了一些著名的国际环保组织，如地球之友、绿色和平等。联合国成立了环境规划署来负责处理联合国在环境方面的日常事务，这标志着环境保护进入了政府间协作的新时期。

20世纪80年代，环保理念被进一步普遍化和系统化为可持续发展理论。按国际通行的解释，可持续发展是指既满足当代人的需求同时又不损害后代人的生存环境，既要达到发展经济的目的，又要保护人类赖以生存的大气、淡水、海洋、土地和森林等自然资源和环境，使子孙后代能够安居乐业、永续发展。[1] 到80年代末，各种环境保护运动风起云涌，各类环保组织如雨后春笋一般出现，环境保护成为全球关注的热点问题。

至此，环境保护和可持续发展成为绿色营销的核心价值，成为绿色营销活动的基点。环境问题已成为非营利组织无法忽视的、与其生存和发展密切相关的重要问题。一是环境问题影响了消费需求，越来越多的消费者趋于追求安全、健康、无害的绿色产品和服务；二是环境问题影响了非营利组织的经营成本和资源，为达到环保的要求，必须花费大量环保成本，如添置环保设备、使用环保材料、使用天然成分以替代人工制品等；三是环境问题改变了非营利组织和社会的道德观念，内部雇员要求改善工作条件和待遇，外部媒体、消费者及其他公众要求非营利组织遵守社会公德，使其行为符合环境法规，从而迫使非营利组织改变自身的社会和道德观念，以绿色为准则处理好非营利组织内部与外部的各种关系；四是环境问题改变了社会规制和法律规范，世界各国纷纷签署了大量关于环境和社会的国际公约，如《联合国海洋法公约》《关于消耗臭氧层物质的蒙特利尔

---

[1] 牛文元：《可持续发展理论的内涵认知——纪念联合国里约环发大会20周年》，《中国人口》2012年第5期，第9—14页。

议定书》《联合国气候变化框架公约》,而各国和地区针对消费者权益、产品、质量、环境保护及就业等方面的立法更是不计其数,非营利组织必须按照这些社会规制和法律规范开展活动才能获得发展。

不过,由于发展程度不一,各个国家对非营利组织环境责任的认识程度也不同。发达国家已经完成了工业化,经济结构转向以服务业为主。发达国家环保意识总体比较强,法律要求严格,环境保护和环境污染治理水平也很高。发展中国家正处在工业化过程中,环境保护意识较弱,生产生活方式对环境破坏严重,环保能力和污染治理能力较弱。中国作为最大的发展中国家,又处于工业化的高峰时期,环境问题已成为亟待解决的问题。非营利组织应该具有强烈的使命感和责任感,来推动中国环保事业的进步,实现可持续发展。

(二) 绿色营销策略

非营利组织应该在所有活动中贯彻绿色营销理念,制定和实施非营利组织绿色营销战略,并且接受内外部的监督,实现组织所有营销活动由"浅绿"逐步过渡到"深绿"。"浅绿"以遵守国家环保方面的法律和政策为底线,"深绿"则是主动追求更高的环保标准,在所有人员所有活动中践行更高的环保标准。[①]

首先,非营利组织要确定绿色营销的合理目标。绿色营销的目标是将营销目标和环境保护目标相结合,以实现可持续发展。非营利组织要结合自身的文化建设、人员素质和资源状况合理确定绿色营销目标。

其次,非营利组织要制定绿色营销策略。绿色营销策略是非营利组织以绿色营销理念为出发点,通过确定目标市场、利用市场机会及运用服务价格、策略和渠道等营销技术组合,在不破坏环境的情况下满足顾客的需求。一般包括市场渗透策略、服务开发策略、市场开发策略、多样化策略等。

再次,非营利组织要采取绿色服务策略。非营利组织的绿色服务是指非营利组织提供的更加符合保护人类生态环境和社会环境要求的产品和服务。绿色服务包括直接改进人类环境的服务和减少潜在损害的服务。非营利组织的各个环节都要以绿色为指导,加强绿色环保意识。主要包括服务技术创新的绿色化、服务产品设计的绿色化、服务生产和消费的绿色化。绿色产品的开发离不开绿色技术的支持。只有实现了服务技术的绿色化才能为实现绿色营销创造条件。服务产品设计的绿色化对于绿色服务也具有很大的促进作用。传统的设计很少

[①] 李垣:《从"浅绿"走向"深绿"——生态主义视阈下的社会主义生态文明建设》,《学术论坛》2013年第11期,第32—37页。

考虑到产品的生产和使用过程对环境造成的危害,而新兴的绿色设计方法采用生命周期设计,通过质量功能开发、材料选择、绿色设计工具的使用等环节推动绿色化。服务生产和消费的绿色化主要包括采用清洁生产、建立绿色消费模式等方法使得自然资源同社会经济发展相适应。

最后是非营利组织绿色营销的宣传策略。非营利组织的绿色产品生产和开发既对其绿色营销的宣传有促进作用,同时也要得到它的支持。要有效地实施非营利组织绿色营销传播,关键在于正确地策划营销传播活动和有效地将非营利组织产品的信息传达给目标消费者。非营利组织的绿色营销活动要受到可持续性和社会责任两个原则的制约,引导消费者追求消费的质量,减少消费的数量。非营利组织可以通过确定绿色营销宣传目标、提高宣传资金效率、识别目标群体、选择有效传播方法及评价营销传播效果等一系列活动进行绿色营销宣传。

互联网为非营利组织提供了营销创新的广阔平台,绿色环保和可持续发展则为非营利组织营销设定了严格的环境伦理标准。

四、其他营销方式

正如德鲁克所说,顾客即企业,创新即企业。因为顾客群体是变化的,顾客的需求也是变化的,创新就是企业唯一的生存之道。这个道理对非营利组织也一样适用。营销领域是最讲求创意的领域,非营利组织的营销手段可以称得上日新月异,除了上面介绍的品牌营销、网络营销和绿色营销之外,关系营销、善因营销和事件营销是常用的营销方式。

非营利组织是服务人的机构,与各个利益相关方的关系是其生命线,关系营销是每个组织都需要掌握的。中国的人际关系行为有着丰富的文化内涵,中国的市场营销一开始就是关系营销。[1] 关系营销是指所有旨在建立、发展和保持成功关系的活动。[2] 在关系营销中,营销伦理至关重要。关系营销的最高境界就是建立一个思想和心灵的共同体,或者说一个使命的共同体。抽离了使命和宗旨,关系营销就会堕落为利益交换。在互联网时代,网红营销成为关系营销的一种手段。自媒体竞争中,一批网络红人脱颖而出,他们建立了自己庞大的粉丝群,并将在线社交活动作为职业,受到粉丝信任,具有巨大的影响力。越来越多的企

---

[1] 庄贵军、席西民:《关系营销在中国的文化基础》,《管理世界》2003年第10期,第98—109、156页。
[2] 参见〔美〕克里斯蒂·格鲁诺斯:《服务市场营销管理》,吴晓云、冯伟雄译,复旦大学出版社1998年版,第145—146、152—153页。

业利用网络红人来传播信息,以此影响消费者的决策和行为。[①] 非营利组织也在利用这些方式进行营销,比如"免费午餐"的发起人邓飞和上海艺途无障碍的创始人苗世明都被称为公益领域的"网红"。不过,非营利组织的网红营销应该更加慎重地对待营销伦理问题。

善因营销是将企业与非营利组织特别是慈善组织相结合,将产品销售与社会问题或公益事业相结合,在为相关事业进行捐赠、资助其发展的同时,达到提高企业产品销售额、实现企业利润、改善企业的社会形象的目的。比如,2001年,农夫山泉策划了"买一瓶农夫山泉,就为申奥捐出一分钱"的营销活动。

事件营销也是从企业借鉴而来的。事件营销通过策划、组织和利用具有新闻价值、社会影响以及具有名人效应的人物或事件,吸引媒体、社会团体和消费者的兴趣与关注,以求提高组织或产品的知名度、美誉度,树立良好品牌形象,并最终促成产品或服务销售的方式。比如,"冰桶挑战"就是典型的事件营销例子。

这些营销理念听起来并不复杂,但是具体实施起来仍然具有挑战性和风险。想出一个特别好的创意不容易,而一个绝妙的创意往往在被模仿之后迅速贬值。比如,很多机构模仿农夫山泉的创意,结果变成"消费者购买多少产品,企业捐赠多少钱给慈善组织"的老套路。比如,"冰桶挑战"模式被关注其他罕见病的机构所模仿。不过,很少有模仿者获得首创者那样的关注度。不仅如此,很多善因营销和事件营销都有一定的风险。

总之,创意和技巧可能炫目一时,只有具有坚定的价值观并且言行一致的组织才会最终赢得人们的认同和尊敬。

思考题

1. 为什么非营利组织起初不接受营销理念?非营利组织在什么情况下接受了营销理念?
2. 非营利组织营销与企业营销有何异同?为什么?
3. 非营利组织的营销管理过程包括哪些环节?
4. 什么是非营利组织的营销组合策略?

---

① 贾微微、别永越:《网红经济视域下的影响者营销:研究述评与展望》,《外国经济与管理》2021年第1期,第23—43页。

5. 非营利组织如何运用互联网进行营销？
6. 非营利组织的社会责任是什么？为什么？
7. 什么是非营利组织的绿色营销？
8. 非营利组织的善因营销与事件营销有什么特点？

本章案例

"蓝天救援"品牌管理

这个世界灾难频发，人类社会面临种种危机。身处灾难中的人们急切盼望得到救援。救援之手不仅来自政府及政府间组织，还有大量的民间救援组织。可以说，每一次大的灾难都会催生更多的民间救援组织。蓝天救援队就是在汶川大地震之后产生的众多民间救援组织中最为亮眼的一支。

一、北京蓝天救援队："蓝天救援"第一队

北京蓝天救援队是全国第一支蓝天救援队。它成立于2007年，在北京市红十字会的支持下，2010年在北京市民政局登记注册。创始人张勇是河北邢台人，毕业于河北大学法学专业，曾服役于武警山东总队。经过十余年的发展，北京蓝天救援队队员包括潜水、飞行、攀岩、无线电、越野爱好者以及专业医护人员、退役特警、退役军人等，先后组建了绳索救援队、潜水队、搜救犬队、高山救援队、航空救援队、心理救援队、机动队等，救援领域从山地救援拓展到城市救援、水上救援、地震救援等各种救援领域。①

北京蓝天救援队已经发展成为一家国际化的人道救援机构。2013年11月，蓝天救援队奔赴菲律宾参与台风"海燕"灾后救援。2015年派出85人的重型队参与尼泊尔地震救援，2017年参与斯里兰卡洪水救援，2018年参与老挝溃坝事件救援和泰国普吉岛船难搜救。②

二、"蓝天救援"：最有影响力的民间救援品牌

北京蓝天救援队成立之时，它的目标是建立一支中国最专业的民间救援队伍。经过十多年的发展，"蓝天救援"（Blue Sky Rescue, BSR）已发展成中国最大最专业的民间救援品牌。在全国社会组织信用信息公示平台检索，截至2022年7月底，全国共有683家名称中带有"蓝天救援"的社会组织，其中包括609家蓝

---

① 曹然：《蓝天救援队总指挥张勇：民间公益救援的艰难突围》，2022年12月22日，中国新闻周刊，http://www.cncl.net.cn/vg5U.html, 2023年5月5日访问。

② 同上。

天救援队，54家蓝天救援中心，20家蓝天救援协会。所有的蓝天救援机构都在前面冠有注册地的地名，比如"石家庄蓝天救援队""青岛红十字蓝天救援中心""内蒙古蓝天救援协会"等。我国法律规定社会组织不得设立分支机构。因此，各地的蓝天救援组织在法律性质上不论是社会团体，还是社会服务机构，都属于独立法人，在独立运营的前提下共享"蓝天救援"这个品牌。

北京蓝天救援队是"蓝天救援"这个品牌的创立者，也是品牌所有者和授权管理者。北京蓝天救援队成立以后，得到全国各地救援团队的效仿。2010年，在参与玉树地震救援过程中，一些民间救援队为蓝天救援队的专业化所吸引，想要使用"蓝天救援"的品牌，学习他们的专业能力。2014年，蓝天救援第一次全国队长会议讨论通过了《阜阳公约》，该公约确定了"蓝天救援"品牌管理的基本方式和基本原则。北京蓝天救援队采用《阜阳公约》规定督导官制度实施品牌管理，在各省设立品牌督导官，负责监督该省各地的蓝天救援组织按照规定开展活动，对不合格者予以除名。"蓝天救援"品牌管理坚持四个"统一"的基本原则，即统一理念制度，统一救援协调，统一装备着装，统一培训体系。[①] 经过十几年的发展，遍布全国的蓝天救援组织已经成为政府应急管理的得力助手。

三、"蓝天救援"品牌面临的考验

在公众媒体中，蓝天救援队的典型形象是"黝黑的肤色，长满老茧的双手，快于常人的步速……哪里有危险就冲向哪里，自己买装备、出力、出车，自掏腰包投身公益活动，在无私奉献中绽放最美青春"。[②] 然而，在这勇敢无私的形象背后潜藏着长期透支的困窘。

首先是资金问题，主要表现为缺乏可持续的资金来源。除了接受政府资助和社会捐赠获得少量资金以外，蓝天救援组织基本上都是靠队员自掏腰包，尤其是创始人和负责人，他们往往是各种支出的主要承担者。如果主要由自己承担机构开支，很多蓝天救援机构都将难以为继。在新冠肺炎疫情的影响下，很多蓝天救援组织的处境更加困难。[③]

其次是风险问题。人道救援是高风险的活动，很多蓝天救援组织却没有建立完善的风险评估和管理体系，也没有承担风险的能力。一些机构为队员购买

[①] 李忻祖、王卫东、霍荣棉等：《标准化在社会救援组织治理中的作用研究——从〈阜阳公约〉到〈德清宣言〉》，《中国标准化》2019年第5期，第48—53页。
[②] 邓莉：《荆门蓝天队：车库里走出的救援"尖兵"》，《湖北应急管理》2021年第9期，第66—67页。
[③] 邓莉、杨红玲、吴敏：《孝感蓝天救援队：铿锵玫瑰带出一支"铁军"》，《湖北应急管理》2022年第4期，第56—57页。

了保险,也有机构要求队员自己购买保险,甚至没有购买保险被业内戏称为"裸奔"的情况也不鲜见。有的组织与队员签订《风险告知书》作为免责手段。在这种情况下,一旦出现队员伤亡事故,这些队员及家属将无法得到合理的赔偿。2021年11月10日,邯郸市魏县一名村民在漳河捞鱼不慎落入水中。在其家属请求下,邯郸大名县、魏县、临漳县、广平县蓝天救援队先后出动进行搜救。大名县蓝天救援队队员梁振锋、临漳县蓝天救援队队员孙晓森和广平县蓝天救援队队员武海义先后在搜救过程中不幸溺水身亡。① 这起事故的善后问题成为难题。

此外,不少蓝天救援队还面临着治理问题,由于缺乏健全的治理结构和规范的治理机制,在遇到领导权之争或在重大决策上出现分歧的时候,机构就可能陷入内耗,甚至解体。②

案例分析题:
1. "蓝天救援"品牌如何建立起来的?
2. 为什么那么多救援组织愿意使用"蓝天救援"品牌?
3. "蓝天救援"品牌面临哪些挑战?如何应对?
4. 非营利组织的筹款方式有哪些?
5. 非营利组织如何做好筹款管理?

---

① 《致命搜救:三名蓝天救援队员之死》,2021年12月12日,新京报,https://baijiahao.baidu.com/s?id=1718909936202842878&wfr=spider&for=pc,2022年10月6日访问。
② 谢茂、杜光然:《谁在毁谤谁?谁开除了谁?北京蓝天救援队法定代表人之争再起波澜》,2022年4月3日,极目新闻,http://www.ctdsb.net/c1476_202204/1391389.html,2022年10月6日访问。

第十二章 非营利组织评估

> 慈善和经商不同,慈善事业即便出了错,也没有顾客出来抗议,更没有股价涨跌来及时反映你的业绩。
>
> ——〔美〕比尔·盖茨①

本章所说评估,也包括评价。二者都涉及对事物的评判,只是含义略有差异,评估偏重事实判断,评价偏重价值判断。然而,在实际运用中,事实判断与价值判断不是截然分开的,而是交织的。因此,为了行文简洁,本节统称为评估。通过评估,利益相关方可以了解非营利组织的实际状态和绩效水平。

第一节 非营利组织评估

一、评估的定义与目的

评估是评估主体对评估对象进行的价值评价和判断活动。彼得·罗希(Peter H. Rossi)认为,评估包括所有探讨事件、过程或人的价值的努力。② 艾尔·巴比(Earl R. Babbie)认为,评估就是研究社会干预的效果,其目的是帮助人们评价某一评估对象的优点和价值。③

非营利组织的评估工作应该达到以下三个目的:

第一,通过评估对非营利组织进行引导、监督和约束。评估所采用的指标体

---

① 马李灵珊:《慈善家比尔·盖茨》,2010年8月13日,南方人物周刊,https://tech.sina.com.cn/it/2010-08-13/11444542477_3.shtml,2023年5月6日访问。
② 〔美〕彼得·罗希等:《项目评估:方法和技术(第六版)》,邱泽奇等译,华夏出版社2002年版,第4页。
③ 〔美〕艾尔·巴比:《社会研究方法(第十版)》,邱泽奇译,华夏出版社2005年版,第356页。

系可以引导非营利组织的发展方向。世界各国的实践经验表明,对于评估对象而言,评估指标是个指挥棒,具有立竿见影的导向功能。一般来说,评估采用什么指标,非营利组织就会朝着指标所指示的方向努力。

第二,通过评估促进非营利组织的学习和成长。如果评估指标设置科学合理,非营利组织就可以从评估过程了解组织当前的状况,诊断组织存在的问题,与评估者一起探讨解决问题的方案,不断学习和成长。

第三,通过评估实现非营利组织与利益相关方的良好沟通,提高非营利组织的公信力。当前,公众对我国非营利组织的信任度不高,缺乏支持和参与的热情。如果有一个值得公众信赖的客观公正的评估机构对非营利组织进行评估,公众就可以根据评估信息做出判断,哪个组织做得好,哪个做得不够好,并进一步做出是否支持和支持谁的决策。在没有评估信息的情况下,个别非营利组织的丑闻就会影响公众对整个非营利部门的印象。如果有了可靠的评估信息,公众就会将优秀的组织与糟糕的组织区别看待,避免"一颗老鼠屎坏了一锅粥"。因此,评估不仅可以帮助非营利组织改进工作,而且有助于维持非营利部门的公信力。

二、评估对象与评估内容

非营利组织评估的对象主要有三种,即组织、项目和个人。组织评估是对非营利组织的全面评估,是对非营利组织的全面体检,提供有关某个社会组织的综合信息。项目评估是对社会组织开展的服务项目进行评估,提供有关项目绩效的信息。个人评估主要是对管理者和员工的个人绩效进行评估。

(一)组织评估的内容

我国实行社会组织等级评估制度。社会组织评价指标主要是使命和治理结构、管理过程、组织绩效、社会影响等几个方面。[①] 2006 年,国家民间组织管理局成立了"中国民间组织评估体系课题组",在全国十多个城市开展了民间组织评估的试点工作。课题组在大量调研的基础上,根据社会团体、民办非企业单位和基金会的特点,制定了一套评估框架和指标体系,总分 1 000 分。

---

① 张远凤、〔美〕莱斯特·萨拉蒙、梅根·韩多克:《政府工具对美国非营利组织的影响——以 MFN、BCC 和 DCCK 为例》,《中国非营利评论》2015 年第 1 期,第 200—221 页。

这套评估体系现在被称为社会组织等级评估指标体系。这套评估指标体系分为基础条件、内部治理、工作绩效、社会评价四大块。具体而言，社会团体、社会服务机构和基金会的评估指标结构略有不同。社会团体又分为学术类、行业类、专业类和联合类，每一类组织的评估指标又有所区别。社会组织等级评估的主体是各级登记管理机关，社会组织自愿申请评估，评估结果分为 5A、4A、3A、2A、1A 五个等级。2016 年 8 月 31 日，民政部公布的《慈善组织公开募捐管理办法》规定，依法登记或者认定为慈善组织满二年的社会组织，申请公开募捐资格，应当按照规定参加社会组织评估，评估结果为 3A 及以上。中央财政和省级财政专项资金向社会组织购买服务把评估等级作为条件之一。2021 年民政部印发的《全国性社会组织评估管理规定》第 7 条规定，全国性社会组织评估等级纳入社会组织信用体系。获得 3A 以上等级的全国性社会组织，在评估等级有效期内，可以按照有关规定，享受相关政策。

（二）项目评估的内容

项目评估的运用比组织评估更为频繁。项目评估根据内容不同，可以分为终结性评估（summative assessment）和形成性评估（formative assessment）；根据项目所处的阶段，又可以分为过程评估和结果评估；根据评估相对于项目所处的阶段，可以分为前评估、中期评估和后评估。①

1. 终结性评估和形成性评估

终结性评估和形成性评估是教学管理中常见的两种评估方法。终结性评估是指在完成了一个阶段的学习之后对学生的学习和教师的教学进行评价。形成性评估是对学生的日常性学习活动进行记录、考察、评价和分析，就是在课程编制、教学和学习的过程中使用系统性评价，并对这三个过程中的任何一个过程加以改进。考查一个学生学习某个课程的真实水平不能靠单一的评估模式，只有采取终结性评估和评价性评估相结合的办法，才能全面有效地评价学生的学习水平。②

教育是非营利部门最为关注的领域，在教育服务中可以使用这两种评估方

---

① 〔美〕金斯伯格：《社会工作评估——原理与方法》，黄晨熹译，华东理工大学出版社 2005 年版，第 18 页。

② 曲文洁：《英语教学的终结性评估与形成性评估的实践与研究》，《首都经济贸易大学学报》2010 年第 2 期，第 120—123 页。

法。不仅如此,非营利组织自身也应该是学习型组织,理事和员工都必须坚持学习和培训,学习和培训效果评价也可以用到这两种评估方法。

2. 过程评估和结果评估

根据项目所处的阶段,非营利组织的评估可以分为过程评估和结果评估。过程评估对项目的操作、实施以及服务提供等进行评估,结果评估是对项目实施结果及其造成的影响进行评估。过程评估致力于解决和项目运作相关的问题,包括服务与项目目标的一致性程度、项目资源使用情况以及其他类似情况。结果评估是对项目的影响进行评价,包括项目是否取得了预期的结果,项目对社会和环境产生了何种影响及其影响程度等。[1]

微案例 12-1

壹基金《芦山地震五周年报告》

壹基金是由著名影星李连杰于 2007 年发起成立的公募基金会,专注于灾害救助、儿童关怀与发展、公益支持与创新三大公益领域。2013 年 4 月 20 日,四川省雅安市芦山县发生 7.0 级地震。壹基金和其他一些社会组织迅速进驻灾区,参与抗震救灾和灾后重建工作。2018 年 4 月 20 日,芦山地震五周年之际,壹基金发布了《芦山地震五周年报告》,详细介绍了壹基金五年来在芦山县开展的社区灾后重建工作。壹基金在工作中坚持以"社区为本",借鉴国际先进的防灾理念,提出了"以减灾为核心,创建韧性家园"的长远方案。五年来,壹基金援建了 8 所小学、16 所幼儿园、20 个避灾运动场、358 套钢结构抗震农房,在 102 所学校建设减灾示范校园,在 4 个区县建立 12 个社区减灾中心,在 32 个农村社区开展安全农家项目,超过 900 个/次学校和村/社区受益。[2]

3. 前评估、中期评估与后评估

根据评估相对于项目所处的阶段,非营利组织的评估可以分为前评估、中期

---

[1] 〔美〕彼得·罗希等:《项目评估:方法和技术(第六版)》,邱泽奇等译,华夏出版社 2002 年版,第 49—51 页。

[2] 张玥晗:《芦山地震 5 年后,近 4 亿捐款壹基金都花哪儿了?》,2018 年 4 月 26 日,南方周末,http://www.infzm.com/contents/135299,2023 年 5 月 6 日访问。

评估和后评估。前评估是指项目、计划或政策实施之前所进行的评估,也称预评估或事先评估。由于是在实施之前进行的,因此实际上是对项目、计划或政策的可行性分析。主要依据的是历史资料和经验性资料以及相关行业标准等。中期评估是指在项目、计划或政策开始实施到完成之间的任何一个时点进行的评估。其目的是检查项目、计划或政策的设计和实施质量,或者评估实施过程中的重大变更及其影响,或者诊断实施过程中遇到的困难和问题,寻求解决办法。后评估是指在项目、计划或政策实施过程结束后,将实际情况与计划目标相比较而进行的评估,评估主体往往是外部专家。[①]

(三)个人评估

非营利组织对个人的评估包括对专职人员的评估和志愿者的评估,评估内容主要是个人绩效。专职人员包括管理人员和普通员工。对管理人员的评估既有在职期间的定期评估,还有离任时对整个任期的绩效评估。对志愿者的绩效评估是非营利组织特有的评估工作,本章第二节在360度评估法部分介绍了北京园博会对志愿者的绩效评估。

三、评估主体

按照评估主体不同,非营利组织评估可以分为自我评估和外部评估。自我评估就是非营利组织对自己进行评估。外部评估就是政府、行业评估机构和资助方对非营利组织进行评估。

(一)自我评估

非营利组织的自我评估可以由内部人员或外部人员实施。内部人员评估的优点是评估者对组织较为熟悉,评估成本较低,评估结果或评估建议容易在以后的工作中得到应用。缺点是评估专业性不强,评估结果缺乏客观性和公正性,难以得到公众的信任。外部人员评估的优点和缺点几乎正好相反。因此,有条件的非营利组织可以组建由内部人员和外部人员构成的团队一起进行评估。比如,2017年,上海联劝公益基金会委托上海纽约大学金敏超博士及其团队对"一个鸡蛋"项目进行评估。评估结论是,该项目干预可以有效地改善孩子的长期综

---

① 郭俊华编著:《公共项目管理》,上海交通大学出版社2014年版,第369页。

合营养状态。尽管绩效评估很困难,还要花费成本,但是如果没有基于数据的科学评估,怎么知道项目有没有实现目标呢?

(二) 政府评估

美国是一个自由市场经济国家,政府对非营利组织的干预最少。非营利组织的评估也基本遵循自愿、自主和自律的原则。日本是一个政府主导的市场经济国家。日本政府在非营利组织评估中扮演主导角色。德国模式介于美国模式和日本模式之间。一方面,政府积极介入非营利组织的评估,另一方面,又借助民间评估机构来具体实施评估。民间评估机构独立于政府,但得到政府的授权,并由政府提供经费支持。德国评估模式的优点是既有政府授权和权威性,有经费保障,同时又具有民间机构的独立自主性和客观公正性。①

如前所述,我国社会组织等级评估由民政部门主导。在实践中,很多地方的民政部门都将社会组织等级评估外包给第三方实施。《慈善法》规定,民政部门应当建立慈善组织评估制度,鼓励和支持第三方机构对慈善组织进行评估。所谓第三方评估机构是独立于作为评估主体的民政部门和作为评估对象的社会组织之外的评估机构,这个机构往往是专业从事评估服务的企业或社会组织。评估机构与政府没有行政隶属关系,只有契约关系;它们与评估对象之间没有利益关系。② 2015年5月13日,民政部出台了《关于探索建立社会组织第三方评估机制的指导意见》。2015年12月,民政部通过政府独立招标的程序,正式招聘了3家社会组织作为民政部指定的评估机构,2016年开始实施社会组织的第三方评估制度。在《关于探索建立社会组织第三方评估机制的指导意见》指导下,全国各地在社会组织评估工作中逐渐引入第三方评估机制。第三方评估机构在开展评估时组建的评估小组一般由内部人员和外部专家构成,外部专家可能包括民政部门的工作人员、高校专家、其他社会组织的代表、会计师、律师等。第三方评估机构实际上只是评估工作的组织者和服务者,评估意见是由机构中各个外聘专家给出的。

除了社会组织等级评估之外,我国登记管理机关对社会组织一年一次的年检也可以视为合格评估,因为它们会在对年检报告进行审查的基础上做出"合格"或"不合格"的结论。近年来,有些地方的登记管理机关实行年检制度改革,

---

① 邓国胜等:《民间组织评估体系》,北京大学出版社2007年版,第38—40页。
② 陶传进:《社会组织的第三方评估》,《中国社会组织》2016年第24期,第46—48页。

将年检改为年报,不再做出"合格"或"不合格"的结论。在这些地方,年检不再具有评估的意义。①

(三) 行业评估

行业评估是行业自律的重要手段。美国对非营利组织的行业评估往往以需求为导向。如果某个行业或领域的非营利组织出现了较大的丑闻,这个领域的非营利组织为了维护自身发展就不得不组织起来,对这个领域的非营利组织进行评估,把好的和不好的区分开来,维护公众对那些做得好的非营利组织的信任。在美国拥有广泛影响力的美国慈善信息局就是在一战后的捐赠热潮中诞生的。当时少数慈善机构私吞用于资助难民的捐款,打击了捐赠者的信心,一些民间的管理者、学者、律师、会计师联合发起成立了这样一个独立评估机构。这个机构的评估结果客观公正,对非营利组织形成了有效的约束。②

我国也有行业评估机构对非营利组织开展的评估,中国基金会中心网是其中的先行者。2010年,为倡导行业自律,推动行业信息公开,徐永光联合35家基金会成立基金会中心网。2012年,基金会中心网推出"中基透明指数FTI",从基本信息、项目信息、财务信息三大维度,建立60个指标,对全国的基金会透明度进行评估和排名。此举曾在基金会行业掀起了一股信息公开的小旋风,产生了较大影响力。③ 本章章末的案例比较详细地介绍了基金会中心网开展基金会透明度评价的情况。

(四) 资助方评估

近年来,基金会等资助方对非营利组织及项目的评估需求越来越多。比如,由南都公益基金会发起、多方共建的中国好公益平台,是一个将优质公益产品与社会需求进行有效对接的平台。好公益平台为了在全国范围内寻找优质公益项目,专门开发了一套评价和筛选项目的评估办法。

---

① 张远凤、张慧峰:《分类监管视角下社会组织年检制度优化研究——基于M省本级登记社会组织年检报告(2011—2014)的分析》,《中国行政管理》2018年第10期,第51—56页。
② 杜静:《美国:慈善捐赠成为透明的"玻璃口袋"》,2011年12月6日,经济参考报,http://www.jjckb.cn/2011-12/06/content_347164.htm,2023年5月6日访问。
③ 王慧:《基金会中心网十年影响力减弱? 程刚:做起来真难》,2020年7月16日,社会创新家,https://baijiahao.baidu.com/s?id=1672369479363473978&wfr=spider&for=pc,2022年10月7日访问。

> **微案例 12-2**
>
> **好公益平台怎么选项目？**
>
> 好公益平台 2020 年度优质公益产品公开招募活动启动之后，短短一个半月就收到了 130 余份申请。所谓"公益产品"，是针对特定的社会问题或人群需求而设计并提供的具有较高标准化程度、可复制的公益服务解决方案。好公益平台从领导人、产品质量和复制经验、规模化战略的清晰度、实现规模化战略的潜质以及与好公益平台服务的匹配度等五个维度对申请的项目进行评价，从中遴选出优质公益产品，在好公益平台上推广。截至 2022 年 8 月，在好公益平台上线的优质公益产品有 61 个。好公益平台会帮助项目入选机构链接一些资源，用以支持其他机构引进实施这些项目。同时，项目入选机构也要承担相应的合作义务，包括与好公益平台联合传播、及时更新数据等。[①]

四、评估过程与程序

非营利组织的评估可以分为强制性和自愿性两类。法律规定非营利组织必须接受的评估是具有强制性的，其他的评估一般是自愿性的。政府主导的评估可能是强制性的，也可能是自愿性的。比如，我国的社会组织年检是政府主导的，也是强制性的。但社会组织等级评估尽管也是政府主导的，却是自愿性的。民间主导的评估一般都是自愿性的。通常来说，外部主体对公益性的非营利组织(基金会和社会服务机构)的评估较多，对互益型的社会团体进行评估较少。

在公共政策评估方面，有两种对立的理论模式，即理性主义模式和建构主义模式。这两种模式也可以用于理解和指导非营利组织的评估。理性主义模式是以工具理性为核心的评估模式，由评估主体主导评估过程。这一模式最大的特征是摒弃价值因素或政治因素，将评估问题作为纯粹的科学问题，强调对绩效结果的客观测量，在评估工作中综合运用数学、经济学、统计学、运筹学的模型和方法。建构主义则认为，评估不是单纯的科学问题，理性主义对评估目标的理解是本末倒置，评估最主要的任务是识别、回应和协商各方的主张并达成共识，而不仅仅是构建模型、收集信息、计算结果。建构主义的评估模式是一种"协商式评

---

① 《好公益平台怎么选项目？规模化有哪些误区？》，2020 年 5 月 21 日，搜狐网，https://www.sohu.com/a/396770790_801751，2022 年 10 月 7 日访问。

估",追求各方协商和达成共识。评估不是评估主体拿着一把自己选定的尺子去衡量评估对象的短长,而是与评估对象一起制作一把尺子,并且在协商如何制作尺子和衡量绩效的过程中,促进评估对象的成长。[①]

"3D"评估理论体现了建构主义的思想。"3D"是指诊断(Diagnosis)、设计(Design)与发展(Development)。诊断是指非营利组织或项目的管理者能够正确识别组织或项目所面临的新的管理问题,能够考虑到主要的利益相关方的需要与利益;设计是指管理者能够通过适当的策略解决这些问题;发展是指一种对组织运作或项目实施过程中所遇到的问题的解决能力,以及推动管理变革与创新的能力。"3D"评估理论的优势在于它特别注重通过评估提升非营利组织的能力,通过评估帮助非营利组织不断学习与成长。然而,这种评估理论的缺点在于它难以客观定量,难以将不同组织进行比较,因此也无法根据评估结果进行分类排名或者实施奖惩。

非营利组织评估的程序大同小异。一般来说,包括以下几个步骤。第一步,在强制性评估中,非营利组织根据评估者的要求开始评估准备工作;在自愿性评估中,非营利组织向评估机构提出评估申请得到批准后,开始评估准备工作。非营利组织在评估准备阶段,根据评估指标体系与评估标准进行自我评估。非营利组织成立一个评估委员会,根据指标体系与标准,逐项进行打分,并将证明材料作为附件附在评估材料当中。第二步,评估机构收到非营利组织的自我评估材料后,由工作人员进行形式审查,检查自我评估材料是否齐全,证明材料是否充分。如果有不完整或不清楚的地方,由工作人员与被评估机构进行沟通。如果条件许可,评估机构可以将非营利组织的自我评估报告的全部或部分内容放到网站上,接受公众监督。第三步,由利益相关方和专家组成一个综合评估小组。第四步,由综合评估小组对重要的大型非营利组织或有不良记录的非营利组织进行现场检查,也可以进行随机抽查。综合评估小组对非营利组织提交的评估材料进行审查,结合现场检查和抽查得到的信息,做出初步判断,形成评估意见。第五步,综合评估小组将评估结果告知评估机构,并通过专门渠道接受非营利组织对评估结果的申诉。在与非营利组织进行交流沟通的基础上,由评估委员会做出最终评估结论。第六步,发布评估结果。

在评估过程中,评估机构可以运用多种方法获取信息,常用的方法包括文献法、访谈法、焦点小组法、问卷调查法和观察法等。文献法是任何一种评估都要

---

① 鄞益奋:《公共政策评估:理性主义和建构主义的耦合》,《中国行政管理》2019 年第 11 期,第 92—96 页。

用到的方法,也是成本最低的方法。非营利组织在日常工作中应该将各种活动相关信息和财务信息保留下来,建立完备的文献档案资料,包括文字、照片和音像资料等,在自我评估时将这些资料作为附件提供给评估机构。评估机构在检查时,如果文献资料还不能充分说明问题,可以采取其他方法。访谈法是现场评估中最常用的方法之一。访谈对象可以根据评估需要来选择,包括非营利组织的理事会成员、管理者、工作人员、受益群体和社区代表等。焦点小组法又称小组座谈法,在绩效评估和能力评估中经常使用。焦点小组法采用小型座谈会的形式,由一个经过训练的主持人以一种无结构、自然的形式与一群具有代表性的小组人员进行交谈,获得对有关问题的深入了解。焦点小组法比个别访谈更节约时间和成本。问卷调查法也是常用方法之一。与访谈法相比,问卷调查法的优点是便于定量、相对客观,缺点是难以保证问卷填写质量和回收率。观察法是获取一手评估信息的不可替代的方法。观察法的优点是能够获得比较真实的信息,缺点是成本较高,评价结果较为主观。

第二节　非营利组织绩效评估

非营利组织没有股东,不以营利为目的,因此也无法以股价和利润作为衡量绩效的标准。非营利组织从良好的意愿出发,但最终是否达成意愿实现使命要靠评估来说话。在非营利部门发展的早期阶段,政府、捐赠者、公众等利益相关方都不太关注绩效状况,给非营利组织提供了一个相对宽松的发展环境。然而,随着非营利组织数量和规模的增长,社会影响力的扩大,利益相关方越来越关心非营利组织的绩效,绩效评估越来越受到重视。

非营利组织绩效评估有很多方法,这里主要介绍几种最为常用的方法,即逻辑模型法、360度评估法和平衡计分卡评估法。逻辑模型法主要用于项目绩效评估,360度评估法主要用于人员绩效评估,平衡计分卡用于组织绩效评价。这些评估和评价方法,也可以用于规划过程。

一、逻辑模型法

逻辑模型法是一般逻辑模型框架(general logic model framework)的简称,这个框架也被称为价值链(value chain)。非营利组织可以利用逻辑模型法对自身绩效进行评估,外部评估主体也可以运用这个方法评估非营利组织的项目绩效。[1]

---

[1] Jane Wei-Skillern et al., *Entrepreneurship in the Social Sector*, Sage Publication, 2007, p. 326.

(一) 逻辑模型法的含义与作用

逻辑模型法是指，根据非营利组织项目实施过程各个环节的内在因果关系，对项目实施结果和影响做出评价。逻辑模型法是一种分析事物内在因果关系的方法，不但提供评估结果而且还对评估结果做出解释。逻辑模型法实际上构建了一个绩效提升和评价系统。这个系统源自组织对其特定目标和价值的清晰理解。企业以利润来评估经营成效，非营利组织则以给社会和环境带来的变化作为绩效评估的基础。[1]

人类最常见的愚蠢是忘了自己想要做什么。只有一个组织对"我们究竟要做什么"给出一个简洁有力的答案，所有人都认同并且相信它，这个组织才能建立起一个绩效管理系统。如果没有明确定义组织的宗旨，即组织期望在长期内取得何种成果和绩效，非营利组织就不能建立起管理过程，不能保证组织系统地产出成果和改进绩效。一旦定义了绩效标准，组织自身或他人才能够就绩效标准对组织进行问责，组织才能够取得高绩效并且不断提升绩效。[2]

逻辑模型是一个由投入(inputs)、活动(activities)、产出(outputs)、结果(outcomes)、影响(impacts)等五个环节构成的因果链。以扫盲项目为例，项目起始于"投入"，如投入资金、物资等，"活动"是准备和开办扫盲班，"产出"就是参与者人次，产出可能带来"结果"，即学员读写水平得到明显提高。但是，这还不是最终目的，最终目的可能是帮助学员找到更好的工作，改变他们的生活。最终这个遥远的目的的实现就是"影响"。在这个因果链中，越往下越具有以下特点：所需的时间越长；距离组织的中心越远；越来越脱离组织的控制，组织可以控制投入，但是不能控制结果和影响；越来越难以衡量；越来越抽象；越来越难以确定因果关系。

我们可以从两个方向来运用这个模型，一个是执行的逻辑，另一个是计划的逻辑。执行逻辑从"投入"出发，循着"活动"到"影响"这个顺序。我们用执行工作的逻辑顺序来研究和评价组织的活动造成的影响。计划逻辑遵循的活动顺序正好相反，是一个逆向过程。逻辑模型在用于计划过程时，一开始就要想到结果，从结果开始制订计划。登山者和军事计划人员将这种计划方法称为"逆向计划法"(reverse planning)，工程师则称之为"末端视图"(end state vision)。以登山为例，如果计划30日登顶，第30日到达山顶并且拥有充足的食物和装备以便返

---

[1] Jane Wei-Skillern et al., *Entrepreneurship in the Social Sector*, Sage Publication, 2007, p. 326.
[2] Ibid., p. 327.

回;那么第 29 日应该在 5 号营地,两个人一顶帐篷,具备足够的氧气、食物和装备;以此类推,做好每一天每一步的计划。一些组织同时使用两种逻辑,另一些组织则主要使用"执行"逻辑,中间阶段性地运用逆向计划法反省。①

（二）运用逻辑模型法建立绩效评估体系

逻辑模型给出了价值链中各个环节之间的因果关系。一旦建立了合理的模型,我们就可以开始测试假设和前提条件,通过开发对因果链条每个环节的衡量方法,来找到最佳的绩效评估办法。逻辑模型包含了一系列假设:如果我们做了 X,就会得到 Y。但是在实践中,如果我们做了 X,我们会得到 Y 吗?绩效评估关键在于对我们当前的行动究竟如何做出评价,而绩效管理在于运用绩效评估得到的信息来改进工作流程,使之更可能产生我们想要的结果。然而,没有一个组织可以详细记录所有投入品或每个活动的所有方面。因此,我们必须确定需要记录哪些投入品或者哪些活动,然后再设计恰当的办法来衡量它们。由于我们往往也不可能直接衡量投入、活动或结果,因此不得不通过指标来衡量它们。

由于绩效存在于组织的边界之外,在收集绩效评估数据的过程中,我们会遇到数据地平线(data horizon),参见图 12-1。在数据地平线之外,我们难以对组织绩效进行客观的评估,而进入到宝贵理论(cherished theory)的领域。组织内部发生的各种活动的最终影响总是超出组织的边界。一般而言,投入发生在组织内部,直接运用投入产生的各种活动也发生在组织内部,但是产出可能在组织内部或外部。比如,一个旨在帮助青少年避免风险行为(如吸烟)的教育项目,工作流程包括设计、印刷和分发一些小册子,让青少年不要吸烟。设计和印刷小册子是组织内部活动,印好的小册子就是"内部产出",这个生产过程组织完全可以控制,这些小册子被放到电话亭、车站等地方,被人们取阅,这些被取走的小册子是"外部产出",组织对此很难控制。人们取走并阅读了这些小册子,知道了吸烟的危害,这是"结果"。然后,人们减少了吸烟行为,这才是"影响"。②

在一个成果管理系统中,成果要由组织之外的影响来定义。绩效管理的核心特点是认识到成果发生在组织之外,如果我们只关心发生在组织内部的事情,我们就只是关注流程,而不知道工作究竟产生了什么成果,创造了什么价值。

绩效管理系统的一个重要特征是能够及时准确地收集到有关活动和影响的数据。站在组织里,顺着价值链往下看,你能看清楚多远?你看到了"数据地平

---

① Jane Wei-Skillern et al., *Entrepreneurship in the Social Sector*, Sage Publication, 2007, p. 327.
② Ibid., p. 332.

线"吗？在数据地平线之外，组织内部活动所产生的外部成果脱离了我们的视线。在数据地平线以内，组织可以获得描述活动及其结果的实际数据，但是越过地平线之后，就很难找到客观的衡量标准或指标来描述组织的工作所取得的成果。内部收集到的数据只是行政管理的数据。仍以上述例子来说，我们可以得到被取走的小册子数量，但我们没有可靠的方法来衡量有多少小册子被读过了，也难以衡量其中多少信息引起了阅读者的重视，更难以衡量这些信息在多大程度上影响了读者的行为。①

无论我们多么努力，所有项目都有数据地平线。在地平线以内，我们能够可靠衡量，越靠近地平线，数据的数量和准确性都趋于下降。超过数据地平线，我们只能依靠理论和假设来相信我们确实取得了想要的影响。数据地平线之外是宝贵理论领域（参见图12-1）。称之为"理论"是因为除了理论，我们没有经验数据来支持我们的理解和判断。理论之所以"宝贵"，原因主要有两个。其一，理论解释了我们的行动和我们希望达成的影响之间的关系。如果青少年参与风险行为的比率不能直接衡量，我们就只有从理论上假设，我们所提供的有关信息能够帮助他们懂得并且避免风险行为。其二，我们非常希望我们的工作具有目的，我们不希望我们的力量受到挑战。如果我们辛勤工作，而项目可能没有什么影响，这会让我们不安甚至害怕。②

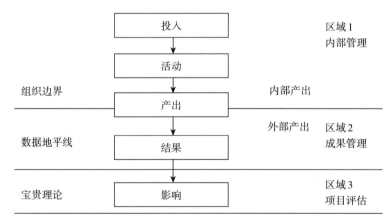

图 12-1 逻辑模型的三个区域图

资料来源：Jane Wei-Skillern et al., *Entrepreneurship in the Social Sector*, Sage Publication, 2007, p. 332.

---

① Jane Wei-Skillern et al., *Entrepreneurship in the Social Sector*, Sage Publication, 2007, p. 332.
② Ibid., p. 332.

一旦越过了数据地平线,我们的行动只是基于一个信念:我们的项目一定能够取得期望的影响。这本身不是一个问题,任何项目或活动达到因果链的某一点之后,我们就不再能够衡量绩效,而只是基于信念采取行动。我们被信念所激励,尽管我们不能从经验上证明它。任何绩效管理系统都必然决定我们能够走多远,能否将数据地平线推得更远一点。然而,将数据地平线推得更远一些不仅涉及技术难题,而且意味着我们的努力可能超过成本,也许要等待很长时间才能得到数据。因此,日常管理更多地关注在组织边界内的活动所产生的直接成果。当然,我们也可以检验"宝贵理论"是否正确,但这是一个研究项目而不是日常管理所应该关注的重点。①

我们能够将数据地平线推多远呢?公益组织可以将"客户满意"作为组织有效性或成功的衡量标准吗?许多社会导向型组织收集"客户满意"数据来衡量服务绩效。但是,这个指标有局限性。总的来说,公益组织不仅是要满足当前客户的需求,还希望通过为特定客户服务来达成更高更大的社会目的。尽管客户的福利是一个重要指标,但其满意度并不必然与项目所追求的更大的影响有直接的相关性,也不必然很准确地反映这些影响。

客户满意度作为绩效衡量指标是有条件的。如果项目的目的是为某个客户群提供服务,并且这个群体处于有利的情境可以判断他们所获得的福利的质量和价值,那么满意度可以作为一个影响衡量指标。然而,倘若客户不处于有利的可以判断项目质量和服务的情形,比如说,某个项目是为了阻止某种坏的后果而不是为了产生一个好的结果(比如预防青少年犯罪),以至于项目对某个特定群体取得的成功,其受益人不一定看得见。也就是说,服务于客户的利益仍然是项目追求的影响,但客户满意度并不是反映项目绩效的非常可靠的指示剂。在很多案例中,服务某个客户只是达成更大目标的手段,项目并不追求客户满意度最大化,而是将其维持在一个恰当的水平。比如,在应急住宿项目中,许多客户对服务表示不太满意,他们说如果房间更宽敞舒适一些会更令人满意。但是,如果让现有客户满意度最大化就势必消耗本可以为更多客户服务的资源。因此,当前客户满意并不是这个项目的唯一指标或关键指标。为尽可能多的有需要的人提供适当的、安全的住宿条件才是真正目的。在这种情况下,客户满意不应该被看作衡量最终成果的指标。最多有必要维持适当的满意度,这种项目的真正目标是更深层次的影响。②

---

① Jane Wei-Skillern et al., *Entrepreneurship in the Social Sector*, Sage Publication, 2007, p. 332.
② Ibid.

再比如，在美国实施一个提高弱势群体青年大学入学率的项目。这个项目的内在驱动力来自一个信念，相信上大学可以提高弱势青年未来的生活质量，并且能够改善他们将来所生活的社区，因为他们有能力使社区更有效地发挥功能。这个项目如何进行绩效管理呢？假定这个项目已经设计好了，第一步是确定绩效管理的逻辑模型——一个有关我们如何相信这个项目将要或者正在创造价值的故事。我们要广义地看待投入和活动，"投入"包括顾问、志愿导师、课程辅导老师和教师等，"活动"包括顾问服务、考试准备、如何申请大学的各种课程和咨询、寻求帮助的课程以及如何运用各种渠道筹集学费的课程。紧接着，还要弄清楚这些活动如何变成了产出。比如，考前培训班是否提高了学员的大学入学考试成绩，以及帮助学生提高了申请质量等。下一步，要将这些产出与预期的结果——大学录取率联系起来。然而，项目的最终成果只是美好愿望或假设：学员大学毕业后，过着更为充实幸福的生活，成为对社区有贡献的人。[1]

无论如何，一个有效的绩效管理系统最大的好处是能够清晰地系统地提出关于项目创造价值的理论。我们可以检验这个理论的有效性，并且能够在实践中提高理论的有效性。

二、360度评估法

360度评估法又称多评价者评估、多源反馈系统或全方位评价。这种评估模式不同于自上而下、由上级主管评定下属的传统评估方式。360度评估法主张评价者不仅仅包括被评价者的上级主管，还包括自己以及其他与之密切接触的人员，如同事、下属、客户等。360度评估法存在实施复杂、成本较高、不同主体的评价可能不一致等问题。[2] 二战期间，英国军方运用360度评估法对士兵的战斗力进行评价。20世纪90年代，企业开始采取360度评估法来评价人员绩效。[3] 近年来，越来越多非营利组织运用360度评估法评价员工和志愿者的绩效。

2013年5月，第九届中国（北京）国际园林博览会（以下简称"园博会"）在北京永定河畔举行。北京园博会主办方在志愿者绩效评价中创造性地运用了360度评估法，根据志愿者管理体系的分层分析，建立分级考核模型，形成完整有

---

[1] Jane Wei-Skillern et al., *Entrepreneurship in the Social Sector*, Sage Publication, 2007, p. 332.
[2] 时雨、张宏云、范红霞、时勘：《360度反馈评价结构和方法的研究》，《科研管理》2002年第5期，第124—129页。
[3] 谢克海：《谁上谁下：清晰区分企业人才的"361体系"——基于实践层面的人力资源战略管理决策》，《管理世界》2019年第4期，第160—170页。

效的志愿者评价机制,保障了园博会志愿服务工作有序开展。①

园博会运营调度中心设置志愿者组来管理志愿者。志愿者组首先将志愿服务划分为 19 个大类,包括语言翻译、道路指引、医疗救护、媒体服务等。然后将志愿服务需求进行标准化,将"人/天"作为志愿服务工作量的度量单位,即以一个志愿者 8 小时服务作为一个统计单元,最终确定需要 13 万人/天的总服务量。志愿者在完成 14 个班次(7 人/天)工作量后方可获得志愿服务证书。园博会志愿者组从报名的 5 万余名志愿者中选拔了 1.3 万余名志愿者,分为骨干志愿者和普通志愿者,124 名骨干志愿者主要是来自社区的工作人员,普通志愿者主要是来自各大高校的师生。②

园博会志愿者组将志愿服务区域划分为 10 大片区,依次建立了由普通志愿者、骨干志愿者、片区和志愿者组构成的四级管理体系。普通志愿者从事一线服务,服从骨干志愿者的管理。骨干志愿者向片区长负责。10 大片区对志愿者组负责。志愿者组向北京园博会运营调度中心负责。志愿者服务建立了 360 度评价体系,由八个评价主体全方位对每位志愿者进行绩效评价,评价信息用于改进服务和激励优秀志愿者。③

第一,神秘人对志愿者的评价。园博会运营期间,由志愿者组下设的激励考核组在园博园随机选择游客,发放神秘人卡片,承担"神秘人"职责的游客在参观游览整个园区之后,根据服务体验选择他认为服务最优的志愿者,将卡片发放给该志愿者。志愿者凭神秘人卡片可获得相应的奖励。

第二,骨干志愿者对普通志愿者的评价。骨干志愿者负责考核每名普通志愿者的上岗情况,记录迟到、早退、空缺岗情况。骨干志愿者在每天的志愿服务结束后,结合志愿者的岗位服务表现,在网站评价系统中选择"卓越"、"勤奋"或"低落"对普通志愿者工作状态进行评价,选出当天本服务站点表现最优秀的 30% 志愿者,作为评奖评优的依据。在收到"低落"评价后,系统将结果反馈给普通志愿者本人,骨干志愿者鼓励和帮助他们改进工作状态。

第三,普通志愿者对骨干志愿者的评价,由每一位普通志愿者在当天工作结束后,对本岗位的骨干志愿者进行反向评价,并且将评价结果直接反馈给骨干志愿者。这就避免了骨干志愿者成为粗暴的"领导"和"命令者"。

---

① 马子闻、韩松、王松涛:《大型赛会志愿服务激励考核机制的创新研究——以第九届中国(北京)国际园林博览会志愿服务为例》,《华中师范大学学报(自然科学版)》2015 年第 3 期,第 477—482 页。

② Jane Wei-Skillern et al., *Entrepreneurship in the Social Sector*, Sage Publication, 2007, p. 332.

③ Ibid.

第四，片区长评价骨干志愿者。片区长通过召开志愿者工作早晚班会、服务载体巡查等方式，对骨干志愿者的综合表现进行评价，评价结果分为"卓越""辛勤"或"低落"三个等级，系统根据卓越率控制在30%以内的规制，选出当天在岗表现优秀的骨干志愿者，作为最终选优和奖励的数据基础。

第五，志愿者组对片区的评价。志愿者组将10个片区每个月的各项指标按片区志愿者人数加权平均后进行综合排名，并将最终结果通过月度工作会进行公布。对排名前列的片区、排名进步的片区予以奖励，并通过经验交流分享，对排名靠后的片区提出工作改进意见，并由志愿者组长班子督促整改。

第六，片区巡视机制。志愿者组下设片区巡视组，不定期对园博园内所有片区的服务岗位和志愿者进行巡视督导，将存在不符合着装要求、违反标准服务流程等情况的志愿者反馈给片区负责人，并在片区月度考核中扣除相应分数。通过这种方式有效地形成了志愿者工作的外部监督机制。

第七，游客投诉机制。北京园博会运营调度中心建立了游客服务投诉机制。所有游客投诉问题按照管理职责归口反馈到各个部门，凡属接到游客投诉志愿者服务的问题，将通过运营调度中心反馈给志愿者组，建立问责机制。在园博会运营的180天中，游客对志愿服务的投诉数量为零。

第八，隐形评价考核机制。在志愿者管理过程中，除了构建有形的评价机制，志愿者组还在片区考核指标体系中设立加分项目，建立隐形的正反馈评价机制。

园博会志愿者利用360度评估体系建立了明确的志愿者服务标准，形成了对志愿者的多维度评价，为决策提供了及时、准确、客观的数据，对志愿者形成了有效的激励和约束机制，保障了园博会运营期间高品质的志愿服务。

三、平衡计分卡评估法

平衡计分卡评估法是一个基于战略绩效管理系统的评估方法。罗伯特·卡普兰（Robert S. Kaplan）与大卫·诺顿（David P. Norton）在1992年提出了平衡计分卡的管理思想。[1] 平衡计分卡受到企业界的广泛关注，成为一种管理时尚。平衡计分卡通过财务、顾客、内部业务流程、学习与成长等四个维度，揭示了业绩产生的机制。平衡计分卡是以战略为中心，把组织及其各部门的任务转化为相互

---

[1] Robert S. Kaplan and David P. Norton, *The Balanced Scorecard: Translating Strategy into Action*, Harvard Business School Press, 1996.

联系的目标,然后再把目标分解成多项指标的多元业绩评价系统。它在保留传统财务指标来衡量有形资产的同时,纳入顾客、内部业务流程、学习与成长三个方面的指标来衡量无形资产或智慧资本,综合考虑外部与内部、过去与未来、客观与主观、长期与短期之间的平衡关系。严格地说,平衡计分卡并不是一个完整的系统,也未能解释清楚各个维度之间的因果关系,它只是提供了一个业绩评价和管理控制的基本框架。① 在实际应用中,不同组织要将这个基本框架与自身的战略目标结合起来。

近年来,我国非营利组织也开始使用平衡计分卡评估法。由于平衡计分卡是根据企业管理的特点建立起来的,非营利组织在使用过程中,必须对其进行适应性改造。非营利组织由使命驱动,因此使命居于顶端,战略居于核心,参见图12-2。当然,也有越来越多的企业将使命作为最高目的。

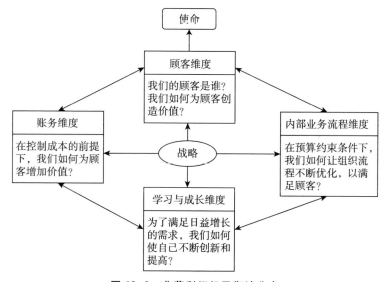

图 12-2 非营利组织平衡计分卡

资料来源:陶敏:《非营利组织绩效评估指标构建——以Z公益组织为例》,《学会》2018年第8期,第5—12页。

非营利组织与企业在平衡计分卡的四个维度的基本逻辑上是相通的,但由于二者性质差异,四个维度的具体内容存在明显不同。就顾客维度而言,"顾客"不能完全概括非营利组织的各种服务对象。对企业而言,顾客即市场,顾客维度

---

① 殷俊明、王平心、吴清华:《平衡计分卡研究述评》,《经济管理》2005年第2期,第44—49页。

的首要目标是追求市场占有率及其增长率。非营利组织不一定像企业那样迫切追求顾客数量及其增长率。对非营利组织来说,资助方和顾客同等重要。因此,非营利组织的平衡计分卡往往增加资助方这个维度。就财务维度而言,在资金使用效率和成本控制方面,非营利组织与企业是相似的。但是在收入来源方面,二者的目标迥然不同。非营利组织与企业在不断优化内部业务流程方面的目标是相似的。在学习与成长方面,非营利组织和企业都有不断开发新产品和服务、通过培训提升员工能力等方面的目标,但前者还有培养和发展志愿者的任务。壹基金建立的平衡计分卡评价维度及指标体系就体现了与企业平衡计分卡不同的特点,参见表 12-1。①

表 12-1 壹基金平衡计分卡评价维度及指标

维度	指标
使命	使命实现程度
受益者维度	受益人数
	公益性支出占总支出的比例
捐赠者维度	捐赠收入总额
	捐赠收入使用效率
财务维度	净资产增长率
	筹资费用率
业务流程维度	业务流程合规情况
	业务流程的规范性
学习与成长	志愿者人数增长
	参加培训的员工人数

资料来源:张莹、刘宏鹏:《基于平衡计分卡的非营利性组织绩效评估——以壹基金为例》,《当代经济》2016 年第 22 期,第 74—76 页。

另外一家非营利组织 Z 机构将平衡计分卡和层次分析法相结合,开发出了一套精细的评价体系。Z 机构首先从平衡计分卡理论出发构建指标体系,利用专家问卷进行指标筛选和改进,从而设计出服务对象、财务、学习与成长、内部业务流程和公益性五个维度作为一级指标,下设 13 个二级指标和 29 个三级指标。然

---

① 张莹、刘宏鹏:《基于平衡计分卡的非营利性组织绩效评估——以壹基金为例》,《当代经济》2016 年第 22 期,第 74—76 页。

后基于层次分析法对指标体系进行权重赋值,形成各级指标的判断矩阵,并进行一致性检验,最终形成一套绩效评估指标体系。[①]

非营利组织的一个主要困难是保持资源、行动与组织目标之间的一致性。平衡计分卡是一个很有用的工具,可以使社会创业者、理事会成员和其他利益相关方理解、评价和改进组织绩效管理,确保资源、行动与使命之间的一致性。[②]

值得注意的是,所有这些绩效评价工具都只是在一定条件下发挥作用的手段。比如,有些工具流行一时,成为一种管理风尚,它的局限性往往被掩盖起来或者被忽视。不仅如此,真正用好一种绩效评价工具往往需要很长的组织学习过程,要经过好几个管理周期,通常是几年时间,才能积累经验和数据,使之成为一种科学方法。

思考题

1. 什么是非营利组织的评估?
2. 为什么要对非营利组织进行评估?
3. 由谁来评估非营利组织?
4. 非营利组织评估有哪些方法?
5. 逻辑模型法的基本逻辑什么?请举例说明。
6. 非营利组织如何使用360度评估法?
7. 非营利组织如何使用平衡计分卡评估法?

本章案例

基金会中心网的基金会透明度指数评价

一、基金会中心网简介

2010年7月8日,基金会中心网在北京正式成立。基金会中心网由中国乡村发展基金会、中国红十字基金会、中国青少年发展基金会等15家公募基金会和南都公益基金会、友成企业家扶贫基金会、北京万通公益基金会等20家非公

[①] 陶敏:《非营利组织绩效评估指标构建——以Z公益组织为例》,《学会》2018年第8期,第5—12页。

[②] 同上。

募基金会联合发起,依托北京恩玖非营利组织发展研究中心设立。① 基金会中心网的使命是建立基金会行业信息披露平台,提供行业发展所需的能力建设服务,促进行业自律机制形成和公信力提升,培育良性、透明的公益文化。②

基金会中心网的建立,是很多人多年不懈努力的结果。1990 年,在承德基金会行业交流会上,一些公益行业的先行者开始萌发此意。1998 年,在商玉生、何道峰、徐永光等人的大力倡导下,中国青少年发展基金会、中国乡村发展基金会、中华慈善总会、爱德基金会等 18 家组织联合发起成立了"中国基金会与 NPO 信息网"。2001 年,北京恩玖信息中心创立,推动非营利组织公信力培训,发布《中国非营利组织公信力标准》。2008 年 4 月,在中国人民大学"民间组织问责国际会议"上,《中国公益性非营利组织自律准则》正式发布。2009 年 7 月,中国非公募基金会发展论坛召开并发布了《中国非公募基金会自律宣言》。2009 年 10 月,中国非公募基金会高层参访团访美达成共识:基金会行业自律从信息公布开始,成立基金会中心势在必行。2010 年 2 月,基金会中心项目筹备小组赴美,与美国基金会中心、哈佛大学豪泽非营利组织研究中心等机构进行了深入的交流和探讨,获得了宝贵的知识和技术支持。2010 年 7 月 8 日,基金会中心网正式启动,发起人的夙愿终于落地。③

二、透明度评估照亮基金会的钱袋子

基金会中心网成立之后,立即着手建立基金会数据库。总裁程刚带着工作人员前往各省市的民间组织管理局申请依法公开基金会信息,遭到一次又一次的拒绝,但他们的坚持终于还是有了回报。民政部民间组织管理局提供了绝大部分民政部本级登记的基金会的信息,北京、云南两地民间组织管理局还将基金会中心网作为政府指定的信息披露平台。在一年时间里,基金会中心网就基本完成了基础数据搜集整理的目标。一年前,只有不到 30% 的基金会公布基本信息,一年后这个数字已经达到 100%,超过 90% 的基金会公布了财务信息,超过一半的基金会公布了项目信息。④

基金会信息公开的作用很快显现出来。2011 年,河南省宋庆龄基金会的丑

---

① 政椿、小刚:《基金会中心网启动仪式在京举行》,《社团管理研究》2010 年第 7 期,第 65 页。
② 参见基金会中心网,"机构简介",https://new.foundationcenter.org.cn/about/about_cfc.shtml,2022 年 9 月 18 日访问。
③ 同上。
④ 田磊:《基金会中心网:推动"透明公益"》,《南风窗》2011 年第 26 期,第 42 页。

闻曝光,人们第一次切实感受到了数据的力量。① 基金会中心网的工作人员把搜集来的数据分门别类整理分析之后,愕然发现在总资产以及捐赠收入榜上排名第一位的居然不是那些耳熟能详的基金会,而是河南省宋庆龄基金会。这是一个看起来不大符合常理的现象。这些数据在基金会中心网公布之后,很快引起了那些敏锐的记者的关注。随后,河南省宋庆龄基金会的黑幕被一层层揭开。类似的事情还有很多。这都让程刚和他的伙伴们坚定了做一个中国最完备的基金会数据库的决心。"我们这里只有数据没有态度。"程刚说。在基金会中心网的公益支出排行榜上,深受"郭美美事件"牵累的中国红十字基金会依然高居第三,而且透明度等各项指标看起来都相当不错。②

为了促进基金会的公开透明,我国政府相继施行《基金会管理条例》(2004)、《基金会信息公布办法》(2006)、《公益慈善捐助信息披露公开指引》(2011)、《关于规范基金会行为的若干规定(试行)》(2012)。为了推动上述制度的落实,促进中国公益慈善行业的公开透明,由基金会中心网开发、清华大学廉政与治理研究中心提供专家咨询的中基透明指数于2012年8月29日上线运行。

中基透明指数是基金会透明度评价系统,它基于已经建立的基金会数据库,运用中基透明指数体系对各家基金会进行评估打分(满分100分),并公布排名榜单。榜单按照基金会最新透明度评估分数每周更新一次,排名越靠前代表基金会透明度越高。2012年12月26日,基金会中心网在北京召开"中基透明指数2012排行榜"发布会,公布2012年度最透明的50家和最不透明的30家基金会名单,引起了社会各界人士的广泛关注。中基透明指数包含40个合规性指标,即基金会年度工作报告及其包含的39个具体指标。只要基金会在任何渠道披露年度工作报告全文、其中项目支出合计占公益支出80%,它的中基透明指数分值就可以达到48.80分。但是根据基金会中心网的统计,基于2011年报,在全国2 213家入榜基金会中有1 384家基金会分值低于48.8分,这意味着全国有63%的基金会合规性指标披露不合格。③

2015年1月13日,基金会中心网在京举办"中基透明指数2014排行榜"发布会。基金会行业整体透明度大幅提升,但依旧"不及格"。中基透明指数显示,

---

① 田磊:《基金会中心网:推动"透明公益"》,《南风窗》2011年第26期,第42页。
② 同上。
③ 同上。

基金会整体透明度大幅提升。截至 2014 年 12 月 31 日,基金会行业整体透明度得分为 49.45,较 2012 年同期提升了 14.06 分。满分基金会数量也从 2012 年同期的 17 家增长到目前的 96 家,其中中国乡村发展基金会、上海宋庆龄基金会、南都基金会等 15 家基金会连续三年保持满分并且排名全国第一。基金会整体合规率达到 77%,较 2012 年同期 37% 的合规率翻了一番。善款流向信息完整度也逐年提高,由 2012 年度的 79% 提升到 93%。① 有 33 家基金会得分不足 1 分,只披露了基金会地址,基本处于失联状态。甚至有基金会无任何信息披露,得分为 0。

由于越来越多基金会在透明指数评估中得到满分 100 分,基金会中心网决定在 2015 年推出第二代中基透明指数。除披露基金会机构静态信息外,中基透明指数还将开始系统地向社会动态披露公众关心的热门公益项目的善款流向信息。②

三、中基透明指数光芒渐弱

基金会中心网启动之初宛如一座灯塔,为中国非营利部门的发展照亮了一段航程。近年来,随着徐永光卸任理事,陶泽辞去总裁职务,基金会中心网的影响力似乎在减弱。现在平台型组织越来越多,大家对基金会中心网关注度难免有所降低。基金会中心网已经过了初创期,正在进入成长期和成熟期,行事风格趋于理性。③ 除了这些因素以外,中基透明指数评估体系需要改革,基金会中心网在资金、人才方面面临挑战,可能也是其光芒减弱的原因。

首先中基透明指数评估体系需要进一步升级。那些较规范的基金会大多非常重视中基透明指数,将其作为信息公开必须达到的基本标准。与此同时,一些捐赠方明确要求合作伙伴必须达到中基透明指数的标准。但是,有些人认为得满分的基金会越来越多,说明评估标准太低,不再把中基透明指数作为重要的衡量标准。还有不少基金会不愿公开信息,也不愿意参加排名,给评估和排名带来困难。基金会中心网计划对中基透明指数评估标准再次升级,主要是对基金会分类进行评估,使公募和非公募基金会、大型和中小型基金会每个类别对应的指标和权重都不同。大型公募基金会的评估标准应该要高一些。④

---

① 彭迪:《基金会"透明"哪家强?中基透明指数 2014 排行榜揭晓》,《社会与公益》2015 年第 2 期,第 42—45 页。
② 同上。
③ 王慧:《基金会中心网十年影响力减弱?程刚:做起来真难》,2020 年 7 月 16 日,社会创新家,https://baijiahao.baidu.com/s?id=1672369479363473978&wfr=spider&for=pc,2022 年 10 月 7 日访问。
④ 同上。

资金也是一个问题。随着核心创始人的淡出，基金会中心网资金来源也受到一些影响。数据是基金会中心网掌握的重要资源，通过"市场化"可以获得一些资金。但是理事会否决了"市场化"提议。第一届理事会成员主要是当时参与发起、愿意提供支持的大型公募基金会的领导人，后面又逐渐加入南都、老牛、敦和这些基金会的领导人。因此基金会中心网的理事会是"强"理事会。基金会中心网的管理层决定推出基础数据研究报告，在基金会中心网上发布，尝试有偿在线阅读下载模式，或许可以增加一些收入。①

人才问题紧跟着资金问题，近年来很多优秀的人才不断离开基金会中心网。基金会中心网决定进行组织扁平化改造，取消中间层级的部门设置，员工直接向副总裁报告工作。相应地，待遇也将是开放式的，有突出贡献的员工可以拿到与副总裁级别相当的待遇。②

截至2021年，我国基金会总数已超过8 000家，90%的基金会都是在2004年《基金会管理条例》实施之后诞生的。总的来看，大多数基金会尚处在发展的初期阶段。基金会中心网继续促进基金会的健康成长，需要找到应对挑战的办法。

案例分析题：

1. 基金会中心网为何要以提升基金会行业的透明度为使命？
2. 最新的中基透明指数是如何设计的？
3. 中基透明指数为何要对公募与非公募基金会设计不同评估指标？
4. 基金会中心网的影响力正在减弱吗？原因是什么？

---

① 王慧：《基金会中心网十年影响力减弱？程刚：做起来真难》，2020年7月16日，社会创新家，https://baijiahao.baidu.com/s?id=1672369479363473978&wfr=spider&for=pc，2022年10月7日访问。

② 同上。

第十三章　非营利组织问责

> 要识别、揭露那些披着慈善外衣的恶魔,把他们从慈善领域中驱逐出去,同时使真正的天使得到应该得到的支持。
>
> ——康晓光①

非营利组织的问责包括两个方面的内容:一方面是非营利组织作为问责主体,对政府和企业等其他主体进行问责;另一方面是非营利组织作为问责对象,接受其他主体的问责。

第一节　非营利组织问责概述

随着非营利组织数量增加、规模扩大,支配的社会资源越来越多,社会影响力越来越大,向非营利组织问责变得越来越迫切。20世纪80年代,非营利组织问责日益受到重视,问责内容从财务问责逐渐转向绩效问责。非营利组织的管理者应该了解和把握这一趋势,不仅要关注组织的使命,提高内部运作效率,而且要不断提高透明度,主动做好信息披露,赢得公众的信任和支持,实现组织的可持续发展,提升行业整体形象和社会影响力。

一、基本概念

"问责"(accountability)这个概念是个典型的舶来品。在发达国家,"问责"并不是什么新概念,政治问责和行政问责早已有之。所谓"问责",就是"追究责

---

① 〔美〕丽莎·乔丹、〔荷兰〕彼得·范·图埃尔:《非政府组织问责——政治、原则与创新》,康晓光等译,中国人民大学出版社2008年版,译者前言第4页。

任"的意思。所谓"非营利组织的问责"就是"追究非营利组织的责任"。"问责"是一个过程,通过这个过程,问责对象就其决策、行为和行为结果向问责主体进行说明、解释或辩护,并据此接受问责主体的奖励或惩罚。①

那么,什么是非营利组织的责任呢?从责任的性质来看,由于非营利组织在公共领域开展行动,非营利组织的责任应当属于公共责任的范畴。有学者把非营利组织的公共责任分为低、高两个层次。② 低层次公共责任意味着避免违法和违规,避免不当行为,保持完善的财务管理;高层次公共责任体现为有效利用资源以实现所追求的使命和目标。可以看出,低层次公共责任的重心是服从和遵守规则,具有被动性;高层次公共责任要求结果导向和创新意识,具有主动性。在哈奇看来,低层次公共责任虽然可以避免丑闻和不当行为,但不足以证明组织的工作效率和效果。非营利部门的关注重点正在从低层次公共责任向高层次公共责任转移。因此,雄心勃勃的非营利组织管理者绝不会满足于仅仅履行低层次公共责任,他们会不懈努力以承担高层次公共责任。

有学者将非营利组织的责任分为财务责任、过程责任、项目责任和导向责任等四个维度。第一,财务责任。财务责任要求非营利组织正当利用资金,确保资金花在预先确定的领域,资金支出遵守适当的规则。第二,过程责任。过程责任要求非营利组织积极作为以确保职责的履行,在行动过程中严格遵守规则和程序要求。第三,项目责任。项目责任关注组织的工作质量,确保行动和资源投入取得预期的效果,因而也被称为效益责任。第四,导向责任。导向责任要求非营利组织在设置优先项的时候优先考虑服务对象的需求,坚持顾客导向,科学测定顾客的需求并有针对性地满足顾客的需求。这四个维度中,财务责任和过程责任相当于哈奇所说的低层次公共责任,项目责任和导向责任相当于高层次公共责任。③

在实践中,不同的问责主体往往根据特定的情景和需要来定义问责对象的公共责任,并据此开发设计自己的问责模型。比如,同一世界信托(One World Trust, OWT)在对 18 家政府间组织、跨国公司和国际非政府组织的问责状况进行评估的时候开发使用了 GAP(Global Accountability Project)问责模型(参见

---

① 〔美〕丽莎·乔丹、〔荷兰〕彼得·范·图埃尔主编:《非政府组织问责——政治、原则与创新》,康晓光等译,中国人民大学出版社 2008 年版,第 1 页。
② 吴东民、董西明主编:《非营利组织管理》,中国人民大学出版社 2003 年版,第 352 页。
③ 同上书,第 353 页。

表 13-1)。GAP 问责模型包括四个核心维度,即透明度、参与、评估、投诉与赔偿机制。这个问责模型把透明度放在了首要位置。

表 13-1　同一世界信托的 GAP 问责模型

问责维度	维度描述
透明度	透明度是指信息的自由流动:利益相关者可以方便地获得足够的信息,以实现对组织的了解和监督。该维度包括组织向公众提供信息的程度,公众通过掌握有关组织使命、活动和财务的信息,了解组织内部决策情况。
参与	参与是指组织内部和外部的利益相关者参与组织决策制定的程度。它不仅包括内部治理问题,如代表性、透明度以及对治理与执行部门的控制程度,还包括如何让外部利益相关者通过咨询和合作方式参与组织决策。
评估	评估是指组织是否存在进行绩效评估的工具和程序,有效性如何。评估包括内部评估和外部评估。
投诉与赔偿机制	投诉与赔偿是指组织使其内部和外部利益相关者能够投诉组织的决策和行动,并且确保这些投诉得到适当的回应并用于组织的改进。

资料来源:Monica Blagescu, Lucy de Las Casas and Robert Lloyd, "Pathways to Accountability The GAP Framework," January 1, 2005, *One World Trust*, https://www.alnap.org/help-library/pathways-to-accountability-the-gap-framework,2023 年 5 月 6 日访问。

又比如,国际人道主义问责(Humanitarian Accountability Project International,HAPI)提出了一个简明的"五点"问责框架:谁来问责,即问责主体是谁;向谁问责,即问责对象是谁;为谁问责,即问责活动本身向谁负责;如何问责,即采取什么方式和方法进行问责;问责结果如何,即如何根据问责结果对问责对象实施奖惩。该机构认为,任何一个问责机制都必须回答上述五个问题。①

二、理论基础

有关非营利组织问责的基本理论试图解释以下问题。为什么要对非营利组织问责?谁有权利对非营利组织进行问责?问责权利的依据又是什么?与非营利组织问责有关的基本理论主要有新制度经济学的产权理论、委托—代理理论、管家理论和制度理论等。

新制度经济学认为,产权是一种权利,是一种社会关系,是规定人们相互行

---

① 〔美〕丽莎·乔丹、〔荷兰〕彼得·范·图埃尔主编:《非政府组织问责——政治、原则与创新》,康晓光等译,中国人民大学出版社 2008 年版,第 6 页。

为关系的一种规则,并且是社会的基础性规则。产权实质上是一套激励与约束机制。产权的一个基本功能是影响和激励人们的行为,一个社会可以通过产权安排直接影响资源配置效率。问责主体对非营利组织的问责权归根结底来源于产权。捐赠者拥有捐赠财产的所有权,通过将财产权利捐赠给非营利组织而获得对非营利组织的问责权;政府也是非营利组织的重要资助者,因此也应享有对非营利组织的问责权;非营利组织的资产享受了税收优惠,而税收属于社会公共资源,社会公众由此获得相应的问责权;另外,当公益项目的受助者确定之后,这部分公益资源的产权就转化为受助者所有,受助者获得享受这部分资源提供的产品和服务的权利,同时也获得就资源使用状况对非营利组织进行问责的权利。[1]

委托—代理理论是分析非营利组织问责问题时最常使用的理论之一。在委托—代理理论的分析框架中,问责主体被视为委托人,非营利组织被视为代理人。按照这个框架进行分析,有两种不同的观点。第一种观点主要是从委托人的角度出发,假设代理人应该忠诚地去实现委托人的意志和目的,而不是去实现自身意志和目的。该理论假设,由于代理人可能存在与委托人不同的目标、利益及动力,因此作为代理人的非营利组织可能会选择牺牲委托人的目标而满足自身利益。为了确保委托人的权利,委托人有必要对非营利组织进行监督和问责。然而,委托人和代理人之间存在着信息不对称,作为代理人的非营利组织处于优势地位,为了获得资助或合约,它们会向委托人不真实地陈述自己能力,而且有逃避或不履行已达成的协议的风险(道德风险),所以需要非营利组织的利益相关者作为委托人共同对非营利组织进行问责。另外一种观点则认为,从代理人的角度来看,委托人的目的是有缺陷的,非营利组织的委托人并不是一个有着共同诉求的单一群体,而是多个有着不同目的和动机的利益相关者群体,这些群体的要求可能并不是一致的,同时也不完全与非营利组织的目的相一致。基于这种情况,非营利组织的领导者必须选择满足或拒绝特定利益相关者的要求。那么,这就可能威胁到这种合作关系的道德诚信和效率。为了解决这个问题,需要建立一种问责机制,使得利益相关者和非营利组织通过沟通与协调,建立信任与合作。[2]

管家理论假设委托人与非营利组织事实上有共同的目标、类似的利益以及"从善"的本能动力。根据这个观点,委托人要求非营利组织报告结果及其他绩

---

[1] 陈赞:《我国 NPO 问责问题探析——基于产权理论的思考》,《管理观察》2010 年第 29 期,第 12—14 页。

[2] 刘有贵、蒋年云:《委托代理理论述评》,《学术界》2006 年第 1 期,第 69—78。

效信息,问责成为一种交流机制,它使得该组织的整体绩效与效率得到提高。根据管家理论,绩效信息可以帮助建立诚信,确保双方利益一致,这反过来又促使资助方与高绩效的、有诚信的非营利组织保持长期合作关系。①

制度理论认为外部环境塑造着组织的行为及结构,外部环境对非营利组织内部治理有着显著影响,良好的外部环境能促使非营利组织加强自律。外部环境的规范性及强制性的压力使得组织与传统的标准和观念保持一致,这种标准与观念又进一步使环境中的制度力量得以加强。因此,我们可以看到,许多非营利组织采取绩效评估措施,从而被外部组织视为成功的、合法的组织。

总体上来看,从产权理论角度来看,利益相关方对非营利组织问责的权利来自产权。在委托—代理框架下,非营利组织要对许多不同的利益相关者负责。管家理论认为绩效导向的问责机制会帮助资助方与服务提供方建立更紧密的关系,并努力达成双方的目标。根据制度理论,随着利益相关者对问责越来越重视,越来越多的非营利组织会采取这些机制并将其制度化,使之成为日常行为的一部分。

三、问责的挑战性

非营利组织是公共服务机构,但却不像政府那样有正式的问责机制。非营利组织问责的实践和研究表明,这是一个极具挑战性的任务。对非营利组织实行有效问责不仅在我国,即便是在非营利部门相当成熟的发达国家甚至是国际非政府组织也面临许多难题。

一般来说,非营利组织的问责主要面临如下几个方面的挑战。首先,非营利组织的主要业务往往不是生产提供有形产品,而是提供服务或倡导权利,其产出的数量与质量都难以测度与衡量。

其次,服务的间接性,即服务的购买者不是最终消费者或使用者,服务的间接性导致信息获取困难,从而导致问责的困难。

再次,问责主体需求的多样化。非营利组织要面对多个利益相关群体,这些群体的需求可能存在不一致或相互冲突,这使得非营利组织陷入众口难调、莫衷一是的窘境。比如,捐赠者的要求很可能与服务对象的需求不一致,如果非营利组织采取顾客导向或者需求导向原则,很可能失去捐赠者的信任和支持;如果非营利组织尊重捐赠者的意愿,又可能招致服务对象的不满和抱怨。

---

① 张志波:《现代管家理论研究述评》,《山东社会科学》2008年第11期,第155—158页。

又次,问责主体缺乏动力。在非营利组织的利益相关者中,捐赠者和服务对象是重要的问责主体。但捐赠者往往没有足够的动力来扮演问责主体的角色。小额捐赠者缺乏监督动力和信息,大额捐赠者往往忙于自己的事业无暇顾及,遗嘱捐赠者的捐款在捐赠者去世之后才生效,问责主体自然缺失。

最后,非营利组织难以负担过多的外部问责产生的成本,担心问责可能带来一些负面影响使自己处于不利的境地,而不愿意及时收集整理和提供准确完整的信息,从而使问责主体处于信息不对称的状况,难以做出客观准确的判断,削弱了问责的有效性。通常,非营利组织提供的信息大多是积极的、有利于自身的,掩盖了问题和不足,缺乏批判性分析。这是因为,非营利组织担心诚实透明地公布信息会导致来自捐赠者的惩罚。没有哪个非营利组织愿意成为第一个暴露潜在问题和不足的组织而被审查,甚至受到惩罚。

我国非营利组织问责还面临一些特殊的困难。首先,非营利组织的独立性不强造成问责的困难。许多非营利组织在人事和资金方面严重依赖政府部门,外部主体难以对其进行有效的监督和问责。其次,我国法律尚未对捐赠者和受助者的权利和义务作出明确规定,这些主体对非营利组织的问责缺乏法律支持。最后,非营利组织普遍缺乏接受问责的意识,透明度不高,信息披露不及时不充分,问责主体无法获得问责所需的信息。

非营利组织问责是一个世界性的难题。美国联合之路(United Way of America, UWA)的总裁威廉·阿拉莫尼(William Aramony)在1995年因诈骗该组织超过100万美元而入狱,罪名包括共谋、欺诈和提交虚假纳税申报表。他在1970—1992年担任美国联合之路总裁,将其打造成慈善捐赠帝国,使其募集的年度捐款从1970年的7.87亿美元增加到1990年的30多亿美元,他曾在业内被誉为"有远见的人"和"天才"。[①] 这一丑闻使得整个联合劝募系统的捐赠率显著下降,还使得美国兴起了一场对理事会成员任期的反思,以及为慈善机构负责人购买责任保险的浪潮。

问责问题也困扰着国际非政府组织。在全球层面也缺乏有效问责机制,导致国际非政府组织与受它们的行为影响的个体之间出现断层。人们越来越感受到全球性组织对自己的日常生活产生了影响,但是却感到没有能力发出声音,更不用说表达他们的困苦了。一些人道主义机构共同发起了国际人道主义问责项

---

① T. Rees Shapiro, "United Way Leader's Fraud Scandal Marred Charitable Legacy," November 14, 2011, *Washington Post*, https://www.washingtonpost.com/local/obituaries/united-way-leaders-fraud-scandal-marred-charitable-legacy/2011/11/14/gIQALnwbMN_story.html,2023年5月6日访问。

目,其目的在于全面解决该部门所面临的问责挑战。国际人道主义问责项目提出问责的目的是:保证人道主义权利在一个公正、尊重和公平的框架中实施。受危机影响的群体不是救助配给卡上的编号,也不是领取救济的队列中的影子或者愤怒的乞丐。他们有权被告知、被咨询、参与讨论和参与影响其生活的决策的制定,有权提出他们的关注和抱怨并得到回应。妇女和小孩不应该受到歧视,而是应该受到保护以防止被歧视。①

第二节 非营利组织问责体系

非营利组织问责体系包括外部问责与行业自律。外部问责主体包括政府和社会(包括捐赠者与受助者、媒体与公众等)。行业自律主体是行业协会、行业联合会或其他行业性组织之类的社团。

一、政府问责

政府是唯一具有法律权威对非营利组织进行问责的主体。政府通过立法和规制对非营利组织实施问责。规制(regulation)常常与监管(supervision)一起使用,被称为"规制与监管"。"规制"通常是指通过立法来鼓励非营利组织对社会有益的行为并限制其对社会不利的行为。政府规制是由行政机关对规制对象实施的监管行为,包括规则制定(准立法职能)、执行(行政职能)和裁决(准司法职能)。② 所谓"监管",就是相关主体通过对非营利组织的身份及活动的监督和管理,确保非营利组织的行为与法律和章程等规则相一致。

各国政府对非营利组织实施问责的主要手段就是依法实施规制。③ 政府规制的主要内容包括非营利组织的注册登记管理、对非营利组织的税收优惠、会计制度、财产管理和使用、筹款活动、投资活动、信息披露、从业资格、政治活动、利益冲突等。20世纪90年代,美国发生了两起著名的慈善丑闻,即美国联合之路的腐败案和新世纪慈善基金会(New Era Philanthropy)的诈骗案。1996年,美国国会通过法案,要求规范非营利组织管理人员的工资和补贴,并且要求非营利组织向国税局申报的年度报表必须向公众公开。

---

① 〔美〕丽莎·乔丹、〔荷兰〕彼得·范·图埃尔主编:《非政府组织问责——政治、原则与创新》,康晓光等译,中国人民大学出版社2008年版,第182—193页。
② 沈伯平:《管制、规制与监管:一个文献综述》,《改革》2015年第5期,第5页。
③ 吴东民、董西明主编:《非营利组织管理》,中国人民大学出版社2003年版,第358—359页。

第十三章 非营利组织问责

微案例 13-1

非营利部门的信息平台——导航星

1994年,巴兹·施米德(Buzz Schmid)创立导航星机构(Guide Star)及网站(www.guidestar.org),这是一个为公众提供美国慈善事业和非营利部门信息的网络平台,拥有美国最有影响力的非营利组织基本信息数据库,被非营利组织及利益相关方广泛使用。2000年,导航星网站作为科技创新被史密森尼国家博物馆收藏。2002年,施米德在伦敦建立了英国导航星。2004年,又建立了导航星国际(GuideStar International,GSI)。导航星在美国主要提供两种信息服务。一种是非营利组织自主发布的信息。非营利组织自主登录导航星的网站,遵循导航星规定的形式免费发布和更新自己的信息,内容完全自主,导航星无权修改其内容。网民阅览这些信息也是免费的。另一种是根据"990表"发布的信息。"990表"是美国国税局要求所有具有免税资格的非营利组织提交的退税报表。该报表提供非营利组织的财务状况、组织规模、治理结构、人员构成、收入来源、项目信息、交易和事项等方面的信息。大型组织的报表长达上百页,小型组织的报表也有二三十页。导航星对各个非营利组织提交的信息既不评价,也不解释。任何人对导航星平台公布的信息有任何疑问,可以直接联系相关非营利组织。任何非营利组织发现披露的信息有误,只能自己更正。①

日本也很重视对非营利组织的监管。虽然日本的非营利组织法规"尽量降低法人设立的门槛并通过彻底的信息公开制度强化来自社会力量的监督"②,但这并不意味着忽视或弱化政府监管。事实上,根据新法规定,如果主管部门有充分证据怀疑其管辖的非营利法人已违反法律法规或章程规定等,有权要求该非营利法人提交业务活动状况或财产状况报告,或派遣官员进入该非营利法人的事务所及其相关设施实施强制检查。如果据此发现问题,还可向其下达整顿整改命令。如果该非营利法人拒绝整改或三年以上未提交法律规定的有关资料,主管部门还有权撤销其法人认证资格。不过,主管部门对上述行政执法行

---

① 本案例根据导航星网站信息改写,http://www.guidestar.org,2022年10月7日访问。
② 俞祖成:《日本 NPO 法人制度的最新改革及启示》,《国家行政学院学报》2013年第6期,第116—120页。

为均抱着谨慎态度。截至 2013 年 4 月 30 日,被注销非营利法人资格的团体共计 1 335 个,仅占非营利法人认证总数的万分之三。①

目前,我国已经初步建立了一套覆盖事前、事中、事后的社会组织监管机制,通过登记管理制度实现事前监管,通过党建制度实现政治引领,通过年检制度、会计和财务制度、税收制度、政府购买服务制度、等级评估制度、信息公开和信用管理制度等实现事中监管,通过行政执法、清理整顿、取缔非法社会组织等措施实现事后监管。实际上,政府采取的很多激励政策都兼具监管的功能。比如,税收政策既是一项优惠措施,也同时具有很强的监管功能。还比如,购买服务看起来是一种典型的支持手段,实际上,通过购买服务合同,政府也可以实现对社会组织的深度监管。

在监管机构设置上,民政、财政、税务和审计部门在社会组织监管中扮演主要角色。我国政府对社会组织实行登记管理机关和业务主管单位共同管理的双重管理体制,民政部门作为登记管理机关处于关键地位。财政部门负责财务会计规则制定、财政资金的监督,同时对接受财政补助和承接政府购买服务的社会组织进行监督,确保财政资金有效地运用于公共服务和社会公益事业。税务部门和民政、财政部门一起负责社会组织免税资格认定和税收优惠政策的实施,不定期进行税务抽查,对违反税收政策的社会组织给予相应处罚等。除了这几个部门之外,所有政府机构都应该依法在职责范围履行对社会组织的监管职责。

政府通过立法为非营利组织问责设定了法律环境,它提供了判断非营利组织行为正当与否的基本标准,规定了问责主体对非营利组织问责的权利和责任。政府对非营利组织问责的首要前提是建立完善的非营利组织法律制度,对非营利组织的权利及义务、财产关系、内部治理结构、信息披露、利益相关者权利、侵权与救济等作出规定,用法律来保障非营利组织公益性和非营利性的实现。比如,我国《基金会管理条例》规定,公募基金会每年用于从事章程规定的公益事业的支出不得低于上一年总收入的 70%;非公募基金每年用于从事章程规定的公益事业的支出,不得低于上一年基金余额的 8%;基金会工作人员的工资福利和行政办公支出不得超过当年总支出的 10%。

政府对非营利组织的问责不仅是一个管理和技术问题,更是一个权力与责任的问题。政府对非营利组织的问责并非总是代表公众利益,绝对公正合理,而

---

① 张远凤、〔美〕莱斯特·萨拉蒙、梅根·韩多克:《政府工具对美国非营利组织的影响——以 MFN、BCC 和 DCCK 为例》,《中国非营利评论》2015 年第 1 期,第 200—221 页。

是存在越位与错位的风险。同时,由于受信息、资源和能力等约束条件的限制,政府对社会组织的监管总是有限的。社会问责和行业自律可以弥补政府问责之不足。

二、社会问责

社会问责是非营利组织监管体系的重要组成部分。社会问责是一种非正式的监督机制,它的成本低、社会效益好,能够起到政府问责难以起到的作用。社会问责主要包括捐赠者与受助者问责、媒体与公众问责。不同主体通过不同途径与方式对非营利组织进行问责,形成综合问责机制。

(一) 捐赠者与受助者问责

捐赠者与受助者都是非营利组织的重要利益相关者。捐赠者为了公益或他人利益而将自己的资产捐赠给非营利组织,捐赠者捐出资产后虽不再拥有所捐赠资产的所有权,但有权指定该笔资产的用途,监督该笔资产的使用。如果非营利组织违背捐赠者的意愿,捐赠者有权向非营利组织问责。捐赠者不仅作为问责主体对非营利组织问责,在理想状态下,捐赠者本身也应该接受问责。① 捐赠者主要关心自己的捐赠是否被用于组织所宣称的宗旨或指定的用途,并为自己以后的捐赠决策提供参考。

受助者是非营利组织的服务对象,公益项目的受助者有享受这部分资源提供的产品和服务的权利。当他们被确定为公益项目的受助者时,他们已经成为这些公益资源的产权所有者。② 在非营利组织和受助者的相互关系的传统模式中,受助者作为服务对象往往处于一种不平等的地位,他们被动地接受非营利组织提供的服务,只有感恩戴德的义务而没有监督的权利和表达的渠道。这种传统模式日益受到挑战,在新的关系模式中,受助者被赋予了对非营利组织监督问责的权利。③ 在新模式中,受助者从单纯的服务对象转变为服务的协作生产者,被当作顾客来对待。受助者对非营利组织的问责权利得到认可。

---

① 〔美〕丽莎·乔丹、〔荷兰〕彼得·范·图埃尔主编:《非政府组织问责——政治、原则与创新》,康晓光等译,中国人民大学出版社 2008 年版,第 110—130 页。
② 陈赞:《我国 NPO 问责问题探析——基于产权理论的思考》,《管理观察》2010 年第 29 期,第 12—14 页。
③ 同上。

> **微案例 13-2**
>
> **曹德旺的中国慈善问责第一单**
>
> 福耀玻璃创始人曹德旺是胡润富豪榜上的常客。和很多慈善家一样，曹德旺总是对自己捐出的善款去向不放心。他与中国乡村发展基金会（以下简称基金会）的合作就开了一个捐赠人问责先例。2010年3月，西南大旱。曹德旺决定向灾区捐赠2亿元善款。基金会找到曹德旺，希望曹能将这笔善款捐赠给基金会，然后再通过基金会发到灾民手上。但曹德旺表示自己要监督善款的发放。基金会同意了他的要求，与之签下了问责协议，这个协议被称作中国慈善事业史上的"问责第一单"。根据协议，在善款下发之后，由曹氏父子组成的监督委员会将随机抽检10%的家庭，如发现超过1%的不合格率，基金会须按照超过1%部分所占善款金额的30倍予以赔偿。协议规定，为实现项目运转，基金会收取善款行规一般为善款的3%（行业惯例是8%—10%）也就是600万元作为项目管理费。协议还规定，所有项目需要在2011年11月30日之前完成，在此之后，如果还有捐赠款没有发放到户，这些善款将由其全部收回。曹德旺解释说，"签这个协议，也是为了监督他们，只要他们做得足够好，再大的赔偿，他们应该也不怕。"①

如果捐赠者能够与受助者合作，将能够提高问责的有效性。在捐赠者问责的过程中，由于捐赠者和执行项目的非营利组织之间存在着信息不对称，很难对非营利组织提供的信息做出判断。如果捐赠者能够与受助者合作，建立受助者投诉和反馈渠道，让受助者主动监督非营利组织的行为并提供有关信息，将大大提高社会问责的有效性。

（二）媒体与公众问责

社会公众的监督是非营利组织问责机制的重要组成部分，媒体为公众对非营利组织的监督和问责提供了平台和载体。由于媒体受众范围广、对公众态度和行为的影响大，非营利组织都十分重视媒体的舆论监督。

媒体问责在公众监督中处于十分重要的地位。媒体问责一般是通过新闻事

---

① 陈新焱：《曹德旺的中国慈善问责第一单》，2010年9月30日，《南方周末》，http://www.infzm.com/contents/50634?source=131，2023年5月1日访问。

件形成社会舆论,进而对社会组织进行监督与问责。① 比如,挪用救灾款建办公大楼、总部到分支机构层层提取高额管理费、挪用救灾资金为组织内全体员工发放工资奖金、将本应用于外地某个救灾项目的资金截留用于本地未来的救灾项目、冒用非营利组织名义进行募捐、社会组织负责人性骚扰志愿者等。这些案件一经公开,受到了广泛的关注,并在媒体与公众的评判下形成强大的社会舆论,最终使相关责任人受到处罚。

公众问责能够有效培植社会监督氛围与社会廉洁风尚,公众举报制度能够为遏制社会组织的腐败行为提供最为广泛的监督。公众可以通过政府部门、评估机构的投诉热线和网站对社会组织进行监督与问责,为政府监管部门提供社会组织违法的线索。

三、行业自律

非营利行业的自律是非营利组织的同行互律,包括行业协会、行业联合会或其他行业性组织对其成员的监督与约束。行业自律一般采取行业认可制、行业赞许制和行业规则等几种形式。②

行业认可制是指行业协会承认某个非营利组织为其成员,由于公众对于行业协会的信任而使该非营利组织获得某种合法性。行业认可制并不划分非营利组织的等级,而只是评定一个非营利组织是否具备了必要的专业资格与能力,并确认该组织是否达标。行业认可制的作用并不在于正面的认可,而在于非营利组织违反行业规则时可能受到同行的谴责或被取消其成员资格。

行业赞许制是行业协会根据行业特点和特定标准对成员组织进行评估、排序以便对绩效卓越的成员进行表彰,从而对成员形成正面激励。同时,行业协会也可以将评估结果公之于众,影响捐赠者和公众对成员组织的评价,从而形成对成员组织的外部激励。

行业规则指行业协会为成员组织制定的工作标准和规范,如专业人员标准和理事会的标准、最佳实践标准、筹款管理与使用标准、财务透明标准等。通常做法是,行业联合会、全国性行业协会制定一个共同遵守的道德标准和行为规范,以维护成员共同的社会形象。比如,美国基金会理事会是基金会的行业性组

---

① 李树海、丁渠:《论对社会组织的社会监督》,《河北法学》2013 年第 8 期,第 41—48 页。
② 曹召胜:《社会组织培育与监管问题研究——以四川省为例》,《长江论坛》2015 年第 2 期,第 57—63 页。

织,其理事会由各大基金会的主要负责人组成,他们负责制定本行业的自律规范,每个会员组织必须遵守这些规范,否则将受到联合组织的制裁甚至取消其会员资格。比如,马里兰州非营利组织联合会制定的《卓越非营利组织标准:非营利部门道德与诚信守则》对该州非营利组织具有一定的约束力。

我国慈善领域的行业组织也开始制定行业规范,尝试建立行业共识,加强行业自律。2018年,在南都公益基金会与浙江敦和慈善基金会的资助下,方德瑞信联合北京七悦社会公益服务中心在《国际筹款伦理守则》基础上,编写了《中国公益慈善筹款伦理行为准则》以及《中国公益慈善筹款伦理行为实操指引手册》。

非营利部门的行业自律在遇到外来挑战时,还可以应对挑战,维护本行业的声誉。比如,中国棉花协会在应对外国企业发起的抵制新疆棉花事件中发挥重要作用。中国棉花协会成立于2003年,是国内第一家由棉农及棉农合作组织、地方棉花协会、棉花研究机构和涉棉企业等自愿组成的社会团体法人。会员的产品营销额在行业中占有75%的市场份额。① 2021年3月,针对以美国某跨国公司为首的企业发布的抵制中国新疆棉花的声明,中国棉花协会给予了坚决反对,要求其停止对新疆棉花的污蔑,并欢迎全球棉纺织行业成员赴新疆考察。②

微案例 13-3

通向卓越的非营利组织标准

美国马里兰州非营利组织联合会(以下简称联合会)致力于提高公众对非营利部门的信心与支持。1998年,联合会制定了《卓越非营利组织标准:非营利部门道德与诚信守则》,希望以此促进全州非营利组织的道德与诚信运作。联合会本身遵循这些标准,也要求会员遵循这些指导原则和标准。③ 该标准的主要内容包括八个方面的内容:

(1) 使命和项目。非营利组织要有一个明确的使命。非营利组织有义务确保其项目的有效性,并将组织的资源用于达成既定目标。

---

① 数据来源于中国棉花协会官网,http://www.china-cotton.org,2022年10月7日访问。
② 申佳平:《中国棉花协会:欢迎全球棉纺织产业链各方赴疆考察》,2021年3月5日,人民网,https://baijiahao.baidu.com/s?id=1695204509069525835&wfr=spider&for=pc,2022年10月7日访问。
③ 邓国胜等:《民间组织评估体系》,北京大学出版社2007年版,第219—225页。

(2)治理机构。非营利组织应由一个选举产生的、志愿性的理事会来管理。理事会应确定组织的使命,建立管理制度和程序,确保人力和财力资源供应,监督组织财务和项目运作。

(3)利益冲突。非营利组织的理事会和员工都应为实现组织利益最大化而努力,不应追求个人或第三方利益。非营利组织应制定制度,防止利益冲突。

(4)人力资源。非营利组织的人力资源制度应同时包括受薪员工和志愿者,应公正并清楚地建立对他们的期望,提供有效的绩效评估。

(5)财务和法律。非营利组织必须建立合理、健康的财务管理制度,并遵守各种法律法规。组织还应进行定期检查以符合自律与诚信方面的要求。

(6)公开性。非营利组织必须向公众提供有关其使命、项目和财务等方面的信息,非营利组织应对所有来自对组织事务表示感兴趣的公众的问询做出回应。

(7)筹资。组织的筹资项目应以真实和责任为基础,其筹资行为则应与组织的使命和能力保持一致,尊重捐赠者与潜在捐赠者的利益。

(8)公共事务和公共政策。非营利组织应代表其所服务人群的利益,进行公共教育和政策倡导,并鼓励理事会成员、员工、志愿者和委托人参与社区的公共事务。

总的来看,行业自律依靠非营利部门自身的自觉性力量来对成员组织实施监督,维护本行业的秩序和形象,节约了外部监督成本,弥补了其他问责方式的不足。然而,并不是所有的联合会和行业协会都能够切实做到有效自律,在一些缺乏领导力、组织涣散的行业,行业自律难以取得良好效果,有时甚至形同虚设。

非营利部门的自律和他律相辅相成。内因是决定事物变化和发展的根本原因,外因是推动性的力量,外因通过内因才会起作用。从本质上说,自律是约束非营利组织行为的根本性力量。但是,在一个复杂的社会系统中,系统构成了单个组织的生存环境,环境极大地影响甚至决定着个体的行为。因此,非营利组织自律的形成又有赖于他律的完善。当"好的"行为在外在约束激励机制的影响下逐渐成为非营利组织普遍的自觉行为方式时,他律就转化为自律。否则,一个系统中,如果单个非营利组织的"好的"行为不能得到鼓励,"坏的"行为不会受到惩罚,那么他律和自律都会失灵。

第三节 透明度与信息披露

慈善事业要有玻璃做的口袋。透明度与信息披露是监督与问责的基本前提,利益相关方只有在及时、准确、全面了解有关信息的基础上,才能够对非营利组织的运作状况做出判断和评价,并据此做出正确的决策。

一、非营利组织透明度与信息披露的概念

所谓透明度,是指非营利组织按照相关法律和制度的要求,真实、准确、完整、及时地公开组织信息的程度。非营利组织应该公开相关信息,尤其是项目和财务信息,以便政府和其他利益相关方了解其实际状况和工作绩效,判断其行为是否符合法律和章程的规定,决定是否承认其合法性,是否给予其优惠政策和待遇,是否购买或接受该组织的服务,是否向其捐款或支持该非营利组织的活动等。

所谓信息披露,是指非营利组织按照相关法律和制度的要求,将反映其运营状况的相关信息,如所提供服务状况、筹资进展、财务与投资报告、治理结构变动、年度重大事项等信息,真实、准确、完整、及时地向出资人、政府、受助者及其他利益相关者予以公开的过程。

信息披露与透明度是两个密切相关的概念,一个组织的信息披露及时、准确、充分,就可以说这个组织的透明度高,否则就是缺乏透明度。

二、国外非营利组织信息披露制度

很多国家都对非营利组织的信息披露制定了较为完备的法律。一般来说,各国法律在信息披露的基本内容上,对于公益性非营利组织和互益性非营利组织、规模较大非营利组织和规模较小非营利组织有不同的要求;对于非营利组织的一般事项和特殊事项作不同要求。非营利组织的业务活动、资金使用以及组织变动等信息要向登记机关、特殊公益代表机关、捐赠者以及社会公众披露。各国法律都强调非营利组织信息披露的真实性、准确性、完整性和及时性,并构建起完善的民事、行政和刑事法律责任制度。[1]

---

[1] 杨道波、尹兆君:《国外非营利组织信息公开法律制度考评》,《聊城大学学报(社会科学版)》2009年第3期,第23—27页。

各国有关非营利组织信息披露的法律制度各有特色。美国国税局要求非营利组织每年填报统一的"990 表",详细报告年度经费来源及支出情况。[①] "990 表"的信息是向公众公开的,公众可以随时向国税局申请查阅。除了国税局之外,一些第三方机构(它们本身也是非营利组织)如美国慈善信息局、美国基金会中心、导航星、慈善导航者(CharityNavigator.org)等也向公众提供信息,并对非营利组织进行评级。美国联邦税法规定任何人都有权向非营利组织要求查看它的原始文件及前三年的税表,人们也可写信给国税局以了解某个非营利组织的财务情况和内部结构。此外,美国还有地方性信息平台提供本地非营利组织的信息。2010 年 9 月,西雅图基金会启动了一个新项目,这个项目向公众提供该地区 700 多家本地非营利组织的数据、研究资料以及评价信息。过去这些信息只向捐赠者提供,现在任何人都可以通过网站免费获得这些信息。[②] 在英国,法律规定只要交付合理的费用,任何公民都有权获得慈善组织的年度账目和财务报告。在德国,规范非营利组织信息披露内容的法律包括联邦法律和州法律。在法国,法律要求非营利组织向政府监管部门提供预算报告、事业活动报告以及财务报告。[③]

三、我国非营利组织信息披露制度

中国基金会信息公开立法完善,已基本达到世界先进水平。[④] 2004 年《基金会管理条例》和 2005 年《基金会信息公布办法》的出台,标志着基金会透明度开始纳入法治体系。2016 年颁布的《慈善法》和 2018 年通过的《慈善组织信息公开办法》规范了慈善组织的信息披露制度。党的十八大以来,民政部门不断优化基金会年检报告模板和填报系统,使基金会能更加便捷和清晰地向社会公开信息,提升自身公信力。2018 年民政部公布《社会组织信用信息管理办法》,将社会团体和社会服务机构也纳入信息公开的规制对象范围。目前,民政部建立了

---

① "990 表"是美国所有非营利组织必须提交给国税局的报税表,该表的信息也在行业自律机构导航星(GuideStar)的网站上免费向公众提供。

② Stephanie Strom, "Data on Seattle Nonprofits Is Now Public," September 8, 2010, *New York Times*, https://www.nytimes.com/2010/09/09/business/09nonprofit.html,2023 年 5 月 6 日访问。

③ 杨道波、尹兆君:《国外非营利组织信息公开法律制度考评》,《聊城大学学报(社会科学版)》2009 年第 3 期,第 23—27 页。

④ 陶泽:《从透明度拓展到诚信度:社会组织发展进入"新时代"》,《中国社会组织》2018 年第 4 期,第 15 页。

全国社会组织信用信息公示平台以及慈善组织信息披露平台（即慈善中国），将把社会组织信息公开带入数字时代。

不过，即便非营利组织建立了完善的信息披露制度，及时提供了各种信息，人们在使用这些海量信息做出明智的决策方面仍然面临很多困难。信息的披露只是解决问题的开始。大量信息的公开披露很可能会带来信息过剩，不仅捐赠者难以简便有效地利用信息，而且专业的评级机构也可能出现信息过载。为了有效利用信息，有人建议模仿证券市场的专业分析师制度，在社会部门建立研究分析师制度，让专业人员研究不同领域的非营利组织，公开发布谁做得好、谁做得不好的评估信息。①

思考题

1. 什么是非营利组织问责？
2. 非营利组织问责的理论依据是什么？
3. 政府如何对非营利组织进行问责？
4. 社会力量如何对非营利组织进行问责？
5. 如何发挥行业自律的作用？
6. 非营利组织问责存在哪些挑战？
7. 信息披露对非营利组织问责有何重要性？

本章案例

自然之友参与环境公益诉讼

环境保护是社会组织关注的一个重要领域。改革开放以来，中国经济高速发展，但也带来了空气污染、水质恶化、土壤破坏等环境问题。加强生态环境保护成为我国实现可持续发展的必要条件。大量民间环保组织活跃在生态环境保护第一线。梁从诫先生发起的自然之友成立于1993年，是我国环保领域最早成立的社会组织之一。自成立以来，自然之友一直走在民间环保的前列，在"真心实意、身体力行"的理念指引下，通过环境教育、政策倡导以及环境诉讼等方式参

---

① 〔美〕戴维·伯恩斯坦：《如何改变世界——社会企业家与新思想的威力》，吴士宏译，新星出版社2007年版，第279页。

与生态环境保护,是少数有能力参与环境公益诉讼的社会组织之一。

一、自然之友参与环境公益诉讼的资格

我国法律对社会组织参与环境公益诉讼的主体资格的规定是很严格的。①《中华人民共和国民事诉讼法》第58条规定,"对污染环境、侵害众多消费者合法权益等损害社会公共利益的行为,法律规定的机关和有关组织可以向人民法院提起诉讼"。首次明确了有关组织为维护公共利益参与民事诉讼的主体资格。

2015年新修订的《中华人民共和国环境保护法》(以下简称《环境保护法》)第58条进一步细化了提起诉讼的社会组织的资格条件,明确规定依法在设区的市及以上人民政府民政部门登记,且专门从事环境保护公益活动连续五年以上且无违法记录的社会组织向人民法院提起诉讼,人民法院应当依法受理。自然之友作为一家在北京市登记的社会组织,符合法律规定,具备作为环境公益诉讼请求主体的资格,有权依法提起环境公益诉讼。

二、自然之友参与环境公益诉讼的经历

自2011年以来,自然之友已经提起了几十起环境公益诉讼案件,涉及大气污染、水污染、土壤污染、生物多样性保护和生态破坏等多个领域,身体力行地守护人类共同体的自然之本。② 2011年,在长期关注环境污染公益诉讼的背景下,自然之友作为原告方之一,推动云南曲靖铬渣污染案正式立案,进入诉讼程序。此案被称为我国环境民间公益诉讼第一案。③ 2014年下半年开始在全国全面开展环境公益诉讼个案的实践。2015年,自然之友发起成立中国首个民间"环境公益诉讼支持基金",向社会征集环境污染线索,为符合环境公益诉讼条件的社会组织提供资源和资金支持。"常州毒地案"是近年来自然之友参与的最大一起环境诉讼案。④

"常州毒地"指常州市通江中路与辽河路交叉口西北角的一个地块(以下简称涉案地块),面积约26万平方米,是江苏长隆化工有限公司、常州市常宇化工有限公司和江苏华达化工集团有限公司(以下简称涉案企业)原设厂址所在地。

---

① 黄锡生、余晓龙:《社会组织提起环境公益诉讼的综合激励机制重构》,《法学论坛》2021年第1期,第93—102页。
② 葛枫:《我国环境公益诉讼历程及典型案例分析——以"自然之友"环境公益诉讼实践为例》,《社会治理》2018年第2期,第51—63页。
③ 《公益诉讼一小步,环境保护一大步!》,2012年5月23日,央视网,http://news.cntv.cn/china/20120523/124727.shtml,2022年10月7日访问。
④ 王翀鹏程、王洪春:《"常州毒地案"二审,污染企业被判道歉》,2018年12月28日,新京报,https://baijiahao.baidu.com/s?id=1621031316000832086&wfr=spider&for=pc,2022年10月7日访问。

涉案企业的生产经营活动对涉案地块造成严重污染,在搬离涉案地块时并没有进行环境修复。涉案企业搬离之后,涉案地块被常州市新北区国土储备中心收储,由常州市新北区政府委托环境修复企业对其进行修复,以便再对其进行开发利用。然而,环境修复企业并未严格按照程序进行操作,导致埋藏在地下的化工废料毒气暴露后扩散,致使与涉案地块一路之隔的常州外国语学校多名学生先后出现化工污染中毒症状。

自然之友同中国生物多样性保护与绿色发展基金会(以下简称绿发会)在调查后发现,涉案地块及其周围的土壤、地下水未得到完全修复。2016年4月,自然之友和绿发会对涉案企业提起环境民事公益诉讼,请求法院判令涉案企业消除其原厂址污染物对周围环境的影响,承担生态环境修复费用,并赔礼道歉等。2017年1月,江苏省常州市中级人民法院驳回自然之友和绿发会的请求,并判决二者承担189万余元的诉讼费。自然之友和绿发会不服一审判决,向江苏省高级人民法院提起上诉。2018年12月26日,江苏省高级人民法院二审撤销了江苏省常州市中级人民法院一审判决,改判涉案企业向社会公众赔礼道歉,并分别向自然之友与绿发会支付本案律师费及差旅费,但仍旧驳回了自然之友和绿发会的其他诉讼请求。2019年1月,绿发会单独向最高人民法院提起再审申请。①

三、自然之友参与环境公益诉讼面临的困难

尽管自然之友仍然坚持参与环境公益诉讼,但是他们在前行路上还面临着不少困难。

首先是法律方面的障碍。《环境保护法》对原告资格的限定十分严苛,只有在地级市及以上人民政府民政部门登记的社会组织才有资格作为原告。这意味着大多数社会组织不具备诉讼主体资格。此外,举证十分困难。对于迫切需要的即时性证据和由行政机关掌握的证据,现行基于私益诉讼思维设计的保全程序赋予社会组织的取证权利不足以满足公益诉讼的要求。

其次是行政阻力。尽管我国在逐步进行产业经济结构升级,倡导绿色发展模式,但是地方政府仍承担着保证经济增长的巨大压力。这使得一些地方政府出于经济方面的考虑对污染企业进行地方保护。因此,社会组织要提起环境公益诉讼,往往需要承担来自地方政府的阻力。

再次是资金困难。环境公益诉讼需要耗费高额成本,社会组织在环境公益

---

① 王洪春:《"常州毒地案"续:绿发会向最高法递交再审申请书》,2019年1月25日,新浪网,http://finance.sina.com.cn/roll/2019-01-25/doc-ihrfqzka0979176.shtml,2023年5月6日访问。

诉讼中面临承担巨额诉讼费的风险。一方面,土壤污染等环境污染的鉴定、评估代价高昂。另一方面,一旦败诉,社会组织要承担一定的诉讼费用。如"常州毒地案"一审判处自然之友和绿发会承担约189余万元的"天价诉讼费"。《诉讼费用交纳办法》第29条确立了败诉方负担诉讼费用的原则。根据最高人民法院《关于审理环境民事公益诉讼案件适用法律若干问题的解释》的规定,原告败诉或者部分败诉后可以申请减交或者免交诉讼费用。因此,"常州毒地案"二审判处被告支付诉讼费200元(一、二审各100元)。

最后是人才缺乏。环境公益诉讼涉及法学、管理学、环境学等多个学科,参与人员需要有较强的专业知识和综合素质。社会组织由于待遇较低等原因,很难吸引和留住专业人才,这也导致许多社会组织虽具有环境公益诉讼资格,却很难持续履行诉讼职责。自然之友也面临人才不足的问题。

案例分析题:

1. 社会组织参与环境公益诉讼有何必要性?
2. 我国社会组织参与环境公益诉讼的法律政策有哪些?
3. 自然之友参与环境公益诉讼需要具备哪些条件?
4. 自然之友参与环境公益诉讼面临哪些困难?如何解决?

教师反馈及教辅申请表

北京大学出版社本着"教材优先、学术为本"的出版宗旨,竭诚为广大高等院校师生服务。

本书配有教学课件,获取方法:

第一步,扫描右侧二维码,或直接微信搜索公众号"北大出版社社科图书",进行关注;

第二步,点击菜单栏"教辅资源"—"在线申请",填写相关信息后点击提交。

如果您不使用微信,请填写完整以下表格后拍照发到 ss@pup.cn。我们会在1—2个工作日内将相关资料发送到您的邮箱。

书名		书号	978-7-301-	作者	
您的姓名				职称、职务	
学校及院系					
您所讲授的课程名称					
授课学生类型(可多选)		□ 本科一、二年级 □ 高职、高专 □ 其他_____		□ 本科三、四年级 □ 研究生	
每学期学生人数		_____人		学时	
手机号码(必填)				QQ	
电子信箱(必填)					
您对本书的建议:					

我们的联系方式:

北京大学出版社社会科学编辑室

通信地址:北京市海淀区成府路 205 号,100871

电子信箱:ss@pup.cn

电话:010-62753121 / 62765016

微信公众号:北大出版社社科图书(ss_book)

新浪微博:@未名社科-北大图书

网址:http://www.pup.cn